中华人民共和国
民法典继承编
条文释义与疑难适用

肖 峰 刘耀东◎著

ZHONGHUA RENMIN GONGHEGUO
MINFADIAN JICHENGBIAN
TIAOWEN SHIYI YU YINAN SHIYONG

人民法院出版社

图书在版编目（CIP）数据

中华人民共和国民法典继承编条文释义与疑难适用／肖峰，刘耀东著. --北京：人民法院出版社，2022.6
ISBN 978-7-5109-3490-2

Ⅰ.①中… Ⅱ.①肖… ②刘… Ⅲ.①继承法-法律解释-中国②继承法-法律适用-中国 Ⅳ.①D923.55

中国版本图书馆CIP数据核字（2022）第060210号

中华人民共和国民法典继承编条文释义与疑难适用
肖峰　刘耀东　著

策划编辑　李安尼
责任编辑　巩　雪
出版发行　人民法院出版社
地　　址　北京市东城区东交民巷27号（100745）
电　　话　（010）67550658（责任编辑）　67550558（发行部查询）
　　　　　　65223677（读者服务部）
客服QQ　2092078039
网　　址　http://www.courtbook.com.cn
E-mail　courtpress@sohu.com
印　　刷　河北鑫兆源印刷有限公司
经　　销　新华书店

开　　本　787毫米×1092毫米　1/16
字　　数　400千字
印　　张　24.25
版　　次　2022年6月第1版　2022年6月第1次印刷
书　　号　ISBN 978-7-5109-3490-2
定　　价　95.00元

序

继承是随着私有财产的出现而产生的人类社会之共同现象。将自己之财产传递给有一定血缘或婚姻关系之人，这种财产的传递主要表现为由上而下的纵向传递，就子嗣方面而言，则是后辈承继了前辈的财产。“承”者，下载上也，是故这一社会现象被称为“承继”或“继承”。而在现代社会，调整该类社会现象则主要依靠继承立法。原《继承法》颁布至今已近四十年，其间我国社会可谓发生了沧海桑田般的变化，而原《继承法》的一些内容则已显现出滞后性。法律应该调整已经发生了变化并在很大程度上继续变化着的生活关系，并引导这些变化走入制度性的轨道。因此，继承立法需要与时俱进，并通过修改来加以完善。为此，《民法典》继承编顺应我国新时代经济社会发展和人们社会生活水平的提高，对继承法律制度进行了多处完善。这些完善主要体现为：在遗产范围采取了概括式规定，规定了继承权的相对丧失以及继承权丧失事由准用于受遗赠权、扩大了被代位继承人的范围、增设了打印遗嘱和录像遗嘱形式、取消了公证遗嘱效力优先规则、增设了遗产管理人制度等。

法典化就是体系化。《民法典》的体系化具有统一法律规则、便利找法用法、便于体系释法和查缺补漏的功能。《民法典》的颁行有效地整合了散乱的民事单行法，构建了在统一价值指导下的完整系统的规范体系，标志着我国民事法律进入了体系化时代。《民法典》的颁行也意味着中国民法学研究由立法论全面转向解释论。《民法典》继承编虽然对继承法律制度作出了诸多的具有进步意义的修改与完善，但对于学界与司法实务界提出的一些重大关切问题，并未给予充分的回应。此外，现实生活中的诸多继承法律问题并非单纯的继承问题，而是同时涉及继承法与婚姻家庭法、物权法、债法等交叉的法律问题。所以，在民法典体系化的视角下，上述问题均需仰赖于相关专家学者进一步著书立说、解惑答疑。

《民法典》颁布后，关于《民法典》的著述可谓琳琅满目。与市面上已有的著作不同的是，本书不仅对《民法典》继承编逐条进行悟原意、解原理，还解析疑难、回应实务争议。概言之，本书主要有以下特点：一是突出体系研究。本书在对相关条文解读时特别注意将继承编与婚姻家庭编、物权编等《民法典》其他编进行体系化的解释与论述。二是注重各家之言。本书在进行条文解释时特别注重对其他已出版的关于《民法典》继承编条文释义著述的评析。正是综合了各家评说，本书的论证才更具有了说服力和针对性。三是结合司法实践。本书在每一部分的论述中都特别注意梳理司法实践中的典型案例和裁判意旨，充分关注了相关问题在司法实践中的做法，实现了理论与实践的紧密结合。四是提出倾向意见。本书针对《民法典》继承编中的每个条文在司法实践中的适用分歧，提出了如何正确适用的倾向性裁判意见。

本书由两位在婚姻家庭继承研究领域颇有造诣的作者合作完成。原最高人民法院民事审判第一庭高级法官肖峰博士长期承担婚姻家事审判的对下指导工作，有着丰富的审判实践经验，不仅多次参与起草最高人民法院婚姻家庭、继承领域的司法解释工作，而且执笔完成了《最高人民法院民法典继承编立法建议稿》，还担任了《最高人民法院民法典继承编司法解释（一）理解与适用》一书的执行编辑，撰写了其中近一半的文稿并负责了全书的统稿工作，颇为了解继承司法实务最新前沿和权威意见。来自辽宁师范大学法学院的刘耀东副教授则是一位在继承法研究领域颇有建树的青年才俊，其诸多继承学术成果在民法学界具有一定的影响力。两位作者将各自的实务、理论优势强强结合，共同完成并呈现在各位读者面前的这部作品，实属优秀之作，对于无论是从事理论研究、司法实务还是学习了解《民法典》继承法律制度的读者均值得一读。

是为序。

中国法学会婚姻家庭法学研究会会长
中国政法大学教授、博士生导师

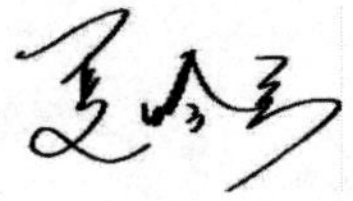

2022年6月于北京

目　录

第一章　一般规定

第三章 遗嘱继承和遗赠

第四章　遗产的处理

第一章　一般规定

本章共有七个条文，主要涉及继承权和继承标的等继承核心问题，内容包括继承编的调整对象、国家保护继承权原则、继承的开始、遗产、继承方式的适用顺序、继承和受遗赠的放弃、继承权的丧失。其中，关于继承方式的适用顺序、继承和受遗赠的接受与放弃的规定与原《继承法》中的规定基本相同。

与原《继承法》相比，本章规则的新变化主要有：第一，两个以上相互有继承关系的人在同一事件中死亡时，如果不能确定死亡的先后时间，就无法确定继承应当如何进行。因而，在同一事件中各死亡人的死亡时间如何确定，直接影响各自继承人的继承利益。故《民法典》吸收了原《最高人民法院关于贯彻执行〈中华人民共和国继承法〉若干问题的意见》（以下简称原《继承法意见》）中的死亡时间推定规则。第二，关于遗产范围的规定方式由“概括＋列举”改为“概括＋排除”，该立法意图是适应社会财富形式多样化发展趋势，扩大遗产的范围。“概括＋列举”的立法模式的最大缺陷是无法穷尽所有，且须另加概括性的兜底条款。而改为“概括＋排除”的立法模式则更有涵括性和可操作性，更加科学合理。第三，增加了两项继承人丧失继承权的事由，即隐匿遗嘱情节严重和以欺诈、胁迫手段迫使或者妨碍被继承人设立、变更或者撤回遗嘱，情节严重。同时，规定了被继承人的宽宥制度。当继承人存在“遗弃被继承人，或者虐待被继承人情节严重”“伪造、篡改、隐匿或者销毁遗嘱，情节严重”“以欺诈、胁迫手段迫使或者妨碍被继承人设立、变更或者撤回遗嘱，情节严重”等情形时，如果其事后确有悔改表现，被继承人宽恕或者事后在遗嘱中将其列为继承人的，其依然有权继承被继承人的遗产。第四，对丧失受遗赠权作出了明确规定。如果受遗赠人实施了《民法典》第1125条第1款规定的五种行为之一的，即便遗赠人对其宽宥，也丧失受遗赠权。

第一千一百一十九条　本编调整因继承产生的民事关系。

◎ 主旨

本条是关于继承编调整对象的规定。

◎ 释义

本条属于新增条文，与《民法典》其他各分编的起始条文一致，明确了继承编的调整对象，即因继承产生的民事关系。具体而言，继承民事法律关系涉及继承的概念、特征、种类以及继承法律关系等诸多继承编的基本概念。

一、继承的概念、特征及种类

（一）继承的概念

民法中的继承有广义和狭义之分。广义上的继承存在于古代法中，系指生者对死者生前所享有的权利（有时也包括所承担的义务）的继承。其内容既有财产继承，也有身份继承和祭祀继承。所谓“财产继承”，是指从财产所有人死亡之时起，依法将死者遗留下来的财产转移给他人所有的法律制度。目前，我国和世界上绝大多数国家和地区都采用该继承形式。而身份继承则是指，生者对死者生前的地位和身份的继承。这主要存在于古代社会，例如对官职、爵位、家长权力（户主权）等的继承。在这种继承模式中，财产继承附属于身份继承。目前，在个别国家还保留着特定的身份继承，如英国的王位或爵位继承。祭祀继承，是指承奉祖先祭祀的继承。在此种继承模式下，财产继承必须以宗祧继承为前提，只有祭祀祖先，才能继承遗产。

现代法上的继承仅指狭义继承，即对死者生前财产权利义务的概括承受。就我国继承制度的发展脉络而言，我国古代长期实行的是将身份继承、祭祀继承和财产继承三者合为一体的宗祧继承制度。此制度一直延续至1925年的《民律草案》，直至1926年颁布的《妇女解放运动决议案》中才被明文废止。

1930 年民国时期的民法典继承编公布，才正式以法律的形式予以废除，将我国的继承确定为单纯的财产继承。中华人民共和国成立后，延续了单纯的财产继承模式，从原《继承法》到《民法典》继承编，都采用的是狭义上的继承。在继承民事关系中，生前所有的合法财产因死亡而移转给他人的人为被继承人。被继承人只能是自然人，法人或者非法人组织不能成为被继承人。同时，被继承人因其已经死亡而不能成为继承法律关系的主体。除了法律规定或者根据其性质不得继承的财产之外，被继承人死亡时遗留的其他个人合法财产为遗产。除受遗赠人之外，依照法律规定或者被继承人的遗嘱而继受遗产的人为继承人。

（二）继承的特征

1. 继承因自然人死亡而发生。只有发生自然人死亡事件才会产生继承法律关系。因为自然人死亡后，其民事权利能力即行终止，而被继承人于其生前的民事法律关系中所享有的财产权利与应履行的义务即需有人继受，故而产生继承问题。所以，继承因自然人死亡而发生。

2. 继承人应与被继承人存在一定的亲属身份关系。在绝大多数的国家和地区，只有与被继承人存在一定的亲属身份关系的人才能成为继承人。与被继承人不存在亲属身份关系的人只能成为受遗赠人。根据我国《民法典》第 1045 条、第 1127 条、第 1128 条的规定，继承人主要包括近亲属，即配偶、父母、子女、兄弟姐妹、祖父母、外祖父母、孙子女、外孙子女以及特殊情况下的侄子女、甥子女或其他直系晚辈血亲等。

3. 继承是死者遗产处理的一种法律制度。继承法律关系，无论是法定继承、遗嘱继承抑或遗赠扶养协议、遗赠关系、遗产酌给关系、遗产管理、遗产债务清偿、遗产分割等无不以遗产的处理为中心。所以，继承就是处理死者遗产的一种法律制度。

（三）继承的种类

1. 按照继承的依据，分为法定继承和遗嘱继承。法定继承，是指继承人的范围、继承的顺序、继承的份额直接由法律规定，按照该规定将被继承人的遗产转移给继承人所有的一种继承方式。遗嘱继承，是指在被继承人死亡后，继承人依据合法有效的遗嘱继承被继承人遗产的继承方式。

2. 按照继承人继承遗产后清偿遗产债务的方式，分为限定继承和无限定继承。限定继承，是指继承人在所继承遗产的实际价值范围内履行清偿遗产债务和交纳被继承人生前应交纳税款的义务，超过遗产价值的债务，继承人不负清偿义务。无限定继承，是指继承人继承遗产后，对被继承人生前应交纳的税款和债务履行无限清偿义务，其履行义务范围不以遗产为限。我国原《继承法》与《民法典》均采取的是当然的限定继承，《民法典》第1161条规定："继承人以所得遗产实际价值为限清偿被继承人依法应当缴纳的税款和债务。超过遗产实际价值部分，继承人自愿偿还的不在此限。继承人放弃继承的，对被继承人依法应当缴纳的税款和债务可以不负清偿责任。"

3. 按照继承人的数量，分为单独继承和共同继承。单独继承，是指按照法律规定，只有一个继承人可以继承被继承人的遗产。继承人为一人，是指法律规定的继承人只有一个人，不包括法律规定的继承人为多人，但实际其他人因放弃或丧失等原因失去继承权而只剩下一个人的继承；也不包括法律规定继承人为多人，但被继承人通过遗嘱只指定一个人的继承。① 共同继承，是指按照法律规定，有多名继承人共同继承被继承人的遗产的继承。

4. 按照继承人的身份，分为本位继承和代位继承。本位继承，是指继承人基于自己的地位，在自身原本的继承顺序上继承被继承人遗产的继承。代位继承，是指被继承人的子女或兄弟姐妹先于被继承人死亡的，由被继承人的子女的直系晚辈血亲或兄弟姐妹的子女代替其父母的继承顺序，继承其父母应当继承的遗产份额的法律制度。

二、继承法律关系

法律的调整对象本质上是一种社会关系。社会关系经由法律的调整，进而上升为法律关系。而法律对社会关系的调整则是通过配置权利和义务的方式进行。《民法典》继承编的调整对象是因继承而产生的各种民事社会关系。这些民事社会关系经《民法典》继承编的调整具有了民事权利义务的内容，即成为继承民事法律关系。故本条规定的"因继承而产生的民事关系"，是指未经法律调整之前的社会关系。

继承法律关系，是指受到继承法律调整的，基于被继承人死亡的事实而

① 房绍坤、范李瑛、张洪波：《婚姻家庭与继承法》（第四版），中国人民大学出版社2015年版，第151页。

发生的各继承人之间或者继承人与其他主体之间的财产权利义务关系。

继承法律关系具有以下法律特征：第一，继承法律关系属于一种绝对的财产法律关系；第二，继承法律关系的权利主体是自然人，与被继承人之间具有特定的亲属关系，国家、法人或者非法人组织不能成为继承法律关系的主体；第三，继承法律关系的客体是被继承人死亡后遗留下来的个人合法财产；第四，继承从被继承人死亡后开始，所以继承法律关系的主体不包含被继承人。

《民法典》继承编所调整的对象，是因继承而产生的各种民事关系。财产继承所产生的民事关系复杂多样，不仅涉及继承权关系，还涉及与继承有关的债权关系或物权关系。主要包括：法定继承人单独继承或者共同继承而产生的民事关系；因遗嘱而产生的民事关系；因遗赠而产生的民事关系；因遗赠扶养协议而产生的民事关系；非继承人酌分遗产的民事关系；遗产债务关系；遗产管理与遗嘱执行中产生的民事关系；遗产分割中的民事关系；遗产被侵占而发生的继承回复关系等。

◎ 疑难适用

司法实务中，对《民法典》施行前因继承产生的民事关系是否一律适用本编规定，需要注意以下几点：首先，《民法典》施行前因继承产生的民事关系，原则上适用原《继承法》、原《继承法意见》等当时的继承相关规定。虽然原《继承法》、原《继承法意见》已经被废止，但《最高人民法院关于适用〈中华人民共和国民法典〉时间效力的若干规定》（以下简称《民法典时间效力规定》）第1条已经规定，《民法典》施行前的法律事实引起的民事纠纷案件，适用当时的法律、司法解释的规定，但是法律、司法解释另有规定的除外。《民法典》施行前的法律事实持续至《民法典》施行后，该法律事实引起的民事纠纷案件，适用《民法典》的规定，但是法律、司法解释另有规定的除外。其次，依据《民法典时间效力规定》第2条规定，《民法典》施行前因继承产生的民事关系，即便原《继承法》、原《继承法意见》已有规定，但适用《民法典》的规定更有利于保护民事主体合法权益，更有利于维护社会和经济秩序，更有利于弘扬社会主义核心价值观的，可以适用《民法典》。例如，依据《民法典时间效力规定》第14条规定，被继承人在《民法典》施行前死亡，遗产无人继承又无人受遗赠，其兄弟姐妹的子女请求代位继承的，适用《民法典》第1128条第2款和第3款的规定，但是遗产已经在《民法典》施行前处理完毕的除外。又如根据《民法典时间效力规定》第23条规定，被继承人在《民法典》施行前立有公证遗嘱，《民法典》施行后又立有新遗嘱，其死亡后，因该数份遗嘱内容相抵触发生争议的，适用《民法典》第1142条第3款的规定。最后，依据《民法典时间效力规定》第3条规定，《民法典》施行前因继承产生的民事关系，原《继承法》、原《继承法意见》没有规定，但《民法典》对其有规定的，可以适用《民法典》的规定，但是明显减损当事人合法权益、增加当事人法定义务或者背离当事人合理预期的除外。例如，《民法典时间效力规定》第13条规定：《民法典》施行前，继承人有《民法典》第1125条第1款第4项和第5项规定行为之一，对该继承人是否丧失继承权发生争议的，适用《民法典》第1125条第1款和第2款的规定。

《民法典》施行前，受遗赠人有《民法典》第1125条第1款规定行为之一，对受遗赠人是否丧失受遗赠权发生争议的，适用《民法典》第1125条第1款和第3款的规定。例如《民法典时间效力规定》第15条规定：《民法典》施行前，遗嘱人以打印方式立的遗嘱，当事人对该遗嘱效力有争议的，适用《民法典》第1136条的规定，但是遗产已经在《民法典》施行前处理完毕的除外。另外，《民法典》施行前因继承产生的民事关系，原《继承法》、原《继承法意见》仅有原则规定，但《民法典》对其有具体规定的，适用原《继承法》、原《继承法意见》的规定，但是可以依据《民法典》具体规定进行裁判说理。例如，《民法典》第1137条规定：以录音录像形式立的遗嘱，应当有两个以上见证人在场见证。遗嘱人和见证人应当在录音录像中记录其姓名或者肖像，以及年、月、日。

第一千一百二十条 国家保护自然人的继承权。

◎ 主旨

本条是关于《民法典》继承编的保护对象的规定。

◎ 释义

本条是新增条文，最早出现在《民法典继承编（草案）》（2018 年 4 月征求意见稿）第 2 条“国家依法保护自然人的私有财产继承权”中，并在《民法典各分编（草案）》（2018 年 9 月 5 日征求意见稿）第 899 条中修改为“国家保护自然人的继承权”，后直至《民法典》颁布，本条表述内容再无变动。

本条是对国家保护自然人继承权这一基本立场的宣示，属于宣示性条款，并非裁判规则。其内容属于《宪法》第 13 条第 2 款“国家依照法律规定保护公民的私有财产权和继承权”的规定在《民法典》中的具体体现。同时，也是《民法典》第 124 条“自然人依法享有继承权。自然人合法的私有财产，可以依法继承”的规定的具体展开。关于自然人的继承权保护问题，除了《民法典》规定之外，还有其他法律也对自然人的继承权保护问题作出了明确规定。例如，《未成年人保护法》（2020 年修订）第 107 条规定：“人民法院审理继承案件，应当依法保护未成年人的继承权和受遗赠权。”《老年人权益保障法》（2018 年修正）第 22 条第 2 款、第 3 款也规定：“老年人有依法继承父母、配偶、子女或者其他亲属遗产的权利，有接受赠与的权利。子女或者其他亲属不得侵占、抢夺、转移、隐匿或者损毁应当由老年人继承或者接受赠与的财产。老年人以遗嘱处分财产，应当依法为老年配偶保留必要的份额。”《妇女权益保障法》（2018 年修正）第 34 条规定：“妇女享有的与男子平等的财产继承权受法律保护。在同一顺序法定继承人中，不得歧视妇女。丧偶妇女有权处分继承的财产，任何人不得干涉。”

虽然本条是宣示性规定，但明确了私有财产的继承受国家保护的立场，具有十分重要的意义。下面将围绕本条所涉继承人的概念与特征、继承权的概念与性质以及继承权的保护等相关基本内容加以阐释。

一、继承人的概念与特征

继承人，是指按照法律规定有权获得被继承人遗产的自然人。

继承人的特征包括以下内容：

首先，继承人必须是也只能是自然人。自然人以外的法人、非法人组织以及国家虽可以在一定条件下取得遗产，但其并非继承人，因为其不是基于继承人之地位与资格而获得遗产，而是基于遗赠或遗产无人继承又无人受遗赠而获得遗产。

其次，继承人必须是《民法典》继承编所规定的人。虽然继承人必须是自然人，但并非与被继承人有关联的所有自然人均为继承人。多大范围内的亲属可以作为继承人，与各国和地区的历史、社会传统、国情等密切相关。所以，《民法典》继承编关于继承人范围的规定属于强制性规定，而不能由当事人自由决定。虽然被继承人可通过遗嘱指定继承人，但在我国《民法典》中并不存在被继承人指定法定继承人以外的人为继承人的规定。故被继承人通过遗嘱指定的继承人只能是《民法典》继承编所规定的继承人范围内的人。依据《民法典》第 1127 条、第 1129 条之规定，我国的继承人范围包括“本位继承人”与“代位继承人”两大类：前者包括配偶、子女、父母、兄弟姐妹、祖父母、外祖父母、对公婆或对岳父母尽了主要赡养义务的丧偶儿媳或丧偶女婿；后者则包括孙子女、外孙子女等直系晚辈血亲以及兄弟姐妹的子女。

最后，继承人必须是在法定继承或遗嘱继承中享有继承权的人。继承开始后，虽在法律规定的继承人范围内但如果丧失继承权的人则不再是继承人。此外，根据《民法典》第 1131 条规定，继承人以外的人虽然也可以从被继承人遗留的财产中获得一定的遗产，但其并非继承人，并不享有继承权。

二、继承权的概念与性质

（一）继承权的概念

继承权是自然人依照法律规定或者被继承人生前立下的合法有效的遗嘱

承受被继承人遗产的权利。[①]

学理上，一般将继承权分为客观意义上的继承权与主观意义上的继承权。

1. 客观意义上的继承权，是指继承开始前继承人的法律地位是自然人依法或依照遗嘱继承被继承人的遗产的资格。实质上，其是继承人所具有的继承遗产的权利能力。此时的法定继承人在日本民法上被称为推定继承人。这种权利是一种期待权，与一定的身份相关联，具有专属性。

2. 主观意义上的继承权，是指在继承开始后，具备法定条件的继承人取得被继承人遗产的实际权利。此时的继承人称为实质继承人。这种权利不以被继承人的主观意志为转移，是一种既得权、绝对权，具有排他性、现实性、财产性。

主观意义上的继承权是一种不同于物权、债权、知识产权等的特殊财产权利，其特殊性主要表现在：主观意义上的继承权虽与一定身份相联系，但非身份权，而是财产权。继承权主要发生在因婚姻、血缘而产生的有一定身份关系的亲属之间。可以说，继承权是以一定的身份关系为前提的；主观意义上的继承权是具有过渡性质的财产权利；主观意义上的继承权是绝对权，具有排他性。[②]

（二）继承权的性质

关于继承权的性质，主要存在三种学说：一为物权说。该说认为继承权应被视为一种物权，因而具有排他性。当继承人的继承权受到侵害时，享有类似于物上请求权性质的继承回复请求权。因此，应将继承的有关规定编入《民法典》物权编。但该说并不为大多数国家所采纳。这是因为，并不能仅仅依据继承权具有排他性就认为其属于一种物权。众所周知，知识产权、人格权等也均具有排他性，但其并非物权。二为债权说。该说认为继承权等同于债权，继承乃与契约、赠与等性质相同，具有债权债务的性质。故应将继承编与生前赠与、契约并列，规定在民法典财产取得编中。如《法国民法典》《美国路易斯安那州民法典》等。三为独立权利说。该说认为继承权是一种独

---

① 房绍坤、范李瑛、张洪波：《婚姻家庭与继承法》（第四版），中国人民大学出版社 2015 年版，第 159 页。

② 房绍坤、范李瑛、张洪波：《婚姻家庭与继承法》（第四版），中国人民大学出版社 2015 年版，第 160 ~ 161 页。

立的民事权利，与物权、债权并不相同。理由在于，继承权具有自身的特性，无法为其他性质的权利所包含。我国《民法典》是将继承权作为一种独立的民事权利予以规定。在《民法典》总则编第五章民事权利中，继承权与物权、债权等民事权利被分别独立规定。与此同时，从《民法典》各分编中通过独立的一编——继承编（与物权编、合同编并列）予以具体规定亦可得而知。

三、继承权的保护——继承回复请求权

国家保护自然人的继承权，一方面体现在通过《民法典》的具体规定，从正面赋予自然人以继承权；另一方面则体现为当继承人的继承权受到侵害或有侵害之虞时，从反面为继承人提供相应的救济之道。此种继承权受侵害的救济之道即为继承法中特有的继承回复请求权。

一般而言，保护民事权利的请求权包含两个系统，即原权利保护请求权和侵权请求权。原权利的保护请求权是民事权利固有的保护请求权；侵权请求权是基于原权利被侵害、依照侵权法的规定而产生的权利保护请求权。① 在继承领域，此种原权利的保护请求权系统即为继承回复请求权。与所有权本身必然包括积极意义上的占有、使用、受益、处分权能以及消极意义上的物权请求权相类似，继承权除了包括取得遗产的权利、放弃承认继承权的权能外，还包括继承回复请求权。

（一）继承回复请求权的概念与性质

所谓继承回复请求权，又称继承恢复请求权，是指继承权受到侵害后，继承人请求侵害人返还遗产并恢复继承权的圆满状态的权利。同物权请求权对物权的功能一样，继承回复请求权也是继承权的消极权能，起到保护继承权、完善继承权效力的作用。②

关于继承回复请求权的性质，学者间多有争议。主要有以下观点：

1. 继承人地位回复说（形成权说）。该说认为，继承回复请求权使表见

---

① 杨立新：《论民事权利保护的请求权体系及其内部关系》，载《河南省政法管理干部学院学报》2005 年第 4 期。

② 此处的继承权，是指主观意义上的继承权，即继承开始后的继承权。客观意义上的继承权是一种资格，尚未转化成具体权利，不能被侵害。

继承人的资格溯及既往地消灭，使请求权人的继承资格溯及地恢复效力。① 有学者认为，继承权为被继承人之人格或地位之包括的承继，故继承回复请求权系真正继承人回复其地位之形成权之一种。② 继承权不会因被他人否认而丧失，真正继承人不仅须依继承回复请求权之行使以回复其继承权，更得本于继承人之身份行使继承回复请求权以回复被占有之遗产标的物。形成权说中所谓继承回复请求权回复继承地位之形成权，理论上是矛盾的。所有权人之所有权被否认而所有物被他人占有时，并不会因此而使其所有权丧失。反而，其（可）基于所有权人之身份行使物上返还请求权请求返还被占有之所有物。而所有物与物上返还请求权之关系，就有如继承权与继承回复请求权之关系。若继承回复请求权仅在回复继承人之地位，则真正继承人之继承人地位回复后，仍须个别行使物上返还请求权，始得回复其被占有之遗产标的物，对真正继承人而言，亦是不胜其烦。此说之不当，明确可知。③

2. 遗产返还请求权说（请求权说）。该说认为，继承回复请求权的目的在于使遗产从非法占有人处返还至继承人。该说又分为两种：一为集合权利说。此说认为，继承回复请求权为继承财产之个别权利（请求权）之集合。继承回复请求权应解释为基于个别的财产权之侵害而发生之个别的“物权的请求权”的集合。在理论上，其固无独立的请求权性质。继承回复请求之诉的内容，与继承财产返还之请求，别无二致。二为独立请求权说。此说认为，继承回复请求权是继承人于其继承权因他人无正当权原占有遗产之全部或部分而被侵害时所认之特别的、独立的、包括的原状回复请求权。④ 该说从目的和争议点两个角度区分了继承回复请求权和物上请求权。认为继承回复请求权并非物上请求权，而是与赃物、遗失物之回复请求权同样之一种特别的请求权。⑤

3. 确认资格兼遗产返还请求权说。该说认为，回复继承之请求，不但对于相对人请求确认其法律上之地位，且在基于此地位请求继承标的之回复。

---

① 陈棋炎：《亲属、继承法基本问题》，我国台湾地区三民书局 1980 年版，第 313 页。

② 戴炎辉：《中国继承法》，我国台湾地区三文印书馆 1981 年版，第 85 页。

③ 林秀雄：《家族法论集》，我国台湾地区汉兴书局 1994 年版，第 333 ~ 334 页。

④ 史尚宽：《继承法论》，中国政法大学出版社 2000 年版，第 121 页。

⑤ 戴炎辉：《中国继承法》，我国台湾地区三文印书馆 1981 年版，第 330 ~ 331 页。

故此项请求权虽属单一，实有人的请求权与物的请求权之混合性质。即对于相对人请求确认其继承资格之点，为人的请求权；对于相对人请求回复其继承标的之点，为物的请求权。[①]

笔者认为，继承回复请求权是确认资格（形成权）兼返还请求权。[②] 首先，继承回复请求权具有双面属性：一方面，真正继承人为行使继承回复请求权，往往需要以对继承人的资格进行确认为前提，从而遗产归属争夺很大程度上取决于继承人身份的认定；另一方面，继承回复请求权为遗产回复请求权，而非继承权或继承地位回复请求权。继承人不提起继承回复请求而仅提起继承无效确认之诉，或提起继承权确认之诉则会因欠缺诉讼利益而受到驳回。[③] 仅僭称其为继承人而不占有遗产者也不构成侵害继承权。[④] 这是因为继承地位是法定地位，不会因为第三人的否定而发生地位丧失的问题。继承回复请求权要回复的不是抽象的继承权或继承人之地位，而是继承财产之占有。虽然在这一过程中，我们不承认继承人的继承权发生失而复得的过程，但是必须承认在继承回复请求权之诉中必然牵涉对继承权的确认问题。另外，必须指出的是，虽然继承回复请求权的性质是形成权（确认）兼请求权，但是不等于说二者并重，对继承权的确认仅仅是遗产回复的前提。因而，当事人提起继承回复之诉时的目的是遗产回复而非继承地位的确认。其次，形成权说或请求权说与我国的立法传统不符。形成权兼请求权说克服了形成权说与请求权说的弊端。形成权说认为继承回复请求权只能确认或回复继承人资格，不能使财产转归继承人。这样继承人如若希望财产回转还必须再提起一次诉讼，从而必然增加诉讼成本。请求权说之所以在德国等国家成为通说，并为其立法所采纳，原因在于按照《德国民法典》的规定，继承人可以请求

---

① 戴炎辉：《中国继承法》，我国台湾地区三文印书馆 1981 年版，第 336 页。

② 刘耀东：《继承法修改中的疑难问题研究》，法律出版社 2014 年版，第 326 ~ 328 页。

③ 戴东雄、刘得宽：《民法亲属与继承》，我国台湾地区五南图书出版公司 1985 年版，第 286 页。

④ 陈棋炎、黄宗乐、郭振恭：《民法继承新论》，我国台湾地区三民书局 2001 年版，第 91 页。

遗产法院向其颁发继承证书,[①] 具备公信力的继承证书[②]很容易确定何人为真正继承人，从而不仅避免了继承纠纷的发生，也最终促使其在诉讼上将继承回复请求权认为单纯的给付之诉。[③] 而继承证书制度显然与我国的国情不符。因此，我国无法采用请求权说。此外，由于请求权不具备对抗第三人的效力，故按照请求权说，如果判处被告向原告交还某遗产，则不等于确认了原告的继承权，在针对同一被告的要求返还其他遗产的诉讼不受前一诉讼的拘束。[④]

（二）继承回复请求权与侵权损害赔偿请求权、物上请求权的关系

继承回复请求权是对遗产回复享有的包括性的权利，是各种权利救济方式的集合。而侵害继承权，则仅指故意或过失侵害合法继承人对遗产的权利，并造成损害的行为。前者具有包括性，后者具有单一性；前者的构成要件简单，后者的构成要件严格。继承回复请求权是继承法上特有的救济制度，侵害继承权则是侵权责任法对继承权的保护。继承回复请求权作为包括性的权利，能够起到回复继承人事实上被侵害的继承人地位，保护其应得到的全部遗产份额的作用。而为达到这一目的，继承回复请求权采用了综合性的措施。因此，继承回复请求权可以与侵害继承权并存。

从回复继承权的本意看，继承回复请求权类似于物上请求权。二者还存在诸多一致之处，如都无须证明占有人善意或恶意、故意或过失；只要原为物权人（或被继承人）占有，后为他人无权占有即可行使权利，并且都可追及第三人；都采用了综合性的措施，以达到救济目的。物上请求权是对于单个、特定物行使的权利，不能简单地适用于这种包括有体物、无体物在内的遗产的情况。此时，这两种权利应区分两种情况加以适用：如果被告对原告

---

① 《德国民法典》第2353条规定：遗产法院必须根据申请向继承人颁发关于其继承权的证书，并且对于其有资格继承的部分，发给其关于该部分的应继份大小的证书（继承证书）。

② 《德国民法典》第2365条规定：推定在继承证书中被称为继承人的人享有继承证书所记载的继承权，且不受所记载的指示以外的指示的限制。第2366条规定：某人以法律行为从在继承证书中被称为继承人的人处取得遗产标的、遗产标的上的权利或属于遗产的权利免除的，为取得人的利益。以第2365条的推定是充分的为限，继承证书的内容视为正确。但取得人知道证书不正确或知道遗产法院因内容不正确而要求返还继承证书的除外。

③ 戴炎辉、戴东雄：《中国继承法》，我国台湾地区三民书局1998年版，第89页。

④ ［德］奥特马·尧厄尼希：《民事诉讼法》，周翠译，法律出版社2003年版，第186页。

的继承权不予争论，原则上则只能行使从被继承人处继承来的物上请求权；反之，如果对继承人资格有争论，则优先适用继承回复请求权。

总之，继承回复请求权与侵权损害赔偿请求权、物上请求权均存在差异，但均可并存并形成自由竞合关系，可分别独立行使。① 值得注意的是，在继承人与遗产无权占有人之间的争议仅为特定遗产的归属，并不涉及对继承人继承权的否认时，继承回复请求权与二者之间在功能上并无实际差异。②《最高人民法院关于民法典继承编的立法建议稿》（肖峰执笔）中曾建议规定继承回复请求权并撰写了建议条文“占有遗产的人否认继承人的继承权的，继承人可以请求确认继承权并返还遗产”。主要理由是，继承回复请求权着眼于整个继承权利益的恢复，将物权、债权、知识产权等权利整合在一起，是一项包括性权利。继承回复请求权无须证明对遗产的不同组成财产分别证明其权利，而是可就被继承人死亡时所占有的一切物，概括地提出回复主张，从而简化了诉讼、降低了证明责任，有利于当事人维权。但是，《民法典》继承编基于各种考虑，最终并未对继承回复请求权作出相应规定。

◎ 疑难适用

司法实务中，对侵犯继承权引发的纠纷，争议较大。首先，被继承人死亡前，提起继承权侵权诉讼，应如何处理？这个问题涉及对继承权性质的理解。关于继承权的性质，大致存在以下观点：第一种观点认为，继承权是物权，如继承权受到侵害或有受到侵害的危险，继承人享有类似物权请求权的继承回复请求权，采用该观点的有《奥地利民法典》；第二种观点认为，继承权是债权，继承人享有继承权时，可以主张债权请求权，要求保管遗产的人给付，采用该观点的有《法国民法典》；第三种观点认为，继承权既不是物权，也不是债权，而是一种独立民事权利，采用该观点的有《德国民法典》《日本民法典》等。在我国，学界主流观点认可上述第三种观点，即继承权是与物权、债权并列的独立民事权利，这也从《民法典》第五章在第 114 条和第 118 条分别规定民事主体依法享有物权、债权后，又在第 124 条单独规定

① 房绍坤：《论民法典继承编与物权编的立法协调》，载《法学家》2019 年第 5 期。

② 章正璋：《继承权法律保护的六个疑难问题探析》，载《现代法学》2012 年第 4 期。

“自然人依法享有继承权”可知，我国立法是将继承权作为与物权、债权并列的民事权利。在此前提下，学界主流观点还将继承权细分为客观意义上的继承权（继承开始前的继承权）和主观意义上的继承权（继承开始后的继承权）抑或分别表述为继承期待权和继承既得权。按照该分法，继承权丧失也可分为继承期待权丧失和继承既得权丧失两大类。但我们更倾向于继承权仅指继承既得权，而不包括继承期待权。换言之，不存在客观意义上的继承权(继承期待权)，理由在于：第一，所谓继承期待权不具备期待权的特征。民法上的期待权，是指已经具备取得权利的部分要件，将来有实现该权利可能性的权利。虽然构成权利的要件尚未全部满足，但已经可以像既得权一样转让、设定负担或被继承等。而继承期待权具有人身性，不得以转让、赠与等方式进行处分，不具有独立的权利功能。第二，继承期待权没有权利标的。继承开始前，所谓继承期待权指向的财产，均归被继承人所有，继承法律关系尚未形成，继承人也不能基于继承法律关系对该财产主张权利。第三，继承人作为继承期待权的主体具有不确定性。按照我国《民法典》的规定，遗嘱继承优先于法定继承，在后的遗嘱优先于在先的遗嘱，遗赠扶养协议又优先于遗嘱继承，而继承人的死亡及其继承权的丧失又对于继承权以及继承顺序必然产生影响，故在被继承人尚未死亡的情形下，谁是继承人、谁有继承权以及谁继承谁均无法确定。进而，权利主体无法确定的继承期待权也无法存在。[①] 既然被继承人死亡前，不存在所谓继承期待权性质的继承权，故此时也不存在继承权侵权的问题。此外，遗产分割后，对所分割遗产的侵犯也不存在侵犯继承权的问题，理由在于，被继承人的遗产已通过分割转化为各继承人等遗产利害关系人的个人财产。此时，如他人对该财产实施侵害，则只能属于一般财产侵权纠纷。

---

① 参见最高人民法院关于《最高人民法院关于适用〈中华人民共和国民法典〉继承编的解释（一）》第5条的解读，载最高人民法院民事审判第一庭编著：《最高人民法院民法典继承编司法解释（一）理解与适用》，人民法院出版社2022年版，第58页。

第一千一百二十一条　继承从被继承人死亡时开始。

相互有继承关系的数人在同一事件中死亡，难以确定死亡时间的，推定没有其他继承人的人先死亡。都有其他继承人，辈份不同的，推定长辈先死亡；辈份相同的，推定同时死亡，相互不发生继承。

◎ 主旨

本条是关于继承开始时间以及相互有继承关系的数人在同一事件中死亡且难以确定各自死亡时间的，如何确定死亡先后顺序的规定。

◎ 释义

本条是对原《继承法》第 2 条的修改，在吸收原《继承法意见》第 2 条规定精神的基础上增加了第 2 款的规定。最早在《民法典继承编（草案）》（2017 年 7 月 28 日室内稿）第 1 条就新增第 2 款“相互有继承关系的数人在同一事件中死亡，难以确定死亡时间的，推定为同时死亡，相互不发生继承”。后《民法典继承编（草案）》（2018 年 4 月征求意见稿）第 3 条修改为“相互有继承关系的数人在同一事件中死亡，难以确定死亡时间的，推定没有其他继承人的人先死亡。都有其他继承人，辈份不同的，推定长辈先死亡；辈份相同的，推定同时死亡，相互不发生继承”。此后，本条内容直至《民法典》颁布，再无变动。

下面围绕本条内容，主要阐述继承开始的原因与意义、继承开始时间的确定、继承开始的地点及死亡顺序的推定。

一、继承开始的原因与意义

关于继承的开始，大多数学者认为，继承的开始是指继承法律关系的产生。也就是说，继承的开始是因被继承人的死亡致使继承人所享有的继承权得以实际行使，继承权从期待权转化为既得权。继承开始的前提是法律事由的发生。当发生一定的法律事由时，即会引发继承法律关系的开始。本条第1款明确规定了继承开始的法定事由为被继承人死亡，即“被继承人死亡”是继承开始的原因。这里的被继承人死亡包括自然死亡和宣告死亡两种情形。所谓自然死亡，亦称生理死亡，是指自然人因病、因意外事故或者被杀害等原因而导致的生命终结。宣告死亡，则是指自然人下落不明达到法定期限，经利害关系人申请，人民法院经过法定程序依法推定失踪人死亡。宣告死亡与自然死亡的主要异同点为：二者都是自然人的民事权利能力终止的原因，都结束了以死亡人住所地为中心的民事法律关系。宣告死亡只是一种法律推定，被推定的自然人未必已经真实死亡，而自然死亡却是真实的法律事件。此外，在宣告死亡情形下，事实上存活的当事人在其他地区进行的民事法律关系仍然有效；而自然死亡则终结性结束了当事人的民事权利能力和其参与的一切法律关系。

将继承开始的时间法定化，有着重要的法律意义：

第一，根据继承开始的时间可以确定法定继承人的范围。继承开始后，继承法律关系随之产生。继承权从一种期待权变为一种既得权，可以实际行使该权利。但在具体的继承关系中，成为遗产继承权的主体也就是所谓的继承人必须要具备继承资格。那么，被继承人死亡，继承的开始，即可以确定继承人的范围。

第二，根据继承开始的时间可以确定遗产的范围。以被继承人死亡时间作为分界点，只有继承开始时既存在又归属于被继承人的合法财产，才能纳入可继承的遗产范围。

第三，根据继承开始的时间可以确定遗嘱生效的时间节点。被继承人生前所作的遗嘱，只有在其死亡后继承开始时才具有法律效力。在继承开始之前，遗嘱尚未生效，被继承人可根据其意志变更或者撤回遗嘱。

第四，根据继承开始的时间可以确定法定继承人的应继份额以及酌情分得遗产请求权。继承开始时，被继承人的遗产总额已经固定，即可按照该总额来确定继承人的应继份额。也即，可以根据法律规定以及被继承人的情况认定多分、少分或者不分遗产以及是否需要予以照顾的情形。此外，也可根据继承开始时的情况，一并确定非继承人是否可酌情分得遗产及其数额。

第五，继承开始的时间可以作为放弃继承权法律效力的起算点。继承人在继承开始时，即可放弃继承权。继承人放弃继承权的，视为自继承开始时为非继承人。对此，《最高人民法院关于适用〈中华人民共和国民法典〉继承编的解释（一）》［以下简称《民法典继承编解释（一）》］第37条规定，放弃继承的效力，追溯到继承开始的时间。

第六，继承开始的时间是遗产发生物权变动的时间节点。继承一开始，被继承人财产上的权利义务便由继承人概括承受。根据《民法典》第230条之规定，因继承取得物权的，自继承开始时发生效力。因此，继承开始的时间是被继承人遗产所有权发生物权变动效力的时间。单纯就遗产所有权转移时间而论，遗产所有权应当自继承开始时移转于继承人。继承人为一人时，继承人一人享有遗产所有权；继承人为多人时，遗产由全体继承人共同共有。

二、继承开始时间的确定

继承从被继承人死亡时开始，被继承人死亡的时间即为继承开始的时间。被继承人死亡分为自然死亡和宣告死亡，二者均产生继承开始的法律效果。

（一）自然死亡时间的确定

死亡作为一种法律事实，其所涉及的核心问题是，如何判定死亡的时间。对此，学界与司法实践一般认为，应结合呼吸断绝、脉搏消失、心跳停止等因素予以综合判断。随着医学、生命科学的发展，有些人提出以脑死亡时间作为判断死亡的时间标准。死亡时间是一个事实问题，其判定与医学、生命科学的发展密切相关。① 因此，死亡时间的认定与判断归根结底是一个医学问题，生理死亡的判断标准应与医疗技术和生命科学的发展水平相适应。但就具有法律意义的自然死亡时间而言，《民法典》第15条已经规定："自然人的出生时间和死亡时间，以出生证明、死亡证明记载的时间为准；没有出生证明、死亡证明的，以户籍登记或者其他有效身份登记记载的时间为准。有其他证据足以推翻以上记载时间的，以该证据证明的时间为准。"

（二）宣告死亡时间的确定

宣告死亡的时间如何确定，我国自原《最高人民法院关于贯彻执行〈中

---

① 陈甦主编：《民法总则评注》（上册），法律出版社2017年版，第89页。

华人民共和国民法通则〉若干问题的意见（试行）》（以下简称原《民通意见》）① 以来的司法实践一直将判决宣告之日作为宣告死亡的时间。《民法典》第 48 条规定：“被宣告死亡的人，人民法院宣告死亡的判决作出之日视为其死亡的日期；因意外事件下落不明宣告死亡的，意外事件发生之日视为其死亡的日期。”《民法典继承编解释（一）》第 1 条规定：“继承从被继承人生理死亡或者被宣告死亡时开始。宣告死亡的，根据民法典第四十八条规定确定的死亡日期，为继承开始的时间。”但是将判决宣告之日作为死亡的日期存在一定的不合理之处。因为判决作出之日受主观因素影响，并可以人为操控。《民事诉讼法》虽然对特别程序规定了审理期限，但并未规定超出审理期限的后果，审理期限对法官事实上并无足够强大的约束力。②

这种不合理之处较为典型地体现为两个方面：一是可能导致人为地改变继承法律关系。例如，被宣告死亡人甲之父乙也濒临死亡，如果以宣告死亡的判决作出之日作为被宣告死亡人的死亡日期，将会导致人为地改变继承法律关系。因为如果宣告死亡的判决在乙死亡之前作出，则乙为被宣告死亡人的第一顺序法定继承人；反之，如果宣告死亡的判决在乙死亡之后作出，则甲为乙的第一顺序法定继承人。故被宣告死亡人甲的其他近亲属完全可以通过诉讼策略，使宣告死亡的判决作出之日提前或滞后于乙的死亡日期，从而使甲、乙二人在继承法律关系中的地位发生改变。但，被宣告死亡人的死亡事实是唯一的、客观的，只有一个。法律上的死亡确认与自然上的死亡事实越接近，法律上确认的相关继承法律关系就愈加客观公正。《德国失踪法》第 9 条第 2 款强调，确定死亡的时间为“根据调查结果被认为最有可能死亡的时间”，实际上就是为了法律上宣告的死亡时间尽可能地接近被宣告死亡人实际死亡的时间。③ 故，《民法典》第 48 条后半句规定：“因意外事件下落不明宣告死亡的，意外事件发生之日视为其死亡的日期。”意外事件发生之日显然比法院宣告死亡判决作出之日更加客观。据此确定的继承法律关系也就更为公

---

① 原《民通意见》第 36 条第 1 款规定：“被宣告死亡的人，判决宣告之日为其死亡的日期。判决书除发给申请人外，还应当在被宣告死亡的人住所地和人民法院所在地公告。”

② 李宇：《民法总则要义：规范释论与判解集注》，法律出版社 2017 年版，第 121 页。

③ 陈甦主编：《民法总则评注》（上册），法律出版社 2017 年版，第 347 页。

正。由此可见，宣告死亡的判决作出之日与确定死亡之日是完全不同的两个事实，不能将二者捆绑在一起。因此，在宣告死亡的判决中，法官不能满足于简单地作出某人已经死亡的宣告，还必须单独地确定具体的死亡日期。① 二是在保险领域，以判决宣告之日作为死亡日期几乎使得保险期限较短的意外伤害险受益人的理赔诉求落空。故《最高人民法院关于适用〈中华人民共和国保险法〉若干问题的解释（三）》第 24 条第 2 款规定："被保险人被宣告死亡之日在保险责任期间之外，但有证据证明下落不明之日在保险责任期间之内，当事人要求保险人按照保险合同约定给付保险金的，人民法院应予支持。"

三、继承开始的地点

所谓继承开始的地点，是指继承人行使继承权参加继承并接受遗产的场所。继承开始的地点有确定管辖、适用法律和遗产价值评估标准的作用。关于继承开始的地点，《民事诉讼法》第 33 条第 3 项规定，"因继承遗产纠纷提起的诉讼，由被继承人死亡时住所地或者主要遗产所在地人民法院管辖"。由此可见，继承开始的地点是被继承人死亡时的住所地或者主要遗产所在地。因此，《民法典》未对继承开始的地点再作规定。但是，从比较法角度看，目前世界上大多数国家和地区规定了从被继承人的最后住所地开始，即采取住所地主义。例如，法国、意大利等。由于继承的首要问题是确定继承人的继承资格，而继承资格的确认由被继承人的最后住所地法院管辖最方便。如果无法确定被继承人最后住所地，则以被继承人主要遗产所在地作为继承开始的地点更为合理。基于上述考虑，《最高人民法院关于民法典继承编的立法建议稿》中曾建议规定，"继承从被继承人的最后住所地开始。如果不能确定被继承人的最后住所地，则继承从被继承人主要遗产所在地开始"，以简化诉讼程序，降低当事人诉讼成本。

四、死亡顺序的推定

两个以上互有继承权的人在同一事件中死亡，其死亡时间应当如何确定，

① 陈甦主编：《民法总则评注》（上册），法律出版社 2017 年版，第 348 页。

会直接影响继承人的利益。因此，原《继承法意见》第2条规定："相互有继承关系的几个人在同一事件中死亡，如不能确定死亡先后时间的，推定没有继承人的人先死亡。死亡人各自都有继承人的，如几个死亡人辈份不同，推定长辈先死亡；几个死亡人辈份相同，推定同时死亡，彼此不发生继承，由他们各自的继承人分别继承。"① 本条第2款沿袭了该司法解释的规定，在规范内容上并未作实质性修改。该规定在规范性质上属于一种立法推定规范，即立法者依特定的立法意图于成文法中所设置的推定性规范，基本路径就是以某一事实的存在为基础，据以认定另一事实或权利的存在。② 既然是一种推定性规范，那么即待证事实根据概率可能存在，也可能不存在，同时允许当事人通过反证予以推翻法律的推定。因此，只有在同一事件中相互有继承关系的数人的死亡时间难以确定的情况下，始可适用本条第2款规定的死亡顺序进行推定。如果其他利害关系人可以举证证明数人的具体死亡时间，即可推翻法律推定的死亡顺序。

本条第2款规定具有合理性和可操作性，在适用上包括以下三项具有递进关系的具体规则：

首先，推定没有其他继承人的人先死亡。所谓"其他继承人"，是指需要推定死亡时间先后的两个死者以外的继承人。需要推定死亡时间先后的两个死者之间互为继承人的不属于此之所谓"其他继承人"。推定没有其他继承人的人先死亡，使得有其他继承人的人能够在继承遗产之后再传承给其生存的继承人，进而避免因规则而引起的无人继承遗产的情形出现。

其次，如果数名死者都有其他继承人，则推定长辈先死。因为依照日常

---

① 有的学者认为该条规定并不完善，如年老长辈与壮年晚辈同时遇难，推定长辈先死亡，完全符合自然法则；但如果壮年长辈与幼年晚辈同时遇难，同样推定长辈先死亡，就违背了自然法则，也损害了一些继承人的继承利益。参见房绍坤、范李瑛、张洪波：《婚姻家庭与继承法》，中国人民大学出版社2015年版，第180页。基于以上观点，有学者建议将该条规定更改为：相互有继承关系的人在同一事件中死亡，如不能确定死亡先后时间的，推定没有继承人的人先死亡。各死亡人都有继承人的，若死亡人辈份相同，推定同时死亡，彼此不发生继承关系。死亡人辈份不同的，若晚辈未成年，则推定晚辈先死亡；若晚辈已成年，则推定长辈先死亡。参见郭明瑞、房绍坤：《继承法》，法律出版社2018年版，第187页。

② 唐雯：《我国共同遇难死亡顺序推定规则之反思与重构》，载《法律科学》2017年第2期。

生活经验和相关统计，通常长辈较之于晚辈先死亡。所以，依据辈份高低推定死亡时间，既遵循了自然规律，也避免了遗产的逆向流转。

最后，如果死者辈份相同，则推定同时死亡，相互不发生继承。以此保障被继承人的遗产在本支内部的传承，减少遗产向旁支流动的可能性。

◎ 疑难适用

如果数人辈份不同，但长辈实际年龄小于晚辈，能否一律适用本条规定，推定长辈先死亡？

现实生活中，长辈的年龄大于晚辈属于常态，但必须注意的是，由于目前婚姻家庭关系的多变性和复杂性，不排除出现长辈的年龄小于晚辈的情形。对此，如果出现年龄较小的长辈和年龄较大的晚辈在同一事件中死亡，且都有其他继承人的，则不宜机械地适用本条规定一律推定长辈先死亡。理由在于：推定同一事件中数人的死亡先后原则有二：一是保护继承人利益；二是遵循自然法则。推定没有其他继承人的人先死亡符合保护继承人利益的原则。因为如果推定有继承人的人先死亡，那么没有继承人的人继承了有继承人的人的遗产后，其遗产将变为无主财产，损害了有继承人的人的其他继承人的利益。而关于辈份不同，死亡时间不同的推定则体现了自然法则。一般而言，长辈防范风险意识、身体素质均弱于成年晚辈，故可推定成年晚辈后于长辈死亡。但对于未成年晚辈、特别是无民事行为能力的未成年长辈，其应对风险和身体素质均弱于成年晚辈，若一律推定成年晚辈先死亡，显然不符合自然法则和客观实际情况，故在具体实务适用中，还应考量晚辈和长辈各自的年龄、身体条件等诸多因素综合予以认定。对此，《最高人民法院关于民法典继承编的立法建议稿》中也曾建议规定“数人辈份不同，则推定成年晚辈后于长辈死亡，未成年晚辈先于长辈死亡”，亦可资参考。

第一千一百二十二条　遗产是自然人死亡时遗留的个人合法财产。

依照法律规定或者按照其性质不得继承的遗产，不得继承。

◎ 主旨

本条是关于遗产范围的规定。

◎ 释义

本条是对原《继承法》第3条的修改。早在《民法典继承编（草案）》（2017年7月28日室内稿）第2条就规定，“遗产是自然人死亡时遗留的一切个人合法财产。法律另有规定的，依照其规定”。后《民法典继承编（草案）》（2018年4月征求意见稿）第4条修改为“遗产是自然人死亡时遗留的一切个人合法财产，但法律规定或者依其性质不得继承的除外”。《民法典各分编（草案）》（2018年9月5日征求意见稿）第901条则删除了前稿中的“一切”二字。在此后几稿中，本条规定也都只有文字表述上的修改，内容再无变化，直至《民法典》颁布。

本条释义部分主要阐述遗产的概念和特征、遗产的范围以及界定遗产范围时应当注意的问题。

一、遗产的概念和特征

遗产，是指自然人死亡时遗留的个人合法财产。遗产是继承法律关系的客体，即继承权的标的。遗产具有以下四个方面的法律特征。

（一）时间上的限定性

遗产是自然人死亡时遗留的个人合法财产。只有在继承开始时，也就是被继承人死亡时，以此为节点，其生前的个人合法财产即转变为遗产。生前已经处分或灭失的财产原则上不属于遗产。如未发生死亡，自然人对其名下的财产享有所有权，可以按照自主意愿行使所有权，任何人或组织均无权干涉。

（二）内容上的财产性

遗产必须具有财产属性，人身权利和人身义务不能转移给继承人。故诸如被继承人生前享有的姓名权、肖像权、名誉权、荣誉权等人身权利非属遗产。遗产包括被继承人生前所享有的财产权利和财产义务，属于二者的统一体。在继承开始时，继承人不仅继承被继承人的财产权利，也要继承被继承人生前应当承担的财产义务。

（三）范围上的限定性

遗产的范围在一定程度上受到法律限制：首先，属于被继承人生前所有的合法财产，才可以成为遗产。虽为被继承人生前占有，但不为其所有的他人的财产，不属于遗产。被继承人生前与他人共有的财产（如夫妻共有财产、家庭共有财产），属于他人所有的部分也不属于遗产。其次，依本条第 2 款规定，按照法律规定或者根据其性质不得继承的财产，也不属于遗产。根据《民法典》第 369 条“居住权不得转让、继承”的规定，居住权虽为用益物权，具有财产属性，但根据法律规定，不得作为遗产继承。而与自然人的人身不可分离的财产权利，如抚恤金、补助金、最低生活保障金等财产权利，具有专属性，根据其性质不得继承，因而也不属于遗产。

（四）性质上的合法性

被继承人生前的合法财产才能成为遗产。被继承人死亡时遗留的财产，并非全部都属于遗产。依照法律规定，由被继承人享有的且合法取得的财产才能成为遗产。被继承人生前通过非法手段取得的国家、集体和他人所有的财产不能成为遗产。依照法律规定或根据其性质，不允许自然人个人所有的财产，也不属于遗产。例如，国有资源的使用权，自然人虽可依法取得，但此类权利须经特别程序始可享有。进而，自然人死后未经主管部门核准，其继承人不能基于继承而当然取得。

二、遗产的范围

较之原《继承法》第 3 条规定，本条进行了较大的调整，由“具体列举+兜底”的立法模式改为“概括+排除”的立法模式。此种立法模式有以下特点：一方面，从正面概括式地规定了遗产的范围，使遗产范围具有强大的包容性，进而可以适应我国经济社会快速发展以及科技进步所带来的遗产种类的复杂多样化趋势；另一方面，通过除外规则从反面明确了不得继承即不属于遗产的财产范围。通过“概括 + 排除”的立法模式对遗产范围进行界定更加科学和严谨。

（一）自然人死亡时遗留的个人合法财产原则上均为遗产

如前所述，确定死者的遗产范围时应把握时间上的限定性、内容上的财产性、范围上的限定性与性质上的合法性。只要属于死者生前所有的、个人的、合法的财产原则上才属于该自然人的遗产。遗产的具体范围虽无法一一列举，但其大致包括房屋、林木、牲畜、储蓄、有价证券等不动产或动产的所有权、财产给付之债权、知识产权中的财产权利、股权、合伙财产份额、海域使用权、社保个人账户的余额、信托受益权等。担保物权具有从属性，依据“从随主”原则，可以随主债权继承。符合本条关于遗产规定的用益物权和占有也可属于遗产。自然人享有的土地承包经营权、土地经营权、宅基地使用权符合本条规定的也均可成为遗产，但根据《民法典》第 369 条规定，居住权属于不得继承的遗产。根据《民法典》第 42 条规定，[①] 人身保险的被保险人死亡后，如果没有指定受益人的，或者受益人指定不明无法确定的；受益人先于被保险人死亡，没有其他受益人的；受益人依法丧失受益权或者放弃受益权，没有其他受益人的，保险金作为被保险人的遗产。财产保险与人身保险不同，财产保险不存在指定受益人的问题。因而，财产保险金属于被保险人的遗产。

（二）不得继承的遗产

根据本条第 2 款的规定，依照法律规定或者根据其性质不得继承的遗产，不得继承。这是在承认其属于遗产的基础上，对可继承性的排除规定，是对遗产范围扩张后的一个限定。

---

① 《保险法》第 42 条规定：“被保险人死亡后，有下列情形之一的，保险金作为被保险人的遗产，由保险人依照《中华人民共和国继承法》的规定履行给付保险金的义务：（一）没有指定受益人，或者受益人指定不明无法确定的；（二）受益人先于被保险人死亡，没有其他受益人的；（三）受益人依法丧失受益权或者放弃受益权，没有其他受益人的。受益人与被保险人在同一事件中死亡，且不能确定死亡先后顺序的，推定受益人死亡在先。”

首先，不得继承的遗产须由法律规定。这里的“法律”应限于狭义上的法律，即由全国人大及其常委会制定的法律，不包括法律之外的其他规范性文件，因为不得继承的遗产涉及自然人的基本民事权利。例如，根据《民法典》第369条之规定，居住权不得继承。依据《公司法》第75条规定，自然人股东死亡后，其合法继承人可以继承股东资格；但是，公司章程另有规定的除外。故公司章程另有规定时，股东资格虽属于遗产但不能继承。又如，宅基地、自留山、自留地的使用权均具有一定的福利色彩，只能由特定的社员享有，具有一定的专属性。所以，根据法律规定，宅基地、自留山、自留地的使用权也属于不得继承之范围。

其次，根据其性质不得继承的遗产。所谓“根据其性质不得继承的遗产”，是指具有人身专属性的财产权利或者以特别信任关系为前提的财产权利。例如，《最高人民法院关于审理人身损害赔偿案件适用法律若干问题的解释》（以下简称《人身损害赔偿司法解释》）规定，精神损害抚慰金的请求权，不得让与或者继承。但赔偿义务人已经以书面方式承诺给予金钱赔偿，或者赔偿权利人已经向人民法院起诉的除外。又如，司法实践中认为，死亡赔偿金是基于死者死亡对死者近亲属所支付的财产损失赔偿。获得死亡赔偿金的权利人是死者的近亲属，而非死者，故死亡赔偿金不应被认定为遗产。① 同时，我国司法实践认为死亡赔偿金的分配应在近亲属之间按照“与死者关系的远近、共同生活的亲密程度、分配权利人的生活状况等”因素进行合理分配，而不能适用遗产分配原则或者由全体赔偿权利人平均分享。② 此外，扶养费给付请求权、退休金、养老金、抚恤金、最低生活保障金、人身伤害赔

---

① 程啸：《侵权责任法》（第三版），法律出版社2021年版，第830页。

② 如在“陈某、刘某1等与冯某1、冯某2等继承纠纷再审案”中，法院认为，“死亡赔偿金是基于受害人的死亡赔偿义务人支付受害人近亲属的赔偿，不是死者的遗产，属于死者近亲属共有，故本案不应定性为继承纠纷，而应定性为共有物分割纠纷。但在分配死亡赔偿金时，应由死者的近亲属协商分配，协商不成的可以参照遗产继承顺序进行合理分配，原则上由死者家庭生活成员共同取得，应按照家庭共同生活紧密程度和依赖程度进行分配”。参见江苏省高级人民法院（2016）苏民申3884号民事裁定。此外，类似裁判还有江苏省高级人民法院（2015）苏审三民申字第01240号民事裁定、贵州省高级人民法院（2016）黔民申222号民事裁定、湖北省高级人民法院（2018）鄂民申2520号民事裁定、福建省高级人民法院（2018）闽民申934号民事裁定等。但也有裁判认为，“死亡赔偿金应参照《继承法》的规定，在共有人之间平均分割”。参见陕西省高级人民法院（2018）陕民再58号民事判决。

偿请求权等权利具有人身专属性，不得继承。

三、界定遗产范围时应注意的问题

（一）土地承包经营权的继承问题

根据2018年新修订的《农村土地承包法》的规定，土地承包经营权可分为三种，即林地承包经营权、林地以外的土地承包经营权与“四荒地”土地承包经营权。该法对于林地承包经营权与“四荒地”土地承包经营权，承认继承人有“继续承包”的权利，而对于林地以外的土地承包经营权则只承认继承人可以继承“承包应得的收益”。理论学界对于该法第32条中的“继续承包”表述存在不同的理解：第一种观点认为，“继续承包”，是指“合同的继续履行”。[①] 第二种观点认为，“继续承包”，是指“债权债务的概括移转”。土地承包经营权户内所有成员死亡的，可因继承产生债权债务的概括移转。土地承包经营权合同产生的债权债务可以因遗嘱发生概括移转。[②] 第三种观点认为，“继续承包”既可以解释为原合同主体的变更，也可以理解为权利的继承。因为土地承包经营权或土地经营权是物权，故所谓“继续承包”实质上就是承包经营权的继承。[③] 但从《农村土地承包法》的立法原意来看，“继续承包”就是林地承包经营权的继承。[④] 而对于林地之外的土地承包经营权则为农户全体家庭成员共同共有。在某一成员死亡后，继续由生存的家庭成员平等地共同共有土地承包经营权，不发生继承的问题。[⑤]

（二）宅基地使用权

宅基地使用权，是指自然人个人在国家或集体所有的宅基地上所享有的建造房屋以使用居住的一种物权。宅基地使用权不可转让。因此，宅基地使用权不可继承，但宅基地上面建造的房屋可以处分或继承。

---

① 中国法制出版社：《继承法新解读》，中国法制出版社2007年版，第11页。

② 韩世远：《合同法总论》，法律出版社2011年版，第495页。

③ 房绍坤、范李瑛、张洪波：《婚姻家庭与继承法》，中国人民大学出版社2020年版，第179页。

④ 高圣平、王天雁、吴昭军：《〈中华人民共和国农村土地承包法〉条文理解与适用》，人民法院出版社2019年版，第171页。

⑤ 高圣平、王天雁、吴昭军：《〈中华人民共和国农村土地承包法〉条文理解与适用》，人民法院出版社2019年版，第169页。

（三）准物权的继承问题

准物权又称特许物权或特别法上的物权，是指《渔业法》《矿产资源法》等特别法所规定的渔业权、水权、采矿权和狩猎权等。国家对于自然资源的开采和利用，设有严格的审批程序，并不是所有人可以随意开采。从我国现行立法的规定来看，我国《渔业法》《矿产资源法》《野生动植物保护法》等特别法均规定此类权利须基于行政许可行为方可产生，不得转让，且对被许可方有着特定资格的要求。因此，自然资源的利用权只有经过相关行政许可也就是特定的人才可以享有。在其死亡后，继承人不能当然取得自然资源的利用权，必须重新申请并且经过有关部门批准才可以享有。

◎ 疑难适用

关于遗体、遗骨是否能作为遗产继承的问题，理论学界存在三种不同的观点：第一种观点认为，遗体属于物，因此其属于遗产的一部分；第二种观点则认为，遗体不属于所有权的标的物，因此不属于遗产；第三种观点认为，遗体不是物，也不是财产所有权的标的，而是最近亲属埋葬权的标的或者是其亲属人格权的标的。[①] 笔者认为，遗体、骨灰、灵牌等具有特殊伦理性的物，仅以安葬祭奠悼念为目的而承认其为遗产。对此，《最高人民法院关于民法典继承编的立法建议稿》中也曾建议规定“遗体、骨灰、人体器官等参照遗产处理”。理由是，司法实务中已经有涉及遗体、骨灰、人体器官等的争议，将其明确为遗产在继承中与其他遗产一并处理，有利于定分止争。

---

① 刘春茂：《中国民法学·财产继承》，中国人民公安大学出版社 2008 年版，第 107 页。

第一千一百二十三条　继承开始后，按照法定继承办理；有遗嘱的，按照遗嘱继承或者遗赠办理；有遗赠扶养协议的，按照协议办理。

◎ 主旨

本条是关于遗产处理方式适用顺序的规定。

◎ 释义

本条源自原《继承法》第5条，在历次《民法典继承编（草案）》中本条内容都没有修改过，直至《民法典》颁布。本条释义部分主要阐述法定继承、遗嘱继承、遗赠、遗赠扶养协议的概念和特征以及各继承方式之间的适用顺序。

一、遗嘱继承或者遗赠优先于法定继承

法定继承，是指继承人的范围、继承顺序、继承份额直接由法律规定，按照该规定将被继承人的遗产转移给继承人所有的一种继承方式。遗嘱继承和遗赠，是指按照被继承人生前所立遗嘱，确定遗产继承人和受遗赠人范围以及遗产分配的一种继承方式。① 发生法定继承的前提有两种：第一，被继承人生前没有设立遗嘱处分自己的财产；第二，被继承人生前设立的遗嘱无效。因此，法定继承是遗嘱继承的对称，又被称为无遗嘱继承。

（一）法定继承的特征

1. 法定继承具有强制性。因继承人的范围、继承顺序以及继承份额均为法定，属于强制性规范，除被继承人可用遗嘱方式予以改变之外，其他人均

① 刘春茂：《中国民法学·财产继承》，中国人民公安大学出版社2008年版，第243页。

无权变更。

2. 法定继承具有亲属身份性。法定继承以法定的亲属身份关系为前提和基础，亲属身份权是法定继承的本源，法定继承则是亲属身份权的派生。[①] 法定继承是以一定的人身关系为前提，即法定继承的发生因被继承人和继承人之间的婚姻、血缘和家庭关系而确定。[②] 因此，《民法典》继承编所确定的法定继承的继承人的范围、继承顺序、继承份额，都是以一定的身份关系为基础，被继承人与继承人之间有特定的亲属关系，才可以发生法定继承。

3. 法定继承具有补充性和限制性。近代继承法的两大重要继承方式为法定继承与遗嘱继承。遗嘱体现当事人的主观意愿，遵从当事人的意思自治原则。法定继承是遗嘱继承的补充，在没有遗嘱的情况下，适用法定继承。故遗嘱继承优于法定继承。但遗嘱继承在适用的时候又受到法定继承的限制，立遗嘱人只能在法定继承人的范围内选定遗嘱继承人，同时应当为特定的继承人保留必要的遗产份额。由此可见，法定继承既是遗嘱继承的补充，又是遗嘱继承的限制。

（二）遗嘱继承的特征

遗嘱，是指遗嘱人生前作出的财产处分，于其死后发生法律效力的要式单方法律行为。[③] 遗嘱继承，是指在被继承人死亡后，依据合法有效的遗嘱继承被继承人遗产的继承方式。由于遗嘱继承是按照被继承人生前的意思发生的继承，故又被称为意定继承。由于遗嘱继承人的范围、遗产继承的方法等有关继承事项都是由被继承人制定的，因而又被称为指定继承。[④] 遗嘱继承具有以下法律特征：

1. 遗嘱继承发生的前提是被继承人死亡以及其生前设有合法有效的遗嘱。被继承人死亡是发生法定继承的原因，但在遗嘱继承中，除被继承人死亡外，被继承人还必须在生前设有遗嘱，且该遗嘱是合法有效的，才可能发生遗嘱继承。如其生前设立的遗嘱违反法律、行政法规的强制性规定，也不能按照

---

① 张贤钰：《婚姻家庭继承法》，法律出版社 1999 年版，第 270 页。

② 夏吟兰：《婚姻家庭继承法》（第二版），中国政法大学出版社 2017 年版，第 241 页。

③ 张平华、刘耀东：《继承法原理》，中国法制出版社 2009 年版，第 229 页。

④ 房绍坤、范李瑛、张洪波：《婚姻家庭与继承法》，中国人民大学出版社 2020 年版，第 204 页。

遗嘱进行遗嘱继承。

2. 遗嘱继承等同于被继承人的意思表示。遗嘱为被继承人生前所立，其中体现了被继承人对于继承人的范围、继承顺序、继承份额等进行指定的意思表示，法律对其意志予以保护和尊重。

3. 遗嘱继承排斥法定继承。如前所述，法定继承体现立法者的意志，遗嘱继承体现当事人的意愿。继承开始后，如存在合法有效的遗嘱，应当优先适用遗嘱继承的相关法律规定。只有在没有遗嘱或者遗嘱无效的情况下，才能适用法定继承。遗嘱继承可以将某些法定继承人排除在外，也可以打破法定继承人的应继份额及其继承先后顺序，实际上是对法定继承的一种排斥。遗嘱继承虽是被继承人的意思自治，但也受到法定继承的约束，对于特殊的法定继承人，应保留部分遗产份额。

（三）法定继承与遗嘱继承的体系顺序

原《继承法》及《民法典》继承编在条文体例编排上均将法定继承置于遗嘱继承和遗赠之前，但在法律效力上，遗嘱继承和遗赠则优先于法定继承。这主要是考虑到，法定继承是继承中的常态，而遗嘱继承是继承中的特殊现象，且法定继承制度中的很多规则都要被遗嘱继承所援引。遗嘱继承就是被继承人通过遗嘱方式将其财产留给法定继承人范围以内的人。因此，遗嘱继承必须要援引法定继承制度中有关法定继承人范围的规定。[①] 在《民法典》编纂过程中，对于我国继承法的此种体例安排，有学者认为，“从这个顺序上看，似乎法定继承优先。专业人士对此当然不会产生误解，肯定是遗嘱继承优先，但对于普通群众而言，会造成法定继承优先的误解。因此，事实上，法定继承就是非遗嘱继承，应当放在遗嘱继承之后予以规定”。[②] 还有学者认为，将法定继承置于遗嘱继承之前的立法体例具有一定的合理性，但是也呈现出一些弊端。将法定继承置于遗嘱继承之前，容易给人造成继承法乃强行法之感。而事实上，继承法应当更多地强调遗嘱自由。在发生继承时，首先应当考虑的是被继承人是否立有遗嘱，仅在无遗嘱或所立遗嘱无效的情况下，

① 魏振瀛：《民法》，北京大学出版社 2007 年版，第 611 页。

② 杨立新、刘德权、杨震：《继承法的现代化》，人民法院出版社 2013 年版，第 30 页。

才适用法定继承。因而，在此种意义上可以说法定继承乃遗嘱继承之补充。① 所以，将遗嘱继承置于法定继承之前，更符合私法自治原则。同时，随着我国经济的快速发展，个人拥有财产的价值、数量较之以往均有大幅增加以及财产类型呈现多样化，未来社会中遗嘱继承必然越来越普遍，因此将遗嘱继承置于法定继承之前的立法体例，也适应了此种发展趋势。②

在比较法上，第一种是首先规定遗嘱继承，其次规定无遗嘱继承即法定继承，最后规定遗嘱继承和无遗嘱继承的共同规定，如《菲律宾民法典》《马耳他民法典》；第二种是首先规定继承的一般规定，即法定继承和遗嘱继承均适用的共同规定，其次规定遗嘱继承，最后规定法定继承，如《奥地利民法典》《俄罗斯民法典》《越南民法典》《西班牙民法典》；第三种是首先规定一般规定，其次规定法定继承，最后规定遗嘱继承，如《法国民法典》《意大利民法典》《智利民法典》《巴西民法典》《葡萄牙民法典》《埃塞俄比亚民法典》《韩国民法典》《日本民法典》《阿根廷民法典》《魁北克民法典》和我国澳门特别行政区民法等。可见大多数国家和地区的均还是将法定继承置于遗嘱继承之前予以规定。

继承包括法定继承与遗嘱继承。在继承开始后，如果存在遗嘱则应优先适用遗嘱继承的法律规则，只有在无遗嘱、遗嘱无效或存在遗嘱未处分的遗产等情形时方可适用法定继承规则。实际上，法定是无约定时的推定。或言之，乃法律直接推定的约定，将绝大多数当事人在多数情况下通常会选择的继承方式作为法定继承加以规定。即在被继承人未立遗嘱的情况下，法律即推定被继承人有按法定继承（法律规定的继承人范围及应继份额）处分其身后财产的意思。故法定与约定本质上是一致的，法定继承与遗嘱继承均是对当事人身后的财产进行安排。

概言之，法定继承主要反映的是立法者的意志，属于继承法律关系中的默认规则。在被继承人未通过遗嘱或遗赠扶养协议对遗产进行特殊安排时，法定继承的相关规定即为遗产继承的基础性与补充性规则。遗嘱继承或者遗赠优先于法定继承是遗嘱自由原则的体现，其以民法意思自治基本原则为理论基础。

---

① 魏振瀛：《民法》，北京大学出版社 2007 年版，第 611 页。

② 王利明：《继承法修改的若干问题》，载《社会科学战线》2013 年第 7 期。

二、遗赠扶养协议优先于遗嘱继承和遗赠

遗赠扶养协议，是指扶养人与被扶养人之间签订的有关扶养人承担被扶养人生养死葬义务，并享有受遗赠权利的协议。遗赠扶养协议虽然也包含"遗赠"的内容，但其与单纯的遗赠存在较大的区别。《民法典》第1158条将遗赠扶养协议的内容确定为受遗赠与生养死葬两项内容，从而更加明确了遗赠扶养协议本质上属于一种民事合同。

关于遗赠扶养协议的性质，通说认为遗赠扶养协议具有双务性和有偿性的特征。[①] 遗赠扶养协议既是一种遗产移转的方式，同时也是平等主体之间就扶养与受遗赠所达成的双务有偿合同。被扶养人通过遗赠财产换取扶养人负担生养死葬义务，因此遗赠就是扶养的合同对价。[②] 因而，有观点认为，正因为遗赠扶养协议具有有偿性，故其效力优先于遗嘱继承与遗赠。[③] 遗赠扶养协议中的受遗赠本质上是对协议的履行行为，获得遗赠的权利是基于对价而有偿取得，因此其效力优先于遗赠和法定继承。[④] 相应地，《民法典继承编解释(一)》第3条规定："被继承人生前与他人订有遗赠扶养协议，同时又立有遗嘱的，继承开始后，如果遗赠扶养协议与遗嘱没有抵触，遗产分别按协议和遗嘱处理；如果有抵触，按协议处理，与协议抵触的遗嘱全部或者部分无效。"应当注意的是，该规定虽有维护遗赠扶养协议效力优先的用意，但遗赠扶养协议效力优先并非必须以否定遗嘱的效力为必要。遗赠扶养协议效力优先的原则，并不必然得出被扶养人所立遗嘱无效的结论，而只是因为遗赠扶养协议效力优先而使遗嘱的效力被抑制，而无从发生效力而已。若遗赠扶养协议解除或因扶养人的原因未被履行，仍应按照遗嘱继承或遗赠办理，不能跳过遗嘱直接适用法定继承。[⑤]

---

① 何丽新：《论遗赠扶养协议的扩张适用》，载《政法论丛》2012年第3期。

② 杨大文：《亲属法与继承法》，法律出版社2012年版，第381页；郭明瑞、房绍坤、关涛：《继承法研究》，中国人民大学出版社2003年版，第188页。

③ 张昕：《论遗赠扶养协议的完善》，载《法学杂志》2007年第6期。

④ 孙毅、刘耀东：《中华人民共和国民法典·继承编释义》，人民出版社2020年版，第16页。

⑤ 孙毅、刘耀东：《中华人民共和国民法典·继承编释义》，人民出版社2020年版，第17页。

◎ 疑难适用

在司法实务中，可能出现的一种情形是，被继承人既通过遗赠方式处分身后财产，又通过遗嘱继承方式处分所留遗产。在此情形下，当被继承人死亡后，用于清偿遗产债务后的剩余遗产，不足以同时满足遗赠和遗嘱继承时，该剩余遗产应如何在受遗赠人和遗嘱继承人之间进行分配？笔者认为，遗产分配应在被继承人债务清偿后进行，而且应坚持有对价优先和尊重被继承人意思自治原则，以确定分配顺序。实务中，被继承人可能同时作出遗赠和遗嘱继承的意思表示，也可能先后作出上述两种意思表示，如果被继承人同时作出遗赠和遗嘱继承的意思表示，则在剩余遗产不能同时满足遗赠和遗嘱继承时，可以按遗赠金额或遗嘱继承金额各自占两者之和的比例来分配剩余遗产。如果被继承人并非同时作出遗赠和遗嘱继承的意思表示时，则被继承人最新意思表示优先。对此，《最高人民法院关于民法典继承编的立法建议稿》中也提出明确建议，“剩余遗产不足以同时满足遗赠和遗嘱继承的，依照被继承人立遗赠或者遗嘱的时间先后为序，时间在后，顺序在先”。

第一千一百二十四条　继承开始后，继承人放弃继承的，应当在遗产处理前，以书面形式作出放弃继承的表示；没有表示的，视为接受继承。

受遗赠人应当在知道受遗赠后六十日内，作出接受或者放弃受遗赠的表示；到期没有表示的，视为放弃受遗赠。

◎ 主旨

本条是关于继承与受遗赠的接受与放弃的规定。

◎ 释义

本条源自原《继承法》第25条的规定，最早在《民法典继承编（草案）》（2018年4月征求意见稿）第6条中将其修改为："继承开始后，继承人放弃继承的，应当在遗产处理前，向遗产管理人作出放弃继承的表示。没有表示的，视为接受继承。受遗赠人应当在知道受遗赠后两个月内，向遗产管理人作出接受或者放弃受遗赠的表示。到期没有表示的，视为放弃遗赠。"《民法典各分编（草案）》（2018年9月5日征求意见稿）第903条删除了"向遗产管理人"的表述，将"放弃遗赠"修改为"放弃受遗赠"。在《民法典继承编（草案）》（2019年12月28日征求意见稿）第1124条中在"作出放弃继承的表示"之前增加"以书面形式"的表述。在《民法典》颁布稿中又将"两个月"修改为"六十日"。

本条释义内容主要阐述遗产的移转方式、继承的接受与放弃的概念和法定期限、继承的接受与放弃应具备的要件、受遗赠的接受与放弃。

继承的接受与放弃，是指继承人于继承开始后作出的承认或放弃继承的意思表示。继承的接受与放弃和遗产的移转方式即继承的样态密切相关。

一、遗产移转方式的立法模式

关于遗产的移转方式，立法例上有以下四种模式：

一是当然继承主义。此种立法模式也被称为“直接继承主义”，即继承一经开始，被继承人财产上之一切权利义务（积极财产和消极财产），当然概括移转于继承人，继承人不必为接受继承的意思表示，更无须个别地履行移转之手续。亦即，不以继承人的意思表示为其取得遗产的必要条件。所谓“当然”者，不问继承人为谁；无论该继承人知悉继承开始事实与否；也不管继承人是否有承受继承财产之意思表示。只要被继承人死亡，立即开始继承，而继承财产上的一切法律关系，同时由被继承人移转于继承人。在此种立法主义下，继承的承认仅具消极意义，即维持原已发生的效力。至于继承的放弃，则须有继承人的积极意思表示，始能发生不为继承之效力且为谋求时间上的连续，放弃继承之效力应溯及继承开始时。

二是承认继承主义。于此种立法模式中，遗产并不因被继承人的死亡而当然地归属于继承人，仍须继承人为接受继承的意思表示后，始发生归属之效力。所以，在承认继承主义之下，继承的承认便具有积极意义，而继承的放弃则具有消极意义。同时，为谋求时间上的连续，继承的承认具有溯及效力。如继承人在规定期限内没有作出接受继承意思表示的，即视为放弃继承。因接受继承的表示溯及继承开始时发生效力，故遗产实际上亦是从继承开始时即转归继承人，只是其并非当然地移转于继承人。

三是法院交付主义。此种立法模式认为，在继承人接受遗产之前，遗产被视为仍由死者占有。遗产须因法院之裁定而将其交付于继承人时，始生归属继承人之效力。故继承的接受，系积极请求交付遗产的意思表示。奥地利民法即采此立法例，根据《奥地利民法典》第 797 条的规定，遗产要先通过一个法院程序（遗产认证程序）进行确认，然后才能转移给继承人。

四是剩余财产交付主义。此立法模式为英国法所采，即继承一开始，尤其是共同继承开始时，遗产并不直接移转于继承人，而是必须选任遗产管理人（受托人），而将遗产委诸此人，而令其清算遗产。故遗产管理人须作成遗产目录，而后清偿继承债务，并受领继承债权之清偿后，始将剩余财产按应继份分配给继承人。此种立法模式中，须有遗产管理人之移转行为，继承人始能取得遗产。故继承的接受，乃行使剩余财产交付请求权。

因此，依当然继承主义，继承开始后，无须继承人作出接受继承的意思表示，遗产直接归继承人所有；而按照承认继承主义，则只有在继承人作出接受继承的意思表示后，遗产始归继承人所有，同时继承的接受溯及继承开始时发生效力。故在继承人接受继承后，其也是自继承开始之日遗产归属于继承人所有。同样，在法院交付主义与剩余财产交付主义中，遗产也并不是直接归属于继承人，更待继承人行使交付遗产的请求权。我国继承立法对此一直采当然继承主义。因此，继承人接受继承无须积极地作出接受继承的意思表示，但如要放弃继承则须以明示的方式作出放弃继承的意思表示。

二、继承的接受与放弃的概念和法定期限

继承的接受，是指继承人表示愿意接受继承被继承人遗产的意思表示。继承的放弃，又称放弃继承，是指继承人不同意接受被继承人遗产的意思表示。

本条基本沿用了原《继承法》第25条的规定，即区分继承人和受遗赠人对继承与受遗赠的接受与放弃作出了不同的规定：就继承人而言，其放弃继承必须以明示的方式作出放弃继承的意思表示，本条第1款较之于原《继承法》第25条，对继承人放弃继承的表示方式作出了明确的规定，系“书面形式”。应当注意的是，根据原《继承法意见》第47条与第48条的规定，继承人用口头方式表示放弃继承，本人承认，或有其他充分证据证明的，也应当认定其有效。但在《民法典继承编解释（一）》中，只在第34条延续了原《继承法意见》第48条规定的“在诉讼中，继承人向人民法院以口头方式表示放弃继承的，要制作笔录，由放弃继承的人签名”，上述情形也应当解释为“书面形式”，或为“书面形式”的具体化。而未保留原《继承法意见》第47条规定的情形。故体系解释应认为，只要继承人未以书面形式明确表示放弃继承的，即视为其接受继承。

而对于受遗赠人，其接受或放弃受遗赠的表示必须以明示方式作出，但本条并未明确对受遗赠人作出接受或放弃受遗赠表示的方式作出限定，故受遗赠人以口头形式或书面形式抑或其他形式作出表示均可。同时，本条对继承人放弃继承与受遗赠人接受或放弃受遗赠规定了法定期间，即继承人放弃继承的意思表示须于遗产处理前作出，否则即视为接受继承；受遗赠人接受或放弃受遗赠的表示须于知道受遗赠后的60日内作出。否则，即视为放弃受遗赠。

本条在规范性质上属于拟制性规范。通常而言，法律规范中的“视为”是一项重要的立法技术方法，属于一种拟制，系“乃明知该事实为甲，但因

法的政策上之需要，乃以之为乙而处理之是也”,[①] 是立法者基于特定的目的，针对微观层次的社会关系，有意地将明知为不同者而等同视之的立法技术，以期待取得预期的法律后果并且不允许依反证予以反驳或推翻。[②] 拟制性规范又可区分为三种不同的类型：（1）表见拟制。立法者表见地将系争案型借用一个在当时被接受的法律原则，加以处理。之所以适用表见拟制，通常是因为系争案型还没有合适的法律原则发展出来，立法者只好维持原有规定的外观。[③] 例如根据《民法典》第 159 条之规定，附条件的民事法律行为，当事人为自己的利益不正当地阻止条件成就的，视为条件已成就；不正当地促成条件成就的，视为条件不成就。此即为表见拟制，将破坏民事法律行为所附条件的情形，借助既有的法律原则加以处理。（2）推定式拟制。立法者在没有十分肯定两个事实构成是否同一的情况下，为其不至于影响所需要规定的制定，便直接进行推定式的拟制。[④] 其特点在于，其拟制的方式同时具有法律推定的意义，使其不因反证而推翻，即所谓“不得以反证推翻的推定”，与单纯的推定或单纯的拟制均有不同，而是兼有推定（可能与事实相符）与拟制（不得以反证推翻）的性质。[⑤] 推定式拟制主要有两种类型[⑥]：一是一方当事人于相当期间内未为意思表示或观念通知，出于规范上的需要，拟制其有某种意思表示或观念通知。如根据《民法典》第 145 条第 2 款的规定，相对人可以催告法定代理人自收到通知之日起 30 日内予以追认。法定代理人未作表示的，视为拒绝追认。二是当事人固然曾为意思表示或观念通知，但其内容尚不够明确。因此，法律拟制具有被期待之特定内容。如根据《民法典》第 1142 条第 2 款的规定，立遗嘱后，遗嘱人实施与遗嘱内容相反的民事法律行为的，视为对遗嘱相关内容的撤回。推定式拟制虽然在一定程度上融合了推定的立法技术，但其与通常所言的法律上的推定，存在显著的差异：首先，法律上的推定，在绝大多数情况下，可通过反证予以推翻。推定式拟制是明

---

① 郑玉波：《法谚（一）》，法律出版社 2007 年版，第 39 页。

② 参见［德］伯恩·魏德士：《法理学》，丁小春、吴越译，法律出版社 2003 年版，第 66 页。

③ 黄茂荣：《法学方法与现代民法》（第五版），法律出版社 2007 年版，第 196 页。

④ 黄茂荣：《法学方法与现代民法》（第五版），法律出版社 2007 年版，第 197 页。

⑤ 黄茂荣：《法学方法与现代民法》（第五版），法律出版社 2007 年版，第 200 页。

⑥ 黄茂荣：《法学方法与现代民法》（第五版），法律出版社 2007 年版，第 197 ~ 200 页。

知两种事实不同而强行将其等同，且不许以反证予以推翻。其次，法律上的推定，其功能在于减轻举证负担，主要被应用于庭审过程中，不能决定实体权利的归属关系。如不动产登记簿的权利正确性推定，只是为了减轻登记权利人的举证负担。推定式拟制，则旨在增进法律交往的安定性，避免某种法律事实或关系限于悬疑状态，或久拖不决，强制性地确定当事人间的权利、义务或责任关系。[①]（3）引用性拟制。通过拟制性的方式运用引用的立法技术，兼具引用与拟制的特征，拟制是其手段，引用则为其目的。[②] 虽然案型不同，但立法者认为其价值相同，故作相同处理，目的是简化法条。如《民法典》第 18 条第 2 款规定，16 周岁以上的未成年人，以自己的劳动收入为主要生活来源的，视为完全民事行为能力人。

本条规定即属推定式拟制。立法者并不是明知继承人放弃继承而将其拟制为接受继承，也不是明知受遗赠人接受受遗赠而将其拟制为放弃受遗赠。而是在继承人不作是否放弃继承的意思表示时，基于继承人于相当期间内不作任何意思表示与接受继承二者之间发生上的高度盖然性，而将其推定并拟制为接受继承。同样，在受遗赠人知道或应当知道遗赠事实的一定期限内，对是否表示接受受遗赠未作明确表示的，因大多数情况下是对接受受遗赠并无兴趣，且受遗赠人为法定继承人以外之人，故其放弃受遗赠的可能性更高，也更加符合人们的生活感知，所以法律推定拟制受遗赠人放弃受遗赠。

三、继承的接受与放弃应具备的要件

关于继承的接受和放弃应具备的要件问题，《最高人民法院关于民法典继承编的立法建议稿》中曾建议立法规定“放弃继承的效力，溯及至继承开始之时。被放弃的继承份额按照放弃继承的人在继承开始前死亡的情形处理。继承人接受或者放弃继承不得附条件或者期限，不得部分接受或者放弃继承”。其主要理由在于以下几个方面。

（一）继承的接受或者放弃属于单方民事法律行为，必须在继承开始后遗产分割前作出接受或者放弃的意思表示

继承的接受与放弃属于有相对人的单方民事法律行为，自放弃继承的意

① 陈甦主编：《民法总则评注》（上册），法律出版社 2017 年版，第 107 页。

② 黄茂荣：《法学方法与现代民法》（第五版），法律出版社 2007 年版，第 201 页。

思表示到达相对人时即溯及继承开始时发生效力。同时，正因为该接受或放弃继承的意思表示具有溯及既往之效力，故不得撤回，并不得附条件与附期限，以维护继承关系之安定与遗产归属之稳定。但如果接受或放弃继承的意思表示乃受欺诈或胁迫而为之者，自可依《民法典》总则编关于意思表示瑕疵之规定而撤销之。此外，我国继承立法采当然继承主义，自继承开始时遗产即概括地移转于继承人所有。因此，继承的接受与放弃不得部分为之，即部分接受继承或部分放弃继承。部分为之者，其意思表示无效。

（二）放弃继承的意思表示，原则上必须由其本人亲自作出，不得代理且不得影响法定义务的履行

首先，因放弃继承性质上属于单方民事法律行为，故原则上必须由本人亲自为之，不适用代理之规定。然例外情况下，如继承人为无民事行为能力人或限制民事行为能力人，则允许其法定代理人代为放弃继承。

其次，接受与放弃继承的意思表示，应当是无条件的同意，若附加条件才接受或放弃继承，均视为没有附加条件的接受与放弃继承。

最后，放弃继承不得影响法定义务的履行。《民法典继承编解释（一）》第32条规定："继承人因放弃继承权，致其不能履行法定义务的，放弃继承权的行为无效。"由此可见，若继承人放弃继承影响其法定义务的履行，则其放弃继承的行为无效。反之，如果继承人放弃继承与其不能履行法定义务之间并无因果关系，则继承人放弃继承行为的效力自不受不能履行法定义务的影响。学说与实践中有争议的是，继承人放弃继承致使其不能履行非法定义务，亦即因其放弃继承而损害继承人的债权人利益的，则该放弃继承的行为是否有效？这涉及债权人是否可以行使撤销权而请求撤销继承人放弃继承的行为。对此，《法国民法典》第788条规定：因继承人抛弃继承而受到损害之债权人，得请求法院授权其以债务人之名义，取代债务人之地位接受继承。在此情形中，对继承已经作出之抛弃，仅得为债权人之利益，且在其债权限度内取消之，不得为已抛弃遗产之继承人利益，取消其已表明之对继承之抛弃。《意大利民法典》第524条规定：继承人之债权人，得代替继承人承认继承。《瑞士民法典》第578条规定：一债务超过之继承人，以损害其债权人为目的而为继承之抛弃时，其债权人或破产财团，如其债权未被供担保者，得于6个月内声请撤销之。其积极财产首先应清偿请求撤销之债权人，其次清偿其他债权人后，尚有剩余时归属于为其利益而抛弃之继承人。在日本民法

中，学说及判例中有两种不同见解：一为积极说。该法认为遗产继承专以财产权为目的，债务人抛弃时，应得撤销之。而且，在遗产继承因继承开始，继承人既已继承被继承人之财产，当得撤销其抛弃。二为消极说，该法认为继承抛弃的权利为一种身份权或人格权，非继承人的债权人或其代表人的财产管理人所得左右。遗产继承的承认或抛弃的选择权，也不得以纯粹的财产权而加以观察，诚实的遗产继承人为承认或抛弃，非仅依金钱上之利害关系为判断，为考虑其与被继承人、共同继承人、次顺序继承人或继承债权人等之利害关系之对人的事情而决定。① 我国台湾地区对此问题存在两种不同观点：否定说认为，继承以一定身份为前提。如无该身份，不得为继承人。因此，继承权为一身份专属权。而继承权的抛弃乃从继承权产生，与继承权同样有行使上的专属性，故不得由债权人行使其撤销权。如史尚宽先生认为，继承权虽具有财产权属性，但其取得是以一定身份为前提的。如无该身份，则不得为继承人。且继承权抛弃与结婚、离婚、收养子女或非婚生子女的认领相同，属身份行为，具有一身专属性。纵因该行为而间接地对债权人的财产发生不利影响，债权人亦不得撤销。② 陈棋炎先生认为，继承之抛弃既溯及继承开始时发生效力，则继承人依法为抛弃继承之表示时，即发生与自始并未继承之同一效果；依法其并非将已发生之继承效果，予以废止，使其向将来失其效力。从而，继承人之抛弃继承，乃消极地拒绝利益取得之行为，而非积极地减少其财产之行为。因此，继承人抛弃继承之行为，应非其债权人行使撤销权之标的。③ 肯定说则认为，在坚持“当然继承主义”下，继承的事实一旦发生，即被继承人一旦死亡，其一切财产上的权利义务，概括地移转给继承人所有。故继承人抛弃继承，应属就其财产加以无偿处分的单独行为。期待的继承权系基于身份关系，尤其以血统为前提所发生之权利义务，故本质上宜认为是一种身专属权；但继承开始以后之既得继承权是否仍具有身份之专属权，值得商榷。继承权之抛弃乃意味着已构成继承人财产一部之遗产得而复失，亦即继承人对其财产为单纯无偿之处分行为。继承人之一抛弃继承后，其应继份归属于其他同为继承之人。如果不许债权人撤销，这对

---

① ［日］我妻荣：《新订债权总论》，王燚译，中国法制出版社 2008 年版，第 158 页。

② 史尚宽：《债法总论》，中国政法大学出版社 2000 年版，第 464 页。

③ 陈棋炎、黄宗乐、郭振恭：《民法继承新论》，我国台湾地区三民书局 2010 年版，第 219 ~ 220 页。

于其他继承人来说，无异于“锦上添花”。反之，如解释继承人之债权人得行使撤销权，此对债权人来说，无异于“雪中送炭”。从公正衡平之最高指导原理来说，在此利益抵触下，似宜对需要“雪中送炭”之抛弃继承人之债权人优先于仅“锦上添花”之其他同为继承之人或其他同一顺序之继承人受保护，期能符合采当然继承主义之理论。① 继承人抛弃继承应为债权人撤销权之标的，否则易造成继承人间通谋虚伪抛弃继承，逃避债权人之强制执行。② 且继承之财产上权利如果多于义务，对于继承人之债权人原属有利，继承人抛弃继承，其有害及债权者，即非不得由债权人撤销之。③ 我国台湾地区审判实务采否定见解。④ 我国大陆学说界与实务界对此问题也莫衷一是。持肯定观点者认为，继承人放弃继承的行为有害于债权人利益的，应允许债权人行使撤销权，以保全自己的债权。⑤ 持否定观点者认为，放弃继承行为事关继承人人格的基本自由及尊严，即使放弃继承会“间接”地有损继承人之债权人利益，债权人也不得撤销。⑥ 也有学者持折中立场认为，原则上继承人抛弃继承的行为，债权人不得撤销。但继承人（债务人）若有因此而诈害债权人之故意者，应当例外承认债权人可得撤销。⑦ 司法实践中，对此观点亦不一致。持肯定立场者认为：“《合同法》第 74 条设立债权人撤销权，目的在于防止因债务人财产的不当减少造成债权的不能实现。根据《继承法》第 2 条的规定，继承从被继承人死亡时开始。故被继承人死亡之时，各继承人便已对被继承人的遗产享有权利，继承人放弃继承的行为虽带有人身权的属性，但直接指向的是财产性权利。继承人无偿转让、放弃其对涉案房屋所享有的份额，明显影响

① 戴东雄：《继承法实例解说》，作者自刊 2003 年版，第 313～315 页。

② 林诚二：《民法债编总论》，中国人民大学出版社 2003 年版，第 418 页；孙森焱：《民法债编总论》，我国台湾地区三民书局 1979 年版，第 462 页；戴修瓒：《民法债编总论》，作者自版 1955 年版，第 192 页。

③ 邱聪智：《新订民法债编通则》（下），中国人民大学出版社 2004 年版，第 316 页。

④ 我国台湾地区司法主管机构 1984 年 2 月 28 日民事庭会议决议；1980 年台上字第 1271 号判决。

⑤ 崔建远：《合同法》（第三版），北京大学出版社 2016 年版，第 186 页。

⑥ 陈苇、王巍：《放弃继承行为不能成为债权人撤销权的标的》，载《甘肃社会科学》2015 年第 5 期。

⑦ 刘耀东：《论继承人放弃继承与债权人之撤销权》，载《民商法争鸣》2011 年第 2 期。

其清偿债务的能力，亦有悖于诚信原则，故债权人可得撤销。”① 继承人在无力履行生效判决确定的法定义务的情况下，放弃财产继承权，其行为明显影响了自己清偿债务的能力，同时有悖于诚实信用原则，客观上对债权人的债权也造成了损害。② 笔者认为，原则上继承人之债权人不得请求撤销继承人放弃继承之行为。众所周知，采当然继承主义之各国或地区，无不奉行继承抛弃之自由，以便协调当然继承主义不合乎近代继承法理之处。如有学者所言，“在现代继承法上，如无继承抛弃自由而仅有当然继承主义，则与往昔的必然继承制又有何区别”?③《德国民法典》第1924条明确规定，继承财产，在不侵害抛弃权之范围内，即将移转于将为继承人之人。该规定即为继承抛弃自由与当然继承主义之关系的规定。因此，如果允许继承人之债权人随意撤销继承人所为之抛弃继承行为，则为缓解当然继承主义之弊而创设之继承抛弃自由原则的功能，无疑丧失殆尽，形同虚设。何况，我国继承立法一直坚持无条件的限定继承原则，即继承人无须具备呈交遗产清册等条件，只要承认继承就只能是限定继承，即使继承人有隐匿遗产、旨在诈害债权人的遗产处分行为等也在所不问。正因我国继承立法采无条件的限定继承原则，继承开始后无须继承人作出限定承认之意思表示，便当然地以其所继承之遗产为限对被继承人之债权人承担物的有限责任。而为缓解当然继承主义之弊创设之继承抛弃自由、限定承认，其作用自然大为消减。抛弃继承行为之无偿财产处分行为性质则大为凸显。因此，继承人抛弃继承自无不许其固有之债权人撤销之理。但正如有学者所言，债权人是否可以撤销继承人放弃继承的行为，更多地取决于立法选择。依我国现行法律规定，债权人撤销权的对象只限于债务人放弃其到期债权和转让财产的行为，继承人放弃继承的行为根本就不是撤销权的标的。债权人与继承人之间的债务关系是以债务关系发生之当时的继承人的财产为责任财产，作为债务人的继承人未来可继承之遗产并不在其责任财产的范围之内。因此，尽管作为债务人的继承人若继承遗产会有利于清偿其债务，但其放弃继承也不能成为损害债权人利益的原因，因为该可

---

① 参见浙江省温州市中级人民法院（2017）浙03民终1027号民事判决书；浙江省绍兴市柯桥区人民法院（2019）浙0603民初9254号民事判决书。

② 参见湖南省冷水江市人民法院（2020）湘1381民初14号民事判决书。

③ 陈棋炎：《亲属、继承法基本问题》，我国台湾地区三民书局1980年版，第426页。

期待的继承利益也并非债权人预期的利益。[①] 故原则上债权人不得撤销继承人放弃继承的行为，但如果作为债务人的继承人有诈害其债权人之故意而放弃继承时，则可视情形例外承认债权人可得撤销之。对此，《最高人民法院关于民法典继承编的立法建议稿》中曾建议“继承人恶意放弃继承，对其债权人、配偶等利害关系人造成损害的，其利害关系人可以请求人民法院撤销继承人的行为，但继承人提供充分担保的除外”，该内容可供参考。

（三）继承的接受和放弃应符合法定形式，且在遗产分割后不能撤回

本条明确规定，放弃继承应当明示，默示视为接受继承。放弃继承，应当以书面形式作出放弃的意思表示。《民法典继承编解释（一）》第34条规定：“在诉讼中，继承人向人民法院以口头方式表示放弃继承的，要制作笔录，由放弃继承的人签名。”第36条规定：“遗产处理前或者在诉讼进行中，继承人对放弃继承反悔的，由人民法院根据其提出的具体理由，决定是否承认。遗产处理后，继承人对放弃继承反悔的，不予承认。”

四、遗赠的接受与放弃

对于继承人放弃继承的意思表示，本条明确规定了继承人应以书面形式作出。而对于受遗赠人作出接受或放弃受遗赠的意思表示的具体方式则并未明确限定。因此，在解释上受遗赠人以书面、口头或者其他形式（如接受或拒绝遗赠标的物的给付、请求给付遗赠标的物、不干涉遗赠标的物之处分等行为）足以推定其作出接受或放弃受遗赠的意思表示的，均可以作出相应认定。总之，就接受或者放弃受遗赠的意思表示的形式要件问题，不宜要求过于严苛，只要可以据以判断受遗赠人在规定的期限内作出明确的意思表示即可。同时，根据本条规定，受遗赠人接受或放弃受遗赠应在知道（解释上应包括“应当知道”）受遗赠后60日内。如到期没有作出接受遗赠的表示，则视为放弃受遗赠。

（一）关于受遗赠的接受或者放弃意思表示应向谁作出的问题

该问题的核心是接受或者放弃受遗赠的意思表示是否必须向继承人或其

---

① 郭明瑞：《继承放弃行为辨析》，载《东方法学》2018年第4期。

他利害关系人等作出。对此，《民法典》并未明确规定受遗赠人应以何种形式作出接受或放弃受遗赠的意思表示，以及向谁作出该意思表示。《民法典继承编解释（一）》第33条规定："继承人放弃继承应当以书面形式向遗产管理人或者其他继承人表示。"由于受遗赠人是否接受受遗赠不仅直接涉及其他法定继承人的切身利益，也与遗产管理人管理职责密切相关，故受遗赠人也可参照该条规定，向遗产管理人或继承人作出相应的意思表示。如果遗产管理人和遗嘱执行人不一致的，则受遗赠人也可向遗嘱执行人作出相应的意思表示。当上述人员不存在或者无法取得联系之时，也可以通过公证等其他方式固定其是否接受受遗赠的意思表示。意思表示的相对方是否接受或认同受遗赠人接受或放弃受遗赠的意思表示并不影响其意思表示的效力。

实践中，受遗赠人作出接受受遗赠的意思表示的方式一般认为有以下几种：向法院提起诉讼、① 向公证机构提出办理接受遗赠公证的申请、② 向人民调解组织等相关部门提出调解申请，③ 以及向其他继承人或利害关系人作出。同时，我国司法实践相关裁判认可受遗赠人向中立第三方机构（如中华遗嘱库）作出接受遗赠的意思表示，不违反法律规定，亦为有效。④ 作出接受遗赠的意思表示并不应仅限于起诉或者提交书面意见，可以存在其他形式，作出表示的对象亦不应仅限于继承人，关键是符合法律规定的立法本意。⑤ 总之，在法无明文规定的情况下，应采取从宽原则，该意思表示不必以向继承人或其他利害关系人等特定人作出为生效要件。即只要有证据证明受遗赠人在知道受遗赠后60日内确有接受遗赠的真实意思表示即可，而不论该意思表

---

① 如在"张某与孟某遗赠纠纷案"中，法院认为，"受遗赠人在被继承人去世后即获知遗赠事实后两个月内向本院起诉主张该房屋中其所有的份额，应当视为其作出了接受该遗赠的意思表示"。参见北京市第一中级人民法院（2016）京01民终4778号民事判决书、广东省广州市中级人民法院（2020）粤01民终1567号民事判决书、江苏省南京市中级人民法院（2019）苏01民终5531号民事判决书。

② 如在"王某2等与王某3遗赠纠纷案"中，法院即认为，"受遗赠人在被继承人去世后曾去公证处询问接受遗赠所需办理的手续并领取了进一步办理接受遗赠所需填写的表格，足以推定其并未放弃遗赠"。参见北京市第二中级人民法院（2020）京02民终9711号民事判决书。

③ 参见浙江省舟山市中级人民法院（2019）浙09民终578号民事判决书。

④ 参见北京市第二中级人民法院（2020）京02民终428号民事判决书。

⑤ 参见北京市丰台区人民法院（2018）京0106民初28578号民事判决书。

示向何人作出。[①] 这样一方面有利于受遗赠人方便及时地行使权利，防止因法律规定的模糊而导致其权利未及时行使而丧失；另一方面，在法无明文规定的情况下要求受遗赠人必须以特定人为意思表示对象，加重了受遗赠人的负担，而且可能会导致受遗赠人在不知情的情况下丧失权益。同时，这也体现了对遗赠人和受遗赠人真实意思的尊重，尤其有助于对遗赠人真实意思的实现，不能因为某一方面的因素导致遗赠人的真实意思被轻易变更。

（二）关于受遗赠权是否可以继承的问题

如果受遗赠人在继承开始后的60日内死亡，那么受遗赠人的继承人表示接受遗赠，该意思表示是否有效。《民法典》对受遗赠权是否可以继承没有明文规定，《民法典继承编解释（一）》第38条规定："继承开始后，受遗赠人表示接受遗赠，并于遗产分割前死亡的，其接受遗赠的权利转移给他的继承人。"由此可见，司法解释只认可在受遗赠人表示接受的情况下，受遗赠权可以转移给其继承人。而对于在受遗赠人尚未表示接受遗赠时死亡，受遗赠权可否继承的问题，则没有明确表态。有观点认为，因遗赠自继承开始发生法律效力，受遗赠权自遗赠发生法律效力时就已经产生。受遗赠权具有一定的专属性，通常不能转让，但应当可以继承，受遗赠人是否作出了接受遗赠的表示，均不影响受遗赠权的继承。因为遗赠作为一种死因行为，于遗赠人死亡时即继承开始时生效，无须受遗赠人为任何之承诺。原则上，于遗嘱人死亡时即生效力。[②] 正因为遗赠为单方民事法律行为，不问受遗赠人的意思如何，即于遗赠人死亡时当然发生效力；而遗赠通常又对受遗赠人有益，但纵为有益也不能违反受遗赠人意思而强制其受益，因此，各国或地区的相关规定通常赋予受遗赠人以承认与抛弃遗赠的自由。[③] 也就是说，只要遗赠生效，受遗赠人即当然取得受遗赠权，受遗赠人的受遗赠权并非来自受遗赠人的承

---

① 在"王某1等与王某2等遗赠纠纷案"中，法院即认为，"相关法律并未规定受遗赠人必须向特定的或者全部的法定继承人作出接受遗赠表示才有效，只要证明受遗赠人得知受赠后在时限内向相关当事人提出接受遗赠的意思表示即可"。参见上海市第一中级人民法院（2020）沪01民终4369号民事判决书。

② 林秀雄：《遗赠之意义与要件》，载林秀雄、黄诗淳、吴煜宗等：《遗赠与赠与》，我国台湾地区元照出版有限公司2019年版，第3页。

③ 参见陈棋炎、黄宗乐、郭振恭：《民法继承新论》，我国台湾地区三民书局2019年版，第378页。

认，而是来自遗嘱的效力。受遗赠人于遗赠生效后所作出的接受受遗赠的表示只是对受遗赠权的一种承认而已；受遗赠人放弃受遗赠，则是对受遗赠权的放弃。[①] 且受遗赠人为接受遗赠的意思表示具有形成之效力，即接受遗赠后，受遗赠人即失去放弃遗赠之自由。[②] 遗赠与继承一样，基于“当然取得主义”，继承开始时，受益人依法直接取得受遗赠权，不论其是否作出接受遗赠的意思表示。所以，在继承开始后，遗赠人死亡的，不论其是否为接受遗赠的意思表示，其继承人仍有权在60日内表示接受或放弃遗赠。[③] 笔者认为，从《民法典》第1124条的规定来看，在沉默是否代表接受意思表示的问题上，对继承人和受遗赠人采取了截然不同的立法态度。对于继承人，“没有表示的，视为接受继承”；而对受遗赠人，则为“没有表示的，视为放弃受遗赠”。故我国立法对受遗赠并未采上述“当然取得主义”，进而，也不宜用接受继承的法理来推定接受受遗赠的意思表示。此外，根据《民法典》第140条第2款的规定，沉默只有在有法律规定、当事人约定或者符合当事人之间的交易习惯时，才可以视为意思表示。故在目前没有其他法律对受遗赠人沉默作出特别规定的情形下，对受遗赠人死亡前未对是否接受受遗赠作出意思表示的，不宜直接认定为接受受遗赠。

◎ 疑难适用

司法实务中，受遗赠人接受或放弃受遗赠的行为还可能涉及其配偶合法权益保护的问题。对于受遗赠人接受受遗赠所取得的财产，根据《民法典》第1162条和第1163条的规定，如果遗嘱人没有在遗嘱中确定只归一方所有，

---

① 郭明瑞、房绍坤、关涛：《继承法研究》，中国人民大学出版社2003年版，第143页。如我国台湾地区学者也认为：“遗赠发生效力后，受遗赠人取得请求遗赠义务人交付遗赠物之权利，其是否抛弃该‘受遗赠权’，乃其自由。”参见林秀雄：《遗赠之种类及遗赠之承认与抛弃》，载林秀雄、黄诗淳、吴煜宗等：《遗赠与赠与》，我国台湾地区元照出版有限公司2019年版，第33页。也就是说，遗赠生效后，受遗赠人取得的是受遗赠权，而受遗赠权是一种债权请求权。受遗赠人为遗赠之承认或放弃之意思表示，同样是对受遗赠权的承认或放弃。

② 林秀雄：《遗赠之种类及遗赠之承认与抛弃》，载林秀雄、黄诗淳、吴煜宗等：《遗赠与赠与》，我国台湾地区元照出版有限公司2019年版，第33页。

③ 房绍坤、范李瑛、张洪波：《婚姻家庭与继承法》（第四版），中国人民大学出版社2015年版，第234页。

则应作为夫妻的共同财产，归夫妻共同所有。但如果受遗赠人在表示接受遗赠后，实际取得受遗赠财产之前死亡，则因没有实际取得该受遗赠财产的所有权，而不能作为夫妻共同财产，进而，夫妻另一方也不能主张对该受遗赠财产作为夫妻共同财产进行分割。此时，接受该受遗赠财产的权利由受遗赠人的继承人行使。对此，《民法典继承编解释（一）》第38条已明确规定："继承开始后，受遗赠人表示接受遗赠，并于遗产分割前死亡的，其接受遗赠的权利转移给他的继承人。"

此外，继承人、受遗赠人在作出接受或放弃继承、受遗赠意思表示时，意思表示不真实、不自由时，应允许其根据《民法典》相关规定撤销其意思表示。对此，《最高人民法院关于民法典继承编的立法建议稿》中曾提出建议条文，"因受欺诈、受胁迫、重大误解等原因，继承人作出接受或者放弃继承表示，继承人有权请求人民法院撤销其接受或放弃继承行为"。

第一千一百二十五条　继承人有下列行为之一的，丧失继承权：

（一）故意杀害被继承人；

（二）为争夺遗产而杀害其他继承人；

（三）遗弃被继承人，或者虐待被继承人情节严重；

（四）伪造、篡改、隐匿或者销毁遗嘱，情节严重；

（五）以欺诈、胁迫手段迫使或者妨碍被继承人设立、变更或者撤回遗嘱，情节严重。

继承人有前款第三项至第五项行为，确有悔改表现，被继承人表示宽恕或者事后在遗嘱中将其列为继承人的，该继承人不丧失继承权。

受遗赠人有本条第一款规定行为的，丧失受遗赠权。

◎ 主旨

本条是关于继承权和受遗赠权丧失的规定。

◎ 释义

本条由原《继承法》第7条演变而来，保留了其基本内容并新增了相关内容。早在《民法典继承编（草案）》（2017年7月28日室内稿）中就在原条文"伪造、篡改或者销毁遗嘱，情节严重"中增加了"隐匿"情形，并在第1款增加了"（五）以欺诈、胁迫手段迫使或者妨碍被继承人设立、变更或者撤回遗嘱，情节严重"。此外，吸收了原《继承法意见》第13条规定的精神，新增第2款："被继承人知道继承人有前款第三项至第五项行为，对该继承人表示宽恕或者事后在遗嘱中明确将其列为继承人的，该继承人不丧失继承权。受遗赠人有本条第一款规定情形的，丧失受遗赠权。"《民法典继承编（草案）》（2019年7月5日征求意见稿）第904条第2款进一步修改为："继承人有前款第三项至第五项行为，确有悔改表现，被继承人表示宽恕或者事后在遗嘱中将其列为继承人的，该继承人不丧失继承权。”将第3款“情形”改为“行为”。此后，直至《民法典》颁布，本条内容再无变动。

本条释义部分主要阐述继承权丧失的概念、继承权丧失制度的功能、继承权丧失的法定事由、受遗赠权的丧失、继承权丧失的类型及法律效力等。

一、继承权丧失的概念

所谓继承权丧失，又称继承权被剥夺，是指继承人对被继承人或者其他继承人作出犯罪、重大违法或者违反道德的行为，或对遗嘱采取不正当行为时，依法可以剥夺其继承人资格的法律制度。继承权的丧失制度，起源于古巴比伦的《汉穆拉比法典》，其中第168条规定：“倘自由民欲逐其子，而告法官云：我将逐吾子，则法官应调查其事，如子未犯足以剥夺其继承权之重大罪过，则父不得剥夺其继承权。”第169条规定：“倘子对父犯足以剥夺其继承权之重大罪过，则法官应宽恕子之初犯；倘子再犯重大罪过，则父得剥夺其继承权。”①

现代民法理论将继承权丧失分为广义的继承权丧失和狭义的继承权丧失。广义的继承权丧失包括继承人缺格、继承人废除以及特留份剥夺三种立法制度。所谓继承人缺格，是指当发生一定的法定缺格事由时，继承人丧失继承权的情形。世界各国和地区关于继承人缺格的规定分为两类：第一类是依据法律规定，发生缺格事由时，继承人丧失继承权。其中，法国、瑞士、奥地利、日本均以此立法例为主。第二类是在继承开始后，由利害关系人对继承缺格人提起继承财产撤销之诉。经过法院判决是其继承缺格。② 其中，德国采取此立法例。所谓继承人废除，是指当发生一定的法定事由时，依照被继承人的意思表示进而剥夺继承人的继承权。目前除日本之外，大多数国家已经不采用继承人废除制度。所谓特留份剥夺，是指当发生一定法定事由时，被继承人取消继承人享有的特留份权利，但被取消特留份的继承人仍然具备继承人的资格。其中，德国的民法除有继承人缺格制度外，还保留了特留份剥夺制度。狭义的继承权丧失，是指继承人缺格，我国《民法典》中规定的继

① 参见《世界著名法典汉译出书》编委会编：《汉穆拉比法典》，法律出版社2000年版，第77页。

② 张平华、刘耀东：《继承法原理》，中国法制出版社2009年版，第35页。

承权丧失，也是只针对继承人缺格而言。

二、继承权丧失制度的功能

（一）维护社会的道德人伦和家庭秩序

关于继承权丧失的原因，各国和地区的法律规定多注重继承人对于被继承人有无悖德或不正当行为。继承人对被继承人有悖德或不正当行为，或对其生命身体自由等加以危害，或妨害其他继承人之权利，非但为人类道德所不许，法律亦必予以相当的制裁，始足以维护社会的伦理道德与家庭秩序。除刑事上之制裁规定于刑法外，民事上即以丧失继承权为其制裁之方法。

（二）维持良好的遗产继承秩序

继承人为争夺遗产而杀害其他继承人，容易造成遗产继承秩序的混乱。继承人因自己的不法行为而增加其继承份额，不但为法律所禁止，且有违遗产分割的公平与公正。因此，剥夺此种继承人的继承权有利于维持公正合理的遗产继承秩序。

（三）维护被继承人的遗嘱自由

私法自治是民法的基本原则与最高宗旨。依据遗嘱自由原则，被继承人可于其生存时为死后财产的处分而订立遗嘱。倘若继承人采取欺诈、胁迫手段迫使或妨害被继承人订立、变更或撤回遗嘱情节严重而仍可继承遗产，则遗嘱自由原则未免流于形式。因此，继承权的丧失制度还有利于维护被继承人之遗嘱自由。

三、继承权丧失的法定事由

继承权丧失的法定事由，是指法律规定的引起继承权丧失的原因和理由。关于继承权丧失的原因，各国民法大都限于继承人对被继承人及其他继承人之不法行为或不道德行为，以及针对遗嘱的不正当行为。① 继承权丧失制度是“任何人不得于其不法行为中获利原则”的体现，是对继承人不法或不道德行为的一种民事制裁。其对继承人而言是一项十分严厉的惩罚措施，法律必须

① 如《法国民法典》第727条、《德国民法典》第2339条、《日本民法典》第891条、《匈牙利民法典》第602条、《意大利民法典》第463条等。

作出十分严格的限定，务必宽严适度。既不能纵容继承人的不法或不道德行为，也不能对继承人过于严苛，同时应充分尊重被继承人的意思。根据本条规定，我国继承权丧失的法定事由包括以下五种。

（一）故意杀害被继承人

继承人故意杀害被继承人，其行为必须是以剥夺被继承人之生命为目的。只要继承人以故意剥夺被继承人之生命为目的而实施加害行为，无论其出于何种动机，不问其有无图谋遗产的意图，不论是既遂抑或未遂，也不论是否被追究刑事责任，都应确认其丧失继承权。至于其为正犯、从犯抑或教唆犯则均非所问。当然，如果继承人杀害被继承人乃因其过失或实施正当防卫所致，则不应使其丧失继承权。但如果继承人因防卫过当，超过必要的限度而杀害被继承人，则属于“故意杀害”，应当剥夺其继承权；如果继承人误杀或故意伤害被继承人致死而无杀人之故意者，纵令致死也不应因此而剥夺其继承权。此外，继承人虽被判决构成犯罪，但被宣告缓刑，是否丧失继承权？缓刑是对原判刑罚附条件不执行的一种刑罚制度，缓刑是在构成犯罪并被判处刑罚的基础上，暂缓刑罚的执行。因此，继承人虽被宣告适用缓刑，但并不影响其犯罪事实的构成。故继承人故意杀害被继承人，无论是否被宣告适用缓刑，均丧失继承权。

（二）为争夺遗产而杀害其他继承人

继承人为争夺遗产而杀害其他继承人，一般是指继承人中之一人或数人出于争夺遗产之动机而故意杀害与其居于同一顺序之其他继承人或先于其继承顺序之继承人，包括遗嘱继承人。至于继承人本人为正犯、从犯抑或教唆犯，既遂或未遂均无不可。首先，故意伤害其他继承人致死者是否丧失继承权？对此亦有争论，一种观点认为，此之所谓杀害仅指故意杀害，而不包括故意伤害致死；另一种观点认为，故意伤害致死也应导致继承权之丧失。笔者认为，继承人故意伤害其他继承人致死不构成继承权之丧失。日本大审院判决认为，伤害致死不属于故意致死，德国学者也认为刑法上伤害致死情形并不发生丧失继承权的效果。[①] 其次，此之所谓“其他继承人”，其范围为

---

① 林秀雄：《民法亲属继承争议问题研究》，我国台湾地区五南图书出版公司2000年版，第189页。

何？甚有争议：一种观点认为，被杀害的其他继承人应仅限于先顺序或同顺序的其他继承人，至于后顺序继承人，则不宜包括在内，如日本民法规定了“因故意致被继承人或对于继承在先顺位或同顺位的人于死亡，或欲致之于死亡，而被处刑者”丧失继承权；另一种观点认为，只要继承人为争夺遗产而杀害其他继承人的，不论被害人是否应参与继承，都不影响该行为的成立，亦即后顺序继承人亦包括在内。[①] 笔者认为，现实生活中，确实存在继承人因个人认知原因，误以为后顺序继承人有继承权而为争夺遗产将其杀害的情形。从该继承人的犯罪目的仍是争夺遗产应受相应制裁角度来看，第二种观点更为合理。继承人实施杀害行为时，尚未取得继承人身份，其后成为被继承人的继承人时，其继承权应不受影响，例如杀害继承人后，与被继承人结婚，或为被继承人所收养，并不丧失其对被继承人的继承权。[②] 最后，继承人杀害其他继承人必须出于争夺遗产之目的。若非出于争夺遗产之目的而为杀害行为，则不必剥夺其继承权。

（三）遗弃被继承人，或者虐待被继承人情节严重

“大孝尊亲，其次弗辱，其下能养。人人亲其亲，长其长，慎终追远，则民德归厚。”孝老尊亲，乃中华民族的传统美德。子欲养而亲不待，而亲在时子弃之不养者却时有发生。所谓遗弃被继承人，是指继承人有扶养能力和扶养条件而对于缺乏劳动能力又无生活来源的被继承人拒不履行扶养义务。如果继承人本身并无扶养能力或扶养条件（如继承人本人亦为缺乏劳动能力又无生活来源的人）而对被继承人难尽扶养义务，不构成遗弃；同样，如果被继承人并非缺乏劳动能力又无生活来源的人，即被继承人有独立生活能力，则尽管继承人拒不履行扶养义务，也不构成遗弃。继承人的遗弃行为不限于积极行为，消极行为也包括在内。但对于因被继承人的过错或家庭矛盾而造成继承人与被继承人分居、关系冷淡、弃之不养，则不宜认定为遗弃被继承人。

所谓虐待，是指对被继承人的身体或精神进行摧残或折磨。虐待行为与遗弃行为的后果并不相同，虐待须以达到情节严重为丧失继承权之要件，唯

---

① 郭明瑞、房绍坤、关涛：《继承法研究》，中国人民大学出版社 2003 年版，第 24 ~ 25 页。

② 林秀雄：《继承法讲义》，我国台湾地区元照图书出版公司 2008 年版，第 35 页。

情节是否严重，则应依客观情况决定之，而不得以被继承人的主观意思决定。如果以被继承人的主观意思作为情节是否严重的标准，则“情节严重”的限制条件无异于形同虚设。根据《民法典继承编解释（一）》第6条的规定，继承人是否虐待被继承人情节严重，可以从实施虐待行为的时间、手段、后果和社会影响等方面认定。虐待被继承人情节严重的，不论是否追究刑事责任，均可确认其丧失继承权。如果继承人对被继承人的虐待行为具有长期性、经常性，手段比较恶劣，造成了不良的社会影响，则可认定为情节严重；反之，如果继承人对被继承人仅仅偶尔疏于照料，或偶因家庭琐事而打骂、争吵，则不应认定为情节严重。

依本条规定，继承人如果在实施上述行为后，确有悔改表现，且被继承人表示宽恕，或者被继承人以默示的方式事后在遗嘱中列其为继承人的，不认定丧失继承权。

（四）伪造、篡改、隐匿或者销毁遗嘱，情节严重

伪造遗嘱，是指继承人以被继承人之名义制作假遗嘱；篡改遗嘱，是指继承人改变被继承人所立遗嘱的内容。至于隐匿遗嘱则在原《继承法》第7条中没有规定，而为《民法典》新增内容，是指继承人将被继承人的遗嘱予以藏匿，不告知其他继承人、受遗赠人、遗产管理人等利害关系人。销毁遗嘱，是指继承人毁灭、破坏被继承人所立之遗嘱。同时，伪造、篡改、隐匿或者销毁遗嘱大多数是继承人为了争夺或者侵占遗产，在违背被继承人意愿的情况下所进行的，行为须达到情节严重，才可以认定丧失继承权。而所谓情节严重，根据《民法典继承编解释（一）》第9条的规定，继承人伪造、篡改、隐匿或者销毁遗嘱，侵害了缺乏劳动能力又无生活来源的继承人的利益，并造成其生活困难的，应当认定为《民法典》第1125条第1款第4项规定的“情节严重”。有观点认为，如果继承人中没有既缺乏劳动能力又无生活来源的继承人或者即使存在此类继承人，但继承人实施本条规定行为并没有侵害其利益或者即使侵害了此类继承人的利益但并没有导致其生活困难，可否认为继承人就可以随意实施伪造、篡改或者销毁遗嘱的行为，而不受任何制裁呢？笔者认为，答案是否定的。本条只是对实务中常见的伪造、篡改、隐匿或者销毁遗嘱等诸多情形中的一种情节严重情况的规定，并不能反向排除其他构成情节严重的行为。

上述伪造、篡改、隐匿或销毁遗嘱的行为须既遂且具有故意，如果上述

行为未遂，即继承人的行为并未使遗嘱被伪造、篡改、隐匿或销毁，或继承人过失实施上述行为，均不发生继承权丧失的效力。例如，被继承人将遗嘱和其他文件放置在一起，事后某继承人在清理文件时，因粗心大意而将遗嘱和过时的文件一起销毁的，不应被认定为丧失继承权。① 如果继承人伪造、篡改、隐匿或销毁的遗嘱乃遗嘱人已撤回或无效的遗嘱，应认为不构成丧失继承权的事由。如遗嘱人生前所立的遗嘱，因不具备法定形式而归于无效，继承人以使其具备该法定形式的意思而加以变造，也应认为继承权不丧失。因继承人所实施的行为乃为实现被继承人的真正意思，并非违背被继承人的真实意愿。

（五）以欺诈、胁迫手段迫使或者妨碍被继承人设立、变更或者撤回遗嘱，情节严重

继承人以欺诈或胁迫手段迫使、妨碍被继承人设立、变更或撤回遗嘱的行为，严重侵害了遗嘱人的遗嘱自由。我国原《继承法》第22条仅规定了遗嘱必须表示遗嘱人的真实意思，受胁迫、欺骗所立的遗嘱无效，但并未将其作为丧失继承权的事由予以规定，本条对此予以完善。应注意的是，有观点认为，这里所谓的"遗嘱"应为有效的遗嘱，即继承人以欺诈、胁迫手段迫使、妨碍遗嘱人所设立、变更或撤回的遗嘱仅限于有效遗嘱。如果为无效的遗嘱，如被继承人为无行为能力人或限制行为能力人所立的遗嘱或违反法定方式、违背公序良俗所订立的遗嘱等，纵使继承人有欺诈或胁迫之行为，也不丧失继承权。笔者认为，从《民法典》第1125条第1款第4项的文义而言，并不区分遗嘱的效力情况，而且，立法者之所以认为继承人实施该项行为应丧失继承权，主要是制裁继承人的恶意行为，以维护遗产继承顺序和尊重被继承人的遗嘱自由，即便遗嘱因遗嘱人立遗嘱时不具备民事行为能力而本身无效，但并不影响继承人实施欺诈或胁迫行为时的主观恶意。故遗嘱的效力有无，一般不影响实施欺诈或胁迫行为的继承人丧失继承权的认定。

继承人以欺诈或胁迫手段实施迫使或者妨碍被继承人订立、变更或撤回遗嘱的行为是否以图利自己为丧失继承权之要件？抑或只要继承人以欺诈或胁迫手段实施迫使或者妨碍被继承人订立、变更或撤回遗嘱的行为即丧失继承权，其是否图利自己在所不问？对此，日本学者中川善之助认为："继承人

① 刘春茂：《中国民法学·财产继承》，人民法院出版社2008年版，第109页。

实施胁迫行为可能有不同目的。有的有利于继承人本人，有的有利于其他继承人或受遗赠人，有的甚至有利于被继承人，如不分其目的，而均适用《日本民法典》第891条第3款则有所不妥，故应采限缩解释，继承人必须对继承财产有图利自己或避免不利益的故意为限，始丧失继承权。”① 我国台湾地区学者戴炎辉教授、陈棋炎教授也持此观点。反之，有观点则认为，继承人以欺诈或胁迫，使为有利于自己之遗嘱，或使撤销不利于自己之遗嘱，或因其结果不利于自己而妨害遗嘱之变更，自应对其行为课以丧失继承权之制裁，但不应以此为限。② 继承人以不正当之行为或手段干涉被继承人之订立遗嘱的意思或行为，即应予以剥夺继承权，而不问其干涉之动机有无图谋自己财产利益或他人财产利益。③ 笔者赞同第二种观点，继承权丧失制度重在制裁继承人对被继承人或遗嘱之不法、不道德或不正当的行为。至于其主观目的为何，则在所不问。如果欺诈、胁迫行为须以为自己谋利作为继承权丧失的要件，则必然导致利害关系人举证的困难，从而滋生鼓励恶意继承人借此规避法律的现象，使继承权丧失制度之目的落空。因此，不论继承人是否图利自己，只要继承人存在以欺诈或胁迫手段实施迫使或妨碍被继承人订立、变更或撤回遗嘱的行为即丧失继承权。

此外，本项中的以欺诈、胁迫手段妨碍被继承人设立、变更或者撤回遗嘱应作扩张解释，将采用其他手段妨碍被继承人遗嘱自由的情形纳入进来。对此，《最高人民法院关于民法典继承编的立法建议稿》曾建议规定“为争夺遗产，故意使被继承人丧失订立遗嘱的民事行为能力的”作为丧失继承权的法定情形，可供参考。

继承权丧失制度是“当事人不能因违法行为而获得利益原则”的体现。继承权的丧失对继承人而言是一种严厉的制裁。因此，既不能纵容继承中的不法行为和不道德行为，也不能对继承人过于苛刻，同时还应充分尊重被继承人的意思。所以，本条第2款规定，继承人纵有上述第3项至第5项行为，但确有悔改表现，被继承人表示宽恕或者事后在遗嘱中将其列为继承人的，该继承人不丧失继承权。

---

① ［日］中川善之助：《注释相续法》，日本有斐阁1952年版，第67页。

② 罗鼎：《民法继承论》，我国台湾地区三民书局1978年版，第53页。

③ 戴东雄：《继承法实例解说》，我国台湾地区三民书局2003年版，第115页。

四、受遗赠权的丧失

遗赠是遗赠人无偿给予受遗赠人以财产利益的行为，并无任何对价。即使是附负担的遗赠，受遗赠人所负的负担也并非遗赠的对价，仍不能改变遗赠乃无偿行为的性质。所以，倘若受遗赠人对遗嘱人及其直系血亲（继承人）有重大不法或不道德行为或对遗嘱有不法企图时，如果依然允许其享有受遗赠的权利，恐与情理不合。因此，各国继承立法普遍规定了受遗赠人丧失受遗赠权的事由，但为避免与继承权丧失事由的重复，通常规定准用继承权丧失的事由。但因为遗赠乃受遗赠人单纯受益且其与被继承人并无血亲关系，不涉及家庭人伦，故受遗赠权丧失的事由应较之继承权丧失的事由更为严格。因此，本条第3款规定，受遗赠人有本条第1款规定行为的，丧失受遗赠权，即绝对丧失受遗赠权，不存在类推适用该条第2款规定，通过“确有悔改表现，被继承人表示宽恕或者事后在遗嘱中将其列为受遗赠人”的方式，不丧失受遗赠权的可能。

五、继承权丧失的类型

依据丧失继承权之后，继承人得否因被继承人之宽恕而恢复继承权，继承权丧失分为绝对丧失与相对丧失。

（一）绝对丧失

继承权的绝对丧失，是指一旦丧失继承权的事由发生，继承人便终局地丧失继承权，不因事后被继承人的宽恕或事后在遗嘱中将其列为继承人等方式而恢复。绝对丧失继承权的事由通常为严重破坏社会秩序的违法行为，如“故意杀害被继承人”“为争夺遗产而杀害其他继承人”。继承人绝对丧失继承权后，纵使被继承人尚未死亡，丧失继承权人也不因被继承人之宽宥或事后在遗嘱中将其列为继承人等行为，而恢复其继承权。因其违法性最为严重，涉及公益，故不必尊重被继承人之意思，即可终局剥夺该继承人之继承权。

但尚有一问题值得探讨，继承人绝对丧失继承权后，系被排除于法定继承人之范围，唯被继承人可否再对其为遗赠？通说认为，在继承人因故意杀害被继承人绝对丧失继承权后，如果被继承人表示宽恕，被继承人仍不妨向继承人为生前赠与或遗赠。[①] 对此，日本民法理论存在两种不同观点，值得我们思考：一种观点认为，依《日本民法典》第 891 条规定，[②] 一旦继承人存在《日本民法典》第 891 条继承缺格事由后，被继承人不得宥恕使其恢复继承资格。但《日本民法典》第 892 条[③]继承权之废除事由，得由被继承人之宥恕而恢复继承权。日本民法上的继承人缺格即当然丧失继承权，凡是继承人缺格，立法者即规定不得被宥恕。如果允许继承缺格者仍可受遗赠，则《日本民法典》第 891 条当然丧失继承权之立法规定完全丧尽，故已缺格之继承人不得受遗赠，但不妨仍得受生前赠与，盖其与继承无关。[④] 另一种观点则认为，被继承人于生存期间，仍得对继承缺格之人有效遗赠，即为实质上之宥恕。盖《日本民法典》第 985 条关于继承缺格之规定准用于遗赠，不应解释缺格人同时丧失受遗赠能力，缺格事由发生后所为之遗赠，应不受影响。[⑤] 笔者认为，继承权绝对丧失的事由对社会公共秩序的破坏最为严重。一旦事由发生即丧失继承权，纵使被继承人表示宽恕也无法使其恢复继承权。我国《民法典》继承编关于绝对丧失继承权之规定为强制性规范，被继承人的意思自由不得抵触社会公益秩序。因此，若允许继承权绝对丧失之继承人仍可受遗赠，则无异于允许被继承人宽恕该失权继承人，于此未免使继承权之绝对丧失流于形式，甚至受遗赠之数额，可能超出其本来的应继承份额。

（二）相对丧失

继承权的相对丧失，是指一旦丧失继承权的事由发生，继承人是否丧失继承权即处于待定状态，其继承权可因事后被继承人的宽恕而不丧失。相对

---

① 史尚宽：《继承法论》，中国政法大学出版社 2000 年版，第 107～108 页。

② 《日本民法典》第 891 条规定：下列人等，不能成为继承人：（1）故意致使被继承人或在继承上处于先顺位或同顺位的人死亡，或因要致其死亡而被处以刑罚的人；（2）已知被继承人被杀害而不去告发或控告的人；但该人不能辨别是非时，或杀害者为自己的配偶或直系血亲时，不在此限；（3）以诈欺或胁迫妨碍被继承人订立、撤回或变更被继承人关于继承的遗嘱的人；（4）以诈欺或胁迫致使被继承人订立、撤销或变更关于继承的遗嘱的人；（5）伪造、变造、销毁或隐匿被继承人关于继承的遗嘱的人。

③ 《日本民法典》第 892 条规定：现有特留份额的推定继承人（指继承已经开始时即应为继承人的人），对被继承人施以虐待或重大侮辱时，或推定继承人有其他严重劣行时，被继承人可以请求家庭法院废除该推定继承人。

④ ［日］中川善之助：《注释相续法》，日本有斐阁 1952 年版，第 79 页。

⑤ ［日］中川善之助：《注释相续法》，日本有斐阁 1952 年版，第 80 页。

丧失继承权因继承人丧失继承权的事由较为轻微，如“伪造、篡改、隐匿或者销毁遗嘱，情节严重的”，事后也可因被继承人之宽恕或事后在遗嘱中仍将其列为继承人而不丧失继承权。根据本条规定，相对丧失继承权须符合两个条件，即继承人确有悔改表现以及被继承人表示宽恕或事后在遗嘱中仍将其列为继承人。但在其他立法例通常仅须满足一个条件，系被继承人之宽恕即可，无须所谓的继承人的悔改表现。这是因为宽恕的本质实为被继承人的单方意思表示，不应再对其意思自由附加任何的限制。继承权相对丧失本身即表明继承人的行为恶性不大。因此，只要被继承人宽恕即可恢复继承权，似乎没有必要过于强调继承人必须确有悔改表现。虽然被继承人的宽恕往往源于继承人的悔改表现，但悔改表现不应与宽恕作为同等要件。从某种意义上说，要求必须确有悔改表现也是对被继承人意思自由的一种不合理的束缚。

至于宽恕是否必须为要式行为，有学者认为，为了慎重并为了减少纠纷，应当将被继承人的宽宥行为规定为要式法律行为。笔者认为，“宽恕”或“宥恕”乃被继承人对于继承人之不法或不道德行为，不予咎责的感情表示，无须一定的方式，如果被继承人明知继承人有导致相对丧失继承权的事由，仍通过遗嘱对其指定应继份或指定遗产分割方法，自可视为已经宽恕。如果过于苛求宽宥的形式，则会过于限制被继承人的意思自由，同时亦与宽宥之单方法律行为之本质违合。故，本条对原《继承法意见》第 13 条①所规定的“被继承人仅可生前表示宽恕”进行了修改完善，即被继承人亦可事后通过在遗嘱中将丧失继承权人列为继承人的方式表示宽恕。

根据本条规定，继承人有“遗弃被继承人，或者虐待被继承人情节严重”“伪造、篡改、隐匿或者销毁遗嘱，情节严重”或“以欺诈、胁迫手段迫使或者妨碍被继承人设立、变更或者撤回遗嘱，情节严重”等情形的，相对丧失继承权。而“继承人故意杀害被继承人”或“为争夺遗产杀害其他继承人”，则属于绝对丧失继承权的法定事由。在继承人绝对丧失继承权的情形下，遗嘱人若立遗嘱将其设为继承人，应认定该遗嘱中与该继承人有关部分无效，该继承人无权取得遗产。继承人遗弃被继承人、虐待被继承人以及采用欺诈、胁迫手段迫使或者妨碍被继承人设立、变更或者撤回遗嘱情节严重的，属于

---

① 继承人虐待被继承人情节严重的，或者遗弃被继承人的，如以后确有悔改表现，而且被虐待人、被遗弃人生前又表示宽恕，可不确认其丧失继承权。

相对丧失继承权。

六、继承权丧失的确认

关于继承权丧失的确认，世界各国立法目前主要分为两种：第一种是自然失权主义，即只要发生了继承权丧失的法定事由，继承人的继承权当然丧失，无须经过其他程序；第二种是宣告失权主义，即需要采用特定的形式或者司法程序来确认继承权丧失。我国《民法典》采取的是“自然失权主义”，即只要丧失继承权的事由发生无须法院宣告即丧失继承权。继承权的丧失必须存在法定事由，无法定事由的，任何人不得非法剥夺继承人之继承权。故确认继承人是否丧失继承权的关键是看继承人是否存在继承权丧失的法定事由。虽然根据《民法典继承编解释（一）》第5条规定，在遗产继承中，继承人之间因是否丧失继承权发生纠纷，向人民法院提起诉讼的，由人民法院依据《民法典》第1125条的规定，判决确认其是否丧失继承权。但是，法院裁判继承权是否丧失的纠纷并非继承权丧失效力的发生根据，而只是由法院确认是否存在引起继承权丧失的法定事由。如继承人因故意杀害被继承人而丧失继承权的，继承人是否故意杀害被继承人，抑或继承人之行为是否构成犯罪，尚须法院判决确认，此与自然失权主义并非矛盾，实属二事。

七、继承权丧失的法律效力

（一）继承权丧失对丧失继承权者本人的效力

丧失继承权的法定事由有于继承开始前发生者，也有于继承开始后发生者，倘若于继承开始前发生丧失继承权之事由，根据“当然失权主义”自然于该失权事由发生时继承人即丧失继承权。[①] 但在有些情况下，如在“故意杀害被继承人或为争夺遗产而杀害其他继承人”的情形下，法院刑事判决未确定前，继承人是否构成犯罪尚不确定，但继承业已开始时；又如继承人伪造、变造、篡改遗嘱等行为的有无及程度，继承人间产生争执时，须有待于

① 日本少数学者（如几代通、山中康雄、加藤永一）及我国台湾地区学者史尚宽先生则认为，失权事由于继承开始前发生时，推定继承人仅向将来丧失取得继承权之希望的地位，丧失继承权的效力应于继承开始时发生。参见史尚宽：《继承法论》，中国政法大学出版社2000年版，第109页。

法院的判决。于此情形，继承权丧失的效力，究竟从判决确定时发生，抑或溯及继承开始时发生？对此，我国有学者认为，继承权丧失的事由无论发生在继承开始前还是继承开始后，均应自继承开始时发生效力。如果继承权的丧失是于继承开始后由人民法院确认的，则法院对继承人继承权丧失的确认溯及继承开始之时发生效力。① 笔者赞同此种观点，通常情况下，丧失继承权的事由以发生于继承开始前为多见，但也有于继承开始后发生者，诸如伪造、变造、隐匿、篡改或销毁遗嘱。于此情形，因丧失继承权者本不得享有继承权，从而应溯及继承开始时丧失继承权系将于继承开始后丧失继承权之人视为于继承开始时即已丧失继承权，自始非为继承人。此外，继承人丧失继承权，仅对于特定的被继承人丧失其继承权而已，仍不妨碍其为其他被继承人之继承人。换言之，丧失继承权并非全然剥夺其继承权，而是仅对于某一被继承人有丧失继承权之事由者，对该特定的被继承人丧失继承权，而对其他被继承人另外享有的继承权，不因此而受影响。例如，甲故意杀害其父，则甲对其父丧失继承权，但并不因此而影响甲对其母、妻子、子女等享有的继承权。

（二）继承权丧失对第三人的效力

继承权丧失对第三人的效力，是指继承开始后，继承人丧失继承权前及继承权丧失后，继承人将其取得之遗产转让与第三人，继承人丧失继承权对第三人之财产取得有无影响及何种影响的问题。对此，有观点认为，继承权丧失的效力，原则上虽应溯及继承开始时而发生。但对于第三人有溯及效力，则第三人已取得之权利无端受莫测之损害，殊非保护交易安全之道。故对于第三人之效力以从裁判宣告后发生为合于实际之需要。但若第三人明知继承权丧失之原因事实者，则不在此限。② 笔者认为，继承权的丧失即意味着该丧失继承权的继承人对遗产的处分属于无权处分。对于无权处分，《民法典》第311条规定："无处分权人将不动产或者动产转让给受让人的，所有权人有权追回；除法律另有规定外，符合下列情形的，受让人取得该不动产或者动产的所有权：（一）受让人受让该不动产或者动产时是善意；（二）以合理的价格转让；（三）转让的不动产或者动产依照法律规定应当登记的已经登记，不

① 杨立新、朱呈义：《继承法专论》，高等教育出版社2006年版，第80页。
② 罗鼎：《民法继承论》，我国台湾地区三民书局1978年版，第57页。

需要登记的已经交付给受让人。受让人依据前款规定取得不动产或者动产的所有权的，原所有权人有权向无处分权人请求损害赔偿。当事人善意取得其他物权的，参照适用前两款规定。”故继承权丧失对善意第三人不发生效力，不得以继承人的继承无效而对抗善意第三人。继承人虽丧失继承权，但善意第三人从该继承人受让遗产的，他人不得以继承人丧失继承权不得继承为由而要求返还。第三人若为善意自应适用善意取得之规定，以维护交易安全。

◎ 疑难适用

司法实务中，对继承人故意杀害被继承人或为争夺遗产故意杀害其他继承人是否须待法院判决宣告其构成犯罪并追究其刑事责任才发生丧失继承权的效力，存有争议。从比较法角度而言，各国有两种立法例：一为欲致被继承人于死，虽未致死只有在受有罪宣告时，始足构成缺格原因。如《法国民法典》第727条规定，致死者（被继承人）于死或欲致于死而受有罪之宣告者无资格继承。《日本民法典》第891条规定，因故意致被继承人或对于继承在先顺位或同顺位的人于死亡，或欲致之于死亡，而被处刑者，丧失继承权。二为只要欲致被继承人死亡，即足构成继承缺格，其是否受有罪宣告在所不问。如《瑞士民法典》（第540条第1款）仅规定，故意及违法致被继承人于死或欲致之于死者，不以处刑为要件。在《奥地利民法》中，继承人对于被继承人之犯罪，除经被继承人宥恕外，亦无须处刑，即足构成继承缺格。笔者认为，比较而言，第一种立法例值得借鉴。即继承人虽实施故意杀害被继承人、为争夺遗产杀害其他继承人之行为，一般在继承人因此被判决有罪时方可使其丧失继承权。这也可从《民法典继承编解释（一）》第7条规定，即“继承人故意杀害被继承人的，不论是既遂还是未遂，均应当确认其丧失继承权”中“不论是既遂还是未遂”的表述中得到印证。至于是否追究继承人刑事责任与继承人是否丧失继承权之间没有直接因果关系。现实中，继承人杀害被继承人不负刑事责任的，至少还包括继承人为12岁以下、患有精神病和采取正当防卫情形。根据我国《刑法》第17条、第18条的规定，不满12周岁的人，犯故意杀人罪，不负刑事责任。患精神病的继承人在不能辨认或者不能控制自己行为的时候杀害被继承人，不负刑事责任。至于正当防卫，《刑法》第20条规定，为了使国家、公共利益、本人或者他人的人身、财产和其他权利免受正在进行的不法侵害，而采取的制止不法侵害的行为，对不法侵害人造成损害的，属于正当防卫，不负刑事责任。在以上几种情形下，继承人因为不能正确认识自己行为的性质和后果，故其即便有杀人行为，一般也不丧失继承权。但有必要指出的是，在因过了追诉期而不承担刑事责任的情形下，继承人实施杀害行为时，并非丧失刑事责任能力，故仍应适用本条认定其丧失继承权。

第二章　法定继承

本章共有七个条文，分别规定了：继承权男女平等原则、法定继承人的顺序、代位继承、丧偶儿媳丧偶女婿的继承权、法定应继份、遗产酌分请求权、继承纠纷的解决方式。本章新增加的规定有两项：第一，增加规定了被继承人的兄弟姐妹的子女可以代位继承。原《继承法》第 11 条只规定了被继承人的子女的晚辈直系血亲的代位继承，范围比较窄。《民法典》第 1128 条新增加了第 2 款规定："被继承人的兄弟姐妹先于被继承人死亡的，由被继承人的兄弟姐妹的子女代位继承。"该条规定的被继承人的兄弟姐妹的子女有代位继承权的主要价值是扩大了法定继承人的范围，在一定程度上改变了我国法定继承人范围过窄、旁系血亲继承人中只有兄弟姐妹的现状。从而使侄子、侄女、外甥、外甥女能够成为代位继承的法定继承人，代位继承其伯、叔、姑、舅、姨的遗产。第二，对依靠被继承人扶养的继承人以外的遗产酌分请求权人，删除了"缺乏劳动能力又没有生活来源"的要求。原《继承法》第 14 条规定的酌分遗产的主体：一是对继承人以外的依靠被继承人扶养的缺乏劳动能力又没有生活来源的人；二是继承人以外的对被继承人扶养较多的人。对前者的酌分遗产，须同时具备三个要件：一是依靠被继承人扶养；二是缺乏劳动能力；三是没有生活来源。从司法实践情况看，因同时满足上述要件的情形较为少见，所以实务中本条很少被适用，而这并不符合设立遗产酌分请求权的制度目的。故《民法典》第 1131 条规定改为"对继承人以外的依靠被继承人扶养的人，或者继承人以外的对被继承人扶养较多的人，可以分给适当的遗产"。

第一千一百二十六条 继承权男女平等。

◎ 主旨

本条是关于继承权男女平等原则的规定。

◎ 释义

本条源自原《继承法》第9条，其表述在本次《民法典》修改历次征求意见的草案中均被沿用，没有任何改动，直至《民法典》颁布。

本条释义主要阐述男女平等基本原则的概念以及继承权在男女平等原则中的主要体现。

《宪法》第48条规定："中华人民共和国妇女在政治的、经济的、文化的、社会的和家庭的生活等各方面享有同男子平等的权利。国家保护妇女的权利和利益，实行男女同工同酬，培养和选拔妇女干部。"原《婚姻法》第13条规定："夫妻在家庭中地位平等。"《妇女权益保障法》第34条规定："妇女享有的与男子平等的财产继承权受法律保护。在同一顺序法定继承人中，不得歧视妇女。丧偶妇女有权处分继承的财产，任何人不得干涉。"上述法律规定均涉及男女平等。由此可见，继承权男女平等是继承的一项基本原则。学界中也有少数学者认为，提倡男女平等在我国有着深刻的历史根源，有其必要性，也有针对性。但在今天看来，单独强调继承权男女平等已经不是很合适。继承权平等不仅仅体现在男女平等上，还体现在以下三个方面：第一，非婚生子女与婚生子女享有平等的继承权；第二，养子女、形成事实上抚养关系的继子女和亲生子女继承权平等；第三，同一顺序继承人继承遗产的权利平等。①

继承权男女平等原则，是我国社会主义继承制度的重要特征，彻底摒弃了

① 房绍坤、范李瑛、张洪波：《婚姻家庭与继承法》（第六版），中国人民大学出版社2020年版，第155页。

封建宗法制度下的“女子不得继承”“男尊女卑”的封建思想。该条明确规定了继承权男女平等，不分性别地平等享有继承权，不能因性别不同而在继承权利上有所差别。在《民法典》立法过程中，曾有观点主张，既然《民法典》总则编第124条已经规定“自然人依法享有继承权”，这里的自然人当然包括男女均平等享有继承权的意思，故没有必要在《民法典》继承编中再重复规定。但不可否认的是，一直以来，仍有不少地方，特别是个别农村地区，由于受到古代封建宗法制度的影响，在继承问题上还存在歧视女性的现象。这从司法实践处理继承纠纷的案件中也能得到反映。故《最高人民法院关于民法典继承编的立法建议稿》中就曾提出明确建议保留本条的规定，主要理由是鉴于个别地方仍存在传男不传女的陋习，故有必要保留以起到宣示、教育、指引的作用。

继承权男女平等主要体现在：第一，无论男女，都可以按照自己的意愿以遗嘱等形式处分自己的遗产；第二，法律规定了法定继承人的范围和继承顺序，同一顺序中的法定继承人不分男女，均享有同等的继承权，其分得的遗产份额不应因性别而有区别；第三，在代位继承权和转继承权中，男女平等；第四，对公婆或者岳父母尽了主要赡养义务的丧偶儿媳或者丧偶女婿，按照法律规定可以作为第一顺序的法定继承人，享有平等的继承权；第五，在放弃继承权、丧失继承权等问题上，男女应一体适用《民法典》继承编相关规定，而不应区别适用。

◎ 疑难适用

司法实务中，关于本条规定还存在有无必要扩张解释的观点分歧：一种观点认为，既然本条强调继承权男女平等，是基于女性在继承中的弱势地位这一现实情况。那么从实质公平正义出发，在特定案件中可以在遗产份额确定问题上，类推适用《民法典》婚姻家庭编第1087条，即“离婚时，夫妻的共同财产由双方协议处理；协议不成的，由人民法院根据财产的具体情况，按照照顾子女、女方和无过错方权益的原则判决”。该条规定体现了照顾女方精神，对女方可得遗产份额适当倾斜保护。笔者认为，这种观点混淆了婚姻关系和继承关系中各自对女方权益维护的基本出发点。婚姻关系中，对女方照顾的原则体现了对女方为家庭贡献的认可，而继承关系中，女方未必比其他继承人对被继承人贡献更多，故不存在照顾女方的前提。仍只能根据《民法典》第1130条规定的原则处理遗产份额问题。

第一千一百二十七条　遗产按照下列顺序继承：

（一）第一顺序：配偶、子女、父母；

（二）第二顺序：兄弟姐妹、祖父母、外祖父母。

继承开始后，由第一顺序继承人继承，第二顺序继承人不继承；没有第一顺序继承人继承的，由第二顺序继承人继承。

本编所称子女，包括婚生子女、非婚生子女、养子女和有扶养关系的继子女。

本编所称父母，包括生父母、养父母和有扶养关系的继父母。

本编所称兄弟姐妹，包括同父母的兄弟姐妹、同父异母或者同母异父的兄弟姐妹、养兄弟姐妹、有扶养关系的继兄弟姐妹。

◎ 主旨

本条是关于法定继承人范围以及法定继承顺序的规定。

◎ 释义

本条源自原《继承法》第 10 条规定。在《民法典继承编（草案）》（2017 年 7 月 28 日室内稿）第 9 条将原《继承法》第 10 条第 1 款修改为“遗产按照下列顺序继承：第一顺序：子女；第二顺序：父母；第三顺序：兄弟姐妹、祖父母、外祖父母。配偶与第一顺序或者第二顺序继承人共同继承。没有第一顺序和第二顺序继承人的，配偶继承全部遗产”。并将原《继承法》第 10 条第 2 款内容作为第 48 条单独规定。《民法典继承编（草案）》（2018 年 4 月征求意见稿）第 10 条又将第 1 款恢复为原《继承法》第 10 条第 1 款规定的内容。此后，本条内容再无变化，直至《民法典》颁布。

本条释义主要阐述法定继承人的范围以及法定继承人的继承顺序。

继承发生的根据是死者生前处分自己身后个人财产的意愿。① 尊重死者处分其身后财产的意愿，即是尊重和保护私人财产权的体现。因而，各国普遍实行“遗嘱自由原则”，以最大限度地尊重死者的遗愿。而在尊重死者遗愿的基础上，来确定法定继承人的范围和顺序也符合继承法实现家庭职能和维护私有财产传递给有一定血缘或婚姻关系的人的立法目的。不论是遗嘱继承还是法定继承都是依据被继承人的生前意愿，决定其遗产的归属，“法定继承本质上乃是对被继承人处分其私有财产的意愿的最普遍、最一般的推定。即法定继承是‘推定的遗嘱’”。② 因而，在死者没有订立遗嘱之情况下，立法应当推定死者的意愿，而这种推定无疑应当尽量反映大多数人的真实意愿，即法律只规定一般情况下③的继承人范围和继承顺序，此即法定继承制度的核心。

本条是关于法定继承人的范围与法定继承顺序的规定，较之原《继承法》关于本条规定的内容并无改变。在《民法典》制定过程中，法定继承人的范围和法定继承顺序是争议较大的问题。就法定继承人的范围而言，原《继承法》限定在近亲属的范围之内。许多人认为现有的法定继承人范围过于狭窄，应尽量使财产能够有人继承，建议《民法典》将法定继承人的范围扩大到四亲等以内。对此，《最高人民法院关于民法典继承编的立法建议稿》也曾建议规定“遗产按照下列顺序继承：第一顺序：子女；第二顺序：父母；第三顺序：兄弟姐妹；第四顺序：祖父母、外祖父母。继承开始后，由第一顺序继承人继承，第二顺序继承人不继承。没有第一顺序继承人继承的，由第二顺序继承人继承。依此类推。配偶和实际继承的血亲继承人共同继承”。主要理由是：将配偶独立出来，单独排序是因为：第一，符合主要国家和地区的共识。将血亲继承人和配偶继承人进行区分，依据血亲继承人和被继承人关系的亲疏远近，将法定继承人分为不同顺序，配偶不被列入固定的继承顺序，可与任何在先顺序血亲继承人同为继承，且份额根据具体情况而不同。立法主要有法国、德国、瑞士、日本以及我国的台湾地区、香港特别行政区和澳

① 周强：《论我国继承法中的若干基本问题》，载《中国法学》1985 年第 2 期。

② 陈益民：《谈法定继承与遗嘱继承的统一》，载《政法论坛》1986 年第 5 期。

③ 我国地域辽阔，各地区贫富差距、经济、文化、习俗、思想观念以及不同家庭，不同亲等亲属间感情的亲疏远近千差万别，各不相同，立法不是万能的，只能针对一般情况作出规定，而不可能面面俱到。

门特别行政区等，目的是重点优位保护配偶利益。第二，婚姻关系和扶养关系利益是配偶法定继承零顺序的基础。从结婚开始，夫妻双方共同经营家庭、养育子女，通过共同生活已成为具有共同感情、财产的社会共同体，故配偶以最优先、最有利顺序继承遗产是婚姻关系的必然结果。由婚姻关系衍生出来的夫妻扶养关系，由法律直接规定，配偶在扶养中投入更多，自然应在继承中处于优势地位。而将父母降到第二顺序，可以有效防止父母继承遗产后，将遗产通过其赠与或死后继承方式转移至旁系血亲。至于父母的养老问题，则可通过赡养制度或遗嘱继承解决。但是，最终《民法典》并未采纳这种意见，而只是扩大了代位继承的适用范围，规定被继承人的兄弟姐妹先于被继承人死亡，其子女可以代位继承。

一、法定继承人的范围

法定继承人的范围，是指依据法律直接规定享有继承权的人。应当赋予哪些人以法定继承权从而使其依法定继承方式继承被继承人之遗产？确定法定继承人范围，世界各国采用两种不同立法例：第一种立法例采取的是“亲属继承无限制主义”，也就是法定继承人不受亲等的限制，如《德国民法典》；第二种立法例采取的是“亲属继承限制主义”，也就是法定继承人只在一定亲等以内的亲属和配偶之间产生。至于对亲等的限制，各国和地区规定又有所不同，例如《法国民法典》第755条规定，十二等亲以外的血亲无继承权。《魁北克民法典》第683条规定，八等亲以外的亲属无继承权。现代社会，人们的生活从大家族转向小家庭。立法上，可以有继承权的血亲关系从无限制主义转变为有限制主义。法律对享有继承权的亲属范围加以了限定。我国以血缘远近关系和婚姻关系来确定法定继承人的范围和继承顺序。根据本条规定，我国法定继承人的范围具体如下。

（一）配偶

婚姻关系是取得继承权的基本依据。男女双方结婚登记之后成为夫妻，夫妻双方互为对方的配偶。《民法典》第1061条规定：“夫妻有相互继承遗产的权利。”本条也将配偶列为第一顺序的法定继承人。在确定配偶是否享有继承权时会涉及以下相关问题：

首先，合法有效的婚姻以及处于婚姻存续期间是配偶取得继承权的前提条件。配偶一方死亡时，另一方取得继承权必须要基于双方存在合法有效的婚姻。如果夫妻一方死亡时，不存在合法有效的婚姻，则另一方就不享有继承权。此外，如果在被继承人生前，合法有效的婚姻关系已被解除，配偶的继承权也因婚姻关系的解除而消灭。

其次，以夫妻名义共同生活的男女同居关系，如果在 1994 年 2 月 1 日民政部《婚姻登记管理条例》公布施行以前双方已经符合结婚实质要件的，认定为事实婚姻关系。进而，该婚姻关系的双方互相享有配偶继承权。如果是在 1994 年 2 月 1 日民政部《婚姻登记管理条例》公布施行之后双方才符合结婚实质要件的，如已经补办了婚姻登记手续，则属于合法婚姻，双方互相享有继承权。如果没有补办婚姻登记手续，应认定为同居关系，双方互不享有继承权。

再次，如果在离婚诉讼中或者离婚判决尚未生效时，夫妻一方突然死亡的，另一方仍然享有配偶继承权。

最后，对于无效婚姻、可撤销婚姻，在婚姻被判决无效或者被撤销之后，男女双方互不享有继承权。如果婚姻未被判决无效或者被撤销，则双方仍然享有继承权。

（二）子女

本条规定子女包括婚生子女、非婚生子女、养子女和有扶养关系的继子女。

1. 生子女。包括婚生子女和非婚生子女。婚生子女，是指由具有合法婚姻关系的男女所生育的子女。反之，为非婚生子女。根据《民法典》第 1071 条规定，非婚生子女与婚生子女享有同等权利，享有平等继承权。

2. 养子女。是指通过合法收养程序收养的子女。养子女与养父母之间因为合法收养关系而互相享有继承权。养子女享有与亲生子女同等的继承权。对于养子女的继承权，值得关注以下几点：（1）养子女在收养关系成立后，享有对养父母遗产的继承权，其对生父母遗产的继承权消灭；（2）养子女与养父母的收养关系解除后，则对其养父母遗产的继承权随之消灭；（3）隔代收养的“养孙子女”在法律评价上等同于养子女，享有对养祖父母的遗产继承权；（4）对于我国原《收养法》施行前形成的事实收养关系，如果不违背当时有关法律政策规定的文件，应予承认，形成事实收养关系的养父母与养子女互有遗产继承权；（5）过继子女与过继父母形成扶养关系的，即为养子女，互有继承权。

3. 有扶养关系的继子女。继父母与继子女之间形成扶养关系的，相互享有继承遗产的权利。也就是说，继子女能否成为继父母的法定继承人，关键取决于其相互之间是否形成了扶养关系。未形成扶养关系的继父母与继子女仅为姻亲关系，其相互之间无继承权；而形成了扶养关系的继父母与继子女之间具有法律上的拟制血亲关系，其相互之间有与自然血亲的父母子女间相同的权利义务，相互间有继承权。而对于本条规定的扶养关系究竟如何理解？实务中多数裁判认为，这里的扶养关系既包括继父母对未成年继子女的抚养教育，也包括成年继子女对继父母的赡养扶助。① 也就是说“有扶养关系的继子女”，应当指继父母对未成年继子女进行了抚养，或者继子女对年老的继父母进行了赡养，或者二者同时具备。② 根据相关立法机关人士的解释，《民法典》继承编界定的子女的范围，要比婚姻家庭编宽泛，因为继承编规定的“有扶养关系的继子女”既包括继子女受继父母抚养的情形，也包括继子女赡养继父母的情形。③ 无独有偶，有裁判也认为继承法上的扶养应作广义解释，“是一定范围的亲属间相互供养和扶助的法定权利和义务，包括抚养、扶养、赡养，即长辈对晚辈的抚养、晚辈对长辈的赡养和平辈亲属间的扶养。继父母子女在事实上形成了扶养关系，由直系姻亲转化为拟制血亲，从而产生法律拟制的父母子女间的权利义务。确定是否形成扶养关系应以继承实际发生时为节点”。④ 因而，“有扶养关系的继父母子女关系”可分为三种形态：一为仅继父母事实上抚养教育继子女形成的继父母子女关系（单向抚养型）；二为仅成年继子女赡养扶助继父母形成的继父母子女关系（单向赡养型）；三为继父母抚养教育继子女且继子女成年后赡养了继父母（抚养赡养双向型）。

对于单向抚养型继父母子女关系，即继子女虽受继父母抚养教育（已形成拟制血亲），但继子女成年后并未赡养扶助继父母所形成的继父母子女关

---

① 如有裁判也认为，“此处的‘扶养’是双向的，既包括继父母对继子女的抚养教育，也包括继子女对继父母的赡养扶助”。参见甘肃省高级人民法院（2016）甘民申1109号民事裁定书、吉林省高级人民法院（2015）吉民申字第774号民事裁定书。

② 参见辽宁省本溪市中级人民法院（2018）辽05民终1956号民事判决书、山东省青岛市中级人民法院（2020）鲁02民终5095号民事判决书。

③ 黄薇主编：《中华人民共和国民法典继承编解读》，中国法制出版社2020年版，第50页。

④ 参见上海市第二中级人民法院（2017）沪02民终10068号民事判决书。

系。继父母与受其抚养教育的继子女间既已形成拟制血亲，则能否认为其相互之间即享有继承权？一种观点认为，《民法典》第1072条第2款规定作为一种引致规范，其引致的规范内容主要是成年子女对父母的规定，即已形成拟制血亲关系的继子女成年后对继父母的赡养等义务。《民法典》第26条第2款、第1067条等均在其引致之列，而第1070条并不在其引致之列。如果仅仅因为继父母对继子女存在抚养教育，继父母死亡后继子女即有权继承继父母之遗产，同时根据《民法典继承编解释（一）》第11条的规定，继子女也有权继承其生父母之遗产，则对继子女利益的保护不免过于优厚而对继父母亲生子女之利益有失妥当。如有学者认为，我国原《婚姻法》第27条的规定不利于离婚一方的再婚，有损抚养教育继子女一方亲生子女的继承利益。在继父母抚养了继子女之后，法律还强行规定继子女继承继父母的遗产，可能会违背当事人的意思自治，且与我国一些地区的继承习惯不符。① 上述观点确实有一定的道理，但笔者认为，司法实务中，在适用法律问题上，仍应秉持立法原意。从文义解释、体系解释角度，依《民法典》第1072条第2款之规定，此时继父母子女间“适用关于父母子女关系的规定”，继而依据《民法典》第1070条的规定，已形成抚养教育关系的继父母子女间应相互享有继承遗产的权利。有观点即认为，“所谓‘适用本法关于父母子女关系的规定’主要是指适用成年子女对父母义务的条款。其中最为重要的规定是《民法典》第26条第2款、第1067条规定。当然，其他规范也存在适用的空间，如《民法典》第1070条所规定的父母与子女相互继承遗产的权利以及根据《民法典》第1127条第3款和第4款的规定，《民法典》继承编中的子女包括有扶养关系的继子女，父母包括有扶养关系的继父母。故而可以适用《民法典》继承编的相关规范。”② 亦即，只要继父母存在抚养教育继子女的事实形成拟

① 陈苇主编：《外国继承法比较与中国民法典继承编制定研究》，北京大学出版社2011年版，第416~417页。郭明瑞教授在鑫士铭沙龙第51期中也认为，仅因为继父母抚养教育过继子女，继子女即有权继承其遗产，这对亲生子女的权利义务不一定合适。还有学者对继子女的继承权问题进行了实地调查，具体可参见陈苇：《当代中国民众继承习惯调查实证研究》，群众出版社2008年版，第206页、第342~343页。

② 薛宁兰、谢鸿飞主编：《民法典评注：婚姻家庭编》，中国法制出版社2020年版，第318页。

制血亲关系，其相互间即有相互继承遗产的权利。① 司法实践中多数裁判均基于原《婚姻法》第27条第2款②（《民法典》第1072条第2款）之规定，适用本法父母子女关系之规定及原《婚姻法》第24条（《民法典》第1070条）“父母和子女有相互继承遗产的权利”的规定，③ 只要继子女与继父母之间形成抚养教育关系，即对继父母的遗产享有继承权，至于受抚养教育的继子女成年后是否对继父母尽了赡养义务，在所不问。④ 如在“杨某与郑某继承纠纷二审案中”，法院认为，“根据《婚姻法》第27条第2款的规定，继父母与未成年的继子女共同生活，未成年继子女受继父母的抚养教育，即形成具有扶养义务关系的继子女与继父母关系，本案杨某的生父母离婚时虽然约定了杨某由生父抚养，但年仅12岁的杨某与生母及继父一起生活，并将户口迁移至此，其事实上受到了继父的抚养教育，可认定杨某为其继父《继承法》第10条规定的有扶养关系的继子女”。⑤

对于单向赡养型继父母子女关系，即并未形成拟制血亲的成年继子女赡养扶助继父母所形成的继父母子女关系。对此，一种观点认为，我国婚姻家庭法理论通说认为，依据原《婚姻法》第27条第2款规定，形成抚养教育关

① 夏吟兰、龙翼飞等：《中国民法典释评·婚姻家庭编》，中国人民大学出版社2020年版，第167页。

② 继父或继母和受其抚养教育的继子女间的权利和义务，适用本法对父母子女关系的有关规定。

③ 《最高人民法院关于贯彻执行民事政策法律若干问题的意见》（已失效）第37条规定：继父、继母与继子女之间，已形成抚养关系的，互有继承权。

④ 参见湖北省高级人民法院（2019）鄂民申3676号民事裁定书；北京市第一中级人民法院（2021）京01民终3959号民事判决书；北京市第二中级人民法院（2019）京02民终12856号民事判决书；江苏省南京市中级人民法院（2019）苏01民终7730号民事判决书；河北省沧州市中级人民法院（2020）冀09民终5748号民事判决书；吉林省白山市中级人民法院（2019）吉06民终914号民事判决书；湖北省十堰市中级人民法院（2019）鄂03民终2995号民事判决书；山西省太原市中级人民法院（2019）晋01民终6748号民事判决书；河南省周口市中级人民法院（2019）豫16民终4433号民事判决书；云南省楚雄彝族自治州中级人民法院（2019）云23民终1217号民事判决书；吉林省四平市中级人民法院（2021）吉03民终141号民事判决书；山东省济南市中级人民法院（2019）鲁01民终6805号民事判决书；广东省广州市中级人民法院（2018）粤01民终15596号民事判决书；江西省赣州市（地区）中级人民法院（2020）赣07民终2387号民事判决书；山东省潍坊市中级人民法院（2020）鲁07民终2445号民事判决书；山东省德州市（地区）中级人民法院（2020）鲁14民终4445号民事判决书。

⑤ 参见重庆市第四中级人民法院（2020）渝04民终598号民事判决书。

系的继父母子女关系为拟制血亲关系。[①] 因此，《民法典》第1072条第2款所规定的形成拟制血亲的继父母子女理应构成第1127条互相享有继承权的有扶养关系的继父母子女的解释限制。所以，应将未受继父母抚养教育的成年继子女赡养继父母所形成的扶养关系排除在第1127条规定的有扶养关系的继父母子女范围之外，不能成为法定继承人，因其相互间并未形成拟制血亲关系。《民法典》继承编所规定的作为法定继承人的“有扶养关系的继父母子女”是彼此互为对方的继承人。如果未形成拟制血亲（未受继父母抚养教育）的成年继子女仅仅因其曾对继父母赡养扶助过，则在继子女死亡时继父母即对其遗产享有继承权，未免戕害继子女生父母之遗产继承权。但这并不意味着未受继父母抚养教育却自愿对继父母进行扶养的继子女不能分得继父母的遗产，其可依据《民法典》第1131条规定的遗产酌给请求权制度适当分得继父母的遗产，如此才是真正意义上的符合权利义务相一致的原则。另一种观点则认为，如果继子女在其生父母与继父母结婚时已成年并独立生活，但继子女对继父母自愿承担了赡养义务的，或者继父母未抚养教育过继子女，而继子女在成年后对继父母尽了赡养义务的，应认为双方之间形成了扶养关系，并产生了父母子女之间的权利义务，或者说继子女与受其赡养的继父母间的权利义务，应适用法律关于父母子女关系的有关规定。[②] 司法实践中同样有裁判认为，继承法上的继父母子女之间的扶养关系不仅包含继父母对继子女的抚养，也包括继子女对继父母的赡养。[③] 未受继父或继母抚养教育的成年继子

---

① 黄薇主编：《中华人民共和国民法典婚姻家庭编解读》，中国法制出版社2020年版，第156页；最高人民法院民法典贯彻实施工作领导小组主编：《中华人民共和国民法典婚姻家庭编继承编理解与适用》，人民法院出版社2020年版，第216页；王利明主编：《民法》（第八版）（下册），中国人民大学出版社2020年版，第424页；夏吟兰、龙翼飞等：《中国民法典释评·婚姻家庭编》，中国人民大学出版社2020年版，第165页；杨立新：《家事法》，法律出版社2013年版，第22页；房绍坤、范李瑛、张洪波：《婚姻家庭与继承法》（第六版），中国人民大学出版社2020年版，第111页；余延满：《亲属法原论》，法律出版社2007年版，第95页；巫昌祯主编：《婚姻家庭法新论》，中国政法大学出版社2002年版，第244页；马忆南：《婚姻家庭继承法学》，北京大学出版社2007年版，第180页；王洪：《婚姻家庭法》，法律出版社2003年版，第240页；杨大文：《亲属法》，法律出版社2004年版，第230页。

② 王洪：《婚姻家庭法》，法律出版社2003年版，第240页。

③ 参见江西省赣州市（地区）中级人民法院（2020）赣07民终2387号民事判决书；上海市第一中级人民法院（2020）沪01民终1805号民事判决书。

女，只有在其赡养了继父母之情形下，根据权利义务对等的法律原则，才享有继承继父或继母遗产的权利。[①] 笔者同意第二种观点。理由在于，《民法典》第1072条第2款所规定的形成拟制血亲的继父母子女规定于婚姻家庭编而非继承编，在继承编第1127条第3款、第4款中的“有扶养关系”的前面已经有“本编所称”的表述。这说明该项规定已经排除了隶属于婚姻家庭编的第1072条的限制。

对于抚养赡养双向型继父母子女，即受继父母抚养教育的继子女成年后对继父母也尽了赡养义务所形成的继父母子女关系。如上所述，此种抚养赡养双向型继父母子女间当然可产生权利义务上的相互性质，完全适用婚姻家庭编对父母子女关系的有关规定。即产生了父母子女之间的权利义务关系，当然也享有相互继承遗产的权利。

此外，值得研究的是，继父母子女间基于抚养教育形成的继父母子女权利义务关系是否因继父或继母与生母或生父离婚而自然终止？一种观点认为，根据《民法典》第1072条第2款规定，既然“适用本法对父母子女关系的有关规定”，那么依照《民法典》第1084条第1款“父母与子女间的关系，不因父母离婚而消除。离婚后，子女无论由父或者母直接抚养，仍是父母双方的子女”的规定，继父母子女间的权利义务关系自不因继父或继母与生母或生父离婚而自然终止。[②] 因此，“在继父或继母与继子女形成抚养关系的情况下，

---

① 参见四川省高级人民法院（2017）川民申3930号民事裁定书；山东省济宁市中级人民法院（2020）鲁08民终3013号民事判决书。

② 原《婚姻法》第36条规定，父母与子女间的关系，不因父母离婚而消除。按照该规定，已经形成的父母子女关系不因离婚而直接终止。但就继父母而言，其与继子女之间并无血缘关系，是否也属于该条规范的对象？《最高人民法院关于继父母与继子女形成的权利义务关系能否解除的批复》（已失效）认为：“继父母与继子女已形成的权利义务关系不能自然终止，一方起诉要求解除这种权利义务关系的，人民法院应视具体情况作出是否准许解除的调解或判决。”该批复意见明确了继父母子女之间的权利义务关系不自然终止，反面解释而言，即继父母子女之间的关系在依据法定方式解除前，仍可保留父母子女关系。就此而论，继父主张对继子女的抚养权，只要是具有抚养教育关系，已经成立继父母子女关系的，可以酌情予以支持。《最高人民法院关于人民法院审理离婚案件处理子女抚养问题的若干具体意见》（已失效）第13条规定了继父母不同意继续抚养的，由生父母抚养。但显然没有对生父母不同意抚养而继父母同意抚养的情形予以否定，继父母提出对继子女进行抚养不违反婚姻法及其相关司法解释的立法目的。由于继父母与继子女之间缺乏血缘关系，对于继父母抚养继子女的，容易产生是否会对未成年人进行侵害、歧视等隐忧。因此，在一般情形下，生父母在离婚后通常应优先抚养未成年子女。这也是上（转下页）

继父或继母与继子女关系转化为拟制血亲关系，与自然血亲的父母子女关系相同。在生父与继母或生母与继父离婚、生父或生母死亡时，继父或继母与继子女间的拟制血亲关系继续存在，不因婚姻的终止而自然解除。因此，在生父与继母或生母与继父离婚、生父或生母死亡时，继父或继母对已形成抚养关系的未成年继子女仍有抚养、教育的权利和义务；受继父或继母抚养长大的继子女，对无劳动能力、生活困难的继父母仍有赡养的义务”。即已形成拟制血亲关系的继父母子女关系独立于生父（母）与继母（父）的婚姻关系。实践中也有裁判亦持此立场，认为“继父母子女关系一般随着自己的亲生父母与对方的婚姻关系而建立的，自然随着自己的亲生父母与对方的婚姻关系的终结而终结。但是，继父母和受其抚养教育的继子女之间形成法律上拟制的直系血亲关系。这种关系并不因继子女的生父母与继父母之间的婚姻关系的终结而自然终结”。对此，1986 年《最高人民法院关于继母与生父离婚后仍有权要求已与其形成抚养关系的继子女履行赡养义务的批复》也明确规定，继父与生母或继母与生父离婚后，有负担能力的继子女对曾长期抚养教育过他们、需要赡养的继父母有赡养的义务。继父母与继子女之间已形成的拟制血亲关系并不因继父与生母或继母与生父离婚而消灭。笔者认为，上述批复仅为司法指导文件，且颁布时间较早。而根据最新施行的《最高人民法院关于适用〈中华人民共和国民法典〉婚姻家庭编的解释（一）》［以下简称

（接上页）述司法解释明确规定继父母不同意继续抚养的，生父母应当抚养的立法本意。但完全排除继父母抚养的可能性也将产生不利的社会影响。在生父母拒绝或者放弃抚养的情形下，对于未成年子女的抚养持消极乃至坚决反对的态度，由其抚养可能产生不履行法院裁判、遗弃未成年人等危险，不利于未成年人健康成长。继父母主张抚养权的，如否定其抚养愿望，而生父母又拒绝抚养，如何确定抚养人将成为难题。在继父母与继子女经过长期共同生活已经形成深厚的父母子女感情，且在共同生活过程中对于未成年子女并无侵害行为的，可以根据未成年人利益保护最大化的原则裁量由继父母抚养，以符合人伦亲情关系。参见袁辉根、严秋亚：《离婚后继父母可以继续抚养继子女》，载《人民法院报》2018 年 11 月 15 日，第 6 版。案例参见陕西省西安市临潼区人民法院（2018）陕 0115 民初 1129 号民事判决书。

① 房绍坤、范李瑛、张洪波编著：《婚姻家庭继承法》（第六版），中国人民大学出版社 2020 年版，第 112 页。

② 马忆南：《婚姻家庭继承法学》，北京大学出版社 2014 年版，第 160 页。

③ 参见陕西省西安市中级人民法院（2019）陕 01 民终 15398 号民事判决书。

《民法典婚姻家庭编解释（一）》] 第 54 条规定，生父与继母离婚或者生母与继父离婚时，对曾受其抚养教育的继子女，继父或者继母不同意继续抚养的，仍应由生父或者生母抚养。依此规定，继父与生母或继母与生父离婚的，只要继父或继母不同意继续抚养，即可终止已形成抚养教育关系的继父母子女间的权利义务。也就是说，继子女之所以仍应由其生父母抚养，是因为继父或继母不同意继续抚养，即仅凭继父或继母单方的意思表示即可终止基于继父母对继子女抚养教育而产生的拟制血亲关系。① 司法实践中，多数法院依据该条精神进行裁判，如《江苏省高级人民法院家事纠纷案件审理指南（婚姻家庭部分）》第 13 条规定，“对于已经形成抚养教育关系的继父母子女，因生父（母）与继母（父）离婚导致再婚关系终止的，如果继父母不同意继续抚养未成年继子女的，继父母子女关系可以解除，该子女应当由生父母抚养。对于已经形成抚养教育关系的继父母子女，因生父（母）死亡导致再婚关系终止的，在继子女未成年的情形下一般不允许解除继父母子女关系。如果生父母中的另一方愿意将未成年子女领回，继父母同意的，继父母子女关系可以解除。继子女八周岁以上的，应当征得本人同意”。起草人起草该条的理由是，拟制血亲关系可以通过一定的法律事实和法律行为解除，只是此种解除并不以再婚关系终止而当然解除，也不因解除身份关系而当然免除基于身份关系所形成的权利义务。鉴于继父母子女关系与收养关系有诸多类似之处，本条即比照收养关系的相关规定作出规定。②

《深圳市中级人民法院关于婚姻家庭纠纷案件的裁判指引》第 45 条规定：“生父与继母或生母与继父离婚时，对于曾受双方抚养教育的继子女的抚养权有争议的，原则上仍由其生父母抚养，生父母主张继父母支付抚养费的，双方有协议的按协议处理，双方没有协议的，人民法院不予支持。”对此，有学者认为，既然继父母与继子女之间已基于抚养教育形成拟制血亲关系，那么此种拟制血亲关系自然不能因一方当事人的单方意思表示而解除或终止。当事人要解除这种已形成的拟制血亲关系，亦应通过协议解除或诉讼解除的方式。③ 笔者认为，首先，继父母与继子女之间基于抚养教育已形成的拟制血亲

① 马原主编：《新婚姻法条文释义》，人民法院出版社 2002 年版，第 195 页。

② 张娅、肖峰：《家事纠纷案件审理指南（婚姻家庭部分）逐条学习体会（二）》，载微信公众号“法语峰言”，2019 年 7 月 20 日。

③ 余延满：《亲属法原论》，法律出版社 2007 年版，第 434 页。

关系并不因继父与生母或继母与生父离婚或生父（母）死亡而自然终止。[①]其次，继父母与继子女之间基于抚养教育所形成的拟制血亲关系与收养所形成的拟制血亲关系相比，虽然二者均为法律上的拟制血亲，但程度上存在明显差异。收养关系成立后，被收养人与其生父母及近亲属间的权利义务关系消除。而继子女与没有与其共同生活的生父或生母的关系依然存在，他们之间的权利义务关系并不因继子女与继父（母）间形成拟制血亲关系而消除。即继子女具有双重法律地位：一方面，与生父（母）保持着父母子女间的权利义务关系；另一方面，与继父（母）又形成拟制血亲的父母子女间的权利义务关系。即使在收养而产生的拟制血亲关系中，尚承认一定情形下可单方解除收养关系，那么基于“举重以明轻”的解释原则，自应允许继父（母）于一定情形下单方解除继父母子女关系。[②]《江苏省高级人民法院家事纠纷案件审理指南（婚姻家庭部分）》规定了在继父（母）与生父（母）离婚时，继父（母）可单方解除继父母子女关系；但在因生父（母）死亡而导致再婚关系终止时，继子女未成年的一般不允许解除继父母子女关系。因此，如果已形成拟制血亲关系的继父母子女关系恶化、无法共同生活的，可通过类推适用《民法典》第 1115 条的规定协议解除继父母子女关系。不能达成协议的，可以向人民法院提起诉讼。[③] 同时，亦可类推适用《民法典》第 1118 条

---

① 1988 年《最高人民法院关于继父母与继子女形成的权利义务不能自然终止的批复》（已失效）同样指出，在继父与生母或者继母与生父离婚后，继子女受继父母抚养教育的事实不能消灭，故继父母与继子女已形成的权利义务关系不能自然终止，一方起诉要求解除这种权利义务关系的，人民法院应视具体情况作出是否准予解除的调解或判决。

② 受继父或继母抚养教育的继子女已成年，应当负起赡养继父母的义务，原则上不能解除继父母子女关系，但是如果关系恶化，经继父或继母的请求，可以解除继父母与继子女的权利义务关系。参见四川省眉山市彭山区人民法院（2020）川 1403 民初 1601 号民事判决书；湖北省武汉市洪山区人民法院（2020）鄂 0111 民初 2943 号民事判决书；江苏省苏州市虎丘区人民法院（2020）苏 0505 行初 1 号民事判决书；上海市第一中级人民法院（2019）沪 01 民终 8524 号民事判决书；湖南省长沙市中级人民法院（2019）湘 01 民终 5679 号民事判决书；河南省义马市人民法院（2019）豫 1281 民初 788 号民事判决书；江苏省溧阳市人民法院（2018）苏 0481 民初 7587 号民事判决书；广西壮族自治区柳州市中级人民法院（2018）桂 02 民终 2019 号民事判决书；江苏省南京市溧水区人民法院（2018）苏 0117 民初 2958 号民事判决书。

③ 如有裁判认为，“现原告提出要求解除继父子女关系，虽然法律对解除继父母子女关系没有明文规定，但可参照我国《收养法》的相关规定处理”。参见上海市浦东新区人民法院（2019）沪 0115 民初 91790 号民事判决书。

之规定，继父母子女关系解除后，经继父母抚养教育的继子女对缺乏劳动能力又缺乏生活来源的继父母，应当给付生活费或适当补偿继父母抚养期间支出的抚养费。①

（三）父母

本条规定的父母包括生父母、养父母和有扶养关系的继父母。生父母是指与其子女有血缘关系的亲生父母。养父母是指基于收养关系而成为养子女的父母，享有与生父母同等的权利和义务。有扶养关系的继父母是指与继子女之间形成扶养关系的父母。在遗产继承时，生父母、养父母和有扶养关系的继父母，均对其亲生子女、养子女、有扶养关系的继子女的遗产享有继承权。

（四）兄弟姐妹

兄弟姐妹作为第二顺序的法定继承人，其范围应包括同父母的兄弟姐妹、同父异母或者同母异父的兄弟姐妹、养兄弟姐妹、有扶养关系的继兄弟姐妹。《民法典继承编解释（一）》第 12 条规定：“养子女与生子女之间、养子女与养子女之间，系养兄弟姐妹，可以互为第二顺序继承人。被收养人与其亲兄弟姐妹之间的权利义务关系，因收养关系的成立而消除，不能互为第二顺序继承人。”反过来，在现实生活中，解除收养关系之后，当事人之间财产关系和人身关系的效力将有变化。在财产关系方面，涉及成年养子女在符合条件的情况下，应当给付生活费，养父母也可以在一定条件下，要求养子女支付生活费和教育费。在人身关系方面，养子女和养父母（以及其他近亲属）之间的双方亲属身份关系解除。②

又根据《民法典继承编解释（一）》第 13 条的规定，继兄弟姐妹之间的继承权，因继兄弟姐妹之间的扶养关系而发生。没有扶养关系的，不能互为

---

① 如《江苏省高级人民法院家事纠纷案件审理指南（婚姻家庭部分）》第 13 条规定，“对于已经形成抚养教育关系的继子女成年后，继父母子女关系一般不允许解除。如果双方经协商一致或者双方关系恶化导致继父母或者继子女主张解除继父母子女关系的，可以解除。但继父母子女关系解除后，对于缺乏劳动能力或者生活困难的继父母，成年的继子女应当给付一定的生活费用”。此与《民法典》关于收养关系恶化而协议解除收养关系及收养关系解除后的财产效力规定相同。

② 肖峰、田源：《婚姻家庭纠纷裁判思路与裁判规则》，法律出版社 2017 年版，第 586 页。

第二顺序继承人。继兄弟姐妹之间相互继承了遗产的，不影响其继承亲兄弟姐妹的遗产。

（五）祖父母、外祖父母

祖父母、外祖父母作为第二顺序的法定继承人，其范围包括亲生（外）祖父母，但不包括基于养父母产生的祖父母或外祖父母。

在《民法典》编纂过程中，多数学者提出，我国原《继承法》有关法定继承人范围的规定，主要问题是血亲继承人范围较窄，不利于保护自然人的继承权。我国实行计划生育已经多年，“一孩”家庭的数量占家庭总数的比例较大，加之规定的法定继承人范围较窄，不能使遗产尽可能地保证留给与死者有一定血缘关系的亲属，存在无人继受的遗产被收归国家或集体所有的可能性较大。这不利于保护自然人的私有财产继承权。① 法定继承人的范围越宽，可以继承被继承人遗产的继承人就越多，形成无人继承遗产的可能性就越小，私人财产被收归国家、集体所有的可能性出现得就越少；反之，就会造成更多的无人继承遗产，私人的遗产归国家所有的可能性就越大。② 因此，建议扩大法定继承人的范围，由现在的“配偶、子女、父母、兄弟姐妹、祖父母外祖父母”扩展到四亲等以内的直系血亲。这样规定的目的是，尽量减少在继承中出现无人承受的遗产的情形。③

特别值得指出的是，本条没有提及的代位继承人，亦属于法定继承人。由于《民法典》继承编对法定继承人的范围没有专条规定，因此，容易使人误以为法定继承人的范围仅限于本条法定继承顺序中的继承人；甚至错误认为孙子女或外孙子女只有在代位继承时才是法定继承人，除此之外即不属于法定继承人。尤其是在祖父母或外祖父母订立遗嘱将遗产“赠与”孙子女或外孙子女时，认定为遗赠而非遗嘱继承的错误观点。进而将本属于遗嘱继承却依照接受遗赠的规定（即原《继承法》第 25 条第 2 款）要求所谓的“受遗赠人（系孙子女或外孙子女）”在60 日内作出接受遗赠的意思表示。此类案件并不罕见，裁判观点不统一。

上面论述但也有裁判正确地认为代位继承人亦属法定继承人，被继承人

① 杨立新：《民法分则继承编立法研究》，载《中国法学》2017 年第 2 期。

② 杨立新：《民法典继承编草案修改要点》，载《中国法律评论》2019 年第 1 期。

③ 杨立新：《民法分则继承编立法研究》，载《中国法学》2017 年第 2 期。

通过遗嘱将遗产指定由其孙子女或外孙子女承受的，乃遗嘱继承而非遗赠。如在“曲某、张某1继承纠纷上诉案”中，法院认为，“《继承法》第十条未将被继承人的孙子女列为第一顺序继承人、第二顺序继承人，但不应以此认为被继承人的孙子女不是法定继承人。《继承法》第十一条规定了代位继承人的范围，被继承人的孙子女属代位继承人。被上诉人是代位继承人，属法定继承人。被继承人生前所立的，其死亡后将案涉财产由其孙子（被上诉人）继承系遗嘱继承不是遗赠。故本案应适用《继承法》第二十五条第一款的规定，被上诉人已接受继承”。① 更有裁判通过对法定继承进行体系化解释，而得出孙子女、外孙子女亦为法定继承人的正确结论，如在“张某1与张某2、张某3等继承纠纷上诉案”中，法院认为，“原《继承法》分为总则、法定继承、遗嘱继承和遗赠、遗产的处理、附则五个部分，而法定继承部分第十条规定了法定继承的顺位；第十一条规定了代位继承；第十二条规定了丧偶儿媳、女婿对公婆、岳父母尽了主要的赡养义务的，作为第一顺位继承人。因此，正确理解法定继承人的范围并非单单从第十条即可排除本案中的被上诉人（系被继承人之孙）非法定继承人，而应将规定代位继承的继承法第十一条置身于整部继承法体系，置身于与其有关的第十条、第十二条条文语境中进行体系化解释才能探究其真正内涵。法定继承部分的第十条、第十一条、第十二条应当系并列关系，三者组合构建了继承法中法定继承人的范围：配偶、子女（其中子女早于被继承人死亡的，则系被继承人的晚辈直系血亲；子女去世的，对被继承人尽了主要赡养义务的丧偶儿媳、女婿）、父母；兄弟姐妹、祖父母、外祖父母。因此，通过上述体系、语境解释，应当认定本案中的被上诉人系被继承人的法定继承人之一。被继承人通过订立遗嘱在生前将自己身后的财产处分给被上诉人，尽管使用了‘赠与’的字眼，仍应定性为遗嘱继承，而非遗赠。继承开始后被上诉人未在遗产处理前作出放弃继承的意思表示，应当按照遗嘱继承处理”。②

二、法定继承人的继承顺序

法定继承顺序，是指在继承开始后，依照法律规定，各法定继承人继承

① 参见辽宁省大连市中级人民法院（2019）辽02民终7415号民事判决书。

② 参见江苏省镇江市中级人民法院（2014）镇民终字第0616号民事判决书。

遗产的先后顺序。为了保持良好的社会氛围及秩序，避免因继承纠纷而引发家庭和社会矛盾，立法通常会根据血缘亲疏远近关系和婚姻关系，规定法定继承人继承的先后顺序。关于法定继承顺序，在《民法典》编纂过程中学界争议很大，主要形成了如下不同的观点：一为“三顺序说”。即在原《继承法》第10条规定的两个法定继承顺序之基础上，增加“四亲等以内的亲属”作为第三顺序。也就是将法定继承人的范围扩及伯、叔、姑、舅、姨、堂兄弟姐妹、表兄弟姐妹、侄子女、甥子女等四代以内的其他直系或旁系血亲。二为“四顺序说”。第一顺序：子女及其晚辈直系血亲；第二顺序：父母；第三顺序：兄弟姐妹及其子女；第四顺序：祖父母，包括父系祖父母和母系祖父母。配偶可以和任一顺序的血亲继承人共同继承。三为“五顺序说”。第一顺序：子女、父母；第二顺序：兄弟姐妹、祖父母、外祖父母；第三顺序：侄子女、甥子女；第四顺序：伯父、叔父、姑母、舅父、姨母；曾祖父母、外曾祖父母；第五顺序：堂兄弟姐妹、表兄弟姐妹。配偶为不固定继承顺序的法定继承人，可以参与到前三个顺序中共同继承。

上述观点中，多数学者均主张“三顺序说”。主要考虑到，我国长期以来实行“一对夫妻只能生育一个孩子”的计划生育政策，使得我国现有的人口结构已经发生了很大变化，法定继承中继承人的范围在一定程度上被缩小。而我国现行继承法规定的法定继承人的范围较窄，种种情形使得应当适当扩大法定继承人的范围。否则，如果被继承人的亲属较少或已死亡，甚至在一些情形下不存在法定继承人，就可能导致被继承人的遗产无人继承。在我国历代以及当代民间，伯、叔、姑、舅、侄子女、甥子女等相互继承遗产也是常有之事。因此，赋予四亲等以内的亲属以第三顺序的法定继承权，较为符合我国的传统习惯。同时，为避免参与继承的后顺序继承人过多，遂通过实行“亲等近者优先”的原则予以限制。① 但最终《民法典》并未采纳，而是依然延续了原《继承法》第10条规定。

以下主要针对《民法典》编纂过程中争议较大的法定继承人顺序问题进行阐释。

（一）配偶的继承顺序

当今各国和地区的继承制度无不规定了配偶享有继承权，主要有两种规

① 刘耀东：《继承法修改中的疑难问题研究》，法律出版社2014年版，第8～9页。

定模式：

1. 配偶继承零顺序规定模式。配偶继承零顺序，即不固定配偶的继承顺序，其可以与任何一个或部分继承顺序中的法定继承人共同继承。在此规定模式中，又可根据配偶是否可以参与到任何一个继承顺序继承遗产而细分为两种：一为“配偶继承完全零顺序”，即配偶可以参与到法定继承顺序中的任一顺序并与该顺序之血亲继承人共同继承，如我国台湾地区所谓“民法”第1138条及第1144条规定，法定继承人除配偶外，第一顺序为直系血亲卑亲属；第二顺序为父母；第三顺序为兄弟姐妹；第四顺序为祖父母。配偶与第一顺序继承人同为继承时其应继份与其他继承人等同；与第二顺序或第三顺序继承人同为继承时其应继份为二分之一；与第四顺序继承人同为继承时应继份为三分之二；无第一至第四顺序的法定继承人时，由配偶取得遗产之全部。《瑞士民法典》第462条规定：配偶与直系卑血亲共同继承时，继承二分之一遗产；与父母系继承人共同继承时，继承四分之三遗产；父母系亦无继承人时，继承全部遗产。此外，意大利、日本、奥地利、智利、加拿大魁北克省等国家或地区也采此模式。二为“配偶继承有限制的零顺序”，即被继承人之配偶只能参与到法定继承顺序中的部分顺序并与该顺序的血亲继承人共同继承。如《韩国民法典》第1000条规定：继承按下列顺位为继承人：（1）被继承人的直系卑亲属；（2）被继承人的直系尊亲属；（3）被继承人的兄弟姐妹；（4）被继承人四亲等以内的旁系血亲。第1003条规定：根据第1000条第1款第1项及第2项的规定，有继承人时，被继承人的配偶与该继承人为同顺位的共同继承人，如无继承人时，则为单独继承人。据此，配偶的继承顺序虽非固定，但只能为第一、第二继承顺序。此外，捷克民法、阿根廷民法等也采此模式。

2. 配偶继承固定顺序规定模式。配偶继承固定顺序，即配偶被列入某一继承顺序并被固定，其应继份额与同顺序其他法定继承人等同。笔者查阅各国和地区规定发现，配偶继承固定顺序又可细分为两种：一为“配偶继承绝对固定顺序”。所谓“绝对固定”，是指配偶被完全地、绝对地固定在某一特定的继承顺序上。大多数规定均是将配偶固定在第一顺位，如《俄罗斯民法典》第1142条规定：第一顺序的法定继承人是被继承人的子女、配偶和父母。《越南民法典》第676条规定：第一继承顺序包括：夫妻、生父母、养父母、生子女、养子女……少数立法例将配偶固定在第二或第三顺序，如《西班牙民法典》第930条至第944条规定，直系卑亲属为第一顺序法定继承人，直系尊亲属为第二顺序继承人，无直系尊卑亲属的，死者的配偶先于其旁系亲属取得继承权，即配偶处于第三顺序的继承地位。此外，菲律宾、蒙古国、匈牙利、泰国等亦是如此。二为“配偶继承相对固定顺序”。所谓“相对固定”，是指配偶的继承顺序并不是仅仅被固定在某一个继承顺序上，而是被固定在某几个继承顺序上，其较之“绝对固定”呈现出一定的灵活性，同时又不同于非固定顺序。如《葡萄牙民法典》第2133条规定：（1）可继承遗产之人依下列顺序而被赋权继承：（a）配偶及直系血亲卑亲属；（b）配偶及直系血亲尊亲属；（c）兄弟姊妹及直系血亲卑亲属；（d）四亲等内之其他旁系血亲；（e）国家。（2）生存配偶属第一顺序之可继承遗产之人；然而，如被继承人死亡时并无直系血亲卑亲属，而有直系血亲尊亲属，则生存配偶即属第二顺序之可继承遗产之人。此外，我国澳门特别行政区民法等亦是如此。

我国原《继承法》及《民法典》继承编均采第二种模式。在《民法典》编纂过程中，有学者认为，“建议将配偶规定为无固定顺序的继承人，因为当第一顺序继承人只有配偶一人时，就排除了其他任何第二顺序继承人继承的可能性，但是被继承人的兄弟姐妹是最亲近的旁系血亲，却完全不能继承。将配偶、子女和父母这三种与被继承人关系完全不同的人纳入同一个继承顺序，既不属于亲等继承制，也不属于亲系继承制，在理论基础上不具有正当性”。① 也有学者认为，“现今社会的家庭结构较之以往更是以夫妻为中心的小家庭为主，依现行法规定，夫妻有相互扶养和扶助义务，而兄弟姐妹仅于一定条件下才有扶养和扶助义务，血亲固然是确认法定继承权的基础但经济上和情感上的联系也是确认继承权的根据。尽管民间有‘兄弟如手足，夫妻如衣裳’的说法，但现实生活中就一般情况而言，兄弟姐妹之间的经济上和情感上的联系是无法与配偶间的经济上和情感上的联系相比的，没有理由让配偶与兄弟姐妹于同一顺序继承被继承人的遗产。因此，仍应坚持现行法的做法，将配偶作为第一顺序继承人”。② 显然《民法典》继承编采纳了第二种

① 杨立新：《民法典继承编草案修改要点》，载《中国法律评论》2019年第1期；杨立新、和丽军：《我国配偶法定继承零顺序的改革》，载《中州学刊》2013年第1期；陈苇、冉启玉：《完善我国法定继承人范围和顺序立法的思考》，载《法学论坛》2013年第2期；张玉敏：《中国继承法立法建议稿及立法理由》，人民出版社2006年版，第86页。

② 郭明瑞：《完善法定继承制度三题》，载《法学家》2013年第4期。

观点，依然维持配偶第一顺序法定继承人的地位。

（二）父母的继承顺序

关于父母的法定继承顺序，在《民法典》编纂过程中也存有争议。有学者认为，“父母作为第一顺序法定继承人是不合理的，其来源就是苏联民法。将父母和子女安排在同一法定继承顺序，不能将遗产集中保留在被继承人的子女及其后代的家庭中，不利于实现遗产的育幼职能，还将导致被继承人的遗产同时向长辈亲属和晚辈亲属上、下流动，如果被继承人的父母继承后死亡，其继承的遗产将由被继承人的父母之父母（被继承人的祖父母、外祖父母）、被继承人的父母之子女（被继承人的兄弟姐妹）同时继承。如果被继承人的父母之父母、被继承人的父母之子女死亡，他们继承所得的遗产就由更远的亲属继承而发生上下甚至是左右的流动。这将导致不能使遗产尽可能被集中保留在被继承人的晚辈亲属（子女及其后代）的家庭中，不符合遗产流转的规律”。① 而且，父母与子女同为第一顺序法定继承人，不符合我国民众的继承意愿和继承习惯。根据我国学者调查，从我国民众的继承意愿来看，大多数被调查者都希望配偶和子女为第一顺序法定继承人，父母为第二顺序法定继承人。② 另据学者调查，在我国民间如果死者留有后人（子女）时，父母一般不继承遗产。但反对者认为，将子女与父母分别列为先后不同的继承顺序是基于同一亲等的继承人顺序以卑亲属优先考虑，但是继承法规定继承人和继承顺序还需要考虑被继承人和继承人之间的经济和情感联系以及权利义务关系等因素。因此，在继承法上子女与父母有同样的地位。就子女与父母来说，有的地方有“一代养一代”的习俗，如果在被继承人死亡后，有子女而父母不能继承遗产，会使父母生活陷入困境，不利于保护老年人的合法权益。所以，规定子女与父母为同一顺序继承人，兄弟姐妹与祖父母、外祖父母为同一顺序继承人，是妥当的。③

笔者认为，遗产流转的方向应符合人类社会遗产流转的运行规律。这个方向不是依据立法者的主观意志就可以改变的，而是人类社会繁衍生息几千

---

① 杨立新：《民法典继承编草案修改要点》，载《中国法律评论》2019 年第 1 期；杨立新：《民法分则继承编立法研究》，载《中国法学》2017 年第 2 期。

② 陈苇：《当代中国民众继承习惯调查实证研究》，群众出版社 2008 年版，第 69 页。

③ 郭明瑞：《完善法定继承制度三题》，载《法学家》2013 年第 4 期。

年来形成的规律。概言之，遗产流转是向下流转，即由长辈尊亲属向晚辈卑亲属移转。因此，在各国继承法立法中，都尊重遗产流转的规律和方向，而不是逆该规律而行。同时，在比较法上，父母作为第一顺序法定继承人的立法例较为少见。而祖孙三代是我国现代家庭最主要的家庭成员，子女与父母均为被继承人的血亲继承人，均与被继承人在日常生活、经济、情感等方面存在密切联系。而且，在现代家庭中，很多父母还在发挥余热，为子女照料孩子操持家务并在经济上提供一定的帮扶，可以说父母对家庭的和谐发展作出了非常大的牺牲和贡献，正可谓“父母之恩，云何可报；慈如河海，孝若涓尘”。目前，我国的养老保障制度尚不健全，对于占人口绝对比重的农村居民和城镇居民而言，我国的社会养老保险制度的保障作用仍然有限。因此家庭养老依然是我国现阶段以及未来相当长一段时间内的一种重要养老模式。①对于老年人来说，子女依旧是家庭养老资源的重要来源，而继承资源便是养老资源的一部分。所以，如果将父母规定为第二顺序继承人不利于年老父母的生活保障。因此，虽然大多数立法例均将被继承人的直系血亲卑亲属作为第一顺序继承人，而将父母作为第二顺序继承人，但是我国继承法应当立足我国父母子女关系的实际情况以及人口老龄化的国情，仍应坚持将被继承人的子女与父母均规定为第一顺序继承人的做法。② 如此，不仅可以保障父母的继承权益，发挥继承的家庭扶养职能，也可以引导社会尊老敬老爱老的传统美德，还可以保持现行继承法的连续性，照顾民众业已形成的继承理念和习惯。

（三）孙子女、外孙子女的继承顺序

原《继承法》并未将孙（外孙）子女作为本位继承人而列入法定继承顺序，而是作为代位继承人参与继承。国外立法例大都将直系血亲卑亲属（包括孙子女、外孙子女）列为第一顺序的本位继承人，辅之以亲等近者优先。因此，在《民法典》编纂过程中，学者间对此争议较大，主要形成了以下三种不同的观点：

1. 第一顺序法定继承人说。该说认为，应改变孙子女、外孙子女等直系

---

① 穆光宗：《中国传统养老方式的变革和展望》，载《中国人民大学学报》2000 年第 5 期。

② 刘耀东：《继承法修改中的疑难问题研究》，法律出版社 2014 年版，第 14 页。

晚辈血亲代位继承的规定，而将孙子女、外孙子女以及他们的直系卑血亲都规定为第一顺序法定继承人，这样不仅能够使孙子女、外孙子女在其父母缺位的情况下，以第一顺序法定继承人的身份直接继承其祖父母、外祖父母的遗产，而不至于因其父母的原因使自己的继承权等受到损害。①

2. 第二顺序法定继承人说。此种观点认为，孙（外孙）子女作为代位继承人实际上享有了类似或等同于第一顺序继承人的地位，并因此远优于第二顺序继承人的地位。但当第一顺序继承人都丧失或放弃继承权时，孙（外孙）子女便不能代位继承其父或母的继承份额，遗产转由第二顺序继承人继承，而第二顺序中又未规定孙（外孙）子女为继承人，因而孙（外孙）子女便被迫退出继承。② 根据原《婚姻法》的规定，孙（外孙）子女在一定条件下有赡养祖（外）父母的义务，而原《继承法》却未规定其为本位继承人，有违权利义务相一致原则。相反，规定孙（外孙）子女为第二顺序继承人反而有利于鼓励其赡养扶助祖（外）父母。③

3. 代位继承人说。将孙（外孙）子女作为代位继承人，实际上是赋予了特殊情况下作为第一顺序继承人的权利。如果变代位继承为第二顺序本位继承，实际上削弱了孙（外孙）子女的继承权。同时，也否定了代位继承制度。④ 孙（外孙）子女的代位继承权为固有权，不必单列一个顺序。采取代位继承的话，当第一顺序继承人全部死亡时，孙（外孙）子女即可取得全部遗产。而如果将孙（外孙）子女作为第二顺序法定继承人，则其将与被继承人的兄弟姐妹、祖（外）父母等共同继承，继承份额必将少于依据代位继承所取得的遗产份额。⑤ 所以，在第一顺序继承人中仍宜规定子女直系晚辈血亲代位继承。

4. 同时列为第二顺序法定继承人与代位继承人说。有学者认为，孙（外孙）子女除依代位继承参加继承外，不能以自己的独立继承顺序继承其祖父

---

① 杨立新：《民法典继承编草案修改要点》，载《中国法律评论》2019 年第 1 期。

② 尹中安：《中外法定继承范围和顺序的比较及启示》，载《山西省政法管理干部学院学报》2006 年第 1 期。

③ 史浩明：《关于〈继承法〉的几点思考》，载《江海学刊》2004 年第 5 期。

④ 刘心稳：《中国民法学研究述评》，中国政法大学出版社 1996 年版，第 801 页。

⑤ 郭明瑞、房绍坤、关涛：《继承法研究》，中国人民大学出版社 2003 年版，第 68 页。

母或外祖父母的遗产，如此可能发生如下两种后果：一是在丧失继承权或放弃继承权的子女是被继承人的除代位继承人以外的唯一法定继承人时，被继承人的遗产则成为无人继承的财产；二是在丧失继承权或放弃继承权的子女是被继承人唯一第一顺序的法定继承人时，遗产将被被继承人的兄弟姐妹或祖父母等第二顺序法定继承人继承，被继承人的孙子女或外孙子女则无权问津。而孙（外孙）子女不仅与第二顺序法定继承人属于同一亲等，而且在现实生活中与被继承人的生活关系和经济联系，较之兄弟姐妹等第二顺序法定继承人更为密切。因此，原《继承法》除应当将孙子女和外孙子女列为代位继承人外，还应当将其列为第二顺序的法定继承人，以便使孙子女、外孙子女能以自己的名义独立继承或与第二顺序的法定继承人共同继承。①

◎ 疑难适用

司法实务中，适用本条规定认定继父母子女间是否有继承权的问题关键在于如何判断“有扶养关系”？如上所述，这里的扶养关系的认定具有双向性，既包含继父母对继子女的抚养教育，同时也包括成年继子女对继父母的赡养扶助。对于后者实践中并无争议，而对于前者，即如何认定判断继父母对继子女有抚养教育的事实以及继父母子女间是否已经形成了法律所认同的抚养教育关系，理论认识不一。有观点从两方共同生活的时间上进行把握，认为“继父母与继子女共同生活应持续三年以上”②“继父母对继子女抚养教育达五年以上的应认定为存在抚养教育关系”③。另有观点则从继父母是否对继子女承担了全部或部分生活、教育等相关费用或是否共同生活等方面进行把握，认为“继子女与继父母共同生活且继父母承担了继子女全部或部分生活费和教育费”④，或“继父母虽未与继子女共同生活，但对其承担了部分或全部生活费、教育费”⑤，或者“继父母与未成年继子女共同生活，对继子女

---

① 杨震、王歌雅：《〈继承法〉修正：体系设计与制度完善》，载杨立新等主编：《继承法的现代化》，人民法院出版社 2013 年版，第 50 页。

② 王利明：《中国民法典学者建议稿及立法理由——人格权编·婚姻家庭编·继承编》，法律出版社 2005 年版，第 397 页。

③ 王歌雅：《扶养与监护纠纷的法律救济》，法律出版社 2001 年版，第 89 页。

④ 巫昌祯主编：《婚姻家庭法新论》，中国政法大学出版社 2002 年版，第 245 页。

⑤ 杨遂全等：《婚姻家庭法新论》，法律出版社 2003 年版，第 171 页。

进行了教育和生活上的照料、帮助，在思想品德、学业上对继子女关怀、培养等，即使未负担抚养费用，也应认为形成了抚养教育关系"[①]。司法实践中多数裁判在认定是否存在抚养教育关系时认为，应依扶养时间（或继父母子女共同生活）的长期性、稳定性、经济与精神扶养的客观存在、再婚时继子女是否已经成年、是否实际接受生活上的照顾抚育、家庭身份的融合性等因素综合进行判断。[②] 且抚养关系不仅包括经济上的抚养，还应包括具有情感交流的精神抚养。[③] 法院需要在个案中综合考量这些要素进行动态判断，而不是机械地作出"全有全无"的绝对性认定。也就是说，在认定继父母与继子女间是否形成抚养教育关系时，可以考虑运用威尔伯格所提出的"动态系统论"理论——调整特定领域法律关系的法律规范包含诸多构成因素，但在具体的法律关系中，相应规范所需因素的数量和因素的强度有所不同，这些规范因素是一个动态的系统。[④] 动态系统论强调各因素的作用与各因素排列上的位阶，引导法官考量这些因素是否满足，但在个案中，并不要求每一个因素满足到特定程度，甚至不要求一定具备全部因素；而是要求考量不同的因素，确定这些因素满足到什么程度，根据案件的具体情况对各个因素进行综合考量。[⑤] 并且强调各因素之间的"互补"，因素不再像要件一样处于固定的状

---

① 王洪:《婚姻家庭法》，法律出版社2003年版，第240页。

② 如2019年7月18日，《江苏省高级人民法院家事纠纷案件审理指南（婚姻家庭部分）》第13条规定："认定继父母子女之间是否形成抚养教育关系，可以通过审查再婚时继子女是否已经成年、双方共同生活的时间长短、是否实际接受生活上的照顾抚育、家庭身份融合程度等予以综合判断。"相同裁判可参见江苏省高级人民法院（2018）苏民申2672号民事裁定书；云南省高级人民法院（2018）云民申1536号民事裁定书；福建省高级人民法院（2019）闽民申3751号民事裁定书；北京市高级人民法院（2019）京民申4857号民事裁定书；浙江省高级人民法院（2017）浙民申468号民事裁定书；北京市第一中级人民法院（2020）京01民终1700号民事判决书；江苏省南通市中级人民法院（2019）苏06民终5217号民事判决书；上海市第一中级人民法院（2020）沪01民终1805号民事判决书。

③ 参见福建省高级人民法院（2019）闽民申3751号民事裁定书。

④ ［日］山本敬三:《民法中的动态系统论——有关法评价及方法的绪论性考察》，解亘译，载梁慧星主编:《民商法论丛》（第23卷），法律出版社2002年版，第177页。

⑤ ［日］山本敬三:《民法中的动态系统论——有关法评价及方法的绪论性考察》，解亘译，载梁慧星主编:《民商法论丛》（第23卷），法律出版社2002年版，第207～208页。

态，而是作为变量处于动态的考量之中。① 动态系统论就是试图通过抽取一些因素或因子，引导法官考虑该因素或因子的权重，在个案中通过判断不同变量的强弱效果，并结合因素之间的互补性，最终得出案件裁判的结论。

① 解亘、班天可：《被误解和被高估的动态系统论》，载《法学研究》2017 年第 2 期。

第一千一百二十八条　被继承人的子女先于被继承人死亡的，由被继承人的子女的直系晚辈血亲代位继承。

被继承人的兄弟姐妹先于被继承人死亡的，由被继承人的兄弟姐妹的子女代位继承。

代位继承人一般只能继承被代位继承人有权继承的遗产份额。

◎ 主旨

本条是关于代位继承制度的规定。

◎ 释义

本条源自原《继承法》第 11 条的规定。在《民法典继承编（草案）》（2017 年 7 月 28 日室内稿）第 10 条中将本条修改为“被继承人的子女先于被继承人死亡或者与被继承人同时死亡的，由被继承人的子女的晚辈直系血亲代位继承。代位继承人一般只能继承其父亲或者母亲有权继承的遗产份额。被继承人的兄弟姐妹先于被继承人死亡的，由被继承人的兄弟姐妹的子女代位继承”。在《民法典继承编（草案）》（2018 年 4 月征求意见稿）第 11 条中删除了“或者与被继承人同时死亡的”，将“一般只能继承其父亲或者母亲”修改为“一般只能继承被代位继承人”。在《民法典继承编（草案）》（2019 年 12 月 28 日征求意见稿）第 1128 条中将“晚辈直系血亲”修改为“直系晚辈血亲”。此后，本条文内容再无变化，直至《民法典》颁布。

本文释义部分主要阐述代位继承的概念、代位继承的基本原则、代位继承的条件以及代位继承的性质。

一、代位继承的概念

代位继承是法定继承的一种特殊形式。根据“同时存在”原则，法定继承人继承被继承人的遗产，应以在继承开始时实际生存为前提，如果其先于被继承人死亡，其民事主体资格即已丧失。为了保障其晚辈直系血亲的物质生活和经济利益，法律设立了代位继承制度。① 代位继承，是指被继承人的子女或兄弟姐妹先于被继承人死亡的，由被继承人的子女或兄弟姐妹的直系晚辈血亲代替其父母的继承顺序，继承其父母应当继承的遗产份额的法律制度。先于被继承人死亡的继承人称为“被代位继承人”，代替被代位继承人继承被继承人遗产的直系晚辈血亲称为“代位继承人”。我国原《继承法》规定，代位继承是指被继承人的子女先于被继承人死亡的，由被继承人的子女的晚辈直系血亲代位继承。其中把被代位继承人的范围仅限于被继承人的子女。对此，有学者认为，被代位继承人仅限于被继承人的子女，范围过窄。为此，本条将被继承人的兄弟姐妹也纳入被代位继承人的范围。也就是说，当被继承人无第一顺序法定继承人时，第二顺序的被继承人之兄弟姐妹中有先于被继承人死亡者，其子女亦可代位继承。如此规定将法定继承人之范围扩大到了侄子女、外甥子女，以尽量减少遗产归国家所有。

二、代位继承的基本原则

代位继承亦称代袭继承、承祖继承。我国古代所谓之继承，兼有财产继承与身份继承（地位继承）。前者又称遗产继承，后者即宗祧继承。② 除皇位继承无代位继承之问题外，其余之封爵继承、封食继承③、祭祀继承及遗产继承均有类似代位继承（我国固有社会在分家析产时，为期各房能永续繁殖，并期各房的公平，存在所谓“子承父分”④ 与“寡妻承夫分”⑤ “在室女承房

---

① 夏吟兰：《婚姻家庭继承法》（第二版），中国政法大学出版社 2015 年版，第 246 页。

② 所谓宗祧继承，是指依宗法制度所生之继承制度，在国家层面称为君统，即皇位继承；在私人家庭层面则称为祭祀继承。

③ 封爵不一定封食，封食皆依附于封爵，封爵由受封人亲属中之一人继承，而封食原则上由受封人之继承人全体继承。依唐制，封食由受封人之子继承，嫡子、庶子均有继承权，惟若为嫡子则份额增加一份。如子在继承前死亡，则由其子（即孙）代承父分（代位继承）。

④ 唐令《户令·应分》规定：诸应分田宅、财产者、兄弟均分。兄弟亡者，子承父分，兄弟俱亡，则诸子均分。

⑤ 清律《户律·户役门》规定：妇人夫亡，无子守志者，合承夫分，须凭族长，择昭穆相当之人继嗣；其改嫁者，夫家财产及原有妆奁，并听前夫之家为主。

分”）之规范。[1] 代位继承之基本原则即子股衡平原则与按支继承原则。

（一）子股衡平原则

代位继承制度在古罗马法中已有之，即被继承人有多数子女死亡时，依人数平均继承，但子女中有人死亡时，其子女或孙、孙女代位继承，以示同一顺序继承人之间的衡平。此种衡平思想在我国古代法亦已有之，如唐令中的“子承父分”。我国封建社会非常重视各房之均等，使侄儿于其父死亡时，能与其伯叔以房数平分家产。

（二）按支继承原则

按支继承反映的则是每一亲系中，应当按支而不是按人分配遗产的观念。基于按支继承，某一支中与被继承人亲等最近者如先于被继承人死亡，其应继份当然应留在该支内由其直系卑亲属代位继承，而不是转归他支。代位继承人的应继份额与被代位继承人之应继份额同一。即使代位继承人有多数，仍应以被代位继承人之应继承份额按人数均分。被代位继承人所应继承的份额，俗称房份，此为代位继承人之利益而被保留，从而不至流入被代位继承人同一顺序的兄弟姐妹及通过被继承人之父母而流入被继承人之其他兄弟姐妹。从制度上考察，代位继承是基于亲系继承[2]和按支继承。没有亲系继承和按支继承，就不会有代位继承。亲系继承反映的是某个亲系的血缘亲属应当优先于其他血缘亲属继承的观念，而按支继承反映的则是在每一亲系中，应当按支而不是按人分配遗产的观念。基于按支继承，某一支中与被继承人亲等最近者如先于被继承人死亡，其应继份当然应留在该支内由其直系卑亲属代位继承，而不是转归他支。[3]

三、代位继承的性质

关于代位继承的性质，法学理论上存在不同的学说。

---

① 陈荣隆：《民法专题研究（一）》，我国台湾地区三民书局 1992 年版，第 155 页。

② 亲系继承，是指以血缘关系的亲疏远近，把血亲亲属划分为若干个亲系，与死者血缘关系愈近的亲属，其继承顺序就愈靠前，由此形成先由死者自身的直系血亲卑亲属继承，再由父母系，次之为祖父母系，依此类推。

③ 刘耀东：《继承法修改中的疑难问题研究》，法律出版社 2014 年版，第 20 页。

（一）继承权转移说

该学说认为，代位继承是继承权的延伸。在继承人没有丧失继承权的情况下，因继承人的死亡不能亲自行使继承权，而由其子女代替其所享有的继承资格行使继承权，取得其应继承的遗产。

（二）法律推定意志说

该学说认为代位继承为法律上的一种拟制，推定被代位继承人一直生存，将被代位人的继承权转移给代位人。将代位继承假设为被代位人没有死亡，将财产转移给自己的卑亲属。①

（三）固有权说

该说认为，代位继承人是基于自己本身固有的权利，直接继承被继承人的遗产。代位继承人的继承权不以被代位继承人是否有继承权为移转。依此说，只要被代位人不能继承，代位继承人就可以代位继承。即使在被代位继承人丧失继承权或抛弃继承权的情况下，代位继承人亦得依自己固有之权利直接继承被继承人之遗产。此说为日本及我国台湾地区学界的通说。德国、意大利、日本、瑞士、奥地利、保加利亚等国家和地区也采此说。②

（四）代表权说

该说认为，代位继承系代位继承人代替被代位继承人之地位而为继承。亦即代位继承人是承继被代位继承人之继承权而为继承，而非基于自己固有之权利，直接继承被继承人之遗产。也就是说，依此说在被代位继承人丧失继承权或抛弃继承权之情形，不发生代位继承。法国民法即采此说。③ 法国民法对代位继承虽采代表权说之立法，唯在被继承人之子全部先于被继承人死

① 夏吟兰：《婚姻家庭继承法》（第二版），中国政法大学出版社 2017 年版，第 248 页。

② 《意大利民法典》第 467 条规定：代位继承人在其父或母不能继承或不想继承时，仍允许代位继承。《瑞士民法典》第 541 条规定：丧失继承权的“无继承资格人的直系血亲，按无继承资格人先于被继承人死亡的情况，继承被继承人的财产”。我国《澳门特别行政区民法》第 1877 条规定：“属依法继承者，失格之人之无继承能力不影响其直系血亲卑亲属之代位继承权”。

③ 《法国民法典》第 739 条规定：代位继承为法律的拟制，其效果为使代位继承人取代被代位人的地位、亲等与权利。

亡，由被继承人之孙继承时，则采本位继承。[①] 也有学者认为，法国的代位继承形式上是“代表权说”，实质上也是“固有权说”。[②] 我国台湾地区实务上也曾采代位权说，[③] 学说上主张代位权说者则寥寥无几。

原《继承法意见》第28条及《民法典继承编解释（一）》第17条均规定：“继承人丧失继承权的，其晚辈直系血亲不得代位继承。如该代位继承人缺乏劳动能力又没有生活来源，或者对被继承人尽赡养义务较多的，可以适当分给遗产。”由此可见，我国司法实践中采代表权说。有学者认为：“代位继承人之所以可以取得被代位人相等的法律地位，是因为他是被代位人的代表，若代位人是基于自己的固有的权利而继承，那么他就有权取得与其他继承人同等的继承份额，而不是继承被代位人的应继份额。”[④] 但也有部分学者主张采固有权说，并提出了如下理由：第一，代表权说不符合现代民法的立法价值取向。因为死亡父母的违法和犯罪行为而丧失继承权，导致让其子女承担不能继承被继承人财产的不利后果，显然有悖于现代民法自己责任的原则，这也与我国法律保护子女合法权益的精神相悖。[⑤] 第二，代表权说在现实

---

① ［日］中川善之助、泉久雄：《相续法—法律学全集》，日本有斐阁2000年版，第130～131页。

② 李红玲：《继承人范围两题》，载《法学》2002年第4期。

③ 我国台湾地区司法主管机构1932年第754号解释规定：已嫁女死亡时，依法尚无继承财产权，则继承开始时之法律，虽使女子有继承权，而已死亡女子，究无从享受此权利，其直系卑亲属，自不得主张代位继承。依此见解，被代位人生前须有继承权，其直系卑亲属始能代位继承。同时，我国台湾地区司法主管机构1931年第405号解释规定：财产继承权，男女既应平等，已嫁女子，如依法有继承财产权，而于继承开始前，已亡故者，该女子所应继承之财产，自应归于其直系血亲卑亲属继承。我国台湾地区司法主管机构1931年第424号解释规定：有继承财产权之已嫁女子，于遗产继承开始前死亡，其应继份，由其子女代位继承。依上述解释，均认为已嫁女之直系卑亲属代位继承之前提是已嫁女依法享有继承权，若无继承权则其子女即不得代位继承，系采代表权说。我国台湾地区司法主管机构1933年第1051号解释，变更了1932年第754号解释，改采固有权说，解释谓：“凡继承开始，在《民法》继承编施行后，《民法》第1138条所定第一顺序之继承人，有于继承开始前死亡者，不问其死亡在何时，其直系血亲卑亲属，均得依同法第1140条，代位继承其应继份。”我国台湾地区审判主管机构1943年上字第1992号判决，更直接宣示代位继承乃代位人之固有权：“代位继承系以自己固有之继承权，直接继承其祖上遗产，并非继承其父之权利。”

④ 刘春茂：《中国民法学·财产继承》，人民法院出版社2008年版，第229页。

⑤ 陈苇、杜江涌：《我国法定继承制度的立法构想》，载《现代法学》2002年第3期。

生活中面临着诸多尴尬。如父母已经死亡的孙子女、外孙子女，对其祖父母、外祖父母实施继承法规定的丧失继承权的行为后，因为其不是继承人不会被剥夺继承权，因其父母没有行使那些行为享有继承权，故孙子女、外孙子女仍可以代位行使继承权。再如，孙子女、外孙子女为争夺遗产而杀害其父母的，只丧失对其父母遗产的继承权，并不丧失对祖父母、外祖父母遗产的代位继承权。第三，按照民法原理，自然人的民事权利能力始于出生，终于死亡。自然人死亡，其继承法律地位便不复存在。因此，不管被代位人是死亡还是丧失继承权，其代位人都不可能代替一个实际上已不存在的法律地位进行继承。此外，代表权说不能解释，法律为什么规定某些继承人先于被继承人死亡，其直系卑亲属可以代位继承，而另一些继承人先于被继承人死亡，其直系卑亲属则不能代位继承。而按照固有权说，代位继承人本来就是法定继承人范围以内的人，不过在被代位人生存时，按照“亲等近者优先”的继承原则，他（她）们被排斥于继承之外。当被代位人先于被继承人死亡或丧失继承权时，他们则基于自己的继承人资格和权利，按照被代位人的继承顺序和应继份，直接继承被继承人的财产。①

笔者认为，代位继承的性质应以固有权说为宜，如依代表权说，代位继承人参与继承是代表被代位人之地位或权利进而取得其应继承之份额，但是继承人在被继承人死亡前，其所享有的仅为一种客观意义上的继承权（大多数学者认为其为一种期待权），系一种继承的资格或地位。依民法基本理论，继承人死亡后，此种资格或地位便不复存在，即使认为此客观意义继承权为一种期待权，此期待权亦随继承人之死亡而消灭。代位继承人所代之“位”已不存在，“皮之不存，毛将焉附”？所以，代位继承权从本质上讲，应该是代位继承人本身固有的权利。如史尚宽先生所言，继承开始前之继承期待权，原极薄弱，当难谓为固有之权利，难言继承，故代位继承人之继承权，非由推定继承人继承，乃系基于自己固有的权利，以被代位继承之顺序，直接继承，否则被代位继承人于继承开始前丧失继承权时，已无继承权之可言，何得而代位。② 代位继承人固有之继承权是基于法律的规定而享有，他们本身就

---

① 张玉敏：《代位继承比较研究》，载《中央政法管理干部学院学报》1997 年第 3 期。

② 史尚宽：《继承法论》，中国政法大学出版社 2000 年版，第 86 页。

是法定继承人范围内的人，只是在被代位人生存时，大多数国家立法规定，按“亲等近者优先”的原则，被列于被代位人继承顺序之后。我国虽未将孙子女等直系卑亲属列入法定继承顺序，但从实质上看，他们仍然是法定继承人。如果从中国人的传统观念、被继承人的主观愿望上观察，孙子女等直系晚辈血亲乃是当然的、正统的继承人，其地位应在兄弟姐妹之前。不过在其父母健在时，其继承权仅是一种潜在的尚未现实化的权利。当其父母先于被继承人死亡时，此种潜在权利便显现出来，成为一种现实的权利。这种继承之所以称为代位继承，是因为代位人是以被代位人的继承顺序参与继承，并取得被代位人如果未死亡时所应取得之继承份额，而不是因为代位人承继了被代位人之继承地位和权利。因此，代位继承权不受被代位人继承权是否丧失的影响。代位继承权乃代位继承人自己固有之继承权，其不应依被代位人之权利状况为移转。无论被代位人先于被继承人死亡、丧失继承权或抛弃继承权时，代位继承人皆可基于自己固有之继承人资格参与继承。① 虽有我国台湾地区学者对此指出，丧失继承权，带有私法罚性质，“惟因被代位继承人丧失继承权，而由其直系血亲卑亲属继承被继承人遗产时，能否达到对丧失继承权人制裁之目的，甚有疑问。盖是时之代位继承人通常尚未成年者居多，故为其法定代理人之丧失继承权人，仍可就其未成年子女代位继承之遗产，为管理、使用收益甚至处分。果如此，则焉有制裁效果可言”。② 不可否认，采固有权说，确实存在这一弊端。但采代表权说，因被代位继承人的违法行为丧失继承权，而使其直系晚辈血亲不能参与继承，由其直系晚辈血亲承受其违法行为的不利后果，也不合理。况且，从情感和经济联系上说，我国历有“隔辈亲”的传统，通常被代位人对被继承人有不法行为，而其晚辈直系血亲与被继承人的亲情可能并不因此而减弱，因此，于被代位人丧失继承权时，依固有权说由被代位继承人的晚辈直系血亲代位继承，更符合被继承人的意愿。③ 对此，《最高人民法院关于民法典继承编的立法建议稿》中也曾建议规定“被继承人的子女先于被继承人死亡或者丧失继承权的，由该子女的晚辈直系血亲代位继承其父亲或者母亲有权继承的遗产份额。被继承人的兄

① 刘耀东：《继承法修改中的疑难问题研究》，法律出版社 2014 年版，第 26 页。

② 陈棋炎：《亲属、继承法基本问题》，我国台湾地区三民书局 1980 年版，第 640 页。

③ 郭明瑞：《完善法定继承制度三题》，载《法学家》2013 年第 4 期。

弟姐妹先于被继承人死亡或者丧失继承权的，由其晚辈直系血亲代位继承其父亲或者母亲有权继承的遗产份额。代位继承不受辈数的限制，但以辈份在先者为序。代位继承人缺乏劳动能力又没有生活来源，或者对被继承人尽过主要赡养义务的，分配遗产时，可以多分”。主要理由是，如采用代表权说，即代位继承人继承被继承人的遗产，不是基于自己的固有权利，而是代表被代位继承人参加继承。如果被代位继承人丧失继承权，则其直系晚辈血亲不得代位继承。而采用固有权说，有利于实现遗产继承中的公平与育幼功能。但遗憾的是，《民法典》采代表权说，未将被代位继承人丧失继承权作为代位继承发生的原因。

四、代位继承发生的原因

各国和地区的继承制度关于代位继承发生的原因，主要有如下三种规定。

（一）以继承人先于被继承人死亡为代位继承发生的唯一原因

以继承人先于被继承人死亡为代位继承发生的唯一原因者，主要为法国、越南、蒙古国等采取代位继承权之性质为代表权说的国家。如《越南民法典》第677条规定：若被继承人的子女先于被继承人死亡，或同时死亡，则孙子女有权继承其父或母有权继承的遗产份额；若孙子女亦先于被继承人死亡，或同时死亡，则活着的曾孙子女有权继承其父或母有权继承的遗产份额。我国《民法典》本条规定即采此规定。《民法典继承编解释（一）》第17条也规定：“继承人丧失继承权的，其晚辈直系血亲不得代位继承。如该代位继承人缺乏劳动能力又没有生活来源，或者对被继承人尽赡养义务较多的，可以适当分给遗产。”

（二）以继承人先于被继承人死亡或丧失继承权为代位继承发生之原因

采此规定者，主要有意大利、日本、韩国以及我国台湾地区。如我国台湾地区所谓“民法”第1140条规定：第1138条所定第一顺序之继承人，有于继承开始前死亡或丧失继承权者，由其直系血亲卑亲属代位继承其应继份。《日本民法典》第887条规定：被继承人的子女于继承开始前死亡或因符合第891条规定或因废除而丧失继承权时其子女代位成为继承人，但是非被继承人的直系卑亲属者不在此限。前款规定准用于代位人于继承开始前死亡或者因符合第891条规定或因废除而丧失继承权情形。《魁北克民法典》第660条规定：代位继承是法律赋予的利益，据此，被继承人的近亲属被召集继承其尊亲属可能取得的，但由于先于被继承人或与被继承人同时死亡或由于不配继承而不能自己取得的遗产。

（三）以继承人先于被继承人死亡、放弃继承权或丧失继承权为代位继承发生之原因

采此规定者，主要有德国、瑞士、我国澳门特别行政区等采固有权说的国家和地区。如德国民法以死亡、拒绝继承、丧失继承权和依要约抛弃继承等作为代位继承发生的原因。[①] 瑞士民法亦以死亡、继承人废除、拒绝继承、继承缺格为代位继承发生的原因。[②]

本条依然沿袭了原《继承法》第11条关于代位继承发生原因仅限于“被继承人的子女先于被继承人死亡”的规定，并在此基础上扩大了被代位继承人的范围，即以被代位人（被继承人之子女或兄弟姐妹）先于被继承人死亡作为代位继承发生的唯一原因。至于被代位人丧失继承权或放弃继承权的，其直系晚辈血亲不得代位继承。这与我国继承法对于代位继承之性质一直采代表权说是相辅相成的。

五、代位继承的条件

代位继承只存在于法定继承中，不适用于遗嘱继承。因为代位继承重在按支继承以维护子股间的衡平，即按支平均继承。而遗嘱继承则重在维护遗嘱人的意思自由，而不在于平均继承。事实上，恰恰相反，遗嘱继承会打破法定继承人的顺序及继承份额。当然，代位继承须满足一定的条件才会发生，具体如下。

（一）被继承人子女的直系晚辈血亲代位继承的条件

1. 须被继承人的子女先于被继承人死亡。根据本条规定，我国代位继承发生的原因仅限于继承人（被代位人）先于被继承人死亡，其直系晚辈血亲始可代位继承。如果被继承人的子女于继承开始后遗产分割前，未明确表示

① 《德国民法典》第1924～1926条、第1953条、第2344条、第2346条。

② 《瑞士民法典》第478条、第541条、第566条、第572条。

接受或放弃继承前即已死亡的，则应适用转继承而非代位继承。如前所述，在其他立法例继承人丧失继承权亦为代位继承发生的原因，但我国《民法典》并未采纳。这与我国继承法关于代位继承之性质采代表权说相辅相成，但有违代位继承乃基于按支继承以及维护各子股的衡平的原则，故有待进一步完善。

2. 被代位继承人须为被继承人的子女。被代位继承人必须为被继承人之子女，这里的子女当然包括婚生子女、非婚生子女与养子女。问题在于，这里的子女是否包括“继子女”？一种观点认为，根据《民法典》婚姻家庭编第 1072 条第 2 款规定，继父或者继母和受其抚养教育的继子女间的权利义务关系，适用《民法典》关于父母子女关系的规定。换言之，根据该条规定，只有受继父或继母抚养教育的继子女，其与继父或继母之间才形成父母子女关系。同时，也意味着受继父母抚养教育的继子女有赡养继父母的义务。那么，未受继父母抚养教育的成年继子女赡养扶助继父母的，不属于《民法典》婚姻家庭编第 1072 条第 2 款规定的“继父母和受其抚养教育的继子女”的情形，从而自然也不能形成拟制的父母子女关系。因此，未受继父母抚养教育的成年继子女赡养扶助继父母的，成年继子女与继父母之间仍然构成姻亲关系。既然仅为姻亲关系而非拟制血亲关系（父母子女关系），则该继子女按逻辑并非《民法典》继承编第 1127 条意义上的子女，自无法定继承权。未受继父母抚养教育的成年继子女赡养、扶助继父母的，只能属于“继承人以外的对被继承人扶养较多的人”，可以依据《民法典》继承编第 1131 条适当分得遗产。笔者认为，应对婚姻家庭编与继承编各自关于继子女与继父母之间权利义务的规定作体系解释。虽然《民法典》婚姻家庭编第 1072 条第 2 款规定，继父或继母和受其抚养教育的继子女间的权利义务关系，适用《民法典》关于父母子女关系的规定。但该条并未禁止没有受继父或继母抚养教育的继子女与继父或继母之间产生父母子女关系，更没有否定其对继父或继母享有继承权。事实上，《民法典》继承编第 1127 条已经特别规定该编所称的子女，包括婚生子女、非婚生子女、养子女和有扶养关系的继子女。换言之，继承编关于父母与子女之间的继承权关系，包括没有受继父或继母抚养教育的继子女对继父或继母进行了赡养的情形。而且，根据相关立法机关人士的解释，继承编界定的子女的范围，要比婚姻家庭编宽泛，因为继承编规定的“有扶养关系的继子女”既包括继子女受继父母抚养教育的情形，也包括继子女赡养继父母的情形。如果一个继子女在未成年时期并未受其继父母的抚养教育，但其对继父母进行了赡养，虽然按照婚姻家庭编的规定该继子女与继父母之间不适用父母子女之间权利义务的规定，但按照继承编的规定，该继子女依然可以认定为继父母的继子女，具有第一顺序继承人的地位，也符合权利义务相一致的原则。①

此外，至于哪些血亲继承人能够作为被代位继承人，各国和地区规定不一，主要有四种规定方式：一是被代位人仅限于被继承人之直系血亲卑亲属。采此规定方式的国家和地区主要有越南、蒙古国及我国台湾地区等。如我国台湾地区所谓“民法”第 1140 条规定：第 1138 条所定第一顺序之继承人，有于继承开始前死亡或丧失继承权者，由其直系血亲卑亲属代位继承其应继份。二是被代位继承人限于被继承人之直系血亲卑亲属和兄弟姐妹及其直系血亲卑亲属。采此规定方式的国家主要有法国、日本、韩国、意大利、奥地利、匈牙利等。如《日本民法典》第 887 条第 2 款规定：被继承人的子女于继承开始前死亡或因符合第 891 条规定或因废除而丧失其继承权时，其子女代位其成为继承人。但是，非被继承人的直系卑亲属者，不在此限。第 889 条规定：无第 887 条规定的继承人时，下列人依下列顺位成为继承人：（1）直系尊亲属。但是，亲等不同者之间，以亲等近者为先；（2）兄弟姐妹。第 887 条第 2 款的规定，准用于前款第 2 项情形。三是被代位继承人之范围包括直系血亲卑亲属、父母及其直系血亲卑亲属、祖父母（外祖父母）及其直系血亲卑亲属。采此规定方式的国家主要有德国、瑞士、美国、英国等。② 四是被代位继承人之范围包括直系血亲卑亲属、父母及其直系血亲卑亲属、祖父母（外祖父母）及其直系血亲卑亲属、曾祖父母及其直系血亲卑亲属。如根据

① 黄薇主编：《中华人民共和国民法典继承编解读》，中国法制出版社 2020 年版，第 50 页。

② 如《德国民法典》第 1924 条第 3 款规定：在继承开始时已不再生存的晚辈直系血亲，由因之而与被继承人有血统关系的晚辈直系血亲代替（代位继承）。第 1925 条第 3 款规定：父或母在继承开始时已不再生存的，已死亡的父或母由其晚辈直系血亲依关于第一顺序中的继承的规定代替。无晚辈直系血亲的，生存的父母一方单独继承。第 1926 条第 3 款规定：祖父、外祖父或祖母、外祖母之一人在继承开始时已不再生存的，已死亡的祖父、外祖父或祖母、外祖母由其晚辈直系血亲代替。无晚辈直系血亲的，其应有部分归属于祖父母的另一方或外祖父母的另一方，并且，祖父母的另一方或外祖父母的另一方已不再生存的，归属于其晚辈直系血亲。

《埃塞俄比亚民法典》之规定，子女于继承开始前死亡，由其直系血亲卑亲属代位继承；父母于继承开始前死亡，由其直系血亲卑亲属代位继承；祖父母或外祖父母于继承开始前死亡，由其直系血亲卑亲属代位继承；曾祖父母于继承开始前死亡，由其直系血亲卑亲属代位继承。

本条在原《继承法》第 11 条的基础上扩大了被代位继承人的范围，将被继承人之兄弟姐妹也纳入被代位继承人的范围。即当被继承人无第一顺序法定继承人时，第二顺序的被继承人之兄弟姐妹中有先于被继承人死亡者，其子女亦可代位继承。如此规定，将法定继承人之范围扩大到了侄子女、外甥子女，一定程度上弥补了《民法典》未扩大法定继承人范围的缺憾。

3. 代位继承人须为被继承人子女的直系晚辈血亲。代位继承人须为被代位人的直系晚辈血亲，根据《民法典》第 1111 条的规定，自收养关系成立之日起，养父母与养子女间的权利义务关系，适用本法关于父母子女关系的规定。则被代位人的养子女与被代位人间即为拟制之血亲，当可为代位继承人。原《继承法意见》第 26 条及《民法典继承编解释（一）》第 15 条均规定，被继承人养子女的养子女可代位继承。

值得注意的是，代位继承人即被继承人的子女的直系晚辈血亲是否仅指孙子女、外孙子女？抑或包括曾孙子女、外曾孙子女等。有观点认为："被代位继承人之孙、曾孙，亦为其直系血亲卑亲属，均有代位继承人之资格，是以子死后，可由孙代位继承，该子该孙皆于继承开始前死亡，则由曾孙代位继承，固不待言。"① "被继承人子女的直系晚辈血亲，如子女、孙子女、外孙子女、曾孙子女、外曾孙子女都可以代位继承，不受辈数的限制。即子女可以代父或母之位，继承祖父母或者外祖父母的遗产，孙子女亦可以代祖父母或者外祖父母之位，继承曾祖父母或者外曾祖父母的遗产。"②《民法典继承编解释（一）》第 14 条即规定："被继承人的孙子女、外孙子女、曾孙子女、外曾孙子女都可以代位继承，代位继承人不受辈数的限制。"笔者认为，严格而言，只有被继承人的子女先于被继承人死亡时，其子女的子女（即孙子女）代其位继承时，才称为代位继承；如果孙子女亦于继承开始前死亡，

① 陈棋炎、黄宗乐、郭振恭：《民法继承新论》（修订十一版），我国台湾地区三民书局 2019 年版，第 52 页。

② 最高人民法院民法典贯彻实施工作领导小组主编：《中华人民共和国民法典婚姻家庭编继承编理解与适用》，人民法院出版社 2020 年版，第 535 页。

则其曾孙子女、玄孙子女等均为“再代位继承”。但无论是孙子女代位继承，还是曾孙子女代位继承，代位继承人或再代位继承人只能代位继承其父或母应继承的份额，否则有违代位继承之宗旨——“按支继承”“子股独立与衡平”，进而导致遗产分割有失公允。如被继承人甲有乙、丙二子为继承人，乙、丙均于继承开始前死亡，则其应继份各为1/2分别由乙之子A、B代位继承（应继份各为1/4），丙之子C代位继承（应继份为1/2）。设A、B、C也均于继承开始前死亡，则A之子a，B之子b、c，C之子d、e、f究竟是直接代位继承被继承人之子女之应继份，抑或代位继承其父（即被继承人之孙子女）之应继份？若为前者则a、b、c直接代位继承乙之应继份各得1/6，d、e、f代位继承丙之应继份各得1/6；若为后者则a再代位继承其父A之应继份即1/4，b、c再代位继承其父B之应继份各为1/8，d、e、f再代位继承其各得1/6。笔者认为，依子股独立与子股衡平原则，以采后者为宜，即代位继承须遵守分股理论及衡平原则，再代位继承亦应如此。依子股独立后到与子股衡平后到，代位继承人（被继承人之孙子女）有权取得其父或母（被继承人之子女）之应继份，若代位继承人亦先于被继承人死亡，则其子女（被继承人之曾孙子女）也仅能“再代位”取得其父或母之应继份，而非直接代位取得其祖父母（被继承人之子女）之应继份。换言之，子股独立及衡平原则贯穿于每一股之始终，子股独立之下尚有次级子股、再次级子股……每一级子股均须独立互不流通。因此，代位继承人应仅限于被继承人子女之子女（即被继承人之孙子女），若代位继承人亦于继承开始前死亡，则由代位继承人之子女“再代位继承”，以此类推。①

（二）被继承人兄弟姐妹的子女代位继承的条件

1. 须继承开始时无第一顺序法定继承人且被继承人的兄弟姐妹先于被继承人死亡。在法定继承中，只要存在第一顺序法定继承人，即排除第二顺序法定继承人继承遗产。而被继承人的兄弟姐妹作为第二顺序的法定继承人，只有当继承开始时，无第一顺序法定继承人时，才有作为第二顺序的被继承人的兄弟姐妹继承遗产的机会。在此前提下，如果被继承人的兄弟姐妹先于被继承人死亡的，则根据本条规定由被继承人兄弟姐妹的子女代位继承。

2. 被代位人是被继承人的兄弟姐妹。如前所述，本条第2款扩大了代位

① 刘耀东：《继承法修改中的疑难问题研究》，法律出版社2014年版，第32~33页。

继承的适用范围，将被代位人由被继承人的子女扩大到被继承人的兄弟姐妹。这也是此次《民法典》编纂中的亮点。在《民法典》编纂过程中，很多学者建议扩大法定继承人的范围。因为我国民间一直存在侄子女、甥子女继承的传统；同时我国实行30多年的计划生育政策以来，大多数家庭只有一个子女，如果不扩大法定继承人的范围，将会导致无人继承遗产的发生。① 但《民法典》并未扩大法定继承人的范围，而是通过扩大被代位继承人的范围，在一定程度上弥补了未扩大法定（本位）继承人范围的不足。

3. 代位继承人须为被继承人兄弟姐妹的子女。在此种代位继承中，代位继承人仅限于被继承人兄弟姐妹的子女，即被继承人的侄子女或甥子女，而不包括被继承人兄弟姐妹的直系晚辈血亲。由此可见，对被继承人的兄弟姐妹作为被代位人的代位继承，《民法典》作出了严格的限制。

六、代位继承的效力

根据本条第3款规定，代位继承人一般只能继承被代位继承人有权继承的遗产份额。也即，如果被代位继承人丧失继承权，则无权再继承遗产。相应地，代位继承人原则上也就不能再主张代位继承。但值得注意的是，虽然此时代位继承人不能主张代位继承，但仍可参照遗产酌分请求权的相关规定，在满足法定条件下，主张分得适当遗产。对此，《民法典继承编解释（一）》第17条已经规定，继承人丧失继承权的，其晚辈直系血亲不得代位继承。如该代位继承人缺乏劳动能力又没有生活来源，或者对被继承人尽赡养义务较多的，可以适当分给遗产。此外，因代位继承人或再代位继承人只是代位其父或母行使继承权，故其继承的遗产原则上仅限于被代位人有权继承的遗产份额。但考虑到代位继承人和其他继承人之间的情况差异性，代位继承人作为继承人还应接受《民法典》第1130条规定的调整。对此，《民法典继承编解释（一）》第16条也已规定，代位继承人缺乏劳动能力又没有生活来源，或者对被继承人尽过主要赡养义务的，分配遗产时，可以多分。

---

① 孟令志：《代位继承权取得应采“固有权说”》，载《中国社会科学报》2012年7月18日，第A07版。

◎ 疑难适用

司法实务中，关于本条的适用，存在的一个较大争议就是，被继承人子女的继子女是否有权对其继父母代位继承？

一种观点认为，继父母子女，乃直系姻亲，而非直系血亲关系，所以被继承人子女的继子女仅有权对其生父或生母代位继承，不得对其继父母代位继承。① 另一种观点则认为，《民法典》第1127条第3款明确规定，有扶养关系的继子女也是子女，这是因为形成扶养关系的继父母子女关系视为血亲关系。因此，形成扶养关系的继父母子女，适用代位继承的规定。② 笔者认为，依据《民法典》继承编第1127条关于子女、父母范围之规定，有扶养关系的继子女和有扶养关系的继父母均为继承编所称之子女与父母，则有扶养关系的继子女亦可为被代位继承人。③ 相应地，《民法典继承编解释（一）》第15条明确规定，已形成扶养关系的继子女的生子女可以代位继承，与被继承人已形成扶养关系的继子女的养子女也可以代位继承。但对于与被继承人已形成扶养关系的继子女的继子女是否可以代位继承，则未明言。虽然“继父母子女，非直系血亲关系，而为直系姻亲，继子女自不能代位继承其继父母，尤为明了”④，但是《民法典》婚姻家庭编第1072条第2款已经规定了“继父或者继母和受其抚养教育的继子女间的权利义务关系，适用本法关于父母子女关系的规定”，则受继父或继母抚养教育的继子女当可为被代位继承人；反之，未受继父或继母抚养教育的继子女不得为被代位继承人。

---

① 郭明瑞、房绍坤、关涛：《继承法研究》，中国人民大学出版社2004年版，第85页。

② 杨立新：《中国民法典释评·继承编》，中国人民大学出版社2020年版，第93页。

③ 杨立新：《中国民法典释评·继承编》，中国人民大学出版社2020年版，第91页。

④ 陈棋炎、黄宗乐、郭振恭：《民法继承新论》（修订十一版），我国台湾地区三民书局2019年版，第51页。

第一千一百二十九条　丧偶儿媳对公婆，丧偶女婿对岳父母，尽了主要赡养义务的，作为第一顺序继承人。

◎ 主旨

本条是关于丧偶儿媳、丧偶女婿作为第一顺序继承人的规定。

◎ 释义

本条源自原《继承法》第12条规定。在《民法典继承编（草案）》（2018年4月征求意见稿）第13条将原《继承法》第12条规定中的“作为第一顺序继承人”修改为“应当分给合理份额的遗产”，并增加了“对继承人以外的依靠被继承人扶养的人，或者继承人以外的对被继承人扶养较多的人，可以分给适当的遗产”。在《民法典各分编（草案）》（2018年9月5日征求意见稿）第908条则又完全恢复了原《继承法》第12条规定内容。此后，直至《民法典》颁布，本条内容再无变动。

本条释义内容主要阐述丧偶儿媳对公婆、丧偶女婿对岳父母尽了主要赡养义务，作为第一顺序继承人的规则及编纂《民法典》过程中对本条规定的学说争议。

本条规定在国外立法上没有先例，是唯一将姻亲规定为法定继承人的立法例，为我国继承立法所独有。《宪法》第49条规定，成年子女有赡养扶助父母的义务，禁止虐待老人。我国继承立法为了贯彻该精神、鼓励赡养老人、减轻社会保障负担，规定丧偶儿媳为公、婆的主要赡养者，丧偶女婿为岳父、岳母的主要赡养者，作为第一顺序继承人。

一、编纂《民法典》过程中对本条规定的学说争议

在《民法典》编纂过程中，对于原《继承法》第12条规定丧偶儿媳对公婆或丧偶女婿对岳父母尽了主要赡养义务的，作为第一顺序继承人的做法，

学说上存在以下三种不同的观点。

（一）保留说

该说认为，原《继承法》第12条规定符合我国的国情，赋予丧偶儿媳或丧偶女婿以继承权，可以起到有效的激励作用，达到更好地赡养老人的立法目的，应当保留。[①] 该制度是对长期司法实践经验的总结，符合我国独特的家庭赡养情形，充分彰显了我国社会特有的家庭伦理价值。[②] 丧偶儿媳或丧偶女婿作为第一顺序继承人是以其对公婆或岳父母尽了主要赡养义务为前提条件，这就决定不可能出现不公平的结果。既然持否定观点的学者也认为应当分给他们适当的遗产，甚至比照第一顺序继承人的份额，那么倒不如直接规定其为第一顺序的法定继承人。[③]

（二）废除说

该说认为，虽然各国法定继承人的范围不同，但都公认继承人应该是与被继承人关系最亲密的亲属，姻亲关系从来不在其中。丧偶儿媳与公婆、丧偶女婿与岳父母之间仅仅是姻亲，不应给予继承权，这已是各国继承法信守的法则。现行继承法对丧偶儿媳和丧偶女婿的规定与法定继承人以血缘关系为基础的要求相悖，应当依原《继承法》第14条的规定分给他们适当的遗产，而非作为第一顺序继承人。[④] 丧偶儿媳和丧偶女婿是基于姻亲关系而对公婆或岳父母进行扶养，而不是基于赡养义务，其法律上的身份是继承人以外的人。因此，将其作为酌情分得遗产人予以对待既符合我国的继承习惯，也有利于维持继承法体系的内部一致性，对其他继承人来说也是公平的。[⑤] 同时，根据现行继承法的规定，如果是未丧偶的儿媳或女婿即使对公婆或岳父母尽了主要赡养义务，比如夫妻一方长期在外地或国外工作学习，也无继承权。由此导致同样是对公婆或岳父母尽了主要赡养义务的儿媳或女婿，其是

---

① 马新文：《法定继承人的范围和顺序的调整与修改的法律思考》，载《华北水利水电学院学报》2005年第1期。

② 杨震：《我国法定继承人范围与顺序的历史检视与当代修正》，载《四川大学学报（哲学社会科学版）》2018年第1期。

③ 马俊驹、余延满：《民法原论》，法律出版社2007年版，第921页。

④ 李红玲：《继承人范围两题》，载《法学》2002年第4期。

⑤ 屈茂辉、沈洁：《我国继承法修改的几个疑难问题研讨》，载《法治研究》2013年第5期。

否可以作为第一顺序继承人取决于是否丧偶，难谓公平。此外，丧偶儿媳或女婿作为第一顺序继承人，而其子女亦可通过代位继承死亡配偶一方的继承份额，如此一来丧偶一方即可取得两份遗产，此与我国按支继承的传统不符，对被继承人未丧偶的其他子女也有失公允。① 因而，应对丧偶儿媳或女婿的第一顺序继承人地位予以废除。

（三）修改说

该说认为，对被继承人尽了主要赡养义务的丧偶儿媳或丧偶女婿作为第一顺序继承人，确实可以达到赡养老人、淳化社会风尚的目的，因而被称为我国继承法的一大特色。但如果继续维持这一立法，就必须作出相应的修改，以协调该制度与代位继承之间的冲突。在修改说中又存在两种不同的观点：一种观点主张将尽了主要赡养义务的丧偶儿媳或女婿改为遗产酌给请求权人，即丧偶儿媳对公婆，丧偶女婿对岳父母，尽了主要赡养义务的，可以请求酌情分给适当的遗产。② 因为不论丧偶与否，儿媳对公、婆或女婿对岳父、岳母都无法律上的赡养义务，仅有道德上的义务。将本应由道德规范调整的问题纳入法律规范调整的范围，是立法上的失误。完全可以根据遗产酌给请求权制度，酌情分得适当的遗产。③ 另一种观点主张将尽了主要赡养义务的丧偶儿媳或女婿列为第一顺序继承人，但以不存在代位继承人为限。如有学者认为，立法者如果仍坚持现行继承法的规定，则应改为：丧偶儿媳对公婆，丧偶女婿对岳父母，尽了主要赡养义务的，没有代位继承人的，为第一顺序继承人。④

在《民法典》编纂过程中，《民法典继承编（草案）》（2018 年 4 月征求意见稿）第 13 条曾采纳了遗产酌分请求权的思路，将原《继承法》第 12 条规定中的“作为第一顺序继承人”修改为“应当分给合理份额的遗产”，但在《民法典各分编（草案）》（2018 年 9 月 5 日征求意见稿）第 908 条则又完全恢复了原《继承法》第 12 条的规定。关于原《继承法》第 12 条规定的立法理由，1985 年 4 月 3 日时任全国人大常委会秘书长、法制工作委员会主任

---

① 李双元、温世扬：《比较民法学》，武汉大学出版社 1998 年版，第 1035 页。

② 陈苇：《中国继承法修改热点难点问题研究》，群众出版社 2013 年版，第 563 页。

③ 杨立新：《中国民法典释评·继承编》，中国人民大学出版社 2020 年版，第 142 页。

④ 郭明瑞：《完善法定继承制度三题》，载《法学家》2013 年第 4 期。

王汉斌同志在《关于〈中华人民共和国〉继承法（草案）的说明》中提到："丧偶儿媳赡养公婆直至死亡，丧偶女婿赡养岳父母直至死亡，作为第一顺序继承人。这些规定都是为了有利于更好地赡养老人。"这一立法目的实际上将本该由道德规范的问题纳入了法律的规范视野，是否妥当，值得商榷。因为无论是否丧偶，儿媳和女婿对公婆与岳父母均无赡养义务。同时，《民法典继承编解释（一）》第18条规定："丧偶儿媳对公婆、丧偶女婿对岳父母，无论其是否再婚，依照民法典第一千一百二十九条规定作为第一顺序继承人时，不影响其子女代位继承。"因此，将对公婆或岳父母尽了主要赡养义务的丧偶儿媳或丧偶女婿作为第一顺序继承人将导致与代位继承间的冲突。例如，被继承人A有甲（男）、乙（女）两个子女，甲有子女b，乙有子女c，甲先于被继承人A死亡，甲死后其妻丙便担负起对公婆的日常赡养事务。被继承人A死后，按照本条规定，甲之子女b可以代位继承。与此同时，甲之妻丙亦可根据本条规定作为第一顺序继承人。而按照我国"按支继承"之传统，被继承人A的两个子女即为两支，各支本应各自继承1/2的遗产。而根据本条规定，丧偶儿媳作为第一顺序继承人，即此时第一顺序继承人有丙、乙及代位继承人b，各得1/3的遗产，如此甲这一支便分得2/3（丙的1/3＋b的1/3），而乙这一支仅为1/3。这造成了遗产在各子股间的不均衡。所以，上述修改说中的第二种做法较为合理，兼顾了与代位继承之间的矛盾。同时，也不会产生学者所诟病的丧偶一方因其子女代位继承而导致的继承份额增加的现象。此外，儿媳或女婿在法律上对公婆或岳父母既然并无赡养义务，① 故"丧偶儿媳或女婿对公婆或岳父母尽了主要赡养义务"的表述亦有失严谨。将"赡养义务"改为"对公、婆或岳父、母在经济、生活等方面提供了主要的供养、照料"为宜。对此，《最高人民法院关于民法典继承编的立法建议稿》曾建议删除丧偶儿媳或女婿可为第一顺序继承人的规定，将其改为遗产酌分请求权人加以保护。主要理由就是，丧偶儿媳、女婿作为第一顺序继承人，违反了继承只在血亲和配偶中产生的基本原则，并有可能导致继承结果的实质不公平。

---

① 《老年人权益保障法》第14条第3款规定："赡养人的配偶应当协助赡养人履行赡养义务。"

二、丧偶儿媳和丧偶女婿作为第一顺序继承人的规则

一般认为，赡养首先是一种义务，义务的主体是子女等各赡养人。从赡养义务的承担主体不难看出，其是专属于赡养人对于被赡养人的义务。该项义务依附于赡养人，不具有转让性，是身份义务的一种，学者将其称为专属义务。[①] 在中国，儿媳与公婆、女婿与岳父母之间是没有血缘关系的，从传统意义上来说属于姻亲关系。因此，儿媳、女婿对于公婆或岳父母没有扶养或者赡养的义务。在一般情况下，无论有无丧偶，儿媳、女婿都不能成为公婆或者岳父母的法定继承人。但根据中国社会现状，大多数的老年人还需要子女等提供生活或者物质上的帮助。为了倡导赡养老年人的良好道德风尚，立法者制定本条规定，规定丧偶儿媳对公、婆，丧偶女婿对岳父、岳母，尽了主要赡养义务的，作为第一顺序继承人。

根据本条规定，丧偶儿媳或女婿作为第一顺序继承人继承其公婆或岳父母之遗产，应满足下列条件：

第一，须存在丧偶之情形。儿媳与公婆，女婿与岳父母在法律上属于姻亲关系，并无相互赡养扶助的权利义务。儿媳与女婿于配偶在世之时对公婆或岳父母赡养扶助，一般认为是协助他方配偶履行其赡养义务，且被认为是一种美德，符合我国敬老爱老的传统。故儿媳、女婿在配偶尚未离世时，并无继承公婆、岳父母遗产的权利，但在其配偶继承其父母之遗产时，可基于婚姻关系存续期间一方因继承所得之财产为夫妻共同财产而获得其公婆或岳父母的遗产。儿媳、女婿在丧偶之后尚能对公婆、岳父母在经济、生活等方面提供主要的供养、照料，更难能可贵。故此时法律赋予其法定第一顺序继承权。至于丧偶儿媳、丧偶女婿是否再婚并不影响其继承权。

第二，须丧偶儿媳、丧偶女婿对公婆或岳父母尽了主要的赡养义务。至于尽了主要赡养义务的判断标准，根据《民法典继承编解释（一）》第19条规定，对被继承人生活提供了主要经济来源，或者在劳务等方面给予了主要扶助的，应当认定其尽了主要赡养义务或主要扶养义务。在审判实践中，具体表现为以下三个方面：第一，丧偶儿媳或女婿在经济上为公婆或岳父母提

---

① 肖峰、田源主编：《婚姻家庭纠纷裁判思路与裁判规则》，法律出版社2017年版，第627页。

供了主要经济来源，不仅在生活上给予照料，而且在日常生活、医疗等方面也给予主要的资助。第二，丧偶儿媳或女婿在生活上给予公婆、岳父母帮助，比如与老人共同居住进而料理老人的日常生活起居、在老人生病时进行照顾与陪护，也应认定为提供了主要赡养或主要扶养义务。第三，丧偶儿媳、女婿对于公婆或者岳父母的帮助应具有长期性、稳定性。如果只是短暂有限的经济、劳务或精神帮助，则不能认定为其尽了主要赡养义务，进而不能取得继承人资格。在具体认定时，应考虑丧偶儿媳或女婿自身的经济状况以及公婆或岳父母的实际需要，一般不应低于当地的实际生活水平。

◎ 疑难适用

司法实践中，适用本条时经常出现的一种争议是：当出现丧偶儿媳或女婿作为公婆或者岳父母的第一顺序继承人主张继承，而其子女也主张代位继承时，是否与其他继承人均等继承遗产份额？对此，一种观点认为，丧偶儿媳或女婿作为第一顺序法定继承人取得遗产份额的原因与子女代位继承取得遗产份额的原因有本质不同，再加上丧偶儿媳或女婿与其成年子女的财产本是各自独立，故应各自取得均等的遗产份额。笔者认为，如果按均等继承遗产份额的原则，则丧偶儿媳或女婿作为第一顺序继承人得到一份遗产份额，而其子女通过代位继承死亡配偶一方的继承份额，结果就是丧偶一方可取得两份遗产份额，这对被继承人未丧偶的其他子女不公平。既然《民法典》第1130条规定的是“一般应当均等”，那也可将本情形作为例外情形，由法官根据具体案情自由裁量，酌情减少丧偶儿媳或女婿和其子女的继承份额总和，以实现继承人之间的实质公平。

第一千一百三十条　同一顺序继承人继承遗产的份额，一般应当均等。

对生活有特殊困难又缺乏劳动能力的继承人，分配遗产时，应当予以照顾。

对被继承人尽了主要扶养义务或者与被继承人共同生活的继承人，分配遗产时，可以多分。

有扶养能力和有扶养条件的继承人，不尽扶养义务的，分配遗产时，应当不分或者少分。

继承人协商同意的，也可以不均等。

◎ 主旨

本条是关于法定应继份的规定。

◎ 释义

本条源自原《继承法》第13条的规定。在《民法典继承编（草案）》（2017年7月28日室内稿）第13条中，将原《继承法》条文中“对生活有特殊困难的缺乏劳动能力的继承人，分配遗产时，应当予以照顾”的规定删除，其他内容保持不变。但在《民法典继承编（草案）》（2018年4月征求意见稿）第12条中，又将上述删除内容予以恢复。此后，除了在《民法典继承编（草案）》（2019年12月28日征求意见稿）中将“对生活有特殊困难的缺乏劳动能力的继承人”修改为“对生活有特殊困难且缺乏劳动能力的继承人”之外，内容再无变动，直至《民法典》颁布。

本条释义主要阐述法定应继份的确定规则。在继承开始后适用法定继承时，在同一顺序的继承人为数人的情况下，就涉及如何认定同一顺序中每一个法定继承人应当继承的遗产份额，也就是所谓的应继份。即在共同继承时，各个继承人应取得的遗产比例。应继份是法定继承中极为重要的一项制度，关系到各个共同继承人的权利和义务。只有对应继份进行科学合理地规定，才能真正实现法定继承制度的目的。

一、法定应继份确定的一般规则——均等份额主义

继承权主要是基于血缘关系而产生，同一顺序的继承人间继承权是平等的，故应继份均等正是继承权平等原则的体现。故各国继承法多以均等份额为原则，我国继承立法也不例外。本条第 1 款明确规定同一顺序继承人继承遗产的份额，一般应当均等。在一般情形下，同一顺序继承人的应继份应当按照均等原则，平均获得遗产。所谓的一般情形，是指同一顺序的继承人与被继承人的血缘关系或者感情程度一般都是相似的，在生活条件、经济能力、劳动能力以及对被继承人扶养程度上也是基本相近。

关于法定应继份，大陆法系各国或地区主要存在两种立法模式：一是“均等份额主义”，即同一顺序继承人继承遗产的份额，原则上应当均等；二是“比例份额主义”，即当配偶、父母与子女都固定为第一顺序继承人时，且没有按照亲系确定继承人时，应继份一般采均等份额主义。若配偶的继承顺序不固定，血亲继承人的继承顺序以亲系和亲等为依据。子女与父母不在同一继承顺序中的立法，应继份一般采比例份额主义。配偶和不同的血亲继承人共同继承时，法律事先规定不同的比例。如《日本民法典》第 900 条、①我国台湾地区“民法”第 1144 条②。我国原《继承法》与《民法典》中的本条内容均采均等份额主义。原因在于：首先，比例份额是为了配偶以及各亲

① 《日本民法典》第 900 条定：同一顺位的继承人有数人时，其应继份依下列规定：（1）子女与配偶为继承人时，子女的应继份及配偶的应继份各为二分之一；（2）配偶及直系尊亲属为继承人时，配偶的应继份为三分之二，直系尊亲属的应继份为三分之一；（3）配偶及兄弟姐妹为继承人时，配偶的应继份为四分之三，兄弟姐妹的应继份为四分之一；（4）子女、直系尊亲属或兄弟姐妹有数人时，各自的应继份相等。但是，非婚生子女的应继份为婚生子女应继份的二分之一；仅父母一方相同的兄弟姐妹的应继份，为父母双方相同的兄弟姐妹应继份的二分之一。

② 我国台湾地区所谓“民法”第 114 条规定：配偶，有相互继承遗产之权。其应继份，依左列各款定之：（1）与第 1138 条所定第一顺序之继承人同为继承时，其应继份与他继承人平均。（2）与第 1138 条所定第二顺序或第三顺序之继承人同为继承时，其应继份为遗产二分之一。（3）与第 1138 条所定第四顺序之继承人同为继承时，其应继份为遗产三分之二。（4）与第 1138 条所定第一顺序至第四顺序之继承人时，其应继份为遗产全部。

系在继承中的公平性。就我国法律传统而言，无论是《民法典》还是原《继承法》、原《婚姻法》，都没有采用亲系、亲等确定法定继承顺序，故此没有采取比例份额主义的必要；其次，配偶和子女父母同为第一顺序继承人，不存在和其他顺序继承人共同继承的情形，没有必要针对不同情形设定不同比例；最后，法律设定比例，不仅规则烦琐，而且由于子女人数不确定，若配偶和各亲系的比例固定，好比刻舟求剑，造成苦乐不均，难以确保公平。均等份额主义的缺陷是，如果子女或兄弟姐妹人数较少，而父母、祖父母、外祖父母都在时，长辈血亲继承的应继份比例较高，容易造成遗产逆向流转，导致核心家庭的财产流向其他亲属支系。①

二、法定应继份确定的特殊规则——均等份额的例外情形

在法定继承时，基于继承权男女平等原则，法律规定同一顺序继承人的应继份原则上应当均等。但在具体分配遗产时也应考虑继承人的实际需要和实际情况，防止绝对平均主义；同时也应当尊重共同继承人处分自由即意思自治原则的贯彻，即允许共同继承人间协商确定各自的应继份。故本条同时对应继份份额均等作出了不均等的例外规定，主要包括以下四种情形。

（一）对生活有特殊困难又缺乏劳动能力的继承人的特殊照顾

本条第2款规定对生活有特殊困难又缺乏劳动能力的继承人，分配遗产时，应当予以照顾。对于此种应给予特殊照顾的继承人，应同时满足"生活有特殊困难"与"缺乏劳动能力"两个条件。继承人虽然生活有特殊困难但有劳动能力，或者虽然缺乏劳动能力但生活并无特殊困难的，均不属于应给予特殊照顾的继承人之列。生活有特殊困难又缺乏劳动能力应满足以下条件：第一，以遗产分割时作为时间节点来确定；第二，继承人在生活上存在特殊困难，没有独立的经济来源或者经济收入无法达到当地最起码的生活水平；第三，缺乏独立的劳动能力导致生活存在特殊困难。满足上述条件的继承人，可以在遗产分配时，分得多于其他法定继承人继承遗产的份额。具体的份额应根据其生活特殊困难和缺乏劳动能力的程度决定。与此同时，即使遗产不

① 孙毅、刘耀东：《中华人民共和国民法典·继承编释义》，人民出版社2020年版，第39页。

足以清偿债务，根据《民法典》第1159条的规定，也应为缺乏劳动能力又无生活来源的继承人保留必要的遗产。

（二）对被继承人尽了主要扶养义务或者与被继承人共同生活的继承人，可以多分遗产的原则

由于本条是针对遗产份额的确定，故上述主体必须首先有权继承特定遗产时才能成为本条规范对象。而有权继承遗产的主体并不等于对被继承人都有扶养义务。是否有扶养义务，则取决于扶养本身的定义。“抚养”与“扶养”虽读音类似，但两者法律含义并不一致。一般来说，抚养就是“保护并教育”。抚养关系是长辈和晚辈之间的，并且是长辈对无民事行为能力人、限制民事行为能力人（主要是未成年人）的保护并教养，强调的是教育和保护。抚养的目的是要使子女健康成长。扶养有广义和狭义之分，广义上的扶养泛指特定亲属之间根据法律的明确规定而存在的经济上相互供养、生活上相互辅助照顾的权利义务关系，囊括了长辈亲属对晚辈亲属的“抚养”、平辈亲属之间的“扶养”和晚辈亲属对长辈亲属的“赡养”三种具体形态。狭义的扶养则专指平辈亲属之间尤其是夫妻之间依法发生的经济供养和生活扶助的权利义务关系。[①] 如何认定对被继承人尽了主要扶养义务，《民法典继承编解释（一）》第19条规定：“对被继承人生活提供了主要经济来源，或者在劳务等方面给予了主要扶助的，应当认定其尽了主要赡养义务或主要扶养义务。”所以，对于被继承人提供了主要经济来源以及在劳务等方面给予主要扶助的，这些法定继承人可以多分遗产。与被继承人共同生活的继承人，较其他法定继承人而言，其与被继承人关系更加密切，经济关联性强，已形成了生活共同体，因此也可以多分遗产。但本条第3款规定的分配原则不具有强制性，并非应当多分，而是可以多分。《民法典继承编解释（一）》第23条规定了例外情形：有扶养能力和扶养条件的继承人虽然与被继承人共同生活，但对需要扶养的被继承人不尽扶养义务，分配遗产时，可以少分或者不分。

（三）有扶养能力和有扶养条件，不尽扶养义务的继承人应当不分或者少分的原则

本条第4款规定有扶养能力和有扶养条件的继承人，不尽扶养义务的，

① 肖峰编著：《民法典婚姻家庭编条文精释与案例实务》，法律出版社2020年版，第203页。

分配遗产时，应当不分或者少分。这里应当注意的是“应当不分或者少分”，而不是“可以”。本条中的“不尽扶养义务”不需要达到遗弃的严重程度，否则就是继承权丧失的问题。本条中减少或者不分遗产的继承人仍以享有继承权为前提，因而不同于继承权的丧失。但根据原《继承法意见》第33条及《民法典继承编解释（一）》第22条的规定，继承人有扶养能力和扶养条件，主观上又愿意尽扶养义务，但被继承人因有固定收入和劳动能力，明确表示不要求其扶养的，分配遗产时，一般不应因此而影响其继承份额。同时，如果有扶养能力和扶养条件的继承人非因主观原因而不尽扶养义务，也就是说，不尽扶养义务是因客观原因造成的而非继承人主观上不履行或不愿尽扶养义务，分配遗产时，一般也不应影响其应继份。

（四）共同继承人协商同意也可不均等原则

民法充分尊重当事人的意思自治，继承人之间可以彼此协商确定应继份。本条第5款规定的是约定应继份，即继承人经协商同意，可以不均等的份额确定应继份。也就是说，法定应继份均等原则不是强行性规范而是任意性规范，继承人可以基于意思自治达成协议改变继承份额。应继份协议是针对遗产份额的协议，不同于遗产分割协议。遗产分割协议涉及遗产分割的时间和方法，应由全体继承人达成协议。而应继份协议不涉及遗产如何分割问题，仅涉及应继份额的确定。当事人协商确定应继份，是在继承人之间对应继份额的处分。① 由于应继份协议的内容是确定份额比例，而不是协议一方放弃继承权导致的遗产在其他继承人之间重新分配，因此，应继份协议也不同于放弃继承权。②

◎ 疑难适用

司法实务中，对公婆或岳父母主要由丧偶儿媳、丧偶女婿赡养的情形下，该丧偶儿媳、丧偶女婿能否依据本条规定，主张多分遗产的问题，存在争议：一种观点认为，既然《民法典》第1129条已经规定丧偶儿媳对公婆、丧偶女

---

① 应继份的处分包括在继承人之间的处分和向继承人之外的第三人的处分。对于应继份是否可以向第三人让与，各国立法立场不同。但对于继承人之间的应继份处分并不禁止。参见史尚宽：《继承法论》，中国政法大学出版社2000年版，第188～197页。

② 孙毅、刘耀东：《中华人民共和国民法典·继承编释义》，人民出版社2020年版，第41页。

婿对岳父母尽了主要赡养义务的，作为第一顺序继承人，那么就满足本条第2款的规定，可以要求多分遗产。笔者认为，虽然我国《民法典》绝大多数条文对扶养采狭义解释，即仅限定在平辈之间有扶养义务，但在涉及法定继承的《民法典》第1127条仍采用“有扶养关系的继子女”“有扶养关系的继父母”的广义表述。鉴于《民法典》继承编的特殊规定以及实务中继承人对被继承人不尽扶养义务、赡养义务与扶养义务给被继承人造成的后果没有实质区别，故本条中的扶养义务应采广义，包括继承人对被继承人的抚养义务、赡养义务和扶养义务三种类型。[①] 就赡养义务而言，《民法典》规定应承担赡养义务的主体为成年子女对父母、有负担能力的孙子女、外孙子女，对于子女已经死亡或者子女无力赡养的祖父母、外祖父母。而丧偶儿媳对公婆，丧偶女婿对岳父母并无法定赡养义务。在《民法典》第1129条已经基于丧偶儿媳、丧偶女婿赡养的付出而规定其可作为继承人的情形下，没有必要进一步依据本条第2款让其可以多分遗产，以免同一行为出现多重受益，造成新的利益失衡。

① 参见《最高人民法院关于适用〈中华人民共和国〉继承编司法解释（一）》第22条的解读，载最高人民法院民事审判第一庭编著：《最高人民法院民法典继承编司法解释（一）理解与适用》，人民法院出版社2022年版，第213页。

第一千一百三十一条　对继承人以外的依靠被继承人扶养的人，或者继承人以外的对被继承人扶养较多的人，可以分给适当的遗产。

◎ 主旨

本条是关于遗产酌给制度的规定。

◎ 释义

本条源自原《继承法》第14条规定。《民法典继承编（草案）》（2017年7月28日室内稿）第14条规定："对继承人以外的依靠被继承人扶养的人，或者继承人以外的对被继承人扶养较多的人，可以分给适当的遗产。"该条删除了"缺乏劳动能力又没有生活能力来源"和"他们"。此后，在《民法典》历次立法建议稿中，本条都再无变化，直至《民法典》颁布。

本文释义内容主要阐述遗产酌给请求权的概念与功能、遗产酌给请求权的性质与条件、酌给遗产的标准以及遗产酌给请求权的保护与行使。

一、遗产酌给制度的概念、来源与功能

遗产酌给请求权，又称酌情分得遗产权，是指继承人以外的依靠被继承人扶养的人，或者继承人以外的对被继承人扶养较多的人可以请求分得适当遗产的权利。遗产酌给制度并非继受外国立法例而来，而是沿袭我国固有制度。根据古代继承法，没有血缘关系不得继承，但是义子和女婿无血缘关系也允许在特殊情况下分给遗产。这体现了立法者对被继承人生前抚养者的保护，使弱势的被抚养人不至于因被继承人的过世而处于无法生存的境地，遗产酌给便由此而来。中华人民共和国成立后，1956年9月《司法部关于有关遗嘱、继承问题的综合批复》（已失效）、1984年8月30日《最高人民法院关于贯彻执行民事政策法律若干问题的意见》（已失效）及原《继承法》中均设有遗产酌给制度的规定。

被继承人生前，不唯与继承人共同生活，尚可能有继承人以外之人，倚赖被继承人以图生存。如果被继承人一旦死亡，继承人固可依继承遗产，以谋日后生计，唯倚赖被继承人扶养之第三人，则因被继承人之死亡，其日后生活自无着落，颇值同情。且继承制度之存在理由，乃为生存的人提供生活保障。故遗产酌给请求权的功能，是为与被继承人生前持续存在扶养关系，却不能通过继承取得遗产的继承人以外的人，提供一种酌情分得遗产的途径。例如，非婚同居者之间、养子女与生父母之间存在扶养关系的，可以主张遗产酌给请求权。遗产酌分请求权可以增加继承制度的弹性，满足继承人以外的人的合理财产诉求，对因扶养而产生的特别关系人的利益起到衡平作用。由于我国的遗产酌给请求权适用于多种情形，所以其理论基础并不统一。对于被继承人生前有法定扶养义务的被扶养人而言，遗产酌给请求权具有死后扶养的指导思想，乃扶养义务之延长；① 对于没有法定扶养义务的被扶养人而言，遗产酌给请求权是关爱和人道的体现，也符合被继承人可推知的意思；而对于对被继承人扶养较多的人而言，则是基于权利义务相一致原则的一种报偿，是公平正义观念的体现。不同情形下的遗产酌给请求权，有不同的解释论基础，若不能合理区分则会产生逻辑矛盾。例如，若认为既然被继承人生前已经为没有扶养义务之人付出很多，被继承人死后还要酌给遗产，似乎违背权利义务相一致原则或公平原则，但此时的理论基础不是公平正义而是关爱与符合被继承人的终意推定。②

二、遗产酌给请求权的性质

继承权具有物权效力，而遗产酌给请求权究竟有物权效力、债权效力抑或特殊的继承权？遗产酌分请求权不同于物权请求权，该权利并不指向遗产中的特定物，而是指向一个数额需要进一步确定的给付。遗产酌给请求权不同于继承权。酌给的含义就是没有像继承权那样有明确的应继份，而且也不像继承人那样概括承受被继承人的权利义务。遗产酌给请求权仅得就遗产中

---

① 林秀雄、黄诗淳、吴煜宗等：《遗赠与赠与》，我国台湾地区元照出版有限公司2019年版，第60页。

② 孙毅、刘耀东：《中华人民共和国民法典·继承编释义》，人民出版社2020年版，第42页。

的积极财产有所主张，以利请求权人日后生活，而对消极财产则可视若无睹，显然与概括继承原则不合，故遗产酌给请求权并非一种继承权。[①] 遗产酌给请求权就其性质而言，是继承开始后，基于被继承人生前扶养扶助或被扶养扶助事实而产生的法定遗产债权。因此，如果受酌给的财产为不动产，则须经登记；如果受酌给的财产为动产则须经交付，始发生物权变动的效力。

遗产酌给请求权不同于被继承人生前负担的债务。作为继承的效力，遗产酌分请求权自继承开始后才产生，不属于被继承人的生前债务，也不属于继承人的个人债务，是被继承人死后发生的遗产债务，即以遗产为限的法定遗产债务。遗产酌给请求权人因系无偿取得，而继承债权通常为有偿，故其债权性质较一般普通债权更为薄弱，其清偿顺序劣后于一般的遗产债权。我国台湾地区学者多主张，虽然遗产酌给与遗赠同为无偿，但遗产酌给时，因受酌给遗产之人在被继承人生前，曾继续受其扶养或对被继承人扶养较多，彼此关系密切，受遗赠人自不能与之相比，故遗产酌给债权应较之受遗赠人优先清偿。[②] 然而我国大陆的遗产酌给请求权不仅包括对被扶养人的照顾，还有对扶养人的回馈，均是法律推定被继承人的意愿并用剩余遗产偿付的债务，与遗赠目的更加类似，故遗产酌给债权应与遗赠处于相同的效力位阶。没有必要区分不同类型的遗产酌分请求权而设置繁琐的效力规则。[③] 笔者认为，从《民法典》继承编立法条文体系安排来看，第 1131 条关于遗产酌给请求权的规定，处于该编第二章“法定继承”中，故该条文也仅限于在被继承人没有立遗嘱情形下可以适用，并不能适用于第三章“遗嘱继承和遗赠”。换言之，被继承人可以通过遗嘱继承或遗赠方式排除该请求权的适用。这也符合第 1123 条规定的遗嘱继承或遗赠优先于法定继承所体现的尊重被继承人遗产处分自由的立法精神。故当被继承人的遗产清偿税款和生前债务后，剩余的部分不足以对受遗赠人和遗产酌分请求权人全额清偿的，应当优先向受遗赠人为给付。

---

① 陈棋炎、黄宗乐、郭振恭：《民法继承新论》（修订十一版），我国台湾地区三民书局 2019 年版，第 128 页。

② 陈棋炎、黄宗乐、郭振恭：《民法继承新论》（修订十一版），我国台湾地区三民书局 2019 年版，第 129 页。

③ 孙毅、刘耀东：《中华人民共和国民法典 · 继承编释义》，人民出版社 2020 年版，第 44 页。

三、遗产酌给请求权的要件

遗产酌给制度规定了可以请求酌给遗产的人的范围，可请求酌情分得遗产的人不限于继承人以外的人，法定继承人中不能继承遗产的继承人，如第二顺序继承人在不能继承遗产时也可以成为酌情分得遗产的人。① 根据本条规定，遗产酌给请求权人包括两类：一是继承人以外依靠被继承人扶养的人；二是继承人以外对被继承人扶养较多的人。

（一）受扶养人的遗产酌给请求权

1. 请求权主体是继承人以外的人。首先，继承人以外的人主要是指法定继承人范围之外的人。例如，被收养人的生父母即不属于被收养人的法定继承人，如果被收养人的生父母依靠被收养人扶养，则继承开始后，其生父母即可以主张遗产酌给请求权。其次，继承人以外的人也包括不享有继承既得权的后顺序法定继承人。对于如何理解本条中的“继承人以外的人”，实务中存在争议：一种观点认为，《民法典》继承编第二章“法定继承”中第1127条对继承人特别区分了“第一顺序继承人”和“第二顺序继承人”，且第1130条也规定了“同一顺序继承人”，但在第1130条和第1131条中则规定的是“继承人”而没有作出任何限定。故根据前后条文的体系解释可知，该章中关于“继承人”的表述，如果没有明确限定，则应采广义，包括两个顺序的继承人以及代位继承人等。进而，第1131条规定的“继承人以外的”应理解为所有顺序继承人以外的。笔者认为，之所以将遗产酌分请求权人限定在继承人以外的人，主要是防止其同时以继承人和遗产酌分请求权人双重身份分得遗产，从而有违被继承人的真实意愿、破坏继承人等遗产利害关系人之间的实质公平。对此，早在《最高人民法院关于贯彻执行民事政策法律若干问题的意见》（已失效）中就已规定，在有第一顺序继承人的情况下，如果第二顺序继承人对被继承人尽过较多义务或不能独立生活依靠被继承人扶养的，在分割遗产时应给予适当照顾。例如，被继承人生前对子女已经死亡的祖父母、外祖父母尽了赡养义务，但由于被继承人有配偶、子女，祖父母、外祖

---

① 房绍坤、范李瑛、张洪波：《婚姻家庭与继承法》（第六版），中国人民大学出版社2020年版，第197～198页。

父母作为第二顺序法定继承人不能继承遗产，但可以主张遗产酌给请求权。故本条中“继承人”应限定为可以实际参与继承的人。

2. 被继承人生前对被扶养人存在持续扶养的事实。立法者为了救助继承人以外的曾受被继承人扶养的人（包括法定扶养权利人及第三人），设立了遗产酌给制度，意在对于被继承人生前继续扶养之人酌给遗产，以安顿此等人的生活为目的。故不问此等人是否为被继承人的法定扶养权利人，只要曾受被继承人持续扶养，皆可请求酌给遗产，以维持日后生活。所谓“持续扶养”，是指扶养的状态一直持续到被继承人死亡之时，并无时间长短的限制。只要在被继承人死亡前，未曾间断地继续扶养为已足。因为我国《民法典》并未规定一个具体的持续扶养的期限,[①] 这就增加了自由裁量的空间。被继承人与被扶养人之间无论存在法定扶养义务关系，还是仅为事实上的扶养关系均无差别，只要生前实际上存在持续扶养之事实即可。

3. 被扶养人不再限定为缺乏劳动能力又没有生活来源的人。原《继承法》第 14 条规定要求被扶养人为缺乏劳动能力又没有生活来源的人，才享有遗产酌给请求权。本条删去了“缺乏劳动能力又没有生活来源”，仅规定为“依靠被继承人扶养的人”。笔者认为，这可以更好地适应不同的情况。对于有法定扶养义务的人，只须满足法律所规定的扶养义务产生条件即可；对于没有法定扶养义务的人，“依靠被继承人扶养”本就包含了“缺乏劳动能力又没有生活来源的”的要求。“如被继承人有意安排被扶养人日后生活，则可依遗赠方式妥为设法，然既无此项遗嘱，则应限定于不能维持生活而无谋生能力之人，始可准其请求酌给遗产。”[②] 若有劳动能力或生活来源，无须受他人扶养，也就失去了照顾的伦理基础。

4. 被扶养人未受与遗产酌分相当的遗赠或赠与。如果被继承人为受扶养人留有与遗产酌分相当的遗赠或赠与，则已经达到对受扶养人关照的目的，无再行主张酌分遗产的权利。

---

① 《俄罗斯联邦民法典》第 1144 条第 2 款规定，在继承开始之日无劳动能力，但又不属于参加继承的顺序，如果在被继承人死亡前已受被继承人供养一年以上的，则无论其是否与被继承人共同生活，都与该顺序的法定继承人同等享有法定继承权。

② 陈棋炎、黄宗乐、郭振恭：《民法继承新论》（修订十一版），我国台湾地区三民书局 2019 年版，第 124 页。

（二）扶养人的遗产酌给请求权

1. 权利主体是继承人以外的人。这里所谓“继承人以外的人”，是指参与继承的人以外的人，而不是指法定继承人范围以外的人。法定继承人有两个顺序：第一顺序继承人参加继承的，第二顺序人不能继承的；没有第一顺序继承人继承的，第二顺序继承人始可继承。例如，被继承人有子女，但是子女均不在身边。其平日的生活照顾都是依靠侄子女或兄弟姐妹。如果是侄子女在照顾扶助，依据原《继承法》的规定，侄子女不是法定继承人范围之内的人，而现在依据《民法典》侄子女是代位继承人。如果是兄弟姐妹对被继承人尽扶养义务较多，而兄弟姐妹本身就是法定继承人范围之内的人，但因被继承人有子女，其兄弟姐妹并不能参与继承。这种情况下，兄弟姐妹即可以继承人以外的对被继承人扶养较多的人，要求酌给遗产。

此外，有观点认为：“对被继承人生前扶养较多的人，是指在被继承人生前对其在经济上资助、生活上扶助的继承人之外的自然人。”① 笔者认为，扶养人通常是自然人，但也不排除法人或非法人组织成为扶养扶助人。此点与前一种类型被扶养人只能是自然人不同。

2. 对被继承人扶养较多。学界认为对被继承人的扶养包括经济上的扶助、劳务上的帮助，同时也包括精神上的慰藉。笔者赞同此观点。扶养较多，是指较多给予劳动扶助、精神慰藉等生活上的关照和经济上的扶助的事实状态，至于是否有法定扶养义务在所不问。如果继承人以外的人对被继承人只有一次性或者临时短暂性的扶养扶助，不应当认定为对被继承人扶养较多，因此也不能酌情分得遗产。

3. 扶养人未受相应遗赠或赠与。遗产酌给请求权人获得遗赠或赠与，与其扶养行为不是对价关系，但遗赠或赠与是对扶养人付出的一种报偿。对于对被继承人扶养较多的人而言，《民法典》之所以规定可以酌给遗产是基于权利义务相一致原则的一种报偿。因此，如果遗产酌给请求权人因受遗赠或被继承人生前赠与已取得适当的财产，则应归入遗产酌给份额之中。

---

① 最高人民法院民法典贯彻实施工作领导小组主编：《中华人民共和国民法典婚姻家庭继承编理解与适用》，人民法院出版社 2020 年版，第 548 页。

四、遗产酌给请求权的保护与行使

基于受扶养人与被继承人生前的扶养关系而产生遗产酌给请求权，是一项独立的权利并受到法律保护。遗产酌分请求权人在符合法定情形时可以主张遗产酌给请求权。根据《民法典继承编解释（一）》第21条的规定，在遗产酌给请求权受到侵犯时，本人有权以独立的诉讼主体的资格向人民法院提起诉讼。因此，在继承开始后，遗产酌给请求权人可以向遗产管理人或者继承人主张遗产酌给请求权。如遗产管理人或继承人拒绝其行使该主张，或者虽同意给付但在给付份额上发生争议，遗产酌给请求权人有权以独立的诉讼主体资格向人民法院提起诉讼。对于遗产酌给请求权的行使时间，《民法典》并未明确规定。有观点认为，可以类推适用本法第1124条第2款关于接受遗赠之规定，即酌给请求权人自知道或应当知道继承开始后的60日内，向遗产管理人或继承人作出酌给遗产的请求。笔者认为，遗产酌给请求权的行使时间应类推本法第1124条第1款关于接受继承的规定，将行使时间限定在遗产分割前。理由在于，相比遗赠，遗产酌给请求权以扶养关系的存在为前提，与被继承人关系更为紧密，就此而言，与继承人和被继承人的关系更为类似，不宜仅因60日经过就剥夺其权利。

◎ 疑难适用

司法实务中，关于“可以分给适当的遗产”酌给遗产的数额如何确定争议较大。《民法典》没有规定酌给请求权的数额确定方法。我国台湾地区通说认为，遗产酌给的标准应先视其与被继承人的身份及其关系（生活保持或生活扶助之义务），次及于受酌给权人的性别、年龄、身体状况、生活情形，与被继承人之情谊，以及遗产状况等定之。至于最高数额应解释为不得超过任何继承人的法定应继份。① 本条规定是“可以分给适当的遗产”，根据原《继承法意见》第31条及《民法典继承编解释（一）》第20条之规定，可以分给适当遗产的人，分给他们遗产时，按具体情况可多于或少于继承人。因此可以根据被扶养人的具体情况（如是否需要长期扶养、被扶养人的基本生活需要及被扶养人与被继承人之间的关系等）、扶养人的具体情况（如扶养人对

① 戴炎辉、戴东雄、戴瑀如：《继承法》，作者自版2010年版，第115页。

被继承人扶养时间的长短、扶养期间的经济投入等)、被继承人扶养及被扶养的程度以及遗产总额来进行综合认定，原则上一般应少于继承人的平均份额，如有特殊原因也可以多于继承人的份额。

第一千一百三十二条　继承人应当本着互谅互让、和睦团结的精神，协商处理继承问题。遗产分割的时间、办法和份额，由继承人协商确定；协商不成的，可以由人民调解委员会调解或者向人民法院提起诉讼。

◎ 主旨

本条是关于遗产分割的原则以及处理方法、程序的规定。

◎ 释义

本条源自原《继承法》第 15 条规定，《民法典》继承编历次立法征求意见稿对本条内容均未有修改，直至《民法典》颁布。

本条释义内容主要阐述了处理继承问题的精神、遗产分割的时间、办法和份额的确定方法以及继承人协商未果的处理方式。

继承问题会涉及亲情人伦、家庭和睦与社会稳定。遗产的继承问题极易引发家庭矛盾，故继承人之间互谅互让、和睦团结，不仅是中华民族的传统美德，也是处理继承问题的一项重要原则。在遗产分割的时候，家庭成员之间要互相体谅、和睦团结、彼此关心、互相扶助，尽量减少不必要的纷争。

一、处理继承问题的基本精神

本条强调继承人应当本着互谅互让、和睦团结的精神，协商处理继承问题。例如，对继承人以外的依靠被继承人扶养的人或对被继承人扶养较多的人，酌给适当的遗产；对生活有特殊困难又缺乏劳动能力的继承人，分割遗产时，应给予照顾。现实生活中，父母一方去世后，很少立即分割遗产而是待父母双方去世后，子女才分割遗产。这既是遵循中华民族传统文化习俗，也体现了社会主义核心价值观。该句并非完整意义上的法律规范，而是法律通过对价值目标的明确，引导和鼓励继承人如何自行处理和解决继承中的各种纠纷和问题。依据习俗，很多继承纠纷都可以通过亲属会议、长辈调解、充分协商等方式自行解决。继承纠纷的解决充分依赖继承人之间的友好协商，尊重意思自治。法律鼓励继承人之间互相体谅、互相让步，唤醒亲情，达成和解，尽量减少在分割遗产时的各种纷争，为日后亲人间的继续交往留有余地。

继承问题首先由继承人协商解决。如果继承人之间不能协商解决，进入诉讼程序的，法院也可以先行调解。依据“能调则调，当判则判，调判结合，案结事了”的原则，尽可能地进行调解，尤其是对于判决后可能激化矛盾的继承案件更是如此。无论是调解还是判决，都应争取双方服判息讼，案结事了。继承纠纷的处理在最大化地实现对继承权保护的同时，还应以维护亲情与家庭和睦这一精神利益作为追求目标。

二、遗产分割的时间、办法和份额的确定方法

依据本条规定，对遗产分割的时间、办法和份额，首先由继承人协商确定。实际上，继承实践中可以协商解决的继承问题，远不止遗产分割的时间、办法和份额。只要是继承人可以自由处分的利益，都可以通过协商，达成协议，实现符合各自意愿的妥适安排。因此，遗产何时开始分割、遗产分割的方法（实物分割、变价分割抑或补偿分割）以及各继承人的应继份等问题，法律不宜强行规定，继承人之间可自行协商确定。至于法定继承人的范围、顺序以及遗产分割的原则，则必须根据法律的直接规定进行确定，继承人不得协商确定。

根据本条规定，如果继承人之间就遗产分割的时间、办法和份额协商不成的，可以由人民调解委员会调解或者向人民法院提起诉讼。这两种解决继承纠纷的方式，继承人可以进行选择。人民调解是我国民间调解的一种活动形式，是通过人民调解委员会这一社会组织根据法律法规、政策和社会公德，以说服、疏导等方法，对民间纠纷的双方当事人进行劝导斡旋、批评教育，促使当事人在平等协商、互相谅解的基础上自愿达成调解协议，解决民间纠纷的一种方式。人民调解委员会，是指村民委员会和居民委员会下设的调解民间纠纷的群众组织，在基层人民政府和人民法院指导下进行工作。人民调解委员会应当在双方当事人完全自愿的基础上，查明事实、分清责任，根据当事人的特点以及纠纷的具体情况、性质及难易程度，耐心细致地疏导劝说，

尽量促使双方本着互谅互让的精神，消除隔阂、化解矛盾，引导帮助双方当事人达成调解协议。经人民调解委员会调解达成调解协议的，可以制作调解协议书，具有法律约束力，当事人应当按照约定履行。不愿意调解、调解不成或者调解后反悔的，一方或者双方当事人可以向人民法院起诉。经人民调解委员会调解达成调解协议后，双方当事人认为有必要的，可以自调解协议生效之日起30日内共同向人民法院申请司法确认。人民法院依法确认调解协议有效，一方当事人拒绝履行或者未全部履行的，对方当事人可以向人民法院申请强制执行。人民法院依法确认调解协议无效的，当事人可以通过人民调解方式变更原调解协议或者达成新的调解协议，也可以向人民法院提起诉讼。《民事诉讼法》第34条第3项规定："因继承遗产纠纷提起的诉讼，由被继承人死亡时住所地或者主要遗产所在地人民法院管辖。"又根据《最高人民法院关于适用〈中华人民共和国民事诉讼法〉的解释》（以下简称《民诉法解释》）第70条、第73条及第74条规定，在继承遗产的诉讼中，如果只有部分继承人起诉的，人民法院应当通知其他继承人作为共同原告参加诉讼。当事人也可以向人民法院申请追加。人民法院对当事人提出的申请，应当进行审查，申请理由不成立的，裁定驳回；申请理由成立的，书面通知被追加的继承人参加诉讼。人民法院追加共同诉讼的当事人时，应当通知其他当事人。应当追加的原告，已明确表示放弃实体权利的，可不予追加。被通知的继承人不愿意参加诉讼又未明确表示放弃实体权利的，人民法院仍应将其列为共同原告。其不参加诉讼，不影响人民法院对案件的审理和依法作出判决。

◎ 疑难适用

司法实务中，对本条中"遗产分割的时间，由继承人协商确定"的理解存在争议：一种观点认为，这里的遗产分割时间就是遗产处理时间，故在遗产分割前，继承人都可以书面形式作出是否放弃继承的意思表示。笔者认为，该观点值得商榷。从《民法典》的体系结构安排来看，第六编"继承"中第四章的标题为"遗产的处理"。而根据该章中第1147条遗产管理人的法定职责规定可知，遗产分割只是遗产管理中的一个环节。既然遗产管理属于该章"遗产的处理"的内容，故可推知遗产分割也仅仅是遗产处理中的一个环节。这从该章第1156条第2款规定"不宜分割的遗产，可以采取折价、适当补偿或者共有等方法处理"也可得到印证。故不能将《民法典》第1124条规定的

“继承人放弃继承的，应当在遗产处理前，以书面形式作出放弃继承的表示”中的“遗产处理前”等同于“遗产分割前”。鉴于继承人是否放弃继承将涉及遗产管理人的推选，以及为尽快明确遗产管理人，防止遗产不当流失，笔者更倾向于认为，如果有遗嘱执行人的，继承人应当在继承开始后，遗嘱执行人向继承人报告遗产情况前，作出是否放弃继承的书面表示；如果没有遗嘱执行人的，继承人应在推选遗产管理人时作出是否放弃继承的书面表示。

第三章　遗嘱继承和遗赠

本章共有十二个条文，分别规定了：遗嘱处分；自书遗嘱、代书遗嘱、打印遗嘱、录音录像遗嘱、口头遗嘱、公证遗嘱等六种遗嘱形式；遗嘱见证人；必留份制度；遗嘱的撤回；遗嘱无效；附负担的遗嘱继承和遗赠。

本章中新修改的内容主要有：第一，增加了遗嘱信托。一是既能很好地解决财产传承问题，使财产顺利地传给后代，也可以通过遗嘱信托提升受托人的理财能力，弥补继承人无力理财的缺陷；二是能够减少因遗产产生的纷争，因为遗嘱信托具有法律约束力，特别是中立的遗嘱信托受托人介入，能使遗产的清算和分配更公平。第二，为适应现代生活方式的需要，增加了打印遗嘱、录像遗嘱的遗嘱形式。由于原《继承法》没有规定打印遗嘱，以往司法实践对打印遗嘱的效力存在较多争议。鉴于打印遗嘱应用的普遍性和判断的复杂性，《民法典》第 1136 条确认了打印遗嘱的法律效力。同时，录像遗嘱是现代科技发展的产物，也是《民法典》顺应现代科技发展而规定的一种新型遗嘱形式。我国原《继承法》第 17 条仅规定了录音遗嘱，但司法实践中也多将该规定类推适用于录像遗嘱。《民法典》第 1137 条即对录音遗嘱、录像遗嘱进行了统一规定，统称为“录音录像遗嘱”。第三，对口头遗嘱的效力作了新的规定。第四，废除了自书、代书等遗嘱不得撤销、变更公证遗嘱的规定。换言之，公证遗嘱效力不再优先。《民法典》第 1142 条第 3 款删除了公证遗嘱效力优先原则，强调“立有数份遗嘱，内容相抵触的，以最后的遗嘱为准”。这使得遗嘱设立在后的效力优先原则成为判断遗嘱效力的最高和最终原则。同时，这也是对数份遗嘱内容相抵触时效力判断标准的规定。第五，在不能作为遗嘱见证人的人员范围中增加了“不具有见证能力的人”的表述，如盲人。第六，将遗嘱撤销改为遗嘱撤回，使法律用语更加准确。并增加了以相反行为撤回遗嘱的拟制规定。

第一千一百三十三条　自然人可以依照本法规定立遗嘱处分个人财产，并可以指定遗嘱执行人。

自然人可以立遗嘱将个人财产指定由法定继承人中的一人或者数人继承。

自然人可以立遗嘱将个人财产赠与国家、集体或者法定继承人以外的组织、个人。

自然人可以依法设立遗嘱信托。

◎ 主旨

本条是关于遗嘱继承与遗赠的规定。

◎ 释义

本条源自原《继承法》第16条。《民法典继承编（草案）》（2017年7月28日室内稿）第17条规定："自然人可以依照本法规定立遗嘱处分个人财产，并可以指定遗嘱执行人。自然人可以立遗嘱将个人财产指定由法定继承人中的一人或者数人继承。自然人可以立遗嘱将个人财产赠给国家、集体或者法定继承人以外的人。"将原《继承法》第16条中"公民"修改为"自然人"，其他内容没有变化。《民法典继承编（草案）》（2019年12月28日征求意见稿）第1133条则进一步将"赠给"改为"赠与"。《民法典》颁布时，则将"国家、集体或者法定继承人以外的人"修改为"国家、集体或者法定继承人以外的组织、个人"。同时，增设第4款"自然人可以依法设立遗嘱信托"的规定。

本条释义部分主要阐述遗产的概念和特征、遗嘱能力和遗嘱自由原则、遗嘱的内容以及遗赠的相关概念。

一、遗嘱的概念和特征

（一）遗嘱的概念

遗嘱，是死者生前对其死后事务的安排和嘱托。详言之，是指自然人生前预先作出的对其财产的处分以及与此相关的事务安排而于死后发生法律效力的要式单方民事法律行为。具体而言，遗嘱只需遗嘱人单方的意思表示即可成立，无须征得任何人的同意，所以其为单方民事法律行为且为无相对人的单方法律行为。遗嘱人必须通过法律规定的遗嘱形式设定遗嘱，否则不能生效。故其为要式法律行为。

最早在法典中规定遗嘱继承的，是公元前18世纪的《汉穆拉比法典》，该法典第165条规定：倘自由民以田园、房屋赠与其所喜爱之继承人，且给他以盖章之文书，则父死之后，兄弟分产之时，此子应取其父之赠物，此外诸兄弟仍应均分父之家产。罗马法高度重视遗嘱制度。在《法学阶梯》中曾提到，遗嘱之所以这样命名，乃因为它是意思（表示）的证据。①《十二铜表法》第5表第3条规定：凡以遗嘱处分自己的财产，或对其家属指定监护人的，具有法律上的效力。至查士丁尼时期，普通遗嘱形成了私式遗嘱与公式遗嘱。立遗嘱者只要邀请七名证人到场证明其立遗嘱的行为或向官署登记即可设立。此时，罗马法中的遗嘱便具有了现代遗嘱色彩（自愿性、私密性以及死后生效性），并对后世的遗嘱制度产生了非常大的影响。

在我国古代社会也存在遗嘱制度，关于遗嘱最早的资料，在《左传》（哀公3年）及《后汉书》中皆有记载。就法令而言，则有唐令可稽。如唐代《丧葬令》规定："诸身丧户绝者，所有部曲、客女、奴婢、店宅、资财，并令近亲（亲依本服，不以出降）转易货卖，将营丧事及量营功德之外，余财并与女（户虽同，资财先别者亦准此）。无女均入次近亲，无亲戚者官为检校。若亡人在日，自由遗嘱处分，证验分明者，不用此令。"②《宋刑统》所

---

① ［古罗马］查士丁尼：《法学阶梯》，徐国栋译，中国政法大学出版社1999年版，第171页。

② 日本养老令，以唐令为母法，规定"亡人存日处分，证据灼然者，不用此令"，即原则上为遗嘱继承，惟于无遗嘱时，始适用法定继承。即法定继承不过为无遗嘱时之补充的规定。日本中世及德川时代之继承法，以遗嘱继承为原则。参见史尚宽：《继承法论》，中国政法大学出版社2000年版，第395～396页。

收天圣四年七月定例："若亡人遗嘱，验证分明，依遗嘱施行。"《袁氏世范·睦亲》中即有关于遗嘱重要性之论述，"父祖有虑子孙争讼者，常欲预为遗嘱之文，而不知风烛不常，因循不决，至于疾病危笃，虽心中尚了然，而口不能言，手不能动，饮恨而死者多矣。况有神识昏乱者乎！"时至近代，1911年的《大清民律草案》首次明确规定了遗嘱继承制度。1929年的《中华民国民法典》在我国确立了完整的遗嘱继承制度。中华人民共和国成立后，1985年的《继承法》确立了我国现行的遗嘱继承制度，并基本为《民法典》沿用。随着私人财产日益增多和复杂，自然人立遗嘱处分个人财产越来越普遍，遗嘱制度也越来越受到人们的重视。

（二）遗嘱的法律特征

遗嘱具有以下法律特征：

1. 遗嘱属于单方民事法律行为。遗嘱是立遗嘱人生前单方意思表示，不需要遗嘱所涉及的相对方也作出意思表示。

2. 遗嘱属于一种要式的民事法律行为。为了尊重立遗嘱人生前的意愿以及保护遗嘱的真实有效性，各国对于遗嘱的形式作出了严格的法律规定。遗嘱订立须符合一定的法定形式，否则无效。

3. 遗嘱属于死因法律行为。遗嘱是立遗嘱人生前所设立的，在其设立时遗嘱尚未生效，只有在其死亡后继承开始时，遗嘱才发生法律效力。在遗嘱人死亡前，遗嘱人可随时变更或撤回遗嘱。遗嘱继承人、受遗赠人无权要求知道遗嘱的内容，更不能要求执行。① 在立遗嘱人死亡前，遗嘱继承人对遗产只有期待权，只有在立遗嘱人死亡时，这种期待权才转化为既得权，遗嘱继承人继承立遗嘱人的遗产的权利才是现实可行的。②

4. 遗嘱是必须由本人亲自实施完成的法律行为。遗嘱必须是立遗嘱人对其名下的财产作出处分的真实意思表示，由立遗嘱人独立对遗嘱作出意思表示，任何人不得干涉其意愿，也不能由其他人代为设立遗嘱。虽然遗嘱的形式中包括代书遗嘱，但代书遗嘱也是由立遗嘱人口述遗嘱内容，再由他人代为书写而制作的遗嘱，其中反映的是立遗嘱人的意思表示，而不是代书人的意愿。

---

① 夏吟兰：《婚姻家庭继承法》，中国政法大学出版社2017年版，第256页。

② 蒋月、何丽新：《婚姻家庭与继承法》，厦门大学出版社2013年版，第355页。

5. 遗嘱是立遗嘱人根据法律规定处分个人财产的民事行为，其内容必须符合法律规定。遗嘱的内容必须是立遗嘱人处分其名下的财产，不属于财产处分等内容的意思表示，不构成法律意义上的遗嘱。立遗嘱人可以自由处分其享有的财产，但是不能违反法律强制性规定，不能损害国家、集体和第三人的利益，应当对缺乏劳动能力又没有生活来源的继承人保留必要的遗产份额。遗嘱继承人如果先于立遗嘱人死亡，其直系晚辈血亲不可代位继承。

二、遗嘱继承与遗赠的区别

首先，由本条第 2 款与第 3 款之规定可知，受遗赠人只能是法定继承人以外的自然人或组织，包括国家、集体或其他第三人（法人或非法人组织等）。而遗嘱继承人则只能是法定继承人范围内的人，不能是法定继承人以外的人。

其次，受遗赠人只承受遗产利益，不承受遗产债务。或言之，遗嘱人只能将遗产利益遗赠予他人；反之，遗嘱继承人不但继受遗产利益，也包括继受遗产债务，即继承是权利与义务的概括承受。

最后，继承开始后，受遗赠人接受遗赠只能以明示的方式作出接受的意思表示。其未在规定期限内作出接受遗赠的意思表示的，视为其放弃接受遗赠；而对于遗嘱继承人而言，其接受继承的意思表示既可以以明示方式作出，也可以以默示方式作出，其未在遗产处理前作出放弃继承表示的，视为接受继承。

三、遗嘱的有效要件

（一）遗嘱人在立遗嘱时须具有遗嘱能力

在遗嘱继承法律关系领域，遗嘱能力是民事主体能够实施订立遗嘱行为进而处分其个人财产的资格。由于遗嘱行为不仅使个人得以自由地处分其个人财产，而且重在尊重死者的遗志且遗嘱须由遗嘱人本人亲自为之，而不许他人代理，也不许以他人之意思补充遗嘱人之意思。故如前所述，遗嘱能力究其实质就是民事主体取得订立遗嘱资格的主观条件。而这种主观条件同民事行为能力一样，与民事主体的意思能力或识别能力有关。也正因如此，世界各国或地区关于遗嘱能力之规定，形成了遗嘱能力与民事行为能力相一致与不一致的两种模式。同时，由于遗嘱乃被继承人生前对其死后所遗留财产进行的预先处分，并于其死后发生法律效力的单方民事法律行为，故各国或地区的民法均对已有相当识别能力之人规定了遗嘱能力。早在罗马法时期，盖尤斯就在《法学阶梯》中写道："如果我们想审查遗嘱是否有效，首先我们应当看看立遗嘱的人是否具有立遗嘱的资格。"①

1. 遗嘱能力的立法模式。由于遗嘱是一类特殊的法律行为，自然人必须有法律特别规定的行为能力才能设立遗嘱。而此种法律特别规定的行为能力系遗嘱能力——能够有效为某类行为即订立遗嘱的资格，其与行为能力属于种属关系，自然也是以意思能力作为基础。

一般而言，在各国和地区的民法中，具有完全行为能力的人都具有遗嘱能力，而无行为能力人因其不具有为法律行为的意思能力，因而都不具有遗嘱能力。唯有区别和差异的是限制行为能力人是否具有遗嘱能力。对此，各国和地区的立法形成了两种不同的规定模式，兹述如下：

（1）遗嘱能力与民事行为能力相一致。此种立法模式将遗嘱能力与《民法典》总则编中的民事行为能力统一起来，并未对遗嘱人的遗嘱能力作出不同于《民法典》总则编的民事行为能力之规定。此时，应适用《民法典》总则编中关于民事行为能力之规定。也就是说，只有完全民事行为能力人始具有遗嘱能力，而限制民事行为能力人不具有遗嘱能力。采此立法模式者，如英国、美国、瑞士、捷克、阿根廷、意大利等。

（2）遗嘱能力与行为能力不一致。在此种立法模式下，《民法典》继承编对于遗嘱能力作出了不同于《民法典》总则编民事行为能力之规定。有遗嘱能力的人不一定有完全民事行为能力；民事行为能力受到限制的人不一定没有遗嘱能力。也就是说，承认在一定条件下的限制民事行为能力人也可以有效设立遗嘱。民事行为能力制度系为保护未成年人或辨识能力有欠缺的人的利益及交易安全而设，而遗嘱系单方民事法律行为，与交易安全无涉。因此，具有识别自己行为及行为后果能力的未成年人，也应当具有遗嘱能力。如德国民法中规定，未成年人只有在年满 16 周岁时才可以立遗嘱。未成年人

---

① ［古罗马］盖尤斯：《法学阶梯》，黄风译，中国政法大学出版社 1996 年版，第 118 页。

立遗嘱，不需要得到其法定代理人的同意。① 埃塞俄比亚民法规定，未成年人年满15周岁的，可自行立遗嘱。未成年人在满上述年龄前所立之遗嘱无效，尽管该未成年人在年满15周岁后未撤销它，也不例外。② 巴西民法则规定，16岁以上的未成年人（限制行为能力人）可以订立遗嘱。此外，日本、匈牙利、罗马尼亚、比利时、土耳其、西班牙等国均采此模式。但我国《民法典》第1143条第1款规定，“无民事行为能力或者限制民事行为能力人所立的遗嘱无效”。即采遗嘱能力与民事行为能力相一致的做法。③ 所以，遗嘱人须具有完全民事行为能力。

2. 判断有无遗嘱能力的时点。遗嘱自成立至其发生效力之时有一段时间间隔，因而判断遗嘱人有无遗嘱能力究竟是以遗嘱人订立遗嘱时为准，还是以遗嘱生效时为准？除未明确规定者外，几乎各国和地区均规定了判断遗嘱人遗嘱能力之有无应以其订立遗嘱时为准，如《阿根廷民法典》第3613条规定：为判断订立遗嘱的能力，应仅以订立遗嘱之时为准，而遗嘱人在死亡时是否具有能力，则在所不问。《葡萄牙民法典》第2191条规定：确定遗嘱人是否具有立遗嘱之能力，以立遗嘱之日为准。此外，还有《日本民法典》第963条、《瑞士民法典》第467条、《奥地利民法典》第575条等。之所以以遗嘱人订立遗嘱之时作为判断有无遗嘱能力之时点，是因为在遗嘱生效之前，遗嘱人可以随时撤回或变更其所订立之遗嘱。至于遗嘱人于订立遗嘱之时具有遗嘱能力事后又丧失遗嘱能力的，该情形对遗嘱之效力自不发生影响。但由于遗嘱人订立遗嘱后丧失遗嘱能力，则自不可撤回或变更其所立之遗嘱。而遗嘱人于订立遗嘱之时无遗嘱能力，纵令事后取得遗嘱能力，其所订立之

① 《德国民法典》第2229条。

② 《埃塞俄比亚民法典》第308条。

③ 原《继承法意见》第41条规定：“遗嘱人立遗嘱时必须有行为能力。无行为能力人所立的遗嘱，即使其本人后来有了行为能力，仍属无效遗嘱。遗嘱人立遗嘱时有行为能力，后来丧失了行为能力，不影响遗嘱的效力。”该规定并未明确限制行为能力人是否具有订立遗嘱之资格，仅规定订立遗嘱须有行为能力，无行为能力人所立遗嘱无效。限制行为能力人也属有行为能力，该司法解释似乎也为限制行为能力人具有遗嘱能力留下了解释的空间。但《民法典继承编解释（一）》第28条规定：“遗嘱人立遗嘱时必须具有完全民事行为能力。无民事行为能力人或者限制民事行为能力人所立的遗嘱，即使其本人后来具有完全民事行为能力，仍属无效遗嘱。遗嘱人立遗嘱时具有完全民事行为能力，后来成为无民事行为能力人或者限制民事行为能力人的，不影响遗嘱的效力。”依据该条规定，限制行为能力人无遗嘱能力。

遗嘱也不因之而有效。[①] 但如于取得遗嘱能力后，变更先前所立之遗嘱者，则可认为重新订立遗嘱，应为有效。

3. 患有盲、聋、哑等生理疾病的人的遗嘱能力。自然人因其听觉器官或发声器官存在生理上的缺陷，致使其听觉器官不能正常接收来自外界的空气振荡，或者其发声器官不能正常进行空气振荡使他人感知自己的意思者，即为聋哑等患有生理疾病的人。在早期的罗马法中，明确规定了“聋者与哑巴不能立遗嘱”。而且，罗马法最早的遗嘱形式是民众会议遗嘱和战前遗嘱，均要求立遗嘱人当着众人的面以语言的形式阐释或宣读自己的遗嘱，至于后来的铜称式遗嘱，更要求遗嘱人必须说一些固定的程式化的语言。这显然是上述人等不能完成的。后来的《查士丁尼法典》对聋哑人的含义进行了缩小解释，强调完全丧失听觉或语言能力，对于那些并非真正完全丧失听觉或语言能力的人而言，依然可以在法律允许的范围内订立遗嘱。[②] 此为后世民法典承继之，如《阿根廷民法典》第3617条规定：不会读写的聋哑人不得订立遗嘱。《智利民法典》第1005条规定：一切不能以口头或书面清楚地表达其意思的人无资格订立遗嘱实际上，患有盲、聋、哑等生理疾病的人是否具有遗嘱能力的核心是是否具有理解认知遗嘱行为并预见相应的行为后果的意思能力。但患有盲、聋、哑等生理疾病者，非必精神耗弱而不能处理自己之事务。俗话说“盲目不盲心”即喻盲人之心力不下于常人。实践中经常出现的“哑巴犯罪”，无不显示出聋哑人之智能多与常人无异。因此，现今大多数国家和地区均认为非精神病的盲人、聋哑人当然具有遗嘱能力，可以立遗嘱。但因其自身条件的限制，这部分人在立遗嘱时应当具有相应的特殊性，即应当选择能够充分真实表达其意思的遗嘱形式，如《魁北克民法典》规定，盲人、聋人或聋哑人可以订立公证遗嘱。[③] 此外，因年老、重伤、重病等非法律明定的原因导致心神耗弱之人，其虽未被依法宣告为限制行为能力，但通常欠缺辨识自己的行为性质及其后果的意思能力，对于此类人群的遗嘱能力问题，

---

① 《民法典继承编解释（一）》第28条规定：“遗嘱人立遗嘱时必须具有完全民事行为能力。无民事行为能力人或者限制民事行为能力人所立的遗嘱，即使其本人后来具有完全民事行为能力，仍属无效遗嘱。遗嘱人立遗嘱时具有完全民事行为能力，后来成为无民事行为能力人或者限制民事行为能力人的，不影响遗嘱的效力。”

② 费安玲：《罗马继承法研究》，中国政法大学出版社2000年版，第112页。

③ 《魁北克民法典》第720条、第721条。

我国《民法典》未明确规定。一种观点认为，由于我国目前尚无禁治产宣告制度，故对于心神耗弱之人应以不能独立处理自己之事务为限，无遗嘱能力。至于是否为心神耗弱而致不能独立处理自己之事务，则非法律上之问题，而为医学上之问题。笔者认为，《民法典》第 1143 条规定的立遗嘱人主体不适格情形仅限定为无民事行为能力人或限制民事行为能力人。而心神耗弱之成年人是否属于限制民事行为能力人则需根据《民法典》第 24 条第 1 款规定，由其利害关系人或者有关组织向人民法院申请认定。在人民法院依法作出相应认定之前，在法律上就不能评价其为限制民事行为能力人，从而就不能得出其无遗嘱能力的结论。事实上，在大多数情形下，遗嘱引发的争议都发生在遗嘱人已经死亡之后，客观上也很难通过法院再认定其有无民事行为能力。

4. 精神病人的遗嘱能力。绝大多数学者认为，“精神病人，无论是不能辨认自己行为还是不能完全辨认自己行为，在被确定为无民事行为能力或限制行为能力人后，都属于无遗嘱能力人”。[①] 笔者认为，对于不能完全辨认自己行为的精神病人而言，尤其是间歇性精神病人而言，自当别论。因为“从理论上说，间歇性精神病患者，在不犯病期间为完全行为能力人，在犯病期间按照无行为能力人对待，但在实践中，却难以举证”。[②] 同时根据原《民通意见》第 67 条的规定，间歇性精神病人的民事行为，确能证明是在发病期间实施的，应当认定无效。“此处所称的间歇性精神病人，仅指未受行为能力宣告之人，其与受行为能力宣告的精神病人存在区别。在前者，法律行为以有效为常态，主张无效者，须证明行为实施时精神病人处于发病期间。而在后者，法律行为以无效为常态，主张有效者，须证明行为实施时精神病人例外地具有正常的理性能力即处于‘灵光时刻（lichter Moment）’。”[③] 因此，只要能够举证证明订立遗嘱时精神病人处于意识清醒之状态即应承认其具有遗嘱能力。在罗马法中，自《十二铜表法》起，即规定精神病人不得独立实施对自己的身体和财产加以保护的行为，而是为其设立保佐人。因为精神病人在精神健康状态上存在瑕疵，使得其对自己的行为缺乏相应的预见力和判断力。

① 杨立新：《家事法》，法律出版社 2013 年版，第 431 页。
② 李永军：《民法总论》，法律出版社 2009 年版，第 225 页。
③ 朱庆育：《民法总论》，北京大学出版社 2013 年版，第 234 页。

但“精神病人在间歇性清醒期间，具有完全行为能力”。[1] 在《查士丁尼法典》中也有这样的论述：“一名遗嘱人在其实施订立遗嘱行为时变为精神病人，其所立的遗嘱无效。但是，如果是在他头脑清醒时立了遗嘱或表达了最终意愿，或者上述行为是在他头脑清醒的时间内开始所为而行为结束时他的精神病状态尚未治愈，我们认为他的遗嘱或最终意愿之表达应当有效。”[2] 也就是说，精神病人如为间歇性的，则在其神志清醒时所立的遗嘱有效。[3] 此为后世一些国家和地区的民法所承继，如《阿根廷民法典》第 3615 条规定：“欲能订立遗嘱，须该人具有完全理智。精神病人仅可在清醒期订立遗嘱，此等清醒期应充分确定和持续，以确保疯癫状态在此期间已经停止。”同样，根据《西班牙民法典》第 663 条与第 664 条之规定，神志长期或经常不清醒的人无遗嘱能力，但如具备意识能力时订立的遗嘱有效。根据《英国遗嘱法》之规定，精神病人在其神志清醒时订立的遗嘱有效，亦即精神病人在神志清醒时具有遗嘱能力。根据《奥地利民法典》第 566 条、第 567 条之规定，如果遗嘱是在诸如精神疾病、精神障碍或醉酒等缺乏必要的判断力的状态下作出的，该遗嘱无效。但对于曾丧失理智的被继承人，主张其在立遗嘱时具有完全的判断力的人，必须借助曾经对其精神状态进行过检验的专家或政府人员或其他可靠证据，毫无疑问地加以证明。对此，我国《民法典继承编解释(一)》第 28 条也规定，遗嘱人立遗嘱时必须具有完全民事行为能力。无民事行为能力人或者限制民事行为能力人所立的遗嘱，即使其本人后来具有完全民事行为能力，仍属无效遗嘱。遗嘱人立遗嘱时具有完全民事行为能力，后来成为无民事行为能力人或者限制民事行为能力人的，不影响遗嘱的效力。可见，我国立法并未绝对否定精神病人的遗嘱能力，而是仅限定其在立遗嘱时应当具有遗嘱能力即可。

5. 遗嘱能力对遗嘱效力的影响。就我国而言，《民法典》第 1143 条采遗嘱能力与民事行为能力相一致的观点。所以，遗嘱人须具有完全民事行为能力。理论上有争议的是，遗嘱人具有遗嘱能力是遗嘱的有效要件抑或生效要件？

---

① ［意］彼德罗·彭梵得：《罗马法教科书》，黄风译，中国政法大学出版社 2005 年版，第 36 页。

② ［古罗马］查士丁尼：《法学阶梯》，张企泰译，商务印书馆 1989 年版，第 81 页。

③ 周枏：《罗马法原论》（下册），商务印书馆 2009 年版，第 490 页。

持生效要件说者认为，遗嘱是由遗嘱人生前作出的，于遗嘱人死亡时发生效力的单方民事法律行为。因此，遗嘱必须具备法律规定的一定的条件，才能发生法律效力，而该条件即为生效要件。遗嘱人具有遗嘱能力即为遗嘱的实质生效要件之一，以确保遗嘱乃遗嘱人的真实意思表示。① 遗嘱人在订立遗嘱时须有遗嘱能力乃遗嘱的有效要件。遗嘱人在订立遗嘱时欠缺遗嘱能力的，遗嘱无效。② 我国绝大多数学者均持此观点，我国《民法典》第 143 条规定的“行为人具有相应的民事行为能力”是民事法律行为的有效条件之一。大多数大陆法系国家或地区规定亦是如此，如《葡萄牙民法典》第 2190 条及我国澳门特别行政区民法第 2027 条“无遗嘱能力之人所立之遗嘱无效”的规定。《智利民法典》第 1006 条规定：存在前条③所列的无资格原因而订立遗嘱的，即使此等原因随后不再存在，该遗嘱亦告无效。反之，有效遗嘱并不因随后发生任何此等无资格原因的事实而停止其效力。笔者认为，遗嘱人具有遗嘱能力乃遗嘱有效的要件而非生效之要件。具体而言，法律行为的生效与有效截然不同。我国有些学者曾混淆了法律行为的生效要件与有效要件，将两者混为一谈。如有学者认为，《民法通则》第 55 条的规定是一切民事法律行为所应具备的一般生效要件，即行为人具有相应的民事行为能力、意思表示真实、不违反法律或社会公共利益。另外，也并不排除有的场合合同还应具备其他特殊要件才能生效。比如，死因行为要以行为人死亡为特别生效要件；再如，对外合作开采石油需要经过国家有关部门的批准才能生效。合法有效的遗嘱成立后，通常会因遗嘱指定的继承人或受遗赠人先于遗嘱人死亡、指定的继承人或受遗赠人放弃或被剥夺继承权、受遗赠权、附有解除条件的遗嘱条件于遗嘱人死亡前成就等事由而不生效。而已成立的遗嘱则会因遗嘱人于订立遗嘱时无遗嘱能力、遗嘱被伪造或篡改、遗嘱人订立遗嘱时有被欺诈、胁迫之情事、遗嘱未为胎儿及继承开始时既缺乏劳动能力又没有生

---

① 李岩：《遗嘱制度论》，法律出版社 2013 年版，第 222 ~ 223 页。

② 马俊驹、余延满：《民法原论》，法律出版社 2016 年版，第 939 页。

③ 即《智利民法典》第 1005 条规定：下列人无资格订立遗嘱：（1）已被废除；（2）未适婚人；（3）因精神病而受禁治产宣告的人；（4）因酒醉或其他原因正处于不清醒状态的人；（5）一切不能以口头或书面清楚地表达其意思的人。

活来源的法定继承人保留必要的遗产份额①以及遗嘱违背公序良俗等原因而无效。

（二）遗嘱须为遗嘱人的真实意思表示

遗嘱是遗嘱人对其死亡后财产的死因处分，所以遗嘱必须为遗嘱人真实的意思表示。遗嘱必须由遗嘱人亲自设立，不适用代理制度，即使是法定代理人也不得代理无行为能力人或限制行为能力人设立遗嘱。根据《民法典》第 1143 条的规定，受胁迫、欺诈所立的遗嘱以及伪造的遗嘱无效。遗嘱被篡改的，篡改的内容无效。

（三）遗嘱内容不得违背公序良俗

遗嘱人基于遗嘱自由原则可任意处分其遗产。原则上只要遗嘱人自认为合理，即可通过遗嘱任意处分其财产，即使其处理结果在客观上看起来不那么公平合理。但遗嘱自由也同样应受公序良俗原则的限制，根据《民法典》第 153 条第 2 款的规定，遗嘱内容不得违背公序良俗，否则无效。

值得强调的是，在判断遗嘱内容是否违背公序良俗时，应依遗嘱本身是否存在背俗之情事，而不能以遗嘱以外的生活事实是否背俗为判断对象。此在司法实践中涉及的诸如“情人遗赠”（如泸州“遗赠案”）纠纷中尤为重要。“在判断法律行为是否违反善良风俗时，人们倘使不以法律行为为准而是以行为人是否具有道德上的可责性作为判断的基础，是十分危险的。如果人们仅考虑行为人道德上的可指责性，则法官的判决将沦为对当事人道德情操的判断。然而，法官的使命却不在于判断当事人的道德情操。”② 德国联邦最高法院在一则“情人遗嘱案（被继承人在剥夺其妻子继承权的情况下将他的情妇立为单独继承人）”中即指出，“在民法典第 138 条的框架下，关键的问题并不在于对某一个人的行为进行评判，并对某种不道德的行为进行制裁，而仅仅在于判断某项法律行为本身是否违反了善良风俗”。由于是否违反善良

① 有学者认为，遗嘱中未为缺乏劳动能力又无生活来源的继承人保留必要的遗产份额，或者未给胎儿保留应继份的，则遗嘱不生效或部分不生效。参见曹诗权：《婚姻家庭继承法学》，中国法制出版社 1999 年版，第 384 页。实际上这种情形导致的是遗嘱无效或部分无效，而非遗嘱不生效或部分不生效。因为此为原《继承法》之强制性规定，遗嘱因违反法律的强制性规定而无效。

② ［德］维尔纳·弗卢梅：《法律行为论》，迟颖译，法律出版社 2013 年版，第 444 页。

风俗的判断涉及的对象是法律行为本身，因此，即使当事人的行为是应该受到指责的，但其从事的法律行为却可能是有效的。[①] 也就是说，违反善良风俗针对的是法律行为的无效，而不是法律行为之外的日常生活事实行为，故日常生活事实行为违背公序良俗并不影响法律行为的效力，只要法律行为本身不违反善良风俗，其效力就不应该被否定。如我国台湾地区审判主管机构1994年台上字第1530号判决认为："民法"第72条所谓法律行为有悖于公序良俗无效，乃指法律行为本身违反国家社会一般利益及道德观念而言。而法律行为是否违反公序良俗，则应就法律行为的内容以及当事人的动机、目的及其他相关因素综合判断。此外，在判断此类遗嘱是否违背公序良俗时，有时候还需要审查遗嘱人的动机，以确定是否违反善良风俗。倘若遗嘱人的动机完全是为了奖励受遗赠人委身于自己或为继续维持这种性关系，该处分就会被视为违反善良风俗。[②] 因此，如果遗嘱人将遗产赠与其情妇以旨在酬谢其满足自己的性欲或旨在决定或加强这种两性关系的继续，那么遗赠通常被认为是违反善良风俗的。相反，如果遗嘱人具有其他动机，即如旨在给其情人提供生活保障，则这种遗赠并不因其与婚外异性通奸而无效。

（四）遗嘱形式符合法律规定

大陆法系一般将遗嘱规定为要式行为，要式行为的形式不能由当事人自由决定，非依法定形式作成，不能发生法律效力。如根据《德国民法典》第125条之规定，[③] 没有遵守法律规定的形式，通常导致法律行为无效。甚至法官出于职权，必须在诉讼中注意形式瑕疵，即使没有当事人认识到或者主张形式瑕疵。因此，遗嘱违反《德国民法典》第2231条以下的形式要求的，依第125条第1款之规定无效。但我国《民法典》并未明确规定欠缺法定形式要件的法律行为无效，也并未规定形式上存在瑕疵的遗嘱无效。"认定遗嘱形式是否符合要求，一般只涉及继承人及受遗赠人利益，而不涉及社会利益和其他人利益。也正因为如此，若当事人对于遗嘱的形式是否符合要求并无争

① ［德］迪特尔·梅迪库斯：《德国民法总论》，邵建东译，法律出版社2001年版，第515页。

② ［德］雷纳·弗兰克、托比亚斯·海尔姆斯：《德国继承法》（第六版），王葆莳、林佳业译，中国政法大学出版社2015年版，第37页。

③ 该条规定：欠缺法律所规定的形式的法律行为，无效。有疑义时，法律行为所定的形式的欠缺同样导致无效。

议，不论该遗嘱是否符合规定的形式，他人无权主张该遗嘱因形式不合要求而无效，人民法院也不应主动审查遗嘱形式是否符合要求。”① 立法未能明确规定形式瑕疵遗嘱的效力，致使司法裁判结果不尽相同，理论学说也莫衷一是。

1. 学说上的争议。

（1）无效说。该说认为，遗嘱应依法定方式为之，欠缺法定方式的遗嘱无效。如梁慧星教授认为，自然人订立遗嘱虽可以任意选择法律规定的遗嘱形式，但只能依法律规定的形式作成，非依法定形式设立的遗嘱无效。② 魏振瀛教授认为，遗嘱是要式法律行为，法律对遗嘱的形式有明确规定，遗嘱人只能按照法律规定的形式制作遗嘱，不按照法律规定的形式设立的遗嘱，不能发生效力。若遗嘱的形式符合设立遗嘱时的法律规定，而其后法律对遗嘱的形式又有新规定时，则该遗嘱的形式应认定为符合法律要求。③ 我国台湾地区“民法”第 73 条规定：法律行为，不依法定方式者，无效。但法律另有规定者，不在此限。④ 违背法定方式的遗嘱无效。⑤

（2）可撤销说。该说认为，法律之所以对遗嘱的形式进行明确规定，根本目的在于确保遗嘱内容的真实性和可靠性，使得遗嘱的执行真正能够体现遗嘱人的意愿。因此，如果法律对遗嘱形式的要求过分严格，若不符合法律规定的形式要件的遗嘱均为无效，那么遗嘱人的真实意思自由反而无法得到

---

① 郭明瑞：《论遗嘱形式瑕疵对遗嘱效力的影响》，载《求是学刊》2013 年第 2 期。

② 梁慧星：《中国民法典草案建议稿附理由 · 继承编》，法律出版社 2004 年版，第 185 页。

③ 魏振瀛主编：《民法学》，高等教育出版社 2016 年版，第 610 页。

④ 《民法典》第 490 条第 2 款规定：“法律、行政法规规定或者当事人约定合同应当采用书面形式订立，当事人未采用书面形式但是一方已经履行主要义务，对方接受时，该合同成立。”

⑤ 此点业已得到我国台湾地区实务的认可，1939 年台上字第 2293 号判决认为，于自书遗嘱，依我国台湾地区“民法”第 1190 条之规定，应自书遗嘱全文，记明年、月、日，并亲自签名。其非依此方式为之者，无效。如自书遗嘱“若采用印刷排版、自书再影印、电脑打字或请人用毛笔代誊后，再亲自签名者，均无效。没有年、月、日或使用图章、按指印也是无效遗嘱”。需要指出的是：（1）遗嘱的不同方式之间可以相互转换，而不必拘泥于遗嘱人的意愿，即欠缺此种遗嘱形式要件的遗嘱，如果符合彼种遗嘱的形式要件，按照彼种遗嘱发生效力。比如，遗嘱人本想制作一个密封遗嘱，但结果不符合密封遗嘱的条件，而符合公证遗嘱的要件，则此时应按照公证遗嘱处理。（2）遗嘱不符合法定方式者，遗嘱应为全部无效。

较好的保障。此外，遗嘱毕竟一般仅对继承人和受遗赠人以及其利害关系人有利害关系，而不涉及社会公共利益。所以对于欠缺形式要件的遗嘱以规定为可撤销的遗嘱为宜。对于遗嘱的各种形式要件不应当划分一般要件和核心要件，无论欠缺何种要件的遗嘱都应当规定为可撤销的遗嘱。①

（3）有效说——遗嘱形式强制的缓和。所谓“遗嘱形式强制的缓和”，是指为了最大限度地确保遗嘱人的终意表示得以实现，对于形式上稍有瑕疵的遗嘱，如有证据充分证明遗嘱确为遗嘱人的真实意思表示，则应当淡化遗嘱的严格形式要求，从而认定遗嘱有效。有的国家则对遗嘱形式欠缺进行了区分。对于欠缺核心形式要件的遗嘱，法律规定为绝对无效；对于欠缺一般形式要件的遗嘱法律规定为可撤销。例如《意大利民法典》第606条，《瑞士民法典》第520条、第521条均对此作出了规定。② 我国越来越多的学者也意识到遗嘱形式强制固然有利于在最大限度上确保遗嘱内容的真实，但是在现实社会生活中形式瑕疵的遗嘱也大量存在。如其确为遗嘱人的真实意思表示，此时仍然固守遗嘱形式强制则难免违背遗嘱形式强制的初衷及遗嘱人的真意。因此，应尽量缓和遗嘱形式瑕疵对遗嘱效力产生的影响。如杨立新教授主持起草的《中华人民共和国继承法修正草案建议稿》第34条规定了遗嘱相对无效的事由——“遗嘱中没有注明年、月、日的，只有存在其他遗嘱且不能确

① 郭明瑞、房绍坤、关涛：《继承法研究》，中国人民大学出版社2003年版，第129页。由郭明瑞教授、房绍坤教授等主持起草的《中国民法典继承编专家建议稿草案》第51条规定：“遗嘱不符合法律规定的形式要求的，继承人、受遗赠人或其他利害关系人可以申请撤销。”

② 《意大利民法典》第606条规定：自书遗嘱因非亲笔书写或者未签名而无效。由公证人制作的遗嘱因欠缺公证人本人制作的笔录、遗嘱人的声明或者公证人、遗嘱人的签名而无效。对于欠缺其他形式要件的遗嘱，可以根据任一利害关系人的请求撤销。提起撤销遗嘱的诉权自遗嘱执行之日起经过五年不行使而消灭。根据《瑞士民法典》第520条、第521条的规定，遗嘱欠缺法定形式的，应经起诉宣告其无效。但在自书遗嘱的年月日未正确记载的情况下，只有该日期无法以其他方式加以确定，并且其对判断遗嘱能力的有无、数个遗嘱的先后顺序或其他关系到遗嘱是否有效的问题至关重要时，才可以宣告该遗嘱无效。

定设立先后时，或不能判断遗嘱能力时，才可认定遗嘱无效”。① 再如郭明瑞教授认为，“代书遗嘱的见证人不仅为立遗嘱人记载立遗嘱人的意思，并且在场见证该遗嘱确为立遗嘱人的真实意思，遗嘱见证人的证明无疑应具有证据效力。因此，代书遗嘱中未注明年、月、日的，可以由见证人证明该遗嘱是否确为立遗嘱人的真实意思表示。如果各见证人均能独立地一致证明遗嘱人于设立遗嘱的时间内具有相应的意思能力，或者在遗嘱人立有数份遗嘱情形下能够一致证明该遗嘱为立遗嘱人最终的意思表示的，则该代书遗嘱应为有效”。②

2. 我国形式瑕疵遗嘱效力认定的现状。在《民法典》施行前，虽然我国原《继承法》规定了各种类型遗嘱的形式要件，但在现实社会生活中遗嘱人因疏忽或各种条件所限，所订立的遗嘱并不完全符合法律所规定的形式要件，进而导致司法实践中大量形式瑕疵遗嘱效力纠纷的发生。遗嘱重在尊重遗嘱人最终的意思，为确保遗嘱人意思表示之真实性，法律要求遗嘱均须按照一定的方式进行，但由于我国原《继承法》并未明确规定欠缺法定形式要件的遗嘱即为无效，因而司法实践中关于形式瑕疵遗嘱效力的裁判标准不一的情形时有发生。

2011 年 12 月 6 日，最高人民法院研究室对北京市高级人民法院《关于代书遗嘱虽不符合法定形式要件但确系遗嘱人真实意思表示能否认定有效问题的答复》中明确指出：“不符合法定形式要件的代书遗嘱不宜认定为有效。”2018 年 6 月 11 日北京市高级人民法院通过的《关于审理继承纠纷案件若干疑难问题的解答》第 17 项也提出：“未严格按照法律规定的形式要件作出的遗嘱，人民法院应认定无效。”在“简某与林某 1、林某 2 遗嘱继承纠纷二审案”中，审理法院认为，在我国遗嘱属于要式法律行为，即必须符合法律规定的形式才发生法律效力，形式要件欠缺的遗嘱不发生法律效力。上诉人主

---

① 有学者认为，立法之所以规定注明年、月、日而不是注明日期，是为了进一步确定立遗嘱的准确时间，以避免出现时间不准确而发生内容抵触的数份遗嘱的时间顺序不清，无法确定最后所立的遗嘱。无年月日记载者，内容虽无发生疑问之余地，亦为无效。（参见史尚宽：《继承法论》，中国政法大学出版社 2000 年版，第 429 页。）有年有月无日者、有月有日无年者以及有年有日无月者，均不符合这一形式要件的要求。参见房绍坤、范李瑛、张洪波：《婚姻家庭与继承法》，中国人民大学出版社 2015 年版，第 323 页。

② 郭明瑞：《论遗嘱形式瑕疵对遗嘱效力的影响》，载《求是学刊》2013 年第 2 期。

张法律未明确规定不符合法定形式要件的遗嘱无效，系对法律的错误理解。[①]在“李某1等诉李某2遗嘱继承案”中，李某1提交了代书遗嘱、视频和证人证言，已经形成完整的证据链佐证系争遗嘱确为葛某所立，对于系争遗嘱的真实性法院予以确认。但由于继承法规定了与继承人有利害关系的人不得作为代书遗嘱的见证人，而法院查明见证人史某与李某1为唯一股东和出资人的公司存在雇佣关系。故法院认为，史某与李某1存在利害关系，其作为代书遗嘱的见证人导致该代书遗嘱违反法定形式要件而无效。[②] 在“金某1、金某2等与卢某1等继承纠纷案”中，系争遗嘱除在立遗嘱人右食指上有捺了一枚指印，代书人、见证人及见证律师旁有江某、王某某、陈某等人的签名外，其余内容均是打印的（该份遗嘱不是江某打印的，江某不会打印，而是江某让其他人打印的）。该份遗嘱首先在形式要件上不符合代书遗嘱的生效要件，即该份代书遗嘱并不是代书人所代书。此外，该代书遗嘱上遗嘱人在有书写能力的情况下并没有签名。故该遗嘱不符合继承法规定的有关代书遗嘱的法定形式要件而无效。[③] 在“李某1、李某2继承纠纷二审案”中，审理法院认为，原《继承法意见》第35条规定：“继承法实施前订立的，形式上稍有欠缺的遗嘱，如内容合法，又有充分证据证明确为遗嘱人真实意思表示的，可以认定遗嘱有效。”该条规定的本意在于，由于原《继承法》施行前，并没有非常明确和严格的有关遗嘱形式的要求，因此，按照“法不溯及既往”的原则，在原《继承法》施行前，对于形式上稍有瑕疵的遗嘱，只要是立遗嘱人的真实意思表示，也可以认定其效力。而在1985年10月1日继承法施行以后，订立遗嘱不仅要考虑立遗嘱人的真实意思表示，还应当严格遵循继承法关于遗嘱形式要件的规定，否则，就应当依法认定为无效。因此原审判决关于本案代书遗嘱应是被继承人李某某、王某某的真实意思表示，虽形式要件存在瑕疵但应为有效的认定与法律的明确规定相悖，依法应予纠正。[④]

但是，也有一些法院采取了截然相反的观点，如《上海市高级人民法院

---

① 参见广东省深圳市中级人民法院（2017）粤03民终21452号民事判决书。

② 参见北京市第二中级人民法院（2016）京02民终字第3817号民事判决书。

③ 参见福建省漳州市芗城区人民法院（2016）闽0602民初7548号民事判决书、北京市西城区人民法院（2014）西民初字第22496号民事判决书、北京市第三中级人民法院（2017）京03民终第6308号民事判决书。

④ 参见河北省沧州市中级人民法院（2018）冀09民终3759号民事判决书。

关于继承纠纷案件若干争议问题处理意见》（民一庭调研与参与〔2016〕3号）即指出：“实践中，由于立遗嘱人对法定的遗嘱形式要件不甚了解，或者由于疏忽，或者由于习惯等因素，导致遗嘱在形式上出现一定瑕疵，此时该如何认定其效力？一种观点认为，应当坚持遗嘱的要式性，否定形式瑕疵遗嘱的效力；另一种观点则认为，应探究遗嘱人的真实意思，对形式瑕疵遗嘱作有效认定。倾向意见认为，遗嘱属于要式行为，但法律规定遗嘱要式性的初衷即是为了确保遗嘱人的真实意思表示。因此，为保障遗嘱人的最终真实意思表示能够得以实现，对形式要件上稍有欠缺的遗嘱，如果内容合法，又有充分证据能证明其为遗嘱人的真实意思表示，并能够通过其他方式弥补遗嘱形式上的不足的，可认定遗嘱有效。”在“麻某某与江某继承纠纷二审案”中，从该份遗嘱形成过程看，该份遗嘱系江某某口述，吴某某起草，经过被继承人江某某修改后，由吴某某拿到沈阳市大东区某数码美术社打印，且在第一份打印遗嘱上亲自进行修改，可见该份遗嘱系被继承人江某某经过深思熟虑而出具的，在两位无任何利害关系的见证人见证下签字捺手印，且见证人房某逐字逐句与被继承人江某某核实该份遗嘱，足证该份遗嘱系被继承人江某某真实意思表示，虽然在该份遗嘱形式上存在瑕疵，但不能否定被继承人江某某的真实意思，故应认定该份遗嘱有效。① 在“在褚某1等诉褚某2法定继承案”中，遗嘱人因凌某不识字、不会签字，故遗嘱由被告褚某2（系遗嘱人之子）之女根据凌某的遗言整理后，于单位的电脑中事先打印好，在被告家中有其余见证人有在场的情况下，将打印遗嘱向凌某宣读，在凌某向其他亲属核实所读内容与打印遗嘱一致后，捺了指印。原告对该份遗嘱不予认可，认为不符合继承法关于代书遗嘱的形式要件规定，见证人和继承人以及被继承人均有利害关系，见证人签字也存在代签的情况。法院认定遗嘱有效与否的最为核心的要件是遗嘱须是遗嘱人的真实意思表示，其主要考察的是遗嘱人在订立遗嘱时是否受到胁迫或欺诈、遗嘱内容是否被篡改、遗嘱是否系伪造。本案的特殊之处在于遗嘱人是一位不识字且不会书写自己姓名的老人，但从遗嘱本身及见证人的证言可以表明，该份代书遗嘱是遗嘱人真实

---

① 参见辽宁省沈阳市中级人民法院（2015）沈中民一终字第00284号民事判决书。

的意思表示，故应认定遗嘱有效。① 在“邵某诉张某、郭某遗嘱继承案”中，系争遗嘱由包某代书，并有遗嘱人邵甲的亲笔签字，代书人包某为遗嘱人代书遗嘱时医生章某并不在场，但事后章某询问过遗嘱人，得到确认后，医生章某才在遗嘱上签名盖章。对于该代书遗嘱的效力，上海市黄浦区人民法院认为该遗嘱合法有效。被告不服提起上诉，法院认定该代书遗嘱有效。其主要理由是章某在遗嘱书写时虽不在场，但事先代书人曾要求其作见证人，事后代书人又将遗嘱让其过目，章某在确认遗嘱上签名系遗嘱人邵某本人签字并至病房询问邵某的真实意思后在遗嘱上签了名，章某作为见证人虽有瑕疵，但不能改变其作为见证人的本质，故代书遗嘱有效。② 在“黄某诉黄某玲等遗产继承纠纷案”中，原告认为系争遗嘱不符合法律规定的条件，没有见证人在场，因此属于无效遗嘱。法院认为，目前继承法未规定录像遗嘱这种遗嘱形式，但是录像遗嘱相比录音遗嘱，不仅有遗嘱人的声音，还有遗嘱人的形象，能够还原立遗嘱时的场景，更能真实反映遗嘱人的真实意思，而录音遗嘱要求见证人在场也是为了保证录制的遗嘱确为遗嘱人的真实意愿。法律确立遗嘱继承的根本目的是充分尊重遗嘱人的真实意愿，使其财产在其死亡后能转移给其指定的人，且继承法中规定遗嘱无效的情形并不包括遗嘱没有见证人在场的情形。故原告主张，法院不予采纳。③ 在“李某1、李某2等与李某3继承纠纷案”，法院认为，本案主要争议焦点是，该代书遗嘱非见证人之一代书写，即形式要件存在瑕疵，该代书遗嘱是否有效。第一种观点是，本案中代书遗嘱存在非见证人之一代书，不符合法定形式要件，是无效遗嘱，应按照法定继承分割遗产。第二种观点是，本案中代书遗嘱虽不符合法定形式要件，但确系立遗嘱人的真实意思表示，对其处理房产的部分，应当认定有效；对其处理的土地部分，因不是其遗产，遗嘱的这部分，应认定为无效。法院支持第二种意见。遗嘱形式要件的目的是确保立遗嘱人意思表示真实，防止他人伪造变造遗嘱，当遗嘱方式强制与立遗嘱人真实意思表示之间产生

---

① 参见上海市第一中级人民法院（2012）沪一中民一（民）终字第1333号民事判决书。

② 参见上海市第二中级人民法院（2012）沪二中民一（民）再终字第14号民事判决书。

③ 参见广西壮族自治区柳州市柳北区人民法院（2015）北民一初字第1992号民事判决书、四川省成都市中级人民法院（2017）川01民终第5829号民事判决书。

冲突时，应后者优先，不能因一味地强调遗嘱的形式完整性而侵犯遗嘱自由。本案中，能够确认是立遗嘱人的真实意思表示，如果过分强调遗嘱的形式要件，将严重违反立遗嘱人的真实意思表示，不符合私权自治的原则和精神，根据继承法的立法目的和功能，不能只图便于实务操作而将不符合法定形式要件的遗嘱“一刀切”认定为无效，本案应认定遗嘱处理房屋部分有效。①

由此可见，立法未能明确规定形式瑕疵遗嘱的效力，致使司法裁判的结果大相径庭。在《民法典》也未明确规定遗嘱形式瑕疵对遗嘱效力影响的情形下，最高人民法院应当通过司法解释对此予以明确，以统一司法裁判。

遗嘱形式强制的功能和目的无非是保证遗嘱内容的真实性，以保证其确为遗嘱人的真意表达，提醒遗嘱人谨慎行事。严格的遗嘱形式要件作用在于，继承开始后无法通过与遗嘱人对质的方式查明其内心真意，法律通过形式强制引导广大民众订立符合法律规定的遗嘱，以便日后有利于查明其真实意愿，定分止争。虽然不能完全取消遗嘱的形式强制，但这种“一刀切”的做法也容易产生另外的不公平，即当遗嘱人的真意能够通过其他证据得以确证，却因疏忽大意或其他原因而没有完全符合遗嘱的法定形式要件导致遗嘱无效。如史尚宽先生认为，“遗嘱违反法定方式时，以其不备使遗嘱人之真意为可疑时，始为无效。反之对于真意不发生影响程度之违反，无使为无效之必要”。② 郭明瑞教授也认为，“法律规定遗嘱形式旨在确保遗嘱为立遗嘱人的真实意思表示。遗嘱形式符合法律规定为遗嘱有效的前提。形式有瑕疵的遗嘱是否有效，应依其瑕疵是否能影响判定遗嘱为立遗嘱人的真实意思而定。法律对不同形式遗嘱的要求不同，形式瑕疵的表现不同，形式瑕疵对遗嘱效力的影响也不同”。③ 既然《民法典》第1143条遗嘱无效条款未规定“不符合法定形式的遗嘱无效”，就不宜在解释论上直接依据遗嘱行为属死因行为、严格要式法律行为，而得出存在形式要件瑕疵的遗嘱行为就理应无效的结论。④ 同时，《民法典》第1133条规定自然人“可以”依照《民法典》规定立遗嘱处分个人财产而非“应当”，并不具有强制性。《民法典》第1143条并

---

① 参见河北省孟村回族自治县人民法院（2017）冀0930民初953号民事判决书。

② 史尚宽：《亲属法论》，中国政法大学出版社2000年版，第495页。

③ 郭明瑞：《论遗嘱形式瑕疵对遗嘱效力的影响》，载《求是学刊》2013年第2期。

④ 任江：《民法典继承编遗嘱形式要件效力解释论》，载《法商研究》2020年第6期。

未规定非法定形式的遗嘱无效，此种安排是认为非法定形式遗嘱的效力已由第1133条作出正面规定而无须再一次强调还是另有其他意图并不能轻易下定论。有如违背公序良俗的合同的效力问题，《民法典》第143条与第153条第2款作出了正反两次规定。因此，仅从正面要求遗嘱符合法律规定的形式要件并不必然可以推导出非法定形式遗嘱无效的结论。[①] 片面的、机械的遗嘱"形式强制"反而违背了遗嘱人的真实意愿，也与遗嘱要式性的立法目的相悖。私法的目的在于尊重和保障当事人的意思自治，而非阻却私权的实现。因此，对于形式上存在瑕疵的遗嘱，不能机械地采取"一刀切"的做法，应当综合瑕疵的严重性程度、有无其他能够证明遗嘱真实性的证据等因素，综合认定形式瑕疵遗嘱的效力。如在"顾甲与顾乙继承纠纷上诉案"中，法院即认为，"遗嘱虽遗漏了具体的'日'，形式上稍有瑕疵，但综合本案全部事实，无法证明被继承人顾丙和傅某某立遗嘱时已丧失遗嘱能力，或所立遗嘱系受胁迫、欺骗等为之，非遗嘱人的真实意思表示，或遗嘱违反社会公共利益和社会公德，故顾丙和傅某某所立遗嘱有效"。[②] 此种理念在原《继承法意见》中已有体现，即"继承法实施前订立的，形式上稍有欠缺的遗嘱，如内容合法，又有充分证据明确为遗嘱人真实意思表示的，可以认定遗嘱有效"。

四、遗赠

依我国《民法典》的相关规定，遗嘱人通过遗嘱处分其财产的方式有两种：一是改变法定继承人的继承顺序及应继份额，此系遗嘱继承；二是将遗产遗赠给法定继承人范围以外的人，此系遗赠。

（一）遗赠的概念

遗赠，是指自然人采取遗嘱的方式，将生前个人的合法财产全部或者部分赠送给国家、集体或者法定继承人以外的自然人，并于立遗嘱人死亡后发生法律效力的单方民事法律行为。

（二）遗赠的法律特征

1. 遗赠须以遗嘱方式为之。遗赠乃遗嘱人依遗嘱方式对法定继承人以外

---

① 茆荣华主编：《〈民法典〉适用与司法实务》，法律出版社2020年版，第737页。

② 参见上海市第二中级人民法院（2010）沪二中民一（民）终字第1974号民事判决书。

之人（包括国家、集体或个人）无偿给予财产利益之法律行为，故须以遗嘱方式为之。而遗嘱须依一定方式为之。因此，多数学者认为，遗赠为要式行为，不依遗嘱方式所为的遗赠无效。

2. 遗赠为死因行为。遗赠既然须依遗嘱为之，并于遗嘱人死亡时生效，故与遗嘱相同为死因行为。所以，在遗嘱人死亡前，其可任意撤回或变更遗赠。

3. 遗赠为单方民事法律行为。遗赠为单方民事法律行为，无须受遗赠人为任何意思表示。"遗赠不须受遗赠人为任何之承诺。原则上，于遗嘱人死亡时即生效力。至于受遗赠人若不愿接受遗赠，则依法于遗嘱人死亡后得抛弃遗赠。"① 且与死因给予行为一样，接受或拒绝遗产或遗赠的行为也均属于单方法律行为。② 受遗赠人为接受遗赠的意思表示具有形成之效力，即接受遗赠后，受遗赠人即失去放弃遗赠之自由。③ 正因为遗赠为单方法律行为，不问受遗赠人的意思如何，即于遗赠人死亡时当然发生效力；而遗赠通常又对受遗赠人有益，但纵为有益也不能违反受遗赠人意思而强制其受益。因此，各国或地区通常赋予受遗赠人以承认与抛弃遗赠的自由。④

4. 遗赠为无偿行为。因遗赠乃遗赠人给予受遗赠人以财产上之利益，而受遗赠人不负任何对待给付义务。遗赠虽然可附负担，但受遗赠人履行负担并不构成遗赠之对价。因此，即使是附负担的遗赠，仍不失为无偿行为。

5. 遗赠为对受遗赠人给予财产上利益的财产行为。所谓给予财产上之利益，不仅包括使受遗赠人的财产积极增加，也包括消极地使受遗赠人的财产不减少。所以，遗赠人将其物权或债权等遗赠与受遗赠人为遗赠，遗赠人对受遗赠人为债务之免除亦不失为遗赠。只不过，一般的债务免除为有相对人的单方民事法律行为，须债权人向债务人为债务免除之意思表示。而以遗赠之方式为债务免除，实际上是以遗赠人死亡时为期限的行为，遗赠人死亡时

---

① 林秀雄：《遗赠之意义与要件》，载林秀雄、黄诗淳、吴煜宗等：《遗赠与赠与》，我国台湾地区元照出版有限公司 2019 年版，第 3 页。

② ［德］维尔纳·弗卢梅：《法律行为论》，迟颖译，法律出版社 2013 年版，第 160 页。

③ 林秀雄：《遗赠之种类及遗赠之承认与抛弃》，载林秀雄、黄诗淳、吴煜宗等：《遗赠与赠与》，我国台湾地区元照出版有限公司 2019 年版，第 33 页。

④ 参见陈棋炎、黄宗乐、郭振恭：《民法继承新论》，我国台湾地区三民书局 2019 年版，第 378 页。

即生债务免除之效力，不以通知债务人为必要，因此，就此点而言，与一般的债务免除自有不同。①

（三）遗赠的类型

1. 概括遗赠与特定遗赠。根据遗赠的标的不同，遗赠可分为概括遗赠与特定遗赠。所谓“概括遗赠”，也称“包括遗赠”，是指遗赠人抽象地以其遗产的一部分或全部作为遗赠的内容，例如给予受遗赠人以遗产的三分之一或全部的遗赠。于概括遗赠，不论是遗赠人的积极财产，还是其消极财产除一身专属者外，均可作为遗赠之标的，即包括权利义务一并为遗赠。而所谓“特定遗赠”，则是指遗赠人以具体的某特定财产为标的的遗赠。特定遗赠恒以权利以及其他积极财产上的利益为内容。② 唯应注意者，特定遗赠，并不限于特定物的遗赠，不特定物的遗赠，亦为特定遗赠。如以债权为标的的特定遗赠，不论是种类债权、特定债权、选择债权抑或金钱债权等均为特定遗赠。且免除债务者，亦为特定遗赠。此外，不论是物权、知识产权，凡非属一身专属性的财产权，均得为特定遗赠的标的。③ 总而言之，以抽象遗产的一定比例作为遗赠之标的者即为概括遗赠，反之即为特定遗赠。

至于我国继承立法是否应当承认概括遗赠，理论上存在肯定与否定两种不同的观点。持肯定立场者认为，“从我国继承法的立法精神看，是承认概括遗赠的”。④ “遗赠人在不违反法律的强制性规定与公序良俗的情况下，如果遗嘱中明确含有概括遗赠的内容，则即应承认其具有法律效力。如此既可以最大限度地发挥遗赠的作用，同时也是对遗嘱人意思表示的尊重。”⑤ “从《民法典》第1133条规定来看，其并未对遗赠标的进行限制，既可以是遗嘱

---

① 林秀雄、黄诗淳：《继承法制之研究（三）》，我国台湾地区元照出版有限公司2016年版，第362页。

② 如《法国民法典》第871条规定：部分概括遗赠的受遗赠人与共同继承人一起，按照其获得利益的比例，分担遗产的债务与负担。但特定遗赠的受遗赠人，除遗赠的不动产上有关抵押权的请求权以外，对债务与负担不承担义务。第2012条规定：部分概括受遗赠的受遗赠人，应如同全部概括遗赠的受遗赠人，按照其个人分配份额的比例，负担清偿遗产上负有的债务与负担，并且对受遗赠的财产上的抵押债务与债务，负全部清偿义务。

③ 陈棋炎、黄宗乐、郭振恭：《民法继承新论》，我国台湾地区三民书局2010年版，第345页。

④ 刘文：《继承法比较研究》，中国人民公安大学出版社2004年版，第286页。

⑤ 彭诚信：《继承法》，吉林大学出版社2007年版，第139页。

人的全部财产和部分财产，也可以是特定财产。同时，《民法典》第1163条并未将受遗赠人排除出清偿遗产债务的义务人范畴，因此认为受遗赠人只享有接受遗产的权利而不承担义务，不符合规范意旨。因此以上两个条文从一正一反两方面认可了概括遗赠。”① 否定者则认为，“既然遗赠是一种无偿给与财产利益的行为，那么遗赠即使附有负担，该负担也不能作为受遗赠的对价。而概括遗赠的受遗赠人因其概括地承受遗产权利和义务，故处于与继承人相同的法律地位。如此，不但有悖于遗赠的本质，而且也必将动摇我国的法定继承制度”。② 绝大多数学者均对概括遗赠持否定观点。③ “我国原《继承法》和《民法典》继承编规定的遗赠，不包括概括遗赠，只包括特定遗赠。因为如果认可概括遗赠，就与遗赠的无偿性相违背，受遗赠人的地位实际上等同于继承人的地位，这也与我国继承法关于继承人的规定不符。”④

2. 单纯遗赠与附负担遗赠。单纯遗赠，是指不附条件、期限或负担的遗赠。也就是说，仅给付受遗赠人以财产利益，而不附加条件和义务。反之，如果遗赠附加条件、期限或负担者，则为“非单纯遗赠”。非单纯遗赠包括附条件的遗赠、附期限的遗赠与附负担的遗赠。单纯遗赠自遗赠人死亡时发生效力。附生效条件的遗赠，自条件成就时生效，但所附生效条件如于遗嘱人死亡前成就者，遗赠为无条件与未附条件的遗赠相同；如果遗赠所附生效条件于遗嘱人死亡前不成就已确定者，遗赠为无效。附解除条件的遗赠，自条件成就时失效。所附解除条件于遗嘱人死亡前成就者，与未为遗赠无异，遗赠不因遗嘱人死亡而发生效力；所附解除条件不成就已确定者，遗赠为未附条件。附期限的遗赠，受遗赠人于遗嘱人死亡时取得附期限的权利。

所谓附负担遗赠，是指遗嘱人于遗嘱中，对于受遗赠人为自己、继承人或第三人负担一定义务履行的遗赠。如遗赠一栋房屋，附以受遗赠人须扶养照顾遗赠人之父母；再如遗赠一辆汽车，附以受遗赠人须于遗嘱生效时担任遗嘱执行人。《民法典》第1144条规定：“遗嘱继承或者遗赠附有义务的，继

① 汪洋：《中国法上基于遗赠发生的物权变动——论〈民法典〉第230条对〈物权法〉第29条之修改》，载《法学杂志》2020年第9期。

② 张平华、刘耀东：《继承法原理》，中国法制出版社2009年版，第344页。

③ 郭明瑞、房绍坤、关涛：《继承法研究》，中国人民大学出版社2003年版，第136页。

④ 杨立新：《中国民法典释评继承编》，中国人民大学出版社2020年版，第121页。

承人或者受遗赠人应当履行义务。没有正当理由不履行义务的，经利害关系人或者有关组织请求，人民法院可以取消其接受附义务部分遗产的权利。”《民法典继承编解释（一）》第29条亦规定：“附义务的遗嘱继承或者遗赠，如义务能够履行，而继承人、受遗赠人无正当理由不履行，经受益人或者其他继承人请求，人民法院可以取消其接受附义务部分遗产的权利，由提出请求的继承人或者受益人负责按遗嘱人的意愿履行义务，接受遗产。”

（四）遗赠的效力

遗赠的有效要件包括以下条件：

1. 遗嘱须有效成立。遗赠既依遗嘱方式为之，故应以遗嘱有效为前提。而关于有效遗嘱之设立，根据法律规定：（1）遗嘱人须有遗嘱能力，否则所为之遗赠无效；（2）遗嘱须依法定的方式为之。就此点而言，在传统大陆法系国家或地区民法中因规定有“法律行为非依法定方式为之者，无效”，故遗嘱未依法定方式为之者，遗赠亦无效。但我国民法中并无此规定。因此，笔者认为，遗嘱形式虽有瑕疵，但如能证明其确为遗嘱人之真实意思表示者，遗赠仍不妨有效。

2. 受遗赠人于遗嘱生效时尚生存。传统民法认为，遗赠以受遗赠人须于遗嘱人死亡时存在为必要，否则遗赠无效，[①] 此即“同时存在原则”。我国学者也认为，“受遗赠人应当有权利能力，系受遗赠人应于遗嘱生效时存在之人”。[②] 当然，在承认补充遗赠之立法规定，即使受遗赠人于遗嘱生效前死亡、抛弃遗赠或丧失受遗赠权，遗赠仍然有效，系由补充受遗赠人为受遗赠人。我国《民法典》虽未规定补充遗赠，但若遗赠人于遗嘱中有此表示，自应尊重遗嘱人之意思。

3. 遗赠财产须于继承开始时属于遗产。遗赠是遗嘱人将其个人财产依遗嘱之方式无偿赠与他人。因此，遗赠之财产自应属于遗嘱人所有。所以，若遗赠之财产于遗嘱人死亡时，遗嘱人仍未取得所有权的，则遗赠无效。如《日本民法典》第996条规定：遗赠，其标的权利于遗嘱人死亡时不属于继承

---

① 如我国台湾地区所谓“民法”第1201条规定：“受遗赠人于遗嘱发生效力前死亡者，其遗赠不生效力。受遗赠人与遗赠人同时死亡时，遗赠亦属无效。”

② 郭明瑞、房绍坤、关涛：《继承法研究》，中国人民大学出版社2003年版，第140页。

财产的，不生其效力。我国《民法典》对此虽未规定，但司法实践也采此立场。如在“阳某1、欧某等与朱某、刘某继承纠纷再审案”中，法院认为，“阳某2自书遗嘱系其真实意思表示，朱某在阳某2生前对其尽孝，结合案涉房产朱某出资的事实，朱某因此接受遗赠合情合理。据此，二审认定朱某已接受遗赠。但依据二审调取的证据显示，在阳某2去世之时，案涉房屋产权并未登记在阳某2的名下，故上述房产不应作为阳某2的遗产处理。”① 遗嘱人于订立遗嘱时，遗嘱人虽未取得遗赠财产之所有权，但若至遗嘱人死亡时已取得所有权的，遗赠仍为有效。至于遗赠财产因他人侵权而毁损灭失或因征收而丧失所有权时，因存在损害赔偿请求权、保险金请求权或补偿金请求权等代位物，推定以上述权利为遗赠，遗赠并不因此而无效。

4. 受遗赠人未丧失受遗赠权。根据《民法典》第1125条第3款之规定，受遗赠人存在继承人丧失继承权之事由者，丧失受遗赠权。因遗赠乃受遗赠人单纯受益的行为，如果受遗赠人对于遗赠人及其直系血亲或遗嘱本身有不法或不道德之行为，自不应使其获得遗赠。否则有违道义人情，亦即受遗赠人准用继承人丧失继承权之规定。② 同时，受遗赠乃单纯获益，故丧失受遗赠权的认定应比丧失继承权更为严格。③ 不过，多数学者认为，受遗赠权丧失之规定，只具有补充功能而已，实际上很少适用。④

（五）遗赠未侵害继承人之必留份

根据《民法典》第1141条的规定，遗嘱应当为缺乏劳动能力又没有生活来源的继承人保留必要的遗产份额。对此，《民法典继承编解释（一）》第25

---

① 参见湖北省高级人民法院（2015）鄂民申字第01646号民事裁定书。

② 如我国台湾地区所谓“民法”第1188条规定：“第1145条丧失继承权之规定，于受遗赠人准用之。”

③ 郭明瑞、房绍坤、关涛：《继承法研究》，中国人民大学出版社2003年版，第141页。

④ 戴炎辉、戴东雄、戴瑀如：《继承法》，作者自版2010年版，第293页；林秀雄：《继承法讲义》，我国台湾地区元照出版有限公司2008年版，第301页；史尚宽：《继承法论》，中国政法大学出版社2000年版，第511页；陈棋炎、黄宗乐、郭振恭：《民法继承新论》，我国台湾地区三民书局2010年版，第354页。笔者以“丧失受遗赠权”为关键词在中国裁判文书网与北大法宝搜索相关裁判，仅有1件被告主张原告对被继承人有虐待行为，情节严重，应当丧失受遗赠权，但最终被法院以证据不足为由判决不予支持。参见“郭某1与郭某12、郭某13等遗赠纠纷案”，山东省青岛市市北区人民法院（2015）北民初字第2540号民事判决书。

条规定："遗嘱人未保留缺乏劳动能力又没有生活来源的继承人的遗产份额，遗产处理时，应当为该继承人留下必要的遗产，所剩余的部分，才可参照遗嘱确定的分配原则处理。继承人是否缺乏劳动能力又没有生活来源，应当按遗嘱生效时该继承人的具体情况确定。"由于遗赠也是遗嘱人通过遗嘱形式作出，故遗赠与遗嘱继承一样，遗赠人为遗赠时也不得损害缺乏劳动能力又没有生活来源的继承人的必要遗产份额。如果遗赠侵害了缺乏劳动能力又没有生活来源的继承人的必留份，则受遗赠人取得的遗赠财产，应予返还用于给付必留份，如有剩余，才可参照遗嘱确定的分配原则处理。对此，《最高人民法院关于民法典继承编的立法建议稿》也曾建议增加一款，即"自然人立遗嘱处分个人财产，不得违反关于特留份的规定"。

关于遗赠的效力，学说上有三种不同的观点：

一是物权效力说。该说认为，遗赠具有物权效力。因遗赠而取得物权者，自受遗赠人接受遗赠时发生物权变动的法律效力。也就是说，因为遗赠而发生的物权变动，在受遗赠开始时即发生物权变动的效力。①

二是债权效力说。该说认为，"无论遗赠物是否为特定物，遗赠的效力都只能是债权的。受遗赠人于继承开始后，并不能直接取得遗赠物的所有权，仍须由继承人或遗嘱执行人为动产之交付或不动产登记始可取得遗赠物的所有权或他物权。同时，被继承人的债权人之债权即遗产债权优先于受遗赠人的债权，继承人或遗嘱执行人须清偿遗产债务后，始应交付遗赠物"。②"受遗赠人仅享有请求遗赠义务人交付遗赠物的权利，宜将接受遗赠后受遗赠人对遗赠物的权利界定为债权。这主要是考虑到受遗赠人只承受遗产上之利益，而不负担义务。如果立法将其界定为物权，则必将影响遗产债务之清偿等。"③"遗赠尽管也于继承开始时生效，惟受遗赠人仅取得请求交付遗赠物的债权，尚不当然发生物权变动的效力。"④

---

① 孙宪忠：《中国物权法总论》（第三版），法律出版社 2013 年版，第 339 ~ 340 页。

② 马俊驹、余延满：《民法原论》，法律出版社 2015 年版，第 955 页；房绍坤、范李瑛、张洪波：《婚姻家庭与继承法》，中国人民大学出版社 2007 年版，第 235 页；杨立新、朱呈义：《继承法专论》，高等教育出版社 2006 年版，第 200 页。

③ 陈苇：《外国继承法比较与中国民法典继承编制定研究》，北京大学出版社 2013 年版，第 480 页。

④ 陈华彬：《物权法论》，中国政法大学出版社 2018 年版，第 123 页。

三是折中说。该说认为，“在我国民法体系中，不能将遗赠的法律效力归为物权的或债权的，因为继承权（包括法定继承权与遗嘱继承权）和受遗赠权是一种独立于物权和债权的财产权。遗赠是遗嘱继承的从属部分，是遗嘱继承的一种特殊形式。所以，遗赠具有独立的法律效力，不同于物权和债权”。①“遗赠的效力不应简单地归属为债权的或物权的，不论遗赠物是否为特定物，受遗赠人只能请求遗赠义务人履行遗赠，而不能直接支配遗赠物。但受遗赠人的遗赠请求权并不属于债权请求权，受遗赠人既不是遗赠人的债权人，也不是遗赠义务人的债权人。受遗赠权优于继承人的继承权，但劣后于被继承人债权人的债权（系遗产债务）。因此，受遗赠人只能于清偿遗产债务之后始可接受遗赠物，而不能与遗产债权人平等地分配遗产。同时，继承人也只能在履行遗赠后方可继承剩余的遗产。”②

受遗赠权是具有物权效力还是债权效力，涉及各国或地区的遗赠立法模式与物权变动模式。也就是说，该问题不是一个纯粹的继承法问题，而是一个继承法与物权法的交叉问题。正因如此，该问题与一国或地区的民法所采取的遗赠立法模式与物权变动模式相关。关于遗赠，各国主要存在两种立法模式：

一为“同一模式”，即不区分遗嘱继承和遗赠的立法模式。凡是遗嘱人通过遗嘱的方式将遗产指定给予他人，不论遗产的内容是积极财产还是消极财产，也不论被指定之人是法定继承人抑或法定继承人以外的人，均称为遗赠。在此模式中，遗赠均被区分为“概括遗赠”与“特定遗赠”。该模式可称为“承认概括遗赠的立法模式”，大陆法系中的法国、日本、韩国、意大利、埃塞俄比亚等国即采此模式。在采该模式的立法例，不论是概括遗赠还是特定遗赠都具有物权性效力，遗赠物的所有权均自遗嘱人死亡时起即发生物权变动之效力。对于特定遗赠而言，因承认概括遗赠的立法例均采意思主义的物权变动模式，所以受遗赠人虽于遗嘱人死亡时即取得遗赠物之所有权，但该所有权的取得未经登记不得对抗第三人。③ 对于概括遗赠，采此模式的通常规

① 刘春茂：《中国民法学·财产继承》，人民法院出版社 2008 年版，第 378 页。

② 郭明瑞、房绍坤、关涛：《继承法研究》，中国人民大学出版社 2003 年版，第 144 页。

③ 刘耀东：《论基于继承与遗赠发生的不动产物权变动》，载《现代法学》2015 年第 1 期。

定“概括遗赠的受遗赠人拥有与法定继承人相同的法律地位，享有与法定继承人同样的权利和义务”。①

二为“区分模式”，系严格区分遗嘱继承与遗赠的立法模式。区分模式也称为“不承认概括遗赠模式”。继承人不但继受遗产利益同时也负担遗产债务，而遗赠实际上即为遗产债务的一种。② 在罗马法上也区分遗嘱继承与遗赠，罗马法中通行的遗赠方式有四种，即指物遗赠、嘱令遗赠、容许遗赠与先取遗赠，③ 其中指物遗赠、嘱令遗赠是基本形式。这两种基本形式的区别主要在于：一种使受遗赠人获得对遗赠物的物权；另一种则使受遗赠人获得针对继承人的债权，后者应当向前者实行交付。④ 这两种基本形式可以总结为“直接遗赠”与“间接遗赠”。在后世的法典中，“《德国民法典》放弃了罗马法中的混合模式即‘给付请求权遗赠’和‘所有权返还请求权遗赠’。在给付请求权遗赠的情况下，受遗赠人享有要求继承人交出遗赠物的请求权。这也是《德国民法典》中遗赠的唯一形式。而在所有权返还请求权遗赠的情况下，随着继承开始，受遗赠人已经获得了遗赠标的物的所有权。所以人们可以作为物主而要求占有人归还。所有权遗赠如今存在于《法国民法典》第

① 《日本民法典》第990条、《韩国民法典》第1078条、《埃塞俄比亚民法典》第915条。

② 如《德国民法典》第1967条规定：继承人对遗产债务负责任。除由被继承人招致的债务以外，涉及继承人本人的债务，特别是因特留份权利、遗赠和负担而发生的债务，也属于遗产债务。

③ 指物遗赠，即遗赠人直接移转遗赠标的物的市民法所有权于受遗赠人。这种遗赠发生移转所有权的效力，只要继承人承认继承，受遗赠人即可取得遗赠物的所有权，无须再由继承人将遗赠物的所有权移转给受遗赠人。此种遗赠是一种物权关系，也称为“直接遗赠”。嘱令遗赠，即遗赠人在遗嘱中命令其继承人，对受遗赠人为某项的给付。此种遗赠只发生债的关系，不发生物权效力，受遗赠人仅能向继承人请求权利的移转或其他给付。容许遗赠，即遗赠人令继承人允许受遗赠人取走遗赠标的物，此种遗赠也仅发生债的关系。先取遗赠，即遗赠人在遗嘱中命其共同继承人中的一人或数人在分割遗产时，先将所设定的某特定遗赠预先取走，故标的物须为遗产的一部分。先取遗赠是指物遗赠中的一种，受遗赠人同时也是继承人，对遗赠物享有物权。参见周枏：《罗马法原论》（下册），商务印书馆2009年版，第593~595页。

④ ［英］巴里·尼古拉斯：《罗马法概论》（第二版），黄风译，法律出版社2004年版，第283页。

649条中”。[①] 在我国台湾地区，多数学者认为，不论是概括遗赠还是特定遗赠都只发生债权效力。既然我国台湾地区所谓“民法”未如日本民法明确规定概括遗赠的受遗赠人有与继承人相同的权利义务，则自不宜将概括受遗赠人视为继承人，而认其具有物权效力。尤其是我国台湾地区所谓“民法”采形式主义的物权变动模式而非意思主义，对于遗赠并未设有任何例外，故宜解释为不论概括遗赠抑或特定遗赠，均只有债权效力。[②] 由此可见，在采“区分模式”的国家或地区，因不承认概括遗赠，故遗赠仅为受遗赠人与继承人或遗赠义务人之间的债权债务关系，“在遗赠中，遗嘱人使继承人有义务将某遗产标的交付于受遗赠人。遗产并非涉及物权层面，而只是设定受遗赠人对继承人的债法请求权”，[③] 其本质如同遗产债务一样，因而与继承具有直接导致物权变动的效力有别。同时，在区分模式中，其物权变动均采形式主义的物权变动模式。因此，遗赠物的所有权仍须为登记或交付始生物权变动的效力。[④]

在我国原《继承法》中遗赠并不发生物权变动之效力。然而，这种原本清晰的法律格局，却因原《物权法》第29条之规定变得模糊起来。如有学者所言，“《物权法》将遗赠与继承并列，同归‘非基于法律行为而取得物权’之情形的做法令人费解。之所以如此，立法者或许混淆了遗赠与遗嘱继承”。[⑤] 原《物权法》第29条将遗赠与继承并列作为非基于法律行为的物权变动类型，与我国遗赠制度的立法模式存在矛盾与冲突。如有学者认为，“继承与遗赠被一同规定于《物权法》第29条，不免使人认为遗赠与继承均可直接引起物权变动。由此，产生物权效力的遗赠将导致承认意思主义的物权变

① ［德］马蒂亚斯·施默克尔：《德国继承法》（第五版），吴逸越译，中国人民大学出版社2020年版，第136页。

② 陈棋炎、黄宗乐、郭振恭：《民法继承新论》，我国台湾地区三民书局2010年版，第349页；戴炎辉、戴东雄、戴瑀如：《继承法》，我国台湾地区顺清文化事业有限公司2010年版，第294页；罗鼎：《民法继承论》，我国台湾地区三民书局1978年版，第203页；郑冠宇：《民法物权》，我国台湾地区新学林出版有限公司2010年版，第58页。

③ ［德］安雅·阿门特－特劳特：《德国继承法》，李大雪、龙柯宇、龚倩倩译，法律出版社2015年版，第253页。

④ 刘耀东：《论基于继承与遗赠发生的不动产物权变动》，载《现代法学》2015年第1期。

⑤ 朱庆育：《民法总论》，北京大学出版社2013年版，第151页。

动模式，打破现行法的既有安排”。[①] 原《继承法》虽未明确规定遗产债权具有优先于遗赠的效力，[②] 但根据《民法典》第1162条规定之文义，[③] 遗产债权实际上具有优先于遗赠的法律效力，亦即执行遗赠首先必须清偿遗产债务。而如果认为遗赠具有物权性效力，遗赠物于继承开始时即当然发生物权变动，则无异于用受遗赠人的财产清偿被继承人的债务，从而产生“债权（遗产债权）优先于物权”[④] 的怪象。因此，《民法典》第230条删除了原《物权法》第29条中的“受遗赠”规定，即“因继承取得物权的，自继承开始时发生效力”。权威学者对该条也解释道，“《民法典》继承编认为，受遗赠权不是物权。因为在遗赠执行前，受遗赠人对遗赠的标的物不享有物权权能，不处于物权人地位。其所享有的，只是请求有关的遗嘱执行人或继承人交付遗赠标的物的权利。从这一点上来看，受遗赠权具有债权的效力。不论遗赠的标的是否为特定物，受遗赠人都不能直接支配遗赠的标的，只能向遗嘱执行人或继承人请求执行遗赠，即要求其给予遗赠的标的”。[⑤]

五、遗嘱继承与遗赠的关系

（一）遗嘱继承和遗赠同一立法模式

所谓遗嘱继承和遗赠同一立法模式，是指不区分遗嘱继承和遗赠的立法模式。凡是遗嘱人通过遗嘱的方式将遗产指定给予他人，不论遗产的内容是积极财产还是消极财产，也不论被指定之人是法定继承人抑或法定继承人以

---

① 庄加园：《试论遗赠的债物两分效力》，载《法学家》2015年第5期。

② 如《瑞士民法典》第564条规定：被继承人的债权人对于受遗赠人，有优先权。《葡萄牙民法典》第2070条规定：遗产之债权人及受遗赠人较继承人之个人债权优先，而遗产债权人之优先权则较受遗赠人优先。

③ 《民法典》第1162条规定：“执行遗赠不得妨碍清偿遗赠人依法应当缴纳的税款和债务。”我国台湾地区所谓“民法”第1160条也规定：“继承人非依前条规定偿还债务后，不得对受遗赠人交付遗赠。”

④ 遗嘱人的债权人就遗赠物仅享有债权，而如果承认遗赠具有物权效力，则受遗赠人就遗赠物享有物权，而根据《民法典》继承编之规定，执行遗赠须先清偿遗产债务，如此便会产生“债权优先于物权”的怪象。

⑤ 杨立新：《中国民法典释评继承编》，中国人民大学出版社2020年版，第125页。只不过，受遗赠权不完全等同于一般的债权，因为对被继承人的一般债权，应当进行清偿；而对遗赠，如果被继承人的遗产在清偿债权后没有剩余遗产，则不执行遗赠，受遗赠人不能基于债权人的地位请求清偿。因此，受遗赠权具有自身的特殊性。

外的人，均称为遗赠。在此模式中，遗赠均被区分为“概括遗赠”与“特定遗赠”。因此，该模式亦可称为“承认概括遗赠的立法模式”，法国、日本、韩国、意大利、埃塞俄比亚等国即采此模式。如《意大利民法典》第588条规定：遗嘱人在遗嘱处分中不论使用了怎样的称呼或表达方式，只要包括了遗嘱人的全部或部分财产，就是赋予受遗赠人以继承人资格的概括遗嘱处分。其他处分则是赋予受遗赠人资格的特殊遗嘱处分。《日本民法典》第964条规定：遗嘱人可以概括或特定之名义，处分其财产之一部或全部。但不能违反本法关于特留份份额之规定。

（二）遗嘱继承与遗赠区分立法模式

区分遗嘱继承与遗赠立法模式系严格区分遗嘱继承与遗赠的立法模式。各国和地区关于遗嘱继承与遗赠的区分标准又有所差异，主要存在三种继承法律制度：

一为以“承受遗产之人是否同时负担遗产债务”作为区分遗嘱继承与遗赠的标准。凡仅承受积极财产的即为遗赠，凡既承受积极财产也负担遗产债务的即为遗嘱继承。至于遗嘱继承人与受遗嘱人的范围则不作任何要求，法定继承人范围以内或以外之人均可为遗嘱继承人或受遗赠人。在此种立法例下，遗嘱继承的本质是遗嘱人指定继承人（不论何人只要被指定，均可成为继承人）。采此继承法律制度者，主要为德国、瑞士等大陆法系国家。

二为在承受遗产之人是否同时负担遗产债务之基础上，以遗嘱人指定继承人的范围为标准区分遗嘱继承与遗赠。遗嘱继承人仅限于法定继承人范围以内之人，而受遗赠人则既可以是法定继承人范围内之人，也可以是法定继承人范围以外之人。所以，究其本质，遗嘱继承只不过是遗嘱人对全体或部分法定继承人的继承份额的调整与安排。采此继承法律制度者，主要为日本与我国台湾地区。

三为在承受遗产之人是否同时负担遗产债务之基础上，以遗嘱继承人与受遗赠人范围之不同区分遗嘱继承与遗赠。在此继承法律制度下，遗嘱继承人只能是法定继承人范围内之人，而受遗赠人则只能是法定继承人范围以外之人。我国原《继承法》与《民法典》即采此区分标准。

六、遗嘱执行人

根据本条第1款规定，遗嘱人可以通过遗嘱指定遗嘱执行人。遗嘱执行人是指为执行遗嘱而被指定或选任之人。遗嘱于遗嘱人死后发生效力，遗嘱的执行自不能由遗嘱人为之。遗嘱的执行由继承人为之，最为适当，但遗嘱的内容与继承人之利害时常不能一致，且继承人如为无行为能力或缺乏事务经验，由其执行遗嘱也非妥适。是故，各国或地区民法特设遗嘱执行人制度，允许继承人之外的人，担任遗嘱执行人，以期遗嘱执行的迅速、准确、公平。

（一）遗嘱执行人的产生方法

1. 遗嘱人在遗嘱中指定或委托他人代为指定。若遗嘱人在遗嘱中指定了遗嘱执行人或委托他人代为指定，自应尊重遗嘱人的意思。因为执行遗嘱须符合遗嘱人的真意，而何人更能胜任遗嘱之执行，遗嘱人最为清晰明了。但如果遗嘱人于订立遗嘱时并未寻得适当的遗嘱执行人，则不妨委托其所信赖之人代为指定。对此，各国或地区继承法律制度均予以承认，如《日本民法典》第 1006 条、《瑞士民法典》第 517 条、《德国民法典》第 2197 条与第 2198 条、《法国民法典》第 1025 条、《葡萄牙民法典》第 2320 条及我国台湾地区所谓“民法”第 1209 条等。不仅如此，遗嘱人还可以指定补充遗嘱执行人，在遗嘱执行人不能或不愿就任时，由补充遗嘱执行人担任遗嘱执行人。如《意大利民法典》第 700 条规定：遗嘱人可以指定一名或数名遗嘱执行人，其中若干人或所有人均不愿意或者不能接受指定的，可另指定一人或若干人实行替补。

此外，遗嘱执行人的指定或委托指定，系单方民事法律行为，无须被指定人或受托人的同意；但被指定人或受托人就其被指定或受委托享有自由决定权。因此，如果遗嘱执行人或受委托代为指定遗嘱执行人的人不愿担任，则其应当及时通知继承人、受遗赠人及其他利害关系人。但若遗嘱执行人或受委托代为指定遗嘱执行人的人怠于作出是否接受遗嘱人指定的表示，则遗嘱执行必将陷入停滞状态，不利于继承法律关系的迅速确定。为此，有些国家和地区对此设立了催告制度。根据催告期间内遗嘱执行人或受委托代为指定之人消极行为的法律效果不同，区分为两种制度规定：

一是“视为拒绝或放弃”，即被指定的遗嘱执行人或受委托代为指定之人若于催告期间仍不为是否接受指定的表示者，视为拒绝接受指定。如《德国民法典》第 2202 条第 3 款规定：遗产法院可以根据利害关系人之一的申请，向被任命人指定作出关于接受职务的表示期间。期间届满时，视为职务被拒绝，但以职务的接受未在此前被表示为前提。《意大利民法典》第 702 条第 3

款规定：根据任何利害关系人的请求，司法机构可以为被指定的遗嘱执行人确定一个接受指定的期限；期限届满后仍未作出任何表示的，视为放弃指定。《俄罗斯民法典》第1134条第1款规定：如果一个人在继承开始之日起的一个月内事实上已经开始执行遗嘱，即被认为同意成为遗嘱执行人。也就是说，如果在一个月期限内未为是否接受指定的表示，视为拒绝成为遗嘱执行人。

二是“视为接受”，即被指定的遗嘱执行人或受委托代为指定之人若于催告期间仍不为是否接受指定的表示者，视为接受指定。如《日本民法典》第1008条规定：继承人及其他利害关系人，可以对遗嘱执行人，设定相当期间，催告其应在期间内明确答复是否承诺就任。对此，遗嘱执行人在期间内未对继承人作出明确答复时，视为其已经承诺就任。

本条第1款规定：“自然人可以依照本法规定立遗嘱处分个人财产，并可以指定遗嘱执行人。”虽未明确规定遗嘱人可以委托他人代为指定遗嘱执行人，但解释上也应当予以肯定。① 对此，《最高人民法院关于民法典继承编的立法建议稿》也曾建议增加“也可以在遗嘱中委托第三人指定遗嘱执行人”的规定。

唯有疑问的是，遗嘱人得否指定继承人或受遗赠人代为指定遗嘱执行人？肯定说者认为，纵使继承人或受遗赠人与遗嘱之执行有直接利害关系，但也不能谓为无受指定或受委托之资格。盖在此际，所应注重者遗嘱人之意思耳。如遗嘱人信其为最适当之人而指定之为遗嘱执行人或委托其指定，则自应尊重其意思。万一此等遗嘱执行人图谋自己或其指定人一方之利益，则利害关系人自得请求改选，非无救济之方。② 否定说者认为，应执行的遗嘱之效力所生法律关系之当事人不在其内，故继承人及受遗赠人，不得受指定之委托。③ 折中说者认为，受遗赠人乃遗嘱人以外之人，得为受委托之人，唯继承人通常与遗嘱之执行有重大利害关系，解释上不能为此受委托之人。④ 笔者赞同肯定说，遗嘱继承以尊重遗嘱人的意思为最高原则，纵使受委托指定遗嘱执行人的继承人或受遗赠人有谋求自己利益之私欲，但仍可通过其他继承人或利害关系人的申请予以更换遗嘱执行人，以资救济。

---

① 杨立新、朱呈义：《继承法专论》，高等教育出版社2006年版，第140页。
② 罗鼎：《民法继承论》，我国台湾地区三民书局1978年版，第229页。
③ 史尚宽：《继承法论》，中国政法大学出版社2000年版，第577页。
④ 胡长清：《中国民法继承论》，商务印书馆1936年版，第227页。

2. 法定继承人为遗嘱执行人。当遗嘱人没有指定遗嘱执行人也未委托他人代为指定时，应由法定继承人担任遗嘱执行人。如《韩国民法典》第1095条规定：依前两条规定，无指定遗嘱执行人时，继承人为遗嘱执行人。《巴西民法典》第1984条规定：遗嘱人未指定遗嘱执行人时，由夫妻中的他方负责执行遗嘱；无此等人时，由法官指定的继承人执行。

3. 亲属会议选任遗嘱执行人。遗嘱执行人虽然不是执行遗嘱的必要机关，但有时为保证遗嘱的公正适当执行，以有遗嘱执行人为必要。依我国台湾地区所谓"民法"之规定，若遗嘱人未以遗嘱指定或委托他人指定遗嘱执行人，或被指定的遗嘱执行人不能或不愿就职、死亡、辞职、解职等，或受托人拒绝指定或不能指定，而遗嘱人又未指定补充遗嘱执行人，则由亲属会议选定遗嘱执行人。

4. 法院选任遗嘱执行人。遗嘱人可以通过遗嘱直接指定遗嘱执行人或委托他人指定，也可以于遗嘱中请求法院任命遗嘱执行人。如《德国民法典》第2200条规定：被继承人已在遗嘱中请求遗产法院任命遗嘱执行人的，遗产法院可以实施该项任命。此外，根据一些国家或地区的继承法律制度，只有当遗嘱人未指定或委托他人指定遗嘱执行人或指定的遗嘱执行人因各种原因而不复存在，始由法院选任遗嘱执行人。如《日本民法典》第1010条规定：没有遗嘱执行人或遗嘱执行人已不复存在时，家庭法院根据利害关系人的请求，可以选任遗嘱执行人。依我国台湾地区所谓"民法"规定，遗嘱执行人不能由亲属会议选定时，始得由利害关系人请求法院指定。

综上所述，各国或地区继承法律制度对遗嘱执行人的选任均首先尊重遗嘱人的意思，即先由遗嘱人自行或委托他人指定遗嘱执行人，如果遗嘱人未为指定始得通过亲属会议或法院选任，或规定直接由法定继承人担任遗嘱执行人。在《民法典》编纂过程中，我国有学者建议，"应规定遗嘱人可以在遗嘱中指定遗嘱执行人，也可以在遗嘱中委托第三人指定遗嘱执行人。遗嘱人未指定遗嘱执行人或指定的遗嘱执行人不能执行遗嘱的，遗嘱人的法定继承人为遗嘱执行人。既没有遗嘱指定的遗嘱执行人也没有法定继承人能够执行遗嘱时，应由遗嘱人生前所在单位或继承开始地的居民委员会或村民委员会为遗嘱执行人”。[①]“我国民间由法定继承人执行遗嘱已形成通例。因此，在没有指定遗嘱执行人的情况下，由法定继承人执行遗嘱是适合我国国情的。”[②]笔者认为，从我国《民法典》第1145条“没有遗嘱执行人的，继承人应当及时推选遗产管理人”的表述来看，如果遗嘱没有指定遗嘱执行人也没有委托他人代为指定时，则不再产生遗嘱执行人，而由遗嘱管理人替代。

（二）遗嘱执行人的职务权限

综合比较各国或地区继承法律制度，遗嘱执行人主要有以下职务：

1. 清理遗产，编制遗产清单。遗嘱难免涉及遗产的处分，如果不预先清楚地了解、掌握与遗嘱有关的遗产数额及状况，不但不利于遗产的管理，而且也无从计算继承人的特留份数额，从而也无法判断遗嘱是否违反特留份之规定。因此，遗嘱执行人就职后，应及时清理与遗嘱有关的遗产，并编制遗产清单。有疑问的是，遗嘱人或继承人可否免除遗嘱执行人编制遗产清单的义务？我国台湾地区多数学者均持否定说，编制遗产清册即为防止执行人、受遗赠人、继承人及其他利害关系人间一切争执而设，在性质上有关公益，被继承人、继承人均不得免除之。我国大陆也有学者认为，即使被继承人之遗嘱、继承人与其他利害关系人之合意也不得免除此义务。[③]日本有学者则认为，“编制遗产清册并非绝对必要，于限定继承时，继承人之开具遗产清册，为限定继承的要件之一，但遗嘱执行人之编制遗产清册，并非遗嘱执行之要件，亦即编制遗产清册之法律效果极为微小，遗嘱执行人纵然怠于编制义务，充其量仅构成损害赔偿或解任之事由，因此，遗嘱执行人之编制遗产清册义务，乃属法律课予遗嘱执行人之纯粹个人之义务而已”。[④]笔者认为，根据《民法典》第1145条之规定，遗嘱执行人为遗产管理人，而第1147条则规定遗产管理人应当履行“清理遗产并制作遗产清单”的法定职责。遗产管理人制作遗产清单的义务虽为法律课予的个人义务，但该义务终究涉及继承人、

① 郭明瑞、房绍坤、关涛：《继承法研究》，中国人民大学出版社2003年版，第131页。

② 刘春茂：《中国民法学·财产继承》，人民法院出版社2008年版，第354页。

③ 张玉敏：《中国继承法立法建议稿及立法理由》，人民出版社2006年版，第140页。

④ ［日］泉久雄：《新版注释民法》，载林秀雄：《民法亲属继承实例问题分析》，我国台湾地区五南图书出版公司2008年版，第374页。

受遗赠人等利害关系人全体的利益以及遗嘱是否违反特留份规定之公益。因此，除非遗产寥寥无几，没有制作遗产清单之必要，否则被继承人、继承人等利害关系人不得免除。

2. 管理遗产。管理遗产本应由继承人或遗产管理人为之，于遗嘱继承或遗赠中，法律为便于遗嘱执行人执行遗嘱，大都规定了遗嘱执行人的遗产管理权。根据《民法典》第 1145 条之规定，继承开始后，有遗嘱执行人的，遗嘱执行人为遗产管理人。换言之，在此情形下，遗嘱执行人与遗产管理人身份重合，第 1147 条规定的遗产管理人管理遗产的职责也即遗嘱执行人应尽职责。

3. 代理与遗产有关的诉讼。遗嘱执行人（在我国为遗产管理人）既然对遗产有管理权，则与遗产有关的诉讼，遗嘱执行人自得代理。如遗产被他人无权占有，遗嘱执行人应以自己之名义提起诉讼，请求返还该遗产。受遗赠人请求履行交付遗赠物的诉讼，也应以遗嘱执行人为被告。

4. 执行遗嘱所必要的其他行为。执行遗嘱所必要的其他行为，如遗嘱人订立遗嘱将其捐赠设立财团法人，遗嘱执行人得向有关行政主管部门提出设立申请、遗嘱执行人就遗赠不动产办理所有权转移登记、排除遗嘱执行的各种妨害等。

（三）共同遗嘱执行人执行职务的方法

遗嘱执行人不以一人为限，遗嘱人若指定数个遗嘱执行人时，如何执行遗嘱或者数个遗嘱执行人就遗嘱的执行意见不一致时如何处理？各国或地区的制度规定各异，有原则上应共同执行遗嘱，意见不一时应由法院决定的，如德国民法、意大利民法；① 有原则上应依多数遗嘱执行人的意见执行的，如

① 《德国民法典》第 2224 条规定：（1）一个以上遗嘱执行人共同执行职务；在意见不一致的情形下，由遗产法院决定。他们当中的一人出缺的，其余的人单独执行职务。被继承人可以作出不同的指示。（2）各遗嘱执行人有权不经其他遗嘱执行人同意，采取对于保护在共同管理之下的遗产标的为必要的措施。《意大利民法典》第 708 条规定：应当共同履行职责的数名遗嘱执行人意见不一致的，由司法机构作出决定；必要时，可以听取继承人的意见。

日本民法、韩国民法及我国台湾地区所谓“民法”；[①] 有采单独执行的，如法国民法。[②] 当存在数个遗嘱执行人时，若遗嘱人于其遗嘱中定有数个遗嘱执行人意见不一时的处理方法，或遗嘱人定有各遗嘱执行人执行遗嘱的权限范围，自应遵从遗嘱人的意思。若遗嘱人既未指定遗嘱执行人意见不一时的处理方法，也未明确各遗嘱执行人的权限范围，则各遗嘱执行人自应共同执行遗嘱。倘若各遗嘱执行人就遗嘱执行事务意见不一致时，应依照多数人（过半数）的意见执行。惟应注意的是，若遗嘱执行人的人数为偶数，就遗嘱执行事务的正反意见人数相同时，如何处理？对此，日本民法学界有两种对立的观点：一为解任说。该说认为数个遗嘱执行人关于遗嘱之执行可否同数时，则属于无法执行遗嘱之情形，解任以外别无他法。[③] 二为增员说。该说认为，可否同数之情形，准用《日本民法典》第 1010 条规定，[④] 由家庭裁判所选任遗嘱执行人以符合多数决之原理，较能符合被继承人之意思。[⑤] 我国台湾地区也有学者认为，“如可否同数，例如遗嘱执行人有二人而意思不一致时，其解决方法或可类推适用第 1211 条，由亲属会议另选定一人，不能由亲属会议另选时，由利害关系人声请法院另指定一人为遗嘱执行人，或可类推适用第 1218 条，由利害关系人请求亲属会议，其由法院指定者，声请法院将此二人或其中一

① 《日本民法典》第 1017 条规定：遗嘱执行人有数人时，其任务的执行以过半数决定。但遗嘱人在其遗嘱中已有另外的意思表示时，从其意思。各遗嘱执行人所为的保存行为，可以不拘前项的规定。《韩国民法典》第 1102 条规定：遗嘱执行人为数人时，执行任务应以半数以上的赞成通过。但保存行为可各自实施。我国台湾地区所谓“民法”第 1217 条规定：遗嘱执行人有数人时，其执行职务以过半数决之。但遗嘱另有意思表示者，从其意思。

② 《法国民法典》第 1033 条规定：有数名遗嘱执行人，并均已承诺执行遗嘱，每一执行人均得独立执行其任务。数名遗嘱执行人对向其交付的动产账目负连带责任。但如遗嘱人对遗嘱执行人的职责原已进行划分，且每一人实际执行中仅限于其本人负担的职责时，不在此限。

③ ［日］柳濑兼助：《注释相续法》（下），载林秀雄：《民法亲属继承实例问题分析》，我国台湾地区五南图书出版公司 2008 年版，第 384 页。

④ 《日本民法典》第 1010 条规定：没有遗嘱执行人，或遗嘱执行人已不复存在时，家庭法院根据利害关系人的请求，可以选任遗嘱执行人。

⑤ ［日］泉久雄：《新版注释民法》，载林秀雄：《民法亲属继承实例问题分析》，我国台湾地区五南图书出版公司 2008 年版，第 384 页。

人解任，而改选他人或另行指定他人担负遗嘱之执行，理论上以后者为妥当”。[①] 即采解任说。还有学者认为，“为避免可否同数之情形发生，似乎不必将数遗嘱执行人全部予以解任，仅将其中一人解任即可。惟二遗嘱执行人均认真执行其职务，要解任其中之何人，甚难决定，徒增困扰。又，为避免遗嘱执行人之可否同数之情形，于遗嘱指定或亲属会议选定或法院指定遗嘱执行人时，应避开偶数之数目，今迳指定或选定偶数之遗嘱执行人，而造成无法顺利执行遗嘱时，乃属指定或选定不完备，此时似应以增员加以补充。因此，似以类推我国台湾地区‘民法’第1211条规定，由亲属会议或法院再为选定或指定一人以符合多数决之原理，并贯彻遗嘱人之意思”。[②] 即采增员说。解任说与增员说，两相比较，笔者认为可借鉴德国、意大利等国立法例，在遗嘱执行人人数为偶数而彼此意见不一致时，可由村委会或民政部门决定。当事人若对村委会或居委会的决定不服或存有争议，自可申请法院裁决。

七、遗嘱信托

本条第4款“自然人可以依法设立遗嘱信托”的规定是《民法典》提交全国人大最后审议时新增的内容。

（一）遗嘱信托的含义

所谓“遗嘱信托”，是指以遗嘱方式设立的信托。具体而言，是指委托人（遗嘱人）采用遗嘱方式设立的，于遗嘱生效时，将信托财产转移给受托人，并由受托人依照委托人的意愿对信托财产为受益人的目的而进行管理和处分的信托。所以，遗嘱信托是信托与遗嘱的结合，是委托人生前通过遗嘱方式设立，并于其死后生效的信托。

（二）遗嘱信托的功能

与委托代理、遗嘱相比，遗嘱信托具有其自身的独特功能，从而使其具有制度上的优势。

一是遗嘱信托设立后，遗嘱中指定的信托财产具有独立性，既独立于委

① 陈棋炎、黄宗乐、郭振恭：《民法继承新论》，我国台湾地区三民书局2010年版，第334页。

② 林秀雄：《民法亲属继承实例问题分析》，我国台湾地区五南图书出版公司2008年版，第384～385页。

托人遗留的遗产，也独立于受托人与受益人的个人财产。遗嘱人将其在遗嘱中指定的财产设立遗嘱信托后，遗嘱信托一旦生效，遗产所有权即转移归受托人所有。对于受托人而言，其虽然取得了遗嘱信托财产的所有权，但仅为名义上的所有权，受托人无权取得信托财产的收益。对于受益人而言，在遗嘱信托存续期间，虽然其对信托财产并无所有权，但可以享受信托财产所产生的收益。正因信托财产的此种独立性，或者说信托财产所有权与收益权的分离，使得遗嘱人（委托人）去世后，依然能够保障信托财产的安全，而不致被受益人挥霍一空。遗嘱信托的这一功能在继承人为未成年人时显得尤为重要。

二是无论是法定继承还是遗嘱继承，最终都需要进行遗产分割。但在现实生活中，有的遗产并不适宜分割。而且，继承人之间在遗产分割时产生矛盾与纠纷的现象也时有发生。而设立遗嘱信托则可使上述现象迎刃而解，即通过遗嘱设立遗嘱信托可避免遗产分割所带来的不便。

正是因为遗嘱信托具有独特的理论构造与功能，才使得继承制度中的诸多缺陷得以克服。

（三）遗嘱信托的设立与生效

一是根据我国《信托法》第 13 条第 1 款的规定，设立遗嘱信托，应当遵守继承法关于遗嘱的规定。同时，《信托法》第 8 条规定包括遗嘱信托在内的所有信托类型均采要式主义，即必须采用书面形式设立。因此，遗嘱信托便不能采用《民法典》所规定的口头遗嘱等非书面形式设立。

二是遗嘱信托的生效不以受托人的承诺为要件。遗嘱信托与采取信托合同以外的其他书面形式设立的信托最大的不同是，遗嘱乃单方民事法律行为，故不以受托人的承诺为生效要件。遗嘱信托自遗嘱人死亡时生效，并由遗嘱指定的遗嘱执行人或遗产管理人将遗产交给受托人，即使受托人拒绝接受财产或先于遗嘱人死亡，也不影响遗嘱信托的效力。根据《信托法》第 13 条第 2 款的规定，如果遗嘱指定的人拒绝或者无能力担任受托人的，由受益人另行选任受托人；受益人为无民事行为能力人或者限制民事行为能力人的，依法由其监护人代行选任。遗嘱对选任受托人另有规定的，从其规定。

◎ 疑难适用

在司法实务中，对于受遗赠人表示接受遗赠后，于遗产分割前死亡的，其所接受遗赠的对应受遗赠财产是否为夫妻共同财产，存在较大争议：一种观点认为，既然受遗赠人已经表示接受遗赠，则已取得对该受遗赠财产的受遗赠权利。而受遗赠权是财产权且在婚姻关系存续期间取得，故根据《民法典》第 1062 条规定，该受遗赠权为夫妻共同财产，归夫妻共同所有。笔者认为，这实际涉及受遗赠权的法律效力为物权效力抑或债权效力问题。从前述分析可知，受遗赠人取得的受遗赠权本质上仅为债权性质，属于对受遗赠财产的请求权而非支配权，故在受遗赠财产未转移所有权归受遗赠人之前，不存在夫妻共有的问题。而且，根据《民法典继承编解释（一）》第 38 条规定，继承开始后，受遗赠人表示接受遗赠，并于遗产分割前死亡的，其接受遗赠的权利转移给他的继承人。可见，受遗赠人作出接受遗赠的意思表示后，于遗产分割前死亡的，其向他的继承人移转的是“接受遗赠的权利”，而非遗赠物之所有权。也就是说遗赠生效，受遗赠人即当然取得是否接受遗赠的权利。该权利并非来自受遗赠人的承认，而是来自遗嘱的效力。受遗赠人于遗赠生效后所作出的接受遗赠的表示只是对受遗赠权的一种承认，且该权利在受遗赠人于遗产分割前死亡时，已通过特别立法的方式直接转移给他的继承人，而非作为夫妻共同财产进行分割。由此，也可印证受遗赠人的配偶无权对该受遗赠财产主张夫妻共同财产分割的结论。

第一千一百三十四条　自书遗嘱由遗嘱人亲笔书写，签名，注明年、月、日。

◎ 主旨

本条是关于自书遗嘱的规定。

◎ 释义

本条源自原《继承法》第17条第2款的规定。《民法典继承编（草案）》(2017年7月28日室内稿）第18条将该款单独成一条，但内容没有变化。此后，历次《民法典》征求意见稿均未对本条内容有任何修改，直至《民法典》颁布。

本条释义内容主要阐述自书遗嘱的概念、要件以及自书遗嘱的增删与涂改。

一、自书遗嘱的概念

自书遗嘱，通常又称亲笔遗嘱，① 是指遗嘱人将其处分遗产的意思表示以亲笔书写的形式表现出来的遗嘱。自书遗嘱是由遗嘱人亲笔书写，既可以充分真实地表达遗嘱人的意愿，亦可防止他人伪造、篡改遗嘱内容。与此同时，自书方式也具有简便易行，便于保密，不需要见证人等优点。故而在实践中颇为遗嘱人所推崇，各国和地区均设有规定。由于自书遗嘱已经成为世界各国普遍认可的一种遗嘱形式，且与立遗嘱人和遗嘱继承人、受遗赠人等遗嘱利害关系人的切身利益息息相关，因此本条规定自书遗嘱必须由遗嘱人亲笔书写，签名，注明年、月、日。

① 陈苇:《婚姻家庭继承法学》，高等教育出版社2014年版，第250页。

二、自书遗嘱的要件

（一）遗嘱人亲笔书写遗嘱内容

自书遗嘱必须由遗嘱人亲笔书写遗嘱的全部内容。所谓亲笔书写，是指立遗嘱人采取最传统的方式，用钢笔、签字笔、毛笔等工具进行书写。自书遗嘱既不能由他人代为书写，也不能用打印或印刷的形式，而只能由遗嘱人自己亲笔将其处分遗产的意思记录下来。对于自书遗嘱中立遗嘱人采用什么文字形式来表达自己的意愿，法律没有明文规定。因此，无论使用何种文字形式以及何种书体，只要能清楚表达立遗嘱人的意思表示均可。也就是说，“遗嘱人书写遗嘱所用文字不限于汉字，少数民族文字、外文文字均可；文字也不限于楷书，行书、草书、篆书亦无不可”。[①] 对于自书遗嘱所采用的材料可以是纸张、布帛、竹片等，只要是能够作为书写之物均可。[②] 自书遗嘱也并不要求遗嘱书必须带有“遗嘱”之字样，只要遗嘱人于相关的书面上亲笔书写记录了对自己死亡之后的相关事务安排，尤其是关于财产处理的安排，在无相反证据证明时，即可认定为自书遗嘱。对此，《民法典继承编解释（一）》第27条也规定：“自然人在遗书中涉及死后个人财产处分的内容，确为死者的真实意思表示，有本人签名并注明了年、月、日，又无相反证据的，可以按自书遗嘱对待。”《北京市高级人民法院关于审理继承纠纷案件若干疑难问题的解答》第17条则进一步规定：“以遗书形式处分遗产的，如该遗书具备法律规定的自书遗嘱形式要件的，应认定有效。”但应予注意的是，如果遗嘱人对自己死亡后的财产并非正式肯定地作出处理的意思表示，而仅仅是一种处理打算或计划，如在日记或信件中对自己死亡后相关财产的处理作出一种初步打算或安排，即使是遗嘱人亲笔书写也不能认定为自书遗嘱。《最高人民法院关于民法典继承编的立法建议稿》中对此问题曾建议规定“自然人在遗书、信函等其他自书书面材料中载明对其死后个人财产处分的内容，并签名、注明年月日，确为其真实意思表示且无相反证据的，视为自书遗嘱。自书遗

---

① 房绍坤、范李瑛、张洪波：《婚姻家庭与继承法》，中国人民大学出版社2020年版，第207页。

② 房绍坤、范李瑛、张洪波：《婚姻家庭与继承法》，中国人民大学出版社2020年版，第206页。

嘱中涉及财产处分部分如有修改，则应由遗嘱人签名确认”。

（二）遗嘱人签名并注明年、月、日

自书遗嘱必须由遗嘱人亲笔签名。这是自书遗嘱的基本要求。遗嘱人亲笔签名既能证明该遗嘱确为遗嘱人亲笔书写，也能证明该遗嘱是遗嘱人的真实意思表示。遗嘱人签名应当由遗嘱人亲笔书写其姓名，至于书写的姓名是真名、笔名、艺名抑或其他的特定称谓均非所问。同时，仅书名而不书姓氏，如果足以表示本人时，亦无不可。例如，张某某或仅称某某，只要能够表明遗嘱人的身份即可，但原则上不能以盖章或捺印的方式代替签名。对此，有学者认为，“实务中，有的遗嘱人不会写字或者不能写字，只能盖章或按手印，以证明遗嘱为其意思表示。如果完全不承认这种形式的签名，有写字困难的人不仅不能设立自书遗嘱，也不能设立代书遗嘱。因此，应当认可遗嘱人以盖章或按手印方式的签名”。① 笔者认为，如果完全不承认捺印这种类似签名之表明本人承认的凭据，则无法为书写有困难的人提供订立有效自书遗嘱或代书遗嘱之机会。这在现有的立法、司法上都得到了一定程度的承认。如我国《遗嘱公证细则》第 18 条②明确规定了捺印的法律效力。司法实践中，也有裁判对此予以认可。如有法院认为“见证人于被继承人立代书遗嘱的当日，共同出具《证明》（内容为遗嘱人在订立遗嘱时，头脑清楚，能表达本人的真实遗愿。但因手浮肿，不能握笔，亲自按了两份四处手印）能够证实属于知识分子的遗嘱人当时右手无法握笔书写，属于客观上无法签名的情形，应予允许捺印代替”。③ “见证人均与本案无利害关系，其出庭作证的陈述一致，全程参与遗嘱人订立遗嘱的过程，对遗嘱人立遗嘱的情况作出详细陈述，且均证实当时遗嘱人手抖无法写字，原告与被告均认可被继承人患有帕金森症，故虽本案遗嘱中遗嘱人未签名，但其确系因病无法书写，采取在

---

① 郭明瑞：《论遗嘱形式瑕疵对遗嘱效力的影响》，载《求是学刊》2013 年第 2 期；刘耀东：《民法典编纂视野下遗嘱形式要件的完善与形式瑕疵遗嘱的效力》，载《上海政法学院学报》2019 年第 5 期。

② 《遗嘱公证细则》第 18 条第 1 款、第 2 款规定：“公证遗嘱采用打印形式。遗嘱人根据遗嘱原稿核对后，应当在打印的公证遗嘱上签名。遗嘱人不会签名或者签名有困难的，可以盖章方式代替在申请表、笔录和遗嘱上的签名；遗嘱人既不能签字又无印章的，应当以按手印方式代替签名或者盖章。”

③ 参见新疆维吾尔自治区高级人民法院（2017）新民申 812 号民事裁定书。

代书遗嘱中用捺印代替签名是合理的。"[①] 我国台湾地区所谓"民法"第3条第2项规定，如有用印章代签名者，其盖章与签名生同等之效力。但多数学者认为，在自书遗嘱，须遗嘱人亲自签名，解释上不得径依印章、指印、十字或其他符号，以为代替。[②] 因签名是否由遗嘱人亲自为之，可由其笔迹比对为之，但盖章无从确知是否由遗嘱人亲自为之，若以盖章代替签名，则无法确定该遗嘱是否出自遗嘱人之真意。因此，解释上仍以不得以盖章代替签名为妥。[③] 但也有少数学者认为，依我国台湾地区所谓"民法"第3条第2项之规定，盖章与签名具有同等效力，因此，以盖章代替签名，亦无不可。[④] 在英国法上，签名"须是名字或代表签名的某种标记"，签名只要符合署名或作为签名而画上去的标记要求即可。[⑤] 因此，签署的内容既可以是遗嘱人的姓名缩写，也可以是签名的一部分，甚至遗嘱人的笔名也是有效的签名，[⑥] 还可以是"你亲爱的妈妈"之类的签名。[⑦] 在Glover遗产案中，遗嘱人再婚后使用前夫的名字签署，也被认为有效。[⑧] 日本判例也认为，"通过自书证书订立遗嘱时，遗嘱人自己书写遗嘱全文、日期及姓名后，需要盖章。但是，对于上述盖章，遗嘱人代替印章通过在拇指及其他手指头上涂上黑色或红色印泥进行按压（'指印'）即可"。[⑨] 并认为"如果超过必要范围而严格解释遗嘱的方式时，反而有阻碍实现遗嘱人真实意思之虞"。[⑩] 至于签名后是否需要加盖遗嘱人的私章，比较法上日本民法、韩国民法要求遗嘱人订立自书遗嘱亲笔签

① 参见山东省青岛市中级人民法院（2017）鲁02民终5690号民事判决书。

② 罗鼎：《民法继承论》，我国台湾地区三民书局1978年版，第183页；陈棋炎、黄宗乐、郭振恭：《民法继承新论》，我国台湾地区三民书局2019年版，第267页；胡长清：《中国民法继承论》，商务印书馆1936年版，第190页。

③ 林秀雄：《继承法讲义》，我国台湾地区元照出版有限公司2008年版，第229页。

④ 戴炎辉、戴东雄、戴瑀如：《继承法》，作者自刊2010年版，第253页；李宜琛：《现行继承法论》，我国台湾地区编译馆1947年版，第97页。

⑤ Andrew Borkowski, *Textbook on Succession*, London: Oxford University Press, 2002, p101.

⑥ In the Goods of Redding（1850）2 Rob Eccl 339.

⑦ Rhodes v. Peterson 1972 SLT 98.

⑧ Re Gloves's goods（1847）5 Notes of Cases 553.

⑨ 参见日本最高裁判所平成元年2月16日判决。参见王融擎编译：《日本民法条文与判例》（下册），中国法制出版社2018年版，第878页。

⑩ 王融擎编译：《日本民法条文与判例》（下册），中国法制出版社2018年版，第878页。

名的同时加盖其印章，如《日本民法典》第968条规定：以亲笔证书订立遗嘱时，遗嘱人须亲自书写其全文、日期及姓名，并加盖印章。亲笔证书中的增减及其他变更，遗嘱人须注明变更之处，附加变更的意旨并签名，且须在变更之处加盖印章，否则不发生效力。我国《民法典》对此并未规定。笔者认为，自书遗嘱只要求遗嘱人亲笔签名即可，在此基础上遗嘱人可自愿决定是否加盖其私章。

至于签名的位置，各国或地区甚少规定，《意大利民法典》第602条第2款规定：遗嘱人的签名应当位于全文的结尾。《路易斯安那民法典》第1575条规定：自书遗嘱日期虽然可以在遗嘱的任何地方出现，但立遗嘱人必须在遗嘱的末尾落款。而在英国继承法中，只要遗嘱人是为了使遗嘱具有效力而签名，其可以把名字签在遗嘱的任何地方，而无关签名位置的要求。如《英国1852年遗嘱法修正案》曾规定：遗嘱人的签名，无论是签在遗嘱的开始、之后，结尾处、下面、旁边、背面、边缘，均为有效；只要遗嘱人是为使遗嘱具有效力而签名，即使签名出现在遗嘱的封面上，也为有效。但签名之后书写的遗嘱内容，无效。据此，签名之后书写的遗嘱内容无效，但后来的法律改革委员会认为：文件的叙述结尾处是通常的签名位置，但是，将在顶部签名的遗嘱认定为无效并无令人信服的理由，检验应当关注的是遗嘱人签名是否是为了赋予遗嘱效力，而不是签名的位置。我国台湾地区学者则普遍认为，“遗嘱人的签名通常在遗嘱文字末尾，但于开头记明‘立遗嘱人某某’字样者，亦可解为签名”。[①] 于遗嘱本文已自写姓名，而于文末写“汝父”或“母亲”或“盖章”代亲自签名，亦无不可。[②] 笔者认为，只要是遗嘱人为使遗嘱生效而签名的，即使把名签在遗嘱前面，该遗嘱仍应获准认证。[③] 我国也

① 罗鼎：《民法继承论》，我国台湾地区三民书局1978年版，第184页；戴炎辉、戴东雄：《中国继承法》，我国台湾地区三民书局1998年版，第219页。

② 李宜琛：《现行继承法论》，我国台湾地区编译馆1947年版，第97页；戴炎辉、戴东雄：《中国继承法》，我国台湾地区三民书局1998年版，第218页。

③ LRC Report No. 22，para. 2. 8. 1992年在Wood Smith一案中，遗嘱人一开始写下了住址和姓名，然后写下若干处分，但他完成时并没有签名。当证人指出其未在遗嘱结束时签名时，他说他已经在第一句中签名。上诉法院认为，“书写遗嘱和签名是一个统一体，在文件的何处签名或者签名是在书写遗嘱过程中何时添写的，并无关系。遗嘱人向证人所作的说明，清楚地证明其把开始书写遗嘱内容前的签字视为使其遗嘱具有效力的签名。因此，该遗嘱有效”。

有裁判认为，“立遗嘱人签名处只写父亲亲笔加指印，没有签名，但是，遗嘱开头就写有立遗嘱人的姓名，两位第三人在庭审中也证实父亲立有遗嘱，据此，遗嘱人的遗嘱可以认定”。①

此外，自书遗嘱还应当注明订立遗嘱的具体时间，即必须注明年、月、日。当然，注明日期不限于年、月、日的记载形式，通过其他方式能够确定的日期亦无不可，如记载“某年中秋节”“某人七十岁寿诞”“某人结婚纪念日”等。要求自书遗嘱须注明年、月、日，其立法目的主要有二：一是为了判断遗嘱人在订立遗嘱时有无遗嘱能力；二是当存在数份内容相抵触的遗嘱时，订立遗嘱的时间是判断遗嘱效力先后的关键，即应以距离遗嘱人死亡时间最近的遗嘱为准。

至于遗嘱中的日期书写完整与否是否影响遗嘱的效力，学界存在不同的观点。有学者认为，“立法之所以规定注明年、月、日而不是注明日期，是为了进一步确定立遗嘱的准确时间，以避免出现时间不准确而发生内容抵触的数份遗嘱的时间顺序不清，无法确定最后所立的遗嘱。无年月日记载者，内容虽无发生疑问之余地，亦为无效”。②“有年有月无日者、有月有日无年者以及有年有日无月者，均不符合这一形式要件的要求。”③“为维护遗嘱的严肃性，如果遗嘱上只标明了年，或只标明了年、月，签署日期不全的自书遗嘱应为无效。”④还有学者认为，不能“一刀切”地处理此类自书遗嘱的效力，如果在遗书其他部分或存在其他证据证明该遗嘱的年月日的，应加以认定该遗嘱的有效性。⑤在有多份遗嘱的情形下，需要根据遗嘱上载明的时间进行排序以确定遗嘱的效力。因此，若有证据可以证明遗嘱人从未丧失行为能力或仅有一份遗嘱，则未注明年、月、日并不会影响遗嘱人的真实意思表示，应当认定遗嘱有效。⑥如杨立新教授主持起草的《中华人民共和国继承法修正草案建议稿》第34条规定了遗嘱相对无效的事由——“遗嘱中没有注明

---

① 参见浙江省金华市中级人民法院（2019）浙07民终6516号民事判决书。

② 史尚宽：《继承法论》，中国政法大学出版社2000年版，第429页。

③ 房绍坤、范李瑛、张洪波：《婚姻家庭与继承法》，中国人民大学出版社2020年版，第207页。

④ 最高人民法院民法典贯彻实施工作领导小组主编：《中华人民共和国民法典婚姻家庭编继承编理解与适用》，人民法院出版社2020年版，第565页。

⑤ 蒋月、何丽新：《婚姻家庭与继承法》，厦门大学出版社2013年版，第359页。

⑥ 茆荣华主编：《〈民法典〉适用与司法实务》，法律出版社2020年版，第745页。

年、月、日的，只有存在其他遗嘱且不能确定设立先后时，或不能判断遗嘱能力时，才可认定遗嘱无效”。笔者赞同后一种观点，具体理由在遗嘱的有效要件部分已有论述，在此不复赘述。

我国司法实践中的多数裁判亦持此立场。如在“刘某1、吴某继承纠纷再审案”中，再审法院认为，“原判决认定刘某2为不具备很全面的法律知识的老年人，在书写《遗书》时遗漏具体日期，为书写瑕疵，并无不妥；况且，涉案《遗书》年、月时间明确，亦确定在刘某2生前时间出具，能够固定书立遗嘱时间范围，亦不影响刘某2在《遗书》中书写内容的真实意思表示的判定，对《遗书》法定的形式要件不产生实质影响，吴某提供的刘某2于2010年12月的自书《遗书》有效”。[①] 在“陈某1、陈某2法定继承纠纷再审案”中，再审法院认为，“胡某提交的被继承人陈某3于1999年亲笔书写内容为‘陈某3死了以后产房子由胡某安排任何人不能干涉，1999年五、日，陈某3’的便签，确有个别字书写不清，落款日期无法确定‘月、日’的瑕疵，但便签内容表达的意思是清楚完整的，不存在模糊不清或理解上的歧义，虽无明确的‘月、日’，但能确定是1999年书写，在无其他相反证据否定情况下，以上瑕疵不影响该便签作为自书遗嘱的认定”。[②] 在“黄某1、黄某2与黄某3、黄某4等遗嘱继承纠纷上诉案”中，法院认为，“黄某5书写该遗嘱时虽只是注明年月，没有写明哪一日，但考虑黄某5的文化程度状况，这一瑕疵并不影响该遗嘱的意思表示，故黄某5的自书遗嘱有效”。[③] 在“王某1、王某2与黄某法定继承纠纷案”中，法院也认为，“我国《继承法》及相关的司法解释并没有规定遗嘱存在未注明年、月、日的瑕疵属无效，二再审申请人以遗嘱未注明年、月、日为由，主张遗嘱无效的再审理由，于法无据”。[④] 但也有部分裁判意见持遗嘱形式强制主义，如《北京市高级人民法院关于审理继承纠纷案件若干疑难问题的解答》第17条规定：“签署日期不全

---

① 参见湖北省高级人民法院（2019）鄂民申314号民事裁定书。

② 参见广西壮族自治区高级人民法院（2017）桂民申694号民事裁定书。类似裁判还有上海市第二中级人民法院（2019）沪02民终4918号民事判决书。

③ 参见重庆市第一中级人民法院（2013）渝一中法民终字第00753号民事判决书。类似裁判还有吉林省通化市中级人民法院（2019）吉05民终824号民事判决书；河北省邯郸市中级人民法院（2019）冀04民终2197号民事判决书。

④ 参见浙江省高级人民法院（2011）浙民提字第10号民事判决书。

的自书遗嘱应为无效。”还有裁判认为，“遗嘱仅有年份，没有月日的具体时间，根据《继承法》第17条第2款‘自书遗嘱由遗嘱人亲笔书写，签名，注明年、月、日’的规定，案涉遗嘱人的自书遗嘱不符合自书遗嘱的构成要件，对该自书遗嘱不予认定”。①“自书遗嘱应当由遗嘱人亲笔书写，签名，并注明年月日。案涉遗嘱人的遗嘱，遗嘱内容、订立时间系电脑打印，且订立时间只有年份，没有具体月日，不符合自书遗嘱的成立要件，该份遗嘱无效。”②

三、自书遗嘱的增删与涂改

遗嘱人自书遗嘱时思虑未必周全，其书写遗嘱之后增减修改、涂改者时常发生。对于自书遗嘱的增删与涂改，本条并未规定。笔者认为，自书遗嘱如有增删、涂改，则应于增减、涂改之处签名并注明年、月、日，否则增删与涂改的部分无效。

◎ 疑难适用

实践中，还有一个争议较大的问题，即如果遗嘱人因患病或其他正当原因，无法独立完成遗嘱的书写而在他人辅助（扶住胳膊或手）书写的情况下订立的自书遗嘱是否满足自书遗嘱的形式要件。对此，有司法裁判认为，“根据遗嘱人当时瘫痪的身体状况，无法自主签字，且自行按手印亦存在困难，故，虽然遗嘱上遗嘱人名字系他人代签，但遗嘱人在他人帮助下，已在遗嘱上捺印，应视为其手印与签字具有同等法律效力，足以表明该遗嘱系其真实意愿，故该遗嘱应视为符合代书遗嘱的形式要件”。③

笔者认为，如果已有证据可以认定下列事实，即可认定该情形符合自书遗嘱的形式要求：（1）遗嘱人在制作遗嘱时有遗嘱能力；（2）他人的“辅助行为”只是单纯地在起笔、换行时或为了调整字间距或行间距而把遗嘱人的手移到纸张的正确位置，或者因遗嘱人手的动作无法像遗嘱人期望的那样，遗嘱人只是为了容易地写字而借助他人帮忙扶住手；（3）提供辅助行为的他人没有任何介入或干扰遗嘱人真实遗嘱意愿的意思。

---

① 参见河南省漯河市中级人民法院（2019）豫11民终796号民事判决书。

② 参见河南省郑州市中级人民法院（2015）郑民四终字第02761号民事判决书。

③ 参见浙江省绍兴市越城区人民法院（2019）浙0602民初6839号民事判决书。

第一千一百三十五条　代书遗嘱应当有两个以上见证人在场见证，由其中一人代书，并由遗嘱人、代书人和其他见证人签名，注明年、月、日。

◎ 主 旨

本条是关于代书遗嘱的规定。

◎ 释 义

本条源自原《继承法》第17条第3款规定。《民法典继承编（草案）》（2017年7月28日室内稿）第19条将该款内容单独作为一条规定。在内容方面，将“由代书人、其他见证人和遗嘱人签名”修改为“遗嘱人、代书人和其他见证人签名”。并将“注明年、月、日”的表述位置从“由其中一人代书”之后，调整至条文最后。在之后的历次《民法典》立法征求意见稿中，本条内容再无变动，直至《民法典》颁布。

本条释义内容主要阐述代书遗嘱的概念及其形式要件。

现实生活中，遗嘱人无书写能力或因身体等原因而无法自书遗嘱内容时，法律自应为其订立遗嘱规定相应的遗嘱形式，此即代书遗嘱。代书遗嘱虽与公证遗嘱大同小异，但远较公证遗嘱简便易行，节省费用，且予遗嘱人以便利。遗嘱人如不识字，或不愿自书遗嘱而又不易假公证人之手或不愿经公证人之手致生费用，自得以采用代书遗嘱较为便利。[①] 故在我国社会公众对公证制度了解尚浅，且遗嘱人中确实有很多无书写能力或不识字者的情况下，代书遗嘱有存在的价值。故《民法典》规定本条以因应现实之需要。

① 陈棋炎、黄宗乐、郭振恭：《民法继承新论》（修订十一版），我国台湾地区三民书局2019年版，第283页。

一、代书遗嘱的概念

代书遗嘱，即遗嘱人口述遗嘱内容，由见证人中之一人代为书写的遗嘱，故又称代笔遗嘱。由于代书遗嘱不是由立遗嘱人本人亲笔书写，而是经由他人代写，容易被篡改或伪造，故本条规定立遗嘱人在设立代书遗嘱时，应有两个人以上的见证人在场，由其中一人代书，并且遗嘱人、代书人和其他的见证人必须在代书遗嘱上签名，注明年、月、日。

二、代书遗嘱的形式要件

根据本条规定，代书遗嘱应满足以下要件。

（一）遗嘱人须亲自口述遗嘱内容，由一名见证人代为书写

遗嘱作为一种单方民事法律行为，必须由遗嘱人亲自为意思表示，不适用代理。代书遗嘱并非由代书人代理遗嘱人设立遗嘱，而仅仅是代为书写记录由遗嘱人亲口表述的关于财产处分的意思表示。代书人仅为遗嘱人口述遗嘱的文字记录者和见证者，并非遗嘱人的代理人，不能对遗嘱内容提出任何自己的意见。代书人必须忠实遗嘱人的原意和真意进行记录，不得对遗嘱内容进行修改或篡改。

（二）须有两个以上的见证人在场见证

代书遗嘱须有两个以上的见证人在场见证。代书遗嘱的见证人是参与代书遗嘱并能够证明代书遗嘱真实性的人。如果仅有代书人一人在场为代书遗嘱，不发生代书遗嘱的效力。此外，囿于遗嘱见证人是通过自己的视觉、听觉等感官感知遗嘱制作过程，从而判断遗嘱真实性的人，故其只能由个人担任，任何人不得以组织名义担任遗嘱见证人。这从本条只规定遗嘱见证人签名确认也可间接推知。

（三）须遗嘱人、代书人与其他见证人在遗嘱上签名并注明年、月、日

代书遗嘱由一个见证人代书。代书人将遗嘱内容记录完毕之后，应向遗嘱人宣读其所记录的遗嘱内容。在遗嘱人与其他见证人确认无误之后，由遗嘱人、代书人与其他见证人签名并注明年、月、日。但应当注意的是，虽然代书遗嘱通常是因为遗嘱人因身体条件或其他特殊原因不具有书写遗嘱全文

能力，但实践中不会书写自己姓名者相当罕见，故如果遗嘱人能够书写自己姓名的，不得以捺印或盖章代替签名；另外，遗嘱见证人原则上也不得以捺印或盖章方式代替签名。其理由在于，虽然代书遗嘱有其存在的价值，但仍受到一些质疑，如有人认为，代书遗嘱既然并非遗嘱人亲自书写，其订立又未经公证机构证明，在当今这种人情社会恐易生流弊。因遗嘱而受利益之人以人情或利益诱使见证人依代书遗嘱的方式串通勾结，通常不易辨别真伪。故对于代书遗嘱的认定不可不慎重。对此，通过要求遗嘱人除非不具有书写自己姓名的能力，否则应亲笔签名并不得以捺印或盖章代替，理应不易伪造。

◎ 疑难适用

现实生活复杂多样，不排除代书遗嘱由两个以上遗嘱见证人共同完成或代书遗嘱上，只有见证人捺印或盖章的情形。对此，笔者认为，首先，虽然本条规定了“由其中一人代书”，但并未禁止两人以上代书情形，故只要见证人都确认代书的真实性，则应认可该代书形式的合法性；其次，对于见证人没有签名，只有捺印或盖章的情形，如果有证据证明见证人确实不具有书写自己姓名的能力，但代书遗嘱上签名或盖章确为其真实意思表示，则也不宜因此而否定遗嘱的效力。

此外，由于本条将“注明年、月、日”的表述位置从“由其中一人代书”之后，调整至条文最后。从而，本条文义解释角度，可能对有义务注明年、月、日的主体产生理解分歧：第一种观点认为，原《继承法》的表述，只要求代书人书写注明年、月、日，而对其他见证人和遗嘱人则只需签名即可。现在本条将“注明年、月、日”的表述位置从“由其中一人代书”之后，调整至条文最后。则从文义解释角度，应认为遗嘱人和所有见证人在签名时都应书写注明年、月、日。第二种观点则认为，要求遗嘱人注明年、月、日具有法律意义和现实意义，而要求见证人注明年、月、日，则除了能证明该见证时间与遗嘱人立遗嘱时间可能一致之外，其他意义不大。故在有证据证明见证人是当场见证的情形下，即便见证人没有书写注明年、月、日，也不影响代书遗嘱的效力。相较而言，笔者更倾向于第二种观点。

第一千一百三十六条　打印遗嘱应当有两个以上见证人在场见证。遗嘱人和见证人应当在遗嘱每一页签名，注明年、月、日。

◎ 主旨

本条是关于打印遗嘱的规定。

◎ 释义

本条内容在原《继承法》中没有规定，属于新增法条。《民法典继承编（草案）》（2017 年 7 月 28 日室内稿）第 20 条最早对本条内容规定为“打印遗嘱应当有两个以上见证人在场见证。遗嘱人和见证人应当在遗嘱每一页签名，注明年、月、日”。后在历次《民法典》立法建议稿中，本条内容再无变动，直至《民法典》颁布。

本条释义内容主要阐述打印遗嘱的概念以及打印遗嘱应满足的形式要件。

随着电脑、打印机、互联网等信息技术迅速发展，人们日常的书写方式也日益多样化。打印遗嘱就是《民法典》应对当前书写方式变革新增的一种遗嘱形式。

一、增加打印遗嘱的必要性

在我国原《继承法》制定的 1985 年，电脑打印尚未普及，故原《继承法》并未规定打印遗嘱。但近几十年来，随着互联网等信息技术的快速发展，电脑打印日益走进千家万户，成为人们日常生活与工作中不可或缺的一种书写方式。在民法典编纂过程中，理论界与实务界关于打印遗嘱的性质，或者说应否将打印遗嘱规定为一种独立的遗嘱形式，存在不同的观点。

（一）自书遗嘱说

该观点认为，打印遗嘱如果有遗嘱人的亲笔签名，可以视为自书遗嘱。[①]电脑仅仅是一种书写方式和工具，电脑打印遗嘱与传统的手写遗嘱并无本质上的区别。法律应当允许通过电脑打印方式订立的遗嘱，但不应将其作为一种独立的遗嘱形式。公证遗嘱、自书遗嘱、代书遗嘱都可以通过打印的方式表现出来，特别是公证遗嘱通常都是打印的。因此，如果将打印遗嘱作为与其他形式的遗嘱并列的一种遗嘱方式，它们相互之间会发生混淆。因此，应扩大书写的含义，将打印涵盖在内，允许自书遗嘱、代书遗嘱采用打印的方式。当然，通过打印方式订立的遗嘱在程序要素上应当有更为严格的要求，如要求遗嘱人和见证人在每页上签字。[②] 司法实践中一些法院判决也持此观点，如《上海市高级人民法院关于继承纠纷案件若干争议问题处理意见》（民一庭调研与参与〔2016〕3 号）关于打印遗嘱的性质认定，倾向意见认为，“打印遗嘱不能笼统地认定为自书遗嘱或代书遗嘱，其法律属性应当结合被继承人是否具有计算机操作能力、遗嘱形成过程等方面的证据来综合予以认定。根据原《继承法意见》第 40 条规定，公民在遗书中涉及死后个人财产处分的内容，确为死者真实意思表示，有本人签名并注明了年、月、日，又无相反证据的，可按自书遗嘱对待。“因此，对打印遗嘱，有遗嘱人签名，注明年、月、日，并能举证证明确为遗嘱人真实意思表示，如遗嘱人有计算机操作能力、有其他证据材料与遗嘱内容相互印证等，则可以认定为是遗嘱人的自书遗嘱”。还有裁判认为，“遗嘱的效力应以尊重被继承人真实意思表示为原则。本案中，张某 2、齐某提供了张某 3 的遗嘱，其二人能清楚地说明张某 3 立该遗嘱的过程，与证人尹某、王某的陈述相吻合，形成完成的证据链，能够证明张某 3 在打印遗嘱上亲笔签名并按手印，并认可全部打印件内容是其真实意思表示，见证人尹某、王某见证了张某 3 签名并按手印的过程，该份文件可以按自书遗嘱对待，内容并未违反法律规定，应属有效”。[③]

---

① 郭明瑞：《论遗嘱形式瑕疵对遗嘱效力的影响》，载杨立新等主编：《继承法的现代化》，人民法院出版社 2013 年版，第 199 页。

② 陈苇：《外国继承法比较与中国民法典继承编制定研究》，北京大学出版社 2013 年版，第 351 页。

③ 参见北京市高级人民法院（2018）京民申 4154 号民事裁定书。

（二）代书遗嘱说

该观点认为，打印遗嘱应被视为代书遗嘱。形式都是人作用于“智能化”工具的产物，“智能化的电脑”书写与他人书写实无二致。当遗嘱人自己不方便操作电脑，而委托他人代为输入文字时，其实与委托他人代为书写遗嘱并无实质区别。因此，打印遗嘱应当适用代书遗嘱的规定。如有裁判认为，“涉案《遗嘱》系他人所打印，故应视为代书遗嘱”。① “《继承法》的颁布施行是在二十世纪八十年代中期，当时电脑等信息技术并未普及，书写主要表现为笔墨手书，故条文未对打印形式的遗嘱作出规定。而科技发展到二十一世纪的今天，电脑打印已逐渐成为人们生活中的主要书写方式。书写方式的变化也影响着人们生活方式的改变，人们在生活中以电脑打印的方式立下遗嘱的情形普遍存在。无论是用电脑打印立下遗嘱，还是用笔墨手书立下遗嘱，只要是当事人的真实意思表示，且未违反法律、法规的强制性规定，都应当与时俱进地予以确认。不能因为书写方式的不同而轻易地否定打印遗嘱的有效性，况且《继承法》也未明确禁止采取打印的方式立遗嘱，而对普通公民而言，法无禁止即允许。因此，不能简单地认为打印遗嘱不属于《继承法》规定的代书遗嘱书写形式就认定打印遗嘱为无效遗嘱，打印遗嘱可视为立遗嘱人以外的他人代书的遗嘱，应当结合遗嘱人的民事法律行为是否有效予以综合评定。涉案遗嘱虽然是打印的，但可视为由立遗嘱人以外的他人代书的遗嘱。”②

（三）折中说

该观点认为，电脑打印作为书面文书的形成工具和形成方式来说，与传统书写工具“笔”和书写方式“手写”之于遗嘱的形成从法律本质上并无不同。打印遗嘱不能笼统地认定为自书遗嘱或代书遗嘱。打印遗嘱在法律上究竟应解读为何种遗嘱，应当结合被继承人是否具有计算机操作能力、遗嘱形成过程等方面综合加以认定。如有裁判认为，“《遗嘱书》的主文内容系由计算机打印而成，而单从形式上难以认定遗嘱内容系被继承人蔡某某自书还是他人代书，故打印遗嘱属于代书或自书遗嘱，应取决于遗嘱的形成与固化受

---

① 参见北京市第三中级人民法院（2014）三中民终字第 12277 号民事判决书。

② 参见广东省广州市中级人民法院（2019）粤 01 民终 8731 号民事判决书。

何人意志所主导或控制”。① “现代社会发展至今，电脑及电子打印系统已进入普通家庭，其作为书面文书的形成工具和形成方式来说，与传统书写工具‘笔’和书写方式‘手写’之于遗嘱的形成从法律本质上并无不同。打印遗嘱在法律层面究竟应解读为何种遗嘱，应重点审核遗嘱人是否对该打印遗嘱的形成与固化具有主导力或完全的控制力。本案中，李某某并未亲自操作电脑和电子打印系统将其主观意思转化为文字记载保存即固化于书面文件上，李某某只是口述，制作该打印遗嘱的行为却由打印店他人实施，从遗嘱的形成方式看，此遗嘱不符合自书遗嘱的法律要件，故其不应认定为自书遗嘱”。② 也就是说，“遗嘱系由电脑打印而成，且由他人打印。因此，该遗嘱并非被继承人亲自打印而成，应属代书遗嘱”。③ 若遗嘱人亲笔写好遗嘱，为了追求美观或便于保存等原因，请他人按照自己书写的遗嘱打印一份，并在打印件上签名，然后丢弃了原书写的遗嘱。这种情况形成的打印遗嘱与原书写的遗嘱实为一体，应视为自书遗嘱。④

（四）无效遗嘱说

该观点认为，打印遗嘱既非自书遗嘱亦非代书遗嘱。凡是采用打字机打印、铅印或交付印刷厂印刷的遗嘱，都不具有法律效力。因为打字机打印、铅印或交付印刷的遗嘱难以保证不被篡改、伪造、添加等。打印遗嘱既不符合亲笔书写的自书遗嘱要求，也不符合代书遗嘱的要求。尽管原《继承法》关于代书遗嘱没有明确规定“代书”必须是用笔墨代书，但如果承认代书可以用电脑打印代替，则会出现请他人代为打印遗嘱可能有效，而自己打印遗嘱则无效的荒诞情形。打印遗嘱非我国原《继承法》规定的五种遗嘱形式之任何一种，故应认定为无效。⑤ 如有裁判认为，“根据相关法律规定，立遗嘱是要式法律行为，遗嘱人必须按照法律规定的遗嘱形式和有效条件设立遗嘱，涉案的打印遗嘱形成时，被继承人有书写能力，但该遗嘱并非被继承人亲自书写，被继承人的意思表示和打印遗嘱的形成，无论在时间上和空间上都存在非同一性。打印遗嘱并不符合构成自书遗嘱的有效条件，亦不符合代书遗

---

① 参见福建省高级人民法院（2016）闽民申 2091 号民事裁定书。

② 参见重庆市高级人民法院（2015）渝高法民抗字第 00004 号民事判决书。

③ 参见上海市浦东新区人民法院（2010）浦民一（民）初字第 34767 号民事判决书。

④ 张萱、陶海荣：《打印遗嘱的法律性质和效力》，载《法学》2007 年第 9 期。

⑤ 吴庆宝：《民事裁判标准规范》，人民法院出版社 2008 年版，第 222 页。

嘱的形式要件。根据《继承法意见》第40条规定，公民在遗书中涉及死后个人财产处分的内容，确为死者真实意思表示，有本人签名并注明了年、月、日又无相反证据的，可按自书遗嘱对待。但该条规定也是针对自书遗嘱而言，《继承法》实行后，订立遗嘱就应严格遵循该法关于遗嘱形式要件的规定。否则，应认定无效。原判决认定该打印遗嘱无效并无不妥”。①

（五）新型遗嘱说

认为打印遗嘱是一种新型的遗嘱形式，不认可打印遗嘱的效力将有悖于时代发展与司法进步。现在很多人习惯于电脑打字而不是亲笔写字。增设打印遗嘱符合我国民众现实需要。打印遗嘱的特点，既不同于自书遗嘱，也不同于代书遗嘱。② 司法实践中，也有裁判认为，“遗嘱属于遗嘱人处分个人财产的单方民事法律行为。判定民事法律行为是否有效，主要看其是否违反了当事人的意思自治原则和违反了法律、法规的强制性规定。只有民事法律行为违反了当事人意思自治原则或违反了法律、法规的强制性规定的民事法律行为才能确定为无效的民事法律行为。虽然《继承法》第17条规定的自书遗嘱必须由遗嘱人亲笔书写，但该部法律的颁行是在二十世纪八十年代中期。当时电脑等信息技术并未普及，亲笔书写主要表现为笔墨手书。而科技发展到二十一世纪的今天，电脑打印已逐渐成为人们生活中的主要书写方式。书写方式的变化也影响着人们生活方式的改变，人们在生活中以电脑打印的方式立下遗嘱的情形普遍存在。无论是用电脑打印立下遗嘱，还是用笔墨手书立下遗嘱，只要是当事人的真实意思表示，且未违反法律、法规的强制性规定，都应当与时俱进地予以确认，不能因为书写方式的不同而轻易地否定打印遗嘱的有效性。况且《继承法》也未明确禁止采取打印的方式立遗嘱，而对普通公民而言，法无禁止即允许。因此，不能简单地认为打印遗嘱不属《继承法》规定的自书遗嘱书写形式就认定打印遗嘱为无效遗嘱，应当结合遗嘱人的民事法律行为是否有效予以综合评定。案涉遗嘱虽然是打印的，但遗嘱上有其亲笔签名及手印，并注明了年、月、日，并要求两人以见证人的身份签名。因此，案涉打印遗嘱是遗嘱人的真实意思表示，未违反法律、法规

① 参见黑龙江省高级人民法院（2017）黑民申1256号民事裁定书。

② 孙毅：《论遗嘱方式的缓和主义进路——以〈继承法〉修改的相关理念变革为中心》，载《求是学刊》2012年第4期。

的强制性规定，合法有效”。[①] 因此，应将这种既不属于自书遗嘱也不属于代书遗嘱的打印遗嘱，单列为一类新的遗嘱形式予以规定。[②]

目前，世界各国和地区承认或规定打印遗嘱形式的立法例较少，如《魁北克民法典》第728条规定：如遗嘱由第三人或运用技术手段书写，遗嘱人和证人应当在没有其签名的此等文件的每一页上画押或签名。如遵守了其他手续，每一页上画押或签名的阙如不妨碍作为当着公证人订立的公证遗嘱无效的遗嘱作为当着证人订立的遗嘱有效。《埃塞俄比亚民法典》第885条规定：遗嘱人打印的自书遗嘱，除非在每一页上都载有表明它是自书遗嘱的手写说明，无效。上述立法例关于打印遗嘱的规定，要么是基于用人工打印机打印的方式，要么是基于电脑打印的方式。但不论何种方式的打印遗嘱，确定其有效条件是基本相同或者相似的。我国《民法典》继承编确认打印遗嘱的效力，体现了当代社会新的科技手段运用对打印遗嘱的要求。

近年来，随着打印遗嘱案件的不断增多，各地法院在司法审判中开始逐渐抛弃了以往固守遗嘱形式强制，一概否定打印遗嘱效力的做法，而采取了有条件地承认打印遗嘱效力，并充分运用证据规则对打印遗嘱的效力予以认定。《民法典》顺应随着电脑的日益普及所带来的传统书写方式改变的趋势，不论是遗嘱人自己输入打印还是他人代为输入打印，均与“自书或代书”遗嘱所要求的亲笔书写大相径庭，故将打印遗嘱作为一种新型遗嘱形式予以规范，以适应社会现实生活的需要。例如在英国遗嘱法，遗嘱必须采用书面形式，根据《英国1978年解释法》的规定，书面形式包括打字机打字、印刷成铅字体、制版印刷、照相和其他用某种可视形式表述或再现文字。电脑软磁碟片记录的遗嘱，不能被认定为遗嘱。但是，从电脑磁片中打印出来的文字，可以构成有效遗嘱。[③]

二、打印遗嘱的概念

打印遗嘱，是指遗嘱内容由电脑排版、打印机输出打印而形成的遗嘱。

---

① 参见湖北省高级人民法院（2014）鄂监二抗再终字第00022号民事判决书。

② 刘文革：《“打印遗嘱”的效力》，载国家法官学院编：《全国专家型法官司法意见精粹》，中国法制出版社2013年版，第199页。

③ 蒋月：《英国遗嘱继承立法、实践及其对我国之启示》，载夏吟兰、龙翼飞：《家事法研究（2012年卷）》，社会科学文献出版社2012年版，第79页。

通常，遗嘱内容由打印机打印，而签名则由遗嘱人亲笔书写。打印遗嘱的时候应有两个以上见证人在场进行见证。遗嘱打印完成后，经由遗嘱人对遗嘱内容进行核实，确认无误后由遗嘱人、见证人在遗嘱的每一页上签名，并注明年、月、日。

三、打印遗嘱的形式要件

打印与亲笔书写或他人代书之间绝非书写工具的差异。一般而言，每个人的书写笔迹并不相同，且不易被人轻易模仿或伪造，通过笔迹认定即可在最大限度内判断遗嘱是否为遗嘱人书写。而打印形式则非常易于伪造。因此，日本判例也认为，自书要求根据笔迹乃本人所书，打印的遗嘱不能认定为“自书”。[①] 因此，打印遗嘱作为一种新型遗嘱形式，《民法典》对其设置了较之自书遗嘱与代书遗嘱更为严格的条件，即应当有两个以上的见证人在场见证。与此同时，在打印遗嘱的每一页上应当有遗嘱人、见证人的签名并注明年、月、日。

◎ 疑难适用

虽然《民法典》第 1136 条新增规定了打印遗嘱，但实务中仍有若干争议，尚有待明确。《最高人民法院关于民法典继承编的立法建议稿》中曾建议应明确打印遗嘱是否必须由遗嘱人本人打印以及如果其中某页缺少遗嘱人或见证人签名或未注明年、月、日，则该遗嘱是否还有效。对此，《民法典》最终没有作出明确规定。一种观点认为，如果遗嘱是由他人打印，则说明遗嘱实际由他人通过打印方式书写，属于广义上的代书遗嘱而非本条规定的打印遗嘱。进而，根据《民法典》第 1135 条规定，遗嘱人、代书人和其他见证人无须在每一页签名、注明年、月、日；笔者认为，即便遗嘱是由他人打印，仍属于本条规范的打印遗嘱范畴。理由在于，《民法典》第 1135 条规定的代书遗嘱中的“代书”只有限于手写，才可以通过笔迹判断每一页是否为代书人亲自制作，而不必通过每一页签名方式来确认。如果将他人打印纳入“代书”范畴，则适用《民法典》第 1135 条规定，将无法判断整份遗嘱内容是否均为代书人制作，更无法判断是否为遗嘱人真实意思表示。另外，打印遗嘱

---

① ［日］二宫周平：《家族法》，日本新政社 2005 年版，第 388 页。

中某页没有签名是否影响遗嘱效力的问题，笔者认为，鉴于遗嘱内容的前后关联性，从遗嘱整体解释出发，原则上应认定该遗嘱无效，除非根据前后打印页的文义，可以证明即便缺少没有签名的打印页也不影响其他打印页中遗嘱人的真实意思表示。

第一千一百三十七条　以录音录像形式立的遗嘱，应当有两个以上见证人在场见证。遗嘱人和见证人应当在录音录像中记录其姓名或者肖像，以及年、月、日。

◎ 主旨

本条是关于录音录像遗嘱的有关规定。

◎ 释义

本条源自原《继承法》第 17 条第 4 款“以录音形式立的遗嘱，应当有两个以上见证人在场见证”的规定。《民法典继承编（草案）》（2017 年 7 月 28 日室内稿）第 21 条将该条修改为“以录音录像形式立的遗嘱，应当有两个以上见证人在场见证。遗嘱人和见证人应当在录音录像中记录其姓名或者肖像，以及年、月、日”。两相比较，增加了“录像”和“遗嘱人和见证人应当在录音录像中记录其姓名或者肖像，以及年、月、日”。在此后的历次《民法典》立法建议稿中，本条内容均再无变化，直至《民法典》正式颁布。

本条释义内容主要阐述了录音录像遗嘱的概念以及录音录像遗嘱的形式要件。

我国原《继承法》第 17 条仅规定了录音遗嘱。但随着现代科技技术的发展和普及，现实生活中还出现了越来越多的录像遗嘱。由于录像遗嘱和录音遗嘱都是通过视觉或听觉更直接感知遗嘱内容，故《民法典》顺应现代科技发展和回应人民群众需求，在原有录音遗嘱基础上增加规定了录像遗嘱形式，并考虑其与录音遗嘱的共性，而在本条对录音遗嘱、录像遗嘱进行了统一规定，统称为“录音录像遗嘱”。

一、录音录像遗嘱的概念

世界上采用录音录像遗嘱的国家和地区并不多，其中《韩国民法典》第

1067 条将录音遗嘱规定为遗嘱的形式之一。而我国台湾地区所谓“民法”将录音遗嘱作为口授遗嘱的方式之一，其中第 1195 条第 2 项规定：由遗嘱人指定二人以上之见证人，并口授遗嘱意旨、遗嘱人姓名及年、月、日，由见证人全体口述遗嘱之为真正及见证人姓名，全部予以录音，将录音带当场密封，并记明年、月、日，由见证人全体在封缝处同行签名。① 所谓录音录像遗嘱，是指以录音或录像形式，通过录制遗嘱人口述的遗嘱内容而形成的遗嘱。因该遗嘱类型包含了录音和录像的形式，故也可称为录音录像遗嘱。

应当注意的是，录音录像遗嘱究竟是一种遗嘱形式还是两种遗嘱形式？因为在录像遗嘱中当然包括录音。笔者认为，录音录像遗嘱是两种遗嘱形式，当遗嘱人采用视频录像的形式录制遗嘱时为录像遗嘱。虽然随着技术的发展与普及，录音在现实生活中很少采用，但并不意味着不存在。当遗嘱人采用录音形式（如录音笔、手机录音等）录制遗嘱时，即为录音遗嘱。因此，有观点为认为实际上，将录音录像遗嘱统称为“视听遗嘱”更为妥当。

二、录音录像遗嘱的形式要件

录音遗嘱应满足的形式要件，原《继承法》规定得较为简单，只需要有两个以上见证人在场见证。《民法典》规定录音录像遗嘱的形式要件比原录音遗嘱需具备的形式要件要严格，除了需要有两个以上见证人在场之外，还需要在录音录像中记录遗嘱人和见证人的姓名或者肖像以及年、月、日。具体而言，录音录像遗嘱应当符合以下要件。

（一）须以录音或录像的方式制作遗嘱

以往的录音、录像方式制作的遗嘱多采用光学、物理等方式完成，而随着电脑以及智能化手机的普及，数字影像技术取得了飞跃式的进步。在此时代背景下，现实生活中的录音录像遗嘱更多的是通过视听技术固定遗嘱的内容，确保遗嘱的真实性。故本条中录音录像遗嘱应扩张解释为只要采用录音或录像方式制作，即可成为录音录像遗嘱，从而将当前广为采用的数字技术制作的视听遗嘱，即遗嘱人通过手机视频或摄像机等录制的遗嘱音像资料纳

① 我国台湾地区所谓“民法”规定了两种口授遗嘱方式：笔记口授遗嘱与录音口授遗嘱。

入进来。换言之，只要符合录音录像遗嘱的形式要求，即应肯定其效力。

（二）须有两个以上的见证人在场见证

不可否认，录音录像遗嘱依然存在被伪造、剪辑的风险。所以，为了保证录制的遗嘱确为遗嘱人的真意，须有两个以上见证人在场见证。在录制遗嘱时，见证人应当将各自的姓名、肖像等基本情况予以说明。

（三）遗嘱人亲自口述遗嘱内容

遗嘱人必须亲自口述遗嘱全部内容，而不得由他人代为转述遗嘱内容。遗嘱人口述遗嘱内容时应当清楚、明确、具体。对遗产的处理应说明遗产的名称、存放地点、数量等具体情况以及具体由何人继承或受遗赠。如果遗嘱人对遗产的取得附有义务，也应将所附义务具体说明。

（四）遗嘱人、见证人在录音录像中记录其姓名或者肖像以及年、月、日

在制作录音录像遗嘱时，遗嘱人、见证人应在录音录像遗嘱中记录其姓名或肖像以及年、月、日。与此同时，由于录音录像遗嘱易被剪辑、伪造，故录音录像遗嘱录制完成后，应严格封存，并由遗嘱人、见证人于封缝处签名，并注明年、月、日。录音录像遗嘱必须在全体见证人、继承人到场的情况下，当众启封。

由于本条对此并未规定，故解释上应认为，录音录像遗嘱即使未进行封存，也不影响其效力。但在实践中，应鼓励遗嘱人在采用录音录像形式立遗嘱时，尽可能予以严格地封存，以最大限度地保证录音录像遗嘱的真实性。

◎ 疑难适用

司法实践中，当事人提交的录音录像遗嘱，在证据法上，可归入不同的证据类型。根据《最高人民法院关于适用〈中华人民共和国民事诉讼法〉的解释》第116条规定："视听资料包括录音资料和影像资料。电子数据是指通过电子邮件、电子数据交换、网上聊天记录、博客、微博客、手机短信、电子签名、域名等形成或者存储在电子介质中的信息。"存储在电子介质中的录音资料和影像资料，适用电子数据的规定。可见，一般意义上的录音录像遗嘱属于视听资料范畴，但如果该录音录像存储在电子介质中，则适用电子数据的规定。进而，在继承诉讼中，不可避免出现对该电子数据的提交以及审

查问题。此时，可根据《最高人民法院关于民事诉讼证据的若干规定》第15条规定，对录音录像遗嘱区分对待。当事人以视听资料作为证据的，应当提供存储该视听资料的原始载体。当事人以电子数据作为证据的，应当提供原件。电子数据的制作者制作的与原件一致的副本，或者直接源于电子数据的打印件或其他可以显示、识别的输出介质，视为电子数据的原件。至于该电子数据形式的录音录像遗嘱的真实性，则可根据该司法解释第93条规定，结合下列因素综合判断：（1）电子数据的生成、存储、传输所依赖的计算机系统的硬件、软件环境是否完整、可靠；（2）电子数据的生成、存储、传输所依赖的计算机系统的硬件、软件环境是否处于正常运行状态，或者不处于正常运行状态时对电子数据的生成、存储、传输是否有影响；（3）电子数据的生成、存储、传输所依赖的计算机系统的硬件、软件环境是否具备有效的防止出错的监测、核查手段；（4）电子数据是否被完整地保存、传输、提取，保存、传输、提取的方法是否可靠；（5）电子数据是否在正常的往来活动中形成和存储；（6）保存、传输、提取电子数据的主体是否适当；（7）影响电子数据完整性和可靠性的其他因素。人民法院认为有必要的，可以通过鉴定或者勘验等方法，审查判断电子数据的真实性。而根据该司法解释第94条规定，以下情形，则可直接确认其真实性除非有足以反驳的相反证据：（1）由当事人提交或者保管的于己不利的电子数据；（2）由记录和保存电子数据的中立第三方平台提供或者确认的；（3）在正常业务活动中形成的；（4）以档案管理方式保管的；（5）以当事人约定的方式保存、传输、提取的。电子数据的内容经公证机构公证的，人民法院应当确认其真实性，但有相反证据足以推翻的除外。

第一千一百三十八条　遗嘱人在危急情况下，可以立口头遗嘱。口头遗嘱应当有两个以上见证人在场见证。危急情况消除后，遗嘱人能够以书面或者录音录像形式立遗嘱的，所立的口头遗嘱无效。

◎ 主旨

本条是关于口头遗嘱的规定。

◎ 释义

本条源自原《继承法》第 17 条第 5 款“遗嘱人在危急情况下，可以立口头遗嘱。口头遗嘱应当有两个以上见证人在场见证。危急情况解除后，遗嘱人能够用书面或者录音形式立遗嘱的，所立的口头遗嘱无效”的规定。《民法典继承编（草案)》（2017 年 7 月 28 日室内稿）第 22 条基本保留该条规定，只将“录音形式”修改为“录音录像”。在《民法典继承编（草案)》（2018 年 4 月征求意见稿）第 20 条则将“所立的口头遗嘱无效”修改为“所立的口头遗嘱经过三个月无效”。在《民法典继承编（草案)》（2019 年 7 月 5 日征求意见稿）第 917 条中则将“危急情况解除”修改为“危急情况消除”，并删除了“经过三个月”的表述，恢复了原有表述。此后，本条内容再无变动，直至《民法典》颁布。

本条释义内容主要阐述口头遗嘱的概念以及口头遗嘱的形式要件。

一、口头遗嘱的概念

口头遗嘱，是指遗嘱人因生命垂危或其他紧急情况不能依其他遗嘱方式立遗嘱时，口头表述遗嘱内容而由见证人予以见证的遗嘱形式。遗嘱作为一种要式法律行为，涉及遗嘱人死后财产的处分等重大事宜。遗嘱方式本在于保障遗嘱人终意的真实，故通常情况下不允许遗嘱人以口头形式设立遗嘱。但如果遗嘱人存在因生命危急、自然灾害或意外事件等来不及或难以设立自书遗嘱、代书遗嘱、打印遗嘱等情事时，如因此而致其不能设立遗嘱安排自己身后事宜，自有失公允。故各国立法通常都承认遗嘱人在紧急情况下设立的口头遗嘱。因此，口头遗嘱也被称为“紧急遗嘱”或“特别方式的遗嘱”。

二、口头遗嘱的形式要件

根据本条规定，订立口头遗嘱应当具备以下条件。

（一）须遗嘱人处于危急情况，不能以其他方式设立遗嘱

口头遗嘱，既不需要经遗嘱人之认可，又无须其亲自签名或捺印，较之其他遗嘱形式更为简便。但也正因如此，导致其极易被伪造，故在六种遗嘱形式中其真实可靠性最低。就比较法而言，通常均对订立口头遗嘱的具体情况作出明确规定。例如，依《德国民法典》第 2250 条、第 2251 条之规定，由于特殊情况与外界隔离以致在公证人前为遗嘱成为不可能或有重大困难者，处于紧迫的死亡危险中的人，在远洋航行期间处于国内港口以外的德国船舶上的人，可以订立口头遗嘱。《瑞士继承法》规定，被继承人因生命垂危、交通障碍、传染病或战争等特殊原因，不能采用其他方式订立遗嘱时，得口授遗嘱。我国台湾地区所谓“民法”第 1195 条中规定，遗嘱人因生命危急或特殊情形，不能依其他方式为遗嘱者，得为口授遗嘱。因此，为避免口头遗嘱轻易作成，遗嘱人除订立口头遗嘱时必须正处于生命垂危等危急情况，立法一般同时要求遗嘱人仅得在不能或难以用其他形式设立遗嘱时，始得设立口头遗嘱；反之，如果遗嘱人并非处于危急情况，可以通过自书、代书、录音录像、公证等其他形式订立遗嘱，自不得订立口头遗嘱或纵有危急情况，但如果依然能够以其他方式设立遗嘱的，仍然不得设立口头遗嘱。

所谓“危急情况”，是指遗嘱人因急病、重病、战争、意外灾害（包括乘坐飞机、船舶等交通工具时遇险，洪水、暴雨等自然灾害）等原因而处于生命危险之中或者因意外灾害等随时都有生命危险的客观状况，不能或难以以其他形式设立遗嘱的情况。唯此之所谓生命危急，须遗嘱人客观上处于生命垂危的相当事实状态之中，主观上也有自觉死期将至；如果遗嘱人仅凭空设想死期将近，而客观上并非处于生命有危险之状态，自不能谓为生命危急。如果遗嘱人并非处于生命垂危等危急情况或者虽处于危急情况但仍可以以其他形式设立遗嘱的，则不得订立口头遗嘱。即使遗嘱人订立了口头遗嘱，亦

属无效。

（二）须有两个以上的见证人在场见证

如前所述，口头遗嘱虽简便易行，但因其内容完全有赖于见证人之表述，实务中极易产生纠纷。因而各国继承立法无不对其适用予以严格的限制，即除了遗嘱人只有在危急情况下始可以口头形式设立遗嘱之外，且遗嘱人订立口头遗嘱还须有两个以上的见证人在场见证。若条件允许，见证人最好当场或事后记录遗嘱人口授的遗嘱内容，并由记录人、其他见证人签名，注明年、月、日。这是因为对于口头遗嘱的订立，法律并不要求书面形式。如完全靠见证人记忆，则其准确性必然会大打折扣，且不同见证人见证的内容不一致的情形也时有发生。为增强口头遗嘱的可操作性，尽量减少纠纷，见证人或于当场记录遗嘱内容，或尽快于事后书面追记、补记遗嘱人口授的遗嘱内容，并在记录上共同签名，注明年、月、日，以最大限度保证遗嘱内容的真实性。

本条要求有两个或两个以上的见证人在场见证，但口头遗嘱既然是遗嘱人处于危急情况下设立的，则未必存在两个以上的无利害关系人在场。或言之，两个以上的无利害关系的见证人未必能够觅得。即使能够觅得也可能未必愿意作为遗嘱见证人。更何况在有些危急情形下，例如“马航 MH370”“韩国岁月号沉船事件”等，所有乘客均处于生命危急之中，要订立符合法定要求的口头遗嘱更是不可能。在此情形下，应当放宽对这种特殊情形下设立的口头遗嘱的效力认定。也就是说，应对“在场”这一概念作扩张解释。遗嘱人在危急情况下以通信方式将其设立遗嘱的真实意思告知见证人的，见证人虽不在场，但只要见证人能够一致证明事发时收到遗嘱人的真实意思表示，遗嘱人设立的口头遗嘱亦应有效。[①]

（三）不存在危急情况消除后遗嘱人能够用其他方式设立遗嘱的情形

根据本条规定，危急情况消除后，遗嘱人能够以书面或者录音录像形式立遗嘱的，所立的口头遗嘱无效。也就是说，口头遗嘱的有效期限截至危急情况消除后，遗嘱人能够以书面或录音录像形式设立遗嘱时。危急情况消除后，只要遗嘱人客观上处于能够以书面或录音录像形式设立遗嘱的状态，其所立的口头遗嘱即归于无效，而不论其事实上是否以书面或录音录像形式订

① 郭明瑞：《论遗嘱形式瑕疵对遗嘱效力的影响》，载《求是学刊》2013 年第 2 期。

立了遗嘱。但根据我国司法实践经验，遗嘱人能否以其他遗嘱形式设立遗嘱，应由人民法院具体认定。如果当事人因口头遗嘱发生纠纷，则应由主张口头遗嘱无效的一方提供证据证明遗嘱人于危急情况消除后能够以其他方式设立遗嘱而未设立。

应予注意的是，口头遗嘱毕竟是遗嘱人在危急情况下作出的意思表示，故遗嘱人可能会就遗嘱中表述的相关事项缺乏足够周密细致的考虑。因此，应从法律上明确危急情况消除后多长时间内立遗嘱人应以其他形式重新设立遗嘱。关于这一时间，在《民法典》编纂过程中有学者建议，“应自危急情况消除后两周”，①《民法典继承编（草案）》（2018 年 4 月征求意见稿）第 20 条也采纳了此种建议，规定：“口头遗嘱应当有两个以上见证人在场见证。危急情况解除后，遗嘱人能够用书面或者录音录像形式立遗嘱的，所立的口头遗嘱经过三个月无效”。对此，《最高人民法院关于民法典继承编的立法建议稿》则建议表述为“危急情况解除后，遗嘱人能够用其他法律规定形式立遗嘱的，所立口头遗嘱自危急情况解除之日起经过三个月无效”。但从《民法典继承编（草案）》（2019 年 7 月 5 日征求意见稿）开始即删除了三个月有效期间的规定。最终，《民法典》并未明确规定口头遗嘱的有效期间。这就意味着一旦危急情况消除后，遗嘱人只要能够以其他方式另行设立遗嘱，所立口头遗嘱即归无效。

◎ 疑难适用

司法实务中，对口头遗嘱还可能存在以下争议：首先，在危急情况下，聋哑人能否立口头遗嘱。一种观点认为，既然其不能通过口头形式作出遗嘱意思表示，则不符合本条规定要件，不能立口头遗嘱；另一种观点则认为，从尊重遗嘱人遗嘱自由出发，应对本条所指口头遗嘱作扩张解释。也即，聋哑人在危急情况下，可以通过哑语等方式设立口头遗嘱。笔者倾向于第二种观点。理由在于，本条所指口头遗嘱，本来就是针对遗嘱人客观上不能以其他形式立遗嘱的情形而规定。对于聋哑人而言，在其已经处于不能通过其他

① 梁慧星：《中国民法典草案建议稿附理由（侵权行为编·继承编）》，法律出版社 2004 年版，第 192 页；郭明瑞：《论遗嘱形式瑕疵对遗嘱效力的影响》，载《求是学刊》2013 年第 2 期。

形式立遗嘱的危急情况下，不能仅因其身体缺陷而剥夺其立遗嘱处分遗产的自由。其次，在危急情况下，遗嘱人有条件通过录音录像形式立遗嘱时所立口头遗嘱的效力。一种观点认为，既然遗嘱人在立遗嘱时能够采用录音录像形式，则说明不存在本条所指危急情况，故遗嘱人所立口头遗嘱应为无效。笔者认为，本条所指危急情况，应采主观标准。只要遗嘱人在立口头遗嘱时，主观上认为已经处于危急情况，则其基于对危急情况错误认知所立口头遗嘱可以有效。

第一千一百三十九条　公证遗嘱由遗嘱人经公证机构办理。

◎ 主旨

本条是关于公证遗嘱的规定。

◎ 释义

本条源自原《继承法》第 17 条第 1 款“公证遗嘱由遗嘱人经公证机关办理”的规定。《民法典继承编（草案）》（2017 年 7 月 28 日室内稿）则将该款单独规定为第 23 条，并增加第 2 款“公证机构办理遗嘱公证，应当由两个以上公证员共同办理。特殊情况下只能由一个公证员办理，应当有一个以上见证人在场。公证遗嘱由遗嘱人、公证员和见证人签名，注明年、月、日”。在《民法典继承编（草案）》（2018 年 4 月征求意见稿）第 21 条则将“公证遗嘱由遗嘱人、公证员和见证人签名，注明年、月、日”的表述删除。随后的《民法典继承编（草案）》（2019 年 7 月 5 日征求意见稿）第 918 条则进一步将第 2 款“公证机构办理遗嘱公证，应当由两个以上公证员共同办理。特殊情况下只能由一个公证员办理，应当有一个以上见证人在场”的规定删除。此后，本条内容再无变化，直至《民法典》颁布。

本条释义内容主要阐述了公证遗嘱的概念以及公证遗嘱的形式要件。

一、公证遗嘱的概念

公证遗嘱是经过公证机构公证的遗嘱。具体而言，公证遗嘱是公证机构根据当事人的申请，在对当事人是否具有遗嘱能力及其所立遗嘱依法进行审查的基础上，确认遗嘱内容为遗嘱人的真实意思表示且不违反法律和社会公共利益，进而由公证机构出具公证书以对遗嘱的真实性、合法性予以证明的一种活动。公证遗嘱是形式上最为严格的遗嘱，故而较之于其他遗嘱形式更能保障遗嘱人意思表示的真实性。正因为公证遗嘱其所在明确，其方式的严格、内容的真实以及证据力之强大，远非其他遗嘱形式所能及，故为各国继承法所规定。

二、公证遗嘱的独立性

所谓“公证遗嘱的独立性”，是指公证遗嘱作为遗嘱意愿的书面载体，具有独立的意思表示价值，独立于公证书而存在。基于公证遗嘱的独立性，公证遗嘱仅受继承立法的规范，不论公证程序是否合法、具体公证环节是否符合规程，都不能因此而否定遗嘱本身的效力。司法部颁布的《公证程序规则》旨在规范公证程序事项，而公证遗嘱则受《民法典》规范，不能以公证程序或公证文件形式上的瑕疵否定遗嘱本身的效力。如2002年《公证程序规则》第38条第3款曾规定，公证证词中注明的文件是公证书的组成部分。公证书不得涂改、挖补，必须修改的应加盖公证处校对章。而公证遗嘱中的遗嘱即公证证词中注明的文件，亦即公证书的组成部分。因此，按照2002年《公证程序规则》第38条规定，即可推理公证遗嘱内容的修改必须加盖公证处的校对章方为有效。但笔者认为，如此推理即违背了公证遗嘱的独立性，公证遗嘱的效力只受民法典继承编的规范。而且，2006年《公证程序规则》已经废止了2002年《公证程序规则》，并将上述第38条的表述予以删除。

此外，还应注意公证遗嘱与遗嘱公证的区别：遗嘱公证是公证机构按照法定程序对遗嘱人事先已订立的其他形式的遗嘱的真实性予以证明的活动。而公证遗嘱则是立法明确规定的一种独立的遗嘱形式。

三、遗嘱公证的条件及要求

（一）遗嘱人须亲自办理遗嘱公证申请，不得委托他人

根据《遗嘱公证细则》第4条、第5条规定，遗嘱人申请办理遗嘱公证应当亲自到住所地或遗嘱行为发生地的公证机构提出申请。遗嘱人亲自到公证机构确有困难的，可以书面或者口头形式请求有管辖权的公证机构指派公证人员到其住所或者临时处所办理。公证人员办理遗嘱公证应当遵守回避程序，自不待言。同时，遗嘱人应当提交身份证明、遗嘱所涉及的不动产或者其他有产权凭证的财产的产权证明等材料。

（二）遗嘱人应当在公证人员面前亲自书写遗嘱或口授遗嘱内容

根据《公证程序规则》第53条规定，公证机构办理遗嘱公证，应当由二人共同办理。承办公证员应当全程亲自办理，并对遗嘱人订立遗嘱的过程录音录像。

特殊情况下只能由一名公证员办理时，应当请一名见证人在场，见证人应当在询问笔录上签名或者盖章。公证机构办理遗嘱公证，应当查询全国公证管理系统。出具公证书的，应当于出具当日录入办理信息。故应由遗嘱人在公证人员面前亲自书写遗嘱或口授遗嘱内容。遗嘱人亲笔书写遗嘱的，应当在遗嘱上亲笔签名并注明年、月、日；遗嘱人口授遗嘱内容的，由其中一名公证人员记录，然后由公证人员向遗嘱人宣读遗嘱内容，经遗嘱人确认无误后，由公证人员和遗嘱人签名，并注明年、月、日。因特殊情况由一名公证员办理时，应当有一名见证人在场，见证人应当在遗嘱和笔录上签名。见证人、遗嘱代书人适用《民法典》第1140条的规定。

（三）公证人员对与遗嘱相关的事项的真实性、合法性进行审查

公证机构应当按照《公证程序规则》第23条①的规定进行审查，并根据《遗嘱公证细则》第11条规定，着重审查遗嘱人的身份及意思表示是否真实、有无受胁迫或者受欺骗等情况。但需要特别指出的是，公证遗嘱的目的是对遗嘱制作行为的真实性、合法性的确认和证明，而非对于遗嘱内容本身的真实性、合法性的确认和证明。因此，公证机构在办理公证遗嘱时只应进行形式审查而不能对遗嘱具体内容进行实质审查。

经审查，遗嘱人身份属实，具有完全民事行为能力、遗嘱人意思表示真实、遗嘱人证明或者保证所处分的财产是其个人财产、遗嘱内容不违反法律规定和社会公共利益，内容完备，文字表述准确，签名、制作日期齐全、办证程序符合规定，公证机构应当出具遗嘱公证书。对于不符合上述条件的遗嘱，公证机构有权拒绝出具遗嘱公证书。

《遗嘱公证细则》第18条规定，公证遗嘱采用打印形式。遗嘱人应当在

---

① 该条规定："公证机构受理公证申请后，应当根据不同公证事项的办证规则，分别审查下列事项：（一）当事人的人数、身份、申请办理该项公证的资格及相应的权利；（二）当事人的意思表示是否真实；（三）申请公证的文书的内容是否完备，含义是否清晰，签名、印鉴是否齐全；（四）提供的证明材料是否真实、合法、充分；（五）申请公证的事项是否真实、合法。"

打印的公证遗嘱上签名。遗嘱人不会签名或者签名有困难的，可以盖章方式代替在申请表、笔录和遗嘱上的签名；遗嘱人既不能签字又无印章的，应当以捺手印方式代替签名或者盖章。公证人员应当在笔录中注明。以捺手印代替签名或者盖章的，公证人员还应当提取遗嘱人全部的指纹存档。公证遗嘱生效前，遗嘱卷宗不得对外借阅，公证人员也不得对外透露遗嘱内容。

◎ 疑难适用

司法实践中，对公证程序瑕疵是否影响公证遗嘱的效力问题，存在较大争议。笔者认为，遗嘱公证是公证机构根据遗嘱人的申请，依照法定程序对遗嘱人设立遗嘱行为的真实性、合法性予以证明的活动。在该证明活动中，公证程序只是手段，目的是证明遗嘱本身的真实性、合法性。换言之，如果作为公证对象的遗嘱本身具有真实性、合法性，则即便公证程序有瑕疵，一般也不影响该公证遗嘱本身的效力。而且，根据《公证法》第 39 条规定，当事人、公证事项的利害关系人认为公证书有错误的，可以向出具该公证书的公证机构提出复查。公证书的内容违法或者与事实不符的，公证机构应当撤销该公证书并予以公告，该公证书自始无效；公证书有其他错误的，公证机构应当予以更正。又根据《最高人民法院关于审理涉及公证活动相关民事案件的若干规定》第 2 条规定，当事人、公证事项的利害关系人起诉请求变更、撤销公证书或者确认公证书无效的，人民法院不予受理，告知其依照《公证法》第 39 条规定可以向出具公证书的公证机构提出复查。故当事人如认为遗嘱公证程序有瑕疵，也只能向出具公证遗嘱的公证机构提出复查，由后者决定是否撤销或变更公证书。在公证机构没有撤销或变更公证书之前，该公证遗嘱尚不能认定为无效。退一步而言，即便公证机构撤销或变更了该公证书，也不能认定该公证过的遗嘱绝对无效。事实上，即便公证书的撤销或变更，对其作为公证遗嘱的法律效力产生影响，也不妨碍该遗嘱满足其他形式遗嘱要件，而作为其他类型遗嘱的效力。只不过，一旦公证遗嘱因公证机构或其公证员在公证程序方面的过错被认定无效而给当事人、公证事项利害关系人造成损失的，则当事人、公证事项利害关系人可以根据《公证法》第 43 条、《最高人民法院关于审理涉及公证活动相关民事案件的若干规定》第 1 条规定，以公证机构为被告，主张由公证机构承担侵权责任。

第一千一百四十条　下列人员不能作为遗嘱见证人：

（一）无民事行为能力人、限制民事行为能力人以及其他不具有见证能力的人；

（二）继承人、受遗赠人；

（三）与继承人、受遗赠人有利害关系的人。

◎ 主旨

本条是关于遗嘱见证人的规定。

◎ 释义

本条源自原《继承法》第 18 条“下列人员不能作为遗嘱见证人：（一）无行为能力人、限制行为能力人；（二）继承人、受遗赠人；（三）与继承人、受遗赠人有利害关系的人”的规定。《民法典继承编（草案）》（2017 年 7 月 28 日室内稿）第 24 条基本沿袭了该条内容，只是将该条第 1 项修改为“（一）无民事行为能力人、限制民事行为能力人以及其他不具有见证能力的人”。在后续的历次《民法典》立法征求意见稿中，本条内容再无变化，直至《民法典》颁布。

本条释义内容主要阐述遗嘱见证人的概念以及遗嘱见证人的条件。

所谓遗嘱见证人，是指遗嘱人设立遗嘱时在现场见证整个过程，并且能够证明遗嘱是否属实的人。遗嘱除自书遗嘱、公证遗嘱外，其他各种形式的遗嘱均以见证人的参与见证为必要。见证人系证明遗嘱确为遗嘱人所为并出于遗嘱人的真意。由此可见，见证人之有无及其信用与遗嘱效力关系极为密切。因为遗嘱效力发生时，遗嘱人业已死亡。关于遗嘱的成立及其内容的真意如何，已无法求证于遗嘱人，只能有待于见证人证明。遗嘱见证人证明的真伪直接关系遗嘱的效力，以及对遗产的处置。遗嘱见证人如此重要，自不能不对见证人的资格加以限制。根据《民法典》规定，遗嘱人订立代书遗嘱、录音录像遗嘱、打印遗嘱、口头遗嘱时均须两个以上的见证人在场见证。

一、遗嘱见证人的条件

遗嘱见证人须能够客观公正地证明遗嘱的真实性，应当满足以下条件。

（一）具有完全民事行为能力

如前所述，遗嘱见证人乃证明遗嘱是否确为遗嘱人所为及是否出于遗嘱人真意之人。其参与见证关系到遗嘱的效力、遗产的处置以及遗嘱人遗愿的实现。所以，只有完全民事行为能力人始可当之。无民事行为能力人、限制民事行为能力人缺乏足够的对此重要事项的理解和判断能力，自不得充任见证人。

（二）与继承人、受遗赠人无利害关系

与继承人、受遗赠人有利害关系之人虽与遗嘱内容及遗产继承并无关系，但如果其作为见证人，不免有知悉遗嘱内容之机会，且易受利益驱使而作不真实的见证，有违见证人应客观公正证明遗嘱真实性的要求，故不得作为见证人。

（三）具有见证遗嘱所必要的见证能力

遗嘱见证人虽不必同时具备听、说、读、写能力，也无须对文化知识水平有硬性要求，但一般应具备理解遗嘱内容和遗嘱人真意的意思能力和表达能力，否则难以胜任见证遗嘱事宜。

二、遗嘱见证人的缺格

所谓遗嘱见证人的缺格，是指法律明确规定不得作为遗嘱见证人的人。根据本条规定，下列人员不能作为遗嘱见证人。

（一）无民事行为能力人、限制民事行为能力人以及其他不具有见证能力的人

如前所述，无民事行为能力人、限制民事行为能力人不得作为见证人。鉴于见证人是证明遗嘱内容为遗嘱人真实意愿的证人，故见证人是否具有完全民事行为能力应以见证遗嘱时为准。见证人见证遗嘱时具有完全民事行为能力，其后即使丧失民事行为能力，也并不影响遗嘱见证的效力。反之，见

证遗嘱之时不具有完全民事行为能力，纵其后具有完全民事行为能力，也并不能发生遗嘱见证的效力。有观点认为，遗嘱见证人应当具备见证遗嘱的能力，会识字、写字，能够理解遗嘱所载内容的含义，因此即使见证遗嘱之时具有完全民事行为能力，但不具有见证能力者，亦不得作为遗嘱见证人。完全民事行为能力人是否具有见证遗嘱的能力需要根据个案具体认定。所以，盲人、文盲不能作为遗嘱见证人，而聋哑人不能作为录音遗嘱、口头遗嘱的见证人。① 笔者认为，该观点过于绝对。现实生活中，遗嘱见证人的担任很多时候具有偶然性，特别是在口头遗嘱、录音录像遗嘱场合，遗嘱内容完全由遗嘱人自行口头陈述，根本就没有文字记载。在此情形下，如果刚好有盲人、文盲在场，只要其具备理解遗嘱内容和判断遗嘱人立遗嘱是否为真意表示的能力，就应具备遗嘱能力，可以作为遗嘱见证人。

（二）继承人、受遗赠人

继承人、受遗赠人与遗嘱继承本身存在直接的利害关系，其作为见证人更难以确保遗嘱内容的真实性、公正性，且易生纷争。所以，继承人与受遗赠人不得作为遗嘱见证人。

需要讨论的问题是，本条规定的“继承人”是否包括全体法定继承人抑或仅限于遗嘱内容中所涉及的法定继承人？有观点认为，该条中的继承人应限定在遗嘱指定的继承人，而非所有的法定继承人，其他继承人因不是遗嘱继承人而不属于该条所指不能担任遗嘱见证人的继承人。理由在于，只有遗嘱指定的继承人才与遗嘱有直接受益的利害关系。笔者认为，所有继承人都与遗嘱有利害关系，都可能因遗嘱而间接受益或受损。就间接受益而言，如果遗嘱指定的继承人是子女，则该子女按遗嘱继承的遗产将成为其财产的一部分，而这部分财产将来就有可能成为其遗产被遗嘱人的配偶以父母身份继承，从而没有被遗嘱指定为继承人的配偶就因遗嘱而间接受益。同理，在遗嘱指定配偶为继承人时，没有被遗嘱指定为继承人的子女也会因此而间接受益。类似情况还有，如果遗嘱人指定父母为继承人，则父母按照遗嘱继承的遗产将可能被遗嘱人的兄弟姐妹以第一顺序继承人的身份继承，从而没有被遗嘱指定为继承人的兄弟姐妹就因遗嘱也间接受益。在因遗嘱而受益的情况下，遗嘱见证人会尽力证明遗嘱的有效，从而影响其居中客观公正。至于间

① 彭诚信：《继承法》，吉林大学出版社 2000 年版，第 158 页。

接受损情形来说，如果遗嘱指定第二顺序继承人为继承人，则第一顺序继承人就因未被指定或无法依法定继承继承而受损。故即便让未被遗嘱指定的继承人为遗嘱见证人，也可能因其利益受损也会影响其遗嘱见证的公正性。例如，在因遗嘱而受损的情况下，遗嘱见证人可能会采取使遗嘱届时不能生效的措施。因此，无论继承人是否被遗嘱指定为继承人，都不能作为遗嘱见证人。①

也就是说，《民法典》第1127条及第1128条规定的本位继承人与代位继承人均不得作为遗嘱见证人。因为利害关系既包括受益的利害关系也包括受损的利害关系。无论遗嘱内容对某继承人有利抑或无益，继承人均有可能对遗嘱人订立遗嘱施加不正当的影响或在继承纠纷中对遗嘱相关内容作出不实见证，进而影响甚至损害遗嘱继承人的合法权益。

（三）与继承人、受遗赠人有利害关系的人

与继承人、受遗赠人有利害关系的人，是指继承人、受遗赠人能否取得遗产以及取得多少遗产能够直接影响其利益的人。根据《民法典继承编解释（一）》第24条规定，继承人、受遗赠人的债权人、债务人，共同经营的合伙人，也应当视为与继承人、受遗赠人有利害关系，不能作为遗嘱的见证人。值得注意的是，对于该条的理解，不能认为是对遗嘱见证人的完全列举。如司法实践中就有裁判认为，“见证人与继承人为唯一股东和出资人的公司存在雇佣关系。故法院认为，该见证人与继承人之间存在利害关系，其作为代书遗嘱的见证人导致该代书遗嘱违反法定形式要件而无效”。②

三、缺格见证人见证遗嘱的效力

如果有缺格的见证人参与见证遗嘱，那么遗嘱的效力是否必为无效？抑或除缺格者外，其他见证人仍能满足法定的见证人的人数要求时，该遗嘱仍为有效？有观点认为，不具有见证资格的见证人如为代书遗嘱的代书人或口头遗嘱的记录人时，即使其他见证人符合法定见证人的人数要求，该遗嘱仍

① 肖峰：《遗嘱继承若干实务问题研究》，载最高人民法院民事审判第一庭编：《民事审判指导与参考》（总第87辑），人民法院出版社2022年版。

② 参见北京市第二中级人民法院（2016）京02民终字第3817号民事判决书。

然无效。通说认为，不必作此区分。凡除去缺格见证人外，其他见证人仍能符合法定见证人的人数要求的，遗嘱之要件即已具备，自应认定遗嘱有效；反之，应以遗嘱形式要件的欠缺而认定无效。也就是说，不具有遗嘱见证人资格的人并非不能参与遗嘱见证。例如，设立代书遗嘱时，有三个见证人在场见证，其中一人为“与继承人有利害关系的人”，但仍有两个具有见证资格的见证人在场见证。该代书遗嘱只是该缺格见证人的见证无效而已，其他两个见证人的见证仍为有效，仍然符合法定的形式要件，应认定有效。

◎ 疑难适用

司法实务中，对与继承人、受遗赠人共同经营的合伙人，是否一律不能担任遗嘱见证人，存在争议。例如，有观点认为，对《民法典继承编解释(一)》第24条文义解释可知，该条中的合伙人并未作例外规定，故只要是与继承人、受遗赠人共同经营的合伙人就不能担任遗嘱见证人。笔者认为，在我国现行法律体系中，合伙人分为合伙企业中合伙人和合伙合同中的合伙人两大类。根据《合伙企业法》有关规定，合伙企业中的合伙人分为普通合伙人、有限合伙人以及特殊普通合伙人。其中普通合伙人参与合伙企业经营，对合伙企业债务承担无限连带责任，特殊普通合伙人在执业活动中因故意或者重大过失造成合伙企业债务的，应当承担无限责任或者无限连带责任，其他合伙人以其在合伙企业中的财产份额为限承担责任。在执业活动中非因故意或者重大过失造成的合伙企业债务以及合伙企业的其他债务，由全体合伙人承担无限连带责任。至于有限合伙人则不参与合伙经营，仅以其认缴的出资额为限对合伙企业债务承担责任。故有限合伙人对合伙企业债务不承担无限责任。相应地，也与其他合伙人之间就合伙企业债务不承担无限连带责任。由此可见，合伙企业形态下，除了有限合伙人，其他合伙人之间都可能要对合伙企业债务承担连带责任。换言之，任何一个合伙人（不包括有限合伙人）自身责任财产的多少都将影响到其他合伙人的实际债务承担，故合伙人（不包括有限合伙人）之间存在经济上利害关系。至于合伙合同形态下的合伙人，根据《民法典》第973条规定，合伙人对合伙债务承担连带责任。清偿合伙债务超过自己应当承担份额的合伙人，有权向其他合伙人追偿。故合伙合同形态中的合伙人之间也存在经济上的利害关系。综上，除了不与其他合伙人共同经营的有限合伙人之外，其他合伙人（无论是否共同经营）之间都可能对外承担无限连带责任，都会存在上述继承人、受遗赠人的债权人、债务人一样的风险，故也应将其排除出遗嘱见证人范围。[①]

① 参见最高人民法院关于《最高人民法院关于适用〈中华人民共和国民法典〉继承编的解释（一）》第24条的解读，载最高人民法院民事审判第一庭编著：《最高人民法院民法典继承编司法解释（一）理解与适用》，人民法院出版社2022年版，第213页。

第一千一百四十一条 遗嘱应当为缺乏劳动能力又没有生活来源的继承人保留必要的遗产份额。

◎ 主旨

本条是关于遗嘱继承中必留份的规定。

◎ 释义

本条源自原《继承法》第19条“遗嘱应当对缺乏劳动能力又没有生活来源的继承人保留必要的遗产份额”的规定。《民法典继承编(草案)》(2019年7月5日征求意见稿)第920条将其中“对”字修改为“为”字,其他内容均沿袭原条文的规定。虽然《最高人民法院关于民法典继承编的立法建议稿》中曾建议本条增加两款“即使遗产不足以清偿债务,也应当为其保留适当遗产,剩余遗产再用于清偿债务。继承人是否缺乏劳动能力又没有生活来源,应按遗嘱生效时该继承人的具体情况确定”,但立法者并未采纳。此后,本条内容再无变动,直至《民法典》颁布。

本条释义内容主要阐述必留份的概念与价值、必留份与特留份的区别以及遗嘱侵害必留份的法律后果。

任何人都有处分自己财产的自由。相应地,遗嘱人也有立遗赠处分自己身后财产的自由。这也是世界各国立法的主流思想。但是任何自由都不是绝对的、毫无限制的,遗嘱自由也不例外。如黑格尔所言,遗嘱是死者的任性,弊端累累,法律可以承认遗嘱的效力,但是不能把赤裸裸的直接任性作为立遗嘱权的原则。① 世界各国无论是大陆法系国家还是英美法系国家,也无论是资本主义国家还是社会主义国家,均通过一定的制度设计对被继承人通过遗嘱处分其个人财产的自由予以一定的限制。此种制度设计即为特留份、必继

① [美] E. 博登海默:《法理学——法律哲学与法律方法》,邓正来译,中国政法大学出版社1999年版,第282页。

份、保留份等制度。在此种制度下，遗嘱人必须为其血亲继承人以及其他相关继承人保留一定的遗产份额，此种份额不因遗嘱而被取消。

一、必留份的概念与价值

所谓“必留份”，是指遗嘱应当为缺乏劳动能力又没有生活来源的继承人保留必要的遗产份额。根据《民法典继承编解释（一）》第25条规定，遗嘱人未保留缺乏劳动能力又没有生活来源的继承人的遗产份额，遗产处理时，应当为该继承人留下必要的遗产，剩余的部分才可参照遗嘱确定的分配原则处理。继承人是否缺乏劳动能力又没有生活来源，应当按遗嘱生效时该继承人的具体情况确定。即应以继承开始时继承人是否为缺乏劳动能力又无生活来源的人为准，而不能以遗嘱人订立遗嘱时的继承人状况为准。遗嘱人订立遗嘱时继承人虽为缺乏劳动能力又无生活来源的人，但于继承开始时已具有劳动能力或有生活来源，则不应为其保留必要的遗产份额；反之，遗嘱人订立遗嘱时继承人虽有劳动能力或生活来源，但于继承开始时缺乏劳动能力又无生活来源的，仍属于应为其保留必要遗产份额的继承人。

法定继承人要获得必要的遗产份额必须同时满足两个条件：一为缺乏劳动能力；二为缺乏或没有生活来源，即实行“双缺乏”原则。所谓“缺乏劳动能力”，是指尚不具备劳动能力的未成年人和因年老、疾病或残疾等原因丧失体力生产行为能力。而所谓“没有生活来源”，是指继承人本身不具备独立维持个人最低物质生活水平的经济条件，自身并无任何生活来源或是其他抚养人的存在，① 在被继承人生前依靠被继承人生活。② 其理由在于：首先，就必留份的功能角度而言，必留份制度的价值核心就在于通过限制遗嘱人遗嘱

---

① 如司法实践中有裁判即认为：“《继承法》第19条规定的内容，针对的对象是既缺乏劳动能力又没有生活来源的继承人，其目的在于确保这类主体健康生活的延续性。具体到本案而言，继承人在被继承人去世时虽然是未成年人，但是在被继承人夫妻离婚后，继承人一直跟随母亲生活，并非没有生活来源。”参见四川省成都市中级人民法院（2019）川01民终17905号民事判决书。“继承人目前在初中阶段就读，身体患病，未成年人生活来源依靠父母，母亲虽然去世，尚有父亲对其抚养照顾。其父亲虽然没有固定工作，但并不能得出没有经济来源的结论。其父正值壮年，理应通过自己的劳动创造收入，尽到对未成年子女抚养的法定义务，故本案继承人不属于无生活来源的继承人。”参见北京市第二中级人民法院（2019）京02民终9943号民事判决书。

② 参见福建省高级人民法院（2019）闽民申1464号民事裁定书。

自由，强制保留给有生活困难的继承人一定的遗产以维持其生活，从而能实现继承的扶老育幼功能。如果特定继承人虽然没有劳动能力，但其名下有足够的财产或有扶养能力的扶养义务人对其进行扶养，则其因生活无忧已不属于必留份制度的适用对象。其次，就文义解释角度而言，《民法典》第1141条关于必留份的适用对象为“缺乏劳动能力又没有生活来源”的继承人。缺乏劳动能力即意味着客观上没有从事有偿劳动的能力。换言之，就是不能通过付出劳动获得生活来源。也即缺乏劳动能力在解释上已经包含没有生活来源中的一种情况。现在立法者将“没有生活来源”与“缺乏劳动能力”并列，根据体系解释可知，这里的“没有生活来源”应作狭义解读，即不包括不能通过自身劳动获得生活来源的情形。故在自身有财产足以维持生活或其扶养义务人有扶养能力的情形下，不能还以自身无法通过劳动获得生活来源作为必留份主张依据。最后，在继承人不能通过自身劳动获得生活来源且不具备维持基本生活的财产的情形下，如果其存在具有扶养能力的扶养义务人，则完全可以通过依法请求扶养义务人支付扶养费获得生活来源，而不必限制遗嘱人的遗嘱自由强行为其保留必留份。这种理解也可从其他相关规定得到印证。例如，《民法典》第1067条规定的“不能独立生活的成年子女”的内容在《民法典婚姻家庭编解释（一)》第41条则解释为“尚在校接受高中及其以下学历教育，或者丧失、部分丧失劳动能力等非因主观原因而无法维持正常生活的成年子女”，这里的“不能独立生活”与“没有生活来源”基本同义。①

必留份既是被继承人与继承人之间扶养关系的体现，也是维持家庭成员之间亲情人伦关系的需要。继承人的继承权和继承人与被继承人之间的扶养关系是密切关联的。继承权的产生以家庭成员间的亲属身份为前提，扶养职能是家庭的基本职能，继承是亲属之间相互扶养权利义务的延伸。法律规定必留份的意义在于：一是可以对遗嘱自由予以一定的限制；二是有利于保护那些缺乏劳动能力又无生活来源的继承人的利益；三是可以减轻社会负担，以防遗嘱人将应由家庭承担的义务转移给社会。

---

① 肖峰：《遗嘱继承若干实务问题研究》，载最高人民法院民事审判第一庭编：《民事审判指导与参考》（总第87辑），人民法院出版社2022年版。

二、必留份与特留份的区别

在我国《民法典》编纂过程中，大多数学者均建议我国《民法典》应规定特留份制度，但遗憾的是最终《民法典》并未规定。对于原《继承法》第19条所规定的“必要的遗产份额”的性质是否属于传统继承法上的“特留份”制度，学者间甚有争议。有学者认为，我国原《继承法》第19条关于必要的继承份额的规定就是我国继承法中的“特留份”制度。① 还有学者则认为，我国原《继承法》并未规定特留份制度。原《继承法》第19条虽与大陆法系国家的特留份制度存在某些共同之处，如都是为了保证一定范围内的法定继承人获得一定份额的遗产而设立，都在某种程度上对遗嘱自由起着限制作用，但其差异也至为明显。② 无论是主体的范围，还是份额的确定上以及对遗嘱自由的限制程度等方面均较之特留份制度有着较大的差距。

实际上，我国原《继承法》中的必要遗产份额（即“必留份”）并非“特留份”。其将继承人的劳动能力和经济状况作为确定享有份额的标准，虽在某种程度上限制了遗嘱人的遗嘱自由，但无法防止遗嘱人通过生前赠与的方式损害继承人利益情况的发生。此外，从适用范围上看，我国继承法中的必要遗产份额不仅适用于遗嘱继承，而且也适用于法定继承，③ 但特留份制度仅适用于遗嘱继承。我国继承法并未规定特留份制度，本条规定的必留份虽与大陆法系国家的特留份制度有某些共同之处，如均为保证一定范围内的法定继承人获得一定份额的遗产而设立，都是对遗嘱自由的限制，其所保留的份额也均为遗产的一部分，但其差异至为明显：

首先，虽然特留份权利人和必要遗产份额的享有者都只是遗嘱人的法定继承人的一部分，但特留份权利人的范围规定得较为宽泛。只要是法定继承人，不管其有无劳动能力、有无生活来源，即使继承人是亿万富翁，也均为特留份权利人。而在我国只有继承开始时缺乏劳动能力且无生活来源的继承人方可获得必要的遗产份额，其范围明显小于特留份权利主体的范围。

---

① 刘春茂、陈跃军：《完善我国继承法的几点建议》，载《南开大学学报》1993年第4期。

② 刘春茂：《中国民法学·财产继承》，人民法院出版社2008年版，第321页。

③ 如《民法典》第1159条规定：“分割遗产，应当清偿被继承人依法应当缴纳的税款和债务；但是，应当为缺乏劳动能力又没有生活来源的继承人保留必要的遗产。”

其次，每一个遗嘱继承都会发生特留份问题，而在我国只有在继承开始时存在缺乏劳动能力而又无生活来源的继承人，才会发生必要的遗产份额问题。国外立法规定特留份制度是为了限制遗嘱人的遗嘱自由，而我国的必要遗产份额制度，其立法初衷并不在于限制遗嘱自由，而是为了减轻社会负担，让家庭承担起养老育幼的职能。

再次，各国关于不同继承顺序法定继承人的特留份份额的规定是确定的，都是其应继份的一定比例。而我国继承法中的必要的遗产份额的标准则是不确定的。它既可以等于法定继承人的平均份额，也可以多于或少于平均份额，至于其具体为多少，则往往由法院根据遗产的总价值和继承人的具体情况来确定，没有一个固定的标准，因而在实务中不易操作。

最后，从实务上看，缺乏劳动能力而又没有生活来源的继承人在现实生活中，往往很少存在。如果继承人中并无缺乏劳动能力又没有生活来源的继承人，也就意味着被继承人可以自由处分其全部遗产给他人，而不必留给继承人任何财产。如此一来，既有违家庭的基本伦理，也不利于家庭关系之稳定。

实际上，我国原《继承法》中的“必留份”是受苏联等一些社会主义国家继承法中的“必继份”制度的影响。苏联等一些社会主义国家为了保障遗嘱人近亲属的利益，限制遗嘱人自由处分其遗产的权利，设立了必继份制度。如《苏联民法典》第535条规定：被继承人的未成年子女或无劳动能力的子女，以及无劳动能力的配偶、父母和依靠死者生活的人，不论遗嘱内容如何，都继承不少于依法定继承时他们每人应得份额（必继份额）的2/3。《捷克斯洛伐克民法典》第479条规定：未成年的下辈亲属应当得到不得少于他们的法定应继份；成年的下辈亲属不得少于他们的法定应继份的3/4。遗嘱与这项规定抵触的，遗嘱无效。《匈牙利民法典》第665条规定：后代和配偶的必继份应当相当于他们作为法定继承人本应享受的遗产的半数。必继份与我国的必留份基本类似，都是社会主义国家为了充分发挥家庭养老育幼的职责，以减轻社会负担而设立的法律制度。两者均只适用于在劳动能力以及生活能力、经济状况等方面存在欠缺的法定继承人，且于法定继承与遗嘱继承均有其适用。但是，苏联等国家的必继份制度较之我国《继承法》的必留份有所完善：首先，必继份如同特留份一样，明确规定了具体而确定的份额标准，即应继份的一定比例；其次，必继份适用的主体范围较之必留份更加宽泛，从而更接近于特留份。因此，必继份较之必留份更加接近特留份制度，但与特留份制度仍有一定的距离。对于必留份而言，其仅针对缺乏劳动能力且无生活来源的法定继承人。也就是说，法定继承人要获得必要的遗产份额必须同时满足两个条件：一为缺乏劳动能力；二为缺乏或没有生活来源，即实行“双缺乏”原则。有劳动能力而没有生活来源的或者虽缺乏劳动能力但有生活来源的继承人均不在此列。究其目的，在于保障因被继承人的死亡而生活陷入困难的缺乏劳动能力又没有生活来源的继承人的生活，以免增加社会负担。

三、遗嘱侵害必留份的法律后果

如前所述，只有在继承开始时属于缺乏劳动能力又无生活来源的继承人才享有必留份权。如果遗嘱人在遗嘱中并未为缺乏劳动能力又无生活来源的继承人保留必要的遗产份额，则遗嘱即因违反本条规定而侵害了必留份权利人的必留份权，遗嘱部分无效。如在2015年最高人民法院发布第十批指导性案例之案例50号中，审理法院认为，“如果夫妻一方所订立的遗嘱中没有为胎儿保留遗产份额，因违反《继承法》第19条规定，该部分遗嘱内容无效”。[①]“依照《继承法》第19条之规定，应当在遗嘱人的遗产中为缺乏劳动能力又无生活来源的继承人保留必要的份额，故该遗嘱因违反法律强制性规定，属于部分无效”。[②]

此外，应需注意的是，如果遗嘱人仅在遗嘱中对缺乏劳动能力又无生活来源的继承人今后的生活作出了某种安排，而未涉及相应遗产的，并不属于为其保留必要的遗产份额。如实践中有裁判即认为，“尽管遗嘱对缺乏劳动能力又没有生活来源的继承人今后的生活作出了安排，但遗嘱中的安排并不涉及遗产本身的处理，当然也不存在为缺乏劳动能力又没有生活来源的继承人保留相应的遗产份额，仅仅是对其今后生活的安排。而继承法及司法解释明确规定的是‘对缺乏劳动能力又没有生活来源的继承人保留必要的遗产份额’，此处的‘遗产’是指被继承人死亡时遗留的个人合法财产，而案涉遗嘱中的对朱某杰今后生活的安排显然与继承法及司法解释规定的‘遗产’并不

① 载《最高人民法院公报》2015年第10期。相同裁判还有山东省青岛市中级人民法院（2020）鲁02民终7130号民事判决书。

② 参见河南省南阳市中级人民法院（2017）豫13民终4298号民事判决书；湖南省株洲市中级人民法院（2018）湘02民终1300号民事判决书。

等同”。①

应予指出的是，《民法典》对于缺乏劳动能力又没有生活来源的人的认定标准以及遗嘱人应为“双缺乏”继承人保留的遗产份额的比例为多少始属“必要”均缺乏具体明确的可操作性。对此，有学者主张我国继承法应将“必要的遗产份额”确定为死者遗产总额的2/3或1/2。② 笔者认为，既然“必留份”制度的功能在于保障家庭扶养义务的延续，因此可参照我国相关司法实践所确立的标准，如《最高人民法院关于审理人身损害赔偿案件适用法律若干问题的解释》中关于被扶养人生活费的确定标准，作为确定必要遗产份额的标准。如此，既保持了一定的灵活性又具有可操作性，也在一定程度上平息了必留份缺乏具体可操作的标准的诟病。

◎ 疑难适用

司法实务中，关于未为缺乏劳动能力又无生活来源继承人保留必留份的遗嘱效力问题争议较大。根据《民法典》第1141条的文义可知，该条并未明确违反保留必留份规定的相应法律后果，属于不完全法条。由此，实务中对此类遗嘱的效力，存有争议：一种观点认为，《民法典》第1141条是效力性强制性规定，基于遗嘱内容的整体性，违反该条规定的遗嘱应当认定为无效；另一种观点则认为，遗嘱自由与必留份限制之间应有所平衡。一旦认定遗嘱无效，则遗产只能按法定继承，这明显违背了遗嘱人专门立遗嘱的初衷。而且，必留份制度也只是保证缺乏劳动能力又无生活来源继承人可以得到必要的遗产而非全部，故对剩余部分遗产原则上仍可按遗嘱人意愿处理。也即，即使因违反本条规定而侵害了必留份权利人的必留份权，遗嘱也仅为部分无效。对此，2015年最高人民法院发布第十批指导性案例之案例50号也持同样观点。最后，需要补充说明的是，虽然该指导性案例50号指向的为胎儿保留必要份额，但并不等于胎儿就一定可以主张必留份。既然必留份制度是为保障那些缺乏劳动能力又没有生活来源的继承人的生活问题，那么在继承人（例如胎儿）有生活来源、例如受赠巨额财产的情形下，就不符合必留份适用对象要求，没有必要适用本条还给其保留必要的遗产份额。

---

① 参见重庆市高级人民法院（2018）渝民再56号民事判决书。

② 刘春茂：《中国民法学·财产继承》，人民法院出版社2008年版，第326页。

第一千一百四十二条　遗嘱人可以撤回、变更自己所立的遗嘱。

立遗嘱后，遗嘱人实施与遗嘱内容相反的民事法律行为的，视为对遗嘱相关内容的撤回。

立有数份遗嘱，内容相抵触的，以最后的遗嘱为准。

◎ 主旨

本条是关于遗嘱撤回、变更以及数份内容相抵触的遗嘱效力的规定。

◎ 释义

本条源自原《继承法》第 20 条“遗嘱人可以撤销、变更自己所立的遗嘱。立有数份遗嘱，内容相抵触的，以最后的遗嘱为准。自书、代书、录音、口头遗嘱，不得撤销、变更公证遗嘱”的规定。在《民法典继承编（草案）》（2017 年 7 月 28 日室内稿）第 26 条中将“撤销”修改为“撤回”；将“自书、代书、录音、口头遗嘱，不得撤销、变更公证遗嘱”删除，代之以“立遗嘱后，遗嘱人实施与遗嘱内容相反行为的，视为对遗嘱相关内容的撤回”。在此后的历次《民法典》立法征求意见稿中，本条内容均再无变动，直至《民法典》颁布。

本条释义内容主要阐述遗嘱撤回与变更的概念和特点、遗嘱撤回与变更的要件、数份内容相抵触的遗嘱之间以最后的遗嘱为依据的理据。

遗嘱人立遗嘱之目的即在于实现遗嘱人的遗愿，而法律所尊重和保护的也应为反映遗嘱人真实意愿的遗嘱。现实生活中，因遗嘱人作成遗嘱之时与其效力发生之时，通常有很长的时间间隔，故其间诸多情事不免发生变化。进而，遗嘱人此前所为之遗嘱内容也不免因情事之变化而被撤回或有所变更。此时，如果不允许遗嘱人撤回或变更其遗嘱，显然有违遗嘱制度之本旨。罗马法上也素有“死者的意思迄于生命最后存在为可动的”原则。更何况于一般民法法理，在意思表示生效之前，表意人尚可撤回或变更其意思表示。故规定遗嘱人有撤回或变更其所立遗嘱之自由应属当然。

一、遗嘱变更与撤回的概念和特点

遗嘱是在遗嘱人死亡之后才发生法律效力的单方民事法律行为，只需要遗嘱人作出单方意思表示即可。在遗嘱人死亡之前，遗嘱人可以变更或者撤回其所立的遗嘱。

所谓遗嘱撤回，是指遗嘱人于订立遗嘱之后，遗嘱尚未生效之前，依法律规定所实施的使遗嘱归于无效的单方民事法律行为。应予说明的是，原《继承法》第 20 条第 1 款规定，遗嘱人可以撤销自己所立的遗嘱。本条规定则将“撤销”改为“撤回”。这是因为撤销一般是指对已生效之民事法律行为予以废除，而对于尚未生效之民事法律行为自不发生撤销的问题。

所谓遗嘱变更，是指遗嘱人在遗嘱设立后对遗嘱中所记载内容依法进行部分改变的单方民事法律行为。本条关于遗嘱变更的表述与原《继承法》第 20 条第 1 款规定，并无不同。

遗嘱撤回与变更虽在本条中一并规定，但两者仍既有相同点，也有不同之处。共同点在于：首先，遗嘱人可以根据自己意愿自由行使遗嘱撤回或变更的权利，不需要经过任何人的同意或批准；其次，遗嘱的撤回与变更与遗嘱设立一样，都是遗嘱人处分自己身后财产的意思表示，必须要遗嘱人亲自实施该行为，而不允许委托他人进行撤回或变更；再次，遗嘱的撤回或变更没有法定时间限制，遗嘱人在生前任何时候均可以对遗嘱进行撤回或变更；最后，遗嘱撤回或变更时，遗嘱人必须具有遗嘱能力，也即遗嘱人在实施遗嘱撤回或变更行为时，必须具有完全民事行为能力。不同之处在于：遗嘱撤回，遗嘱人撤回的对象是遗嘱的全部内容，是遗嘱人对所立遗嘱全部内容的撤回。而遗嘱变更仅是遗嘱人对于遗嘱内容的部分变动，是对遗嘱内容的部分撤回。

二、遗嘱撤回与变更的要件

（一）遗嘱人撤回或变更遗嘱时须具有遗嘱能力

遗嘱人订立遗嘱时须具有遗嘱能力。同样，遗嘱人撤回或变更遗嘱时亦须具有遗嘱能力，否则遗嘱的撤回或变更无效。但遗嘱人撤回或变更遗嘱后丧失遗嘱能力的，不影响遗嘱变更或撤回的效力。所谓遗嘱能力，即遗嘱人实施订立遗嘱行为所应具备的民事行为能力。而根据《民法典》第1143条第1款的规定，无民事行为能力人或限制民事行为能力人所立遗嘱无效。可见，我国的遗嘱能力应等同于完全民事行为能力。就此而言，国外立法有不同规定，例如《日本民法典》第961条规定已满15岁的人有遗嘱能力。而根据该法第4条规定，满20岁才为成年。

（二）遗嘱人撤回或变更遗嘱的意思表示真实

遗嘱人撤回或变更遗嘱须为其真实的意思表示。对于遗嘱人因受欺诈、胁迫等事由为撤回或变更遗嘱意思表示的，遗嘱人可依法行使撤销权，从而不发生遗嘱撤回或变更的法律效力。同时，根据《民法典》第1125条规定，继承人或受遗赠人以欺诈、胁迫手段迫使或者妨碍被继承人设立、变更或者撤回遗嘱，情节严重的，丧失继承权或受遗赠权。

（三）遗嘱人变更遗嘱须符合法定的遗嘱形式

遗嘱人固然有变更其所立遗嘱的自由，但遗嘱的订立，既为要式行为，则其变更自然也须依一定的方式为之，藉以确保变更遗嘱乃出于遗嘱人的真实意思。遗嘱的变更虽然应以一定的方式为之，但不必以与被变更的遗嘱采用同样的方式。只要满足各种遗嘱形式要件，以任何一种遗嘱方式变更均无不可。例如，前遗嘱为自书遗嘱，遗嘱人其后变更遗嘱则不妨以代书遗嘱、公证遗嘱、录音录像遗嘱等为之，但必须符合其法定形式，否则不发生变更的效力。这里需要注意的是，对遗嘱人撤回遗嘱则没有法定遗嘱形式的要求。理论上，遗嘱人通过口头或书面等形式作出撤回遗嘱的意思表示即可。对此，从本条第2款“立遗嘱后，遗嘱人实施与遗嘱内容相反的民事法律行为的，视为对遗嘱相关内容的撤回”的规定，也可以得到印证。

三、遗嘱撤回的形式

遗嘱人生前可以明示或默示的形式撤回遗嘱，即遗嘱撤回的形式包括明示形式与推定形式。明示撤回遗嘱包括销毁遗嘱、涂销遗嘱以及后订立遗嘱撤回前订立遗嘱等形式，但必须于撤回遗嘱中明确表示撤回前遗嘱的意思，否则只有在与前遗嘱相抵触的部分发生撤回的效力。默示撤回遗嘱主要由遗嘱人生前对遗嘱标的物进行再处分而实现，这也是遗嘱未生效前遗嘱人并未丧失对自己财产的处分权的体现。如原《继承法意见》第39条规定：“遗嘱人生前的行为与遗嘱的意思表示相反，而使遗嘱处分的财产在继承开始前灭失、部分灭失或所有权转移、部分转移的，遗嘱视为被撤销或部分被撤销”。例如，遗嘱人先立遗嘱将某房屋遗赠给法定继承人以外的甲，嗣后又将该栋房屋赠与乙。此即为遗嘱人的行为与遗嘱相抵触，遗嘱中关于该栋房屋的部分应视为被撤回。又如，遗嘱人立遗嘱将房屋遗赠给某人后，又于该房屋上设定抵押权。此时，虽两者之间有抵触，但对于此附抵押权的房屋遗赠依然有效。唯如果该抵押权于遗嘱人死亡前被实现，因该房屋已归第三人，此时关于该房屋的遗嘱内容应视为被撤回。故本条第 2 款规定，立遗嘱后，遗嘱人实施与遗嘱内容相反的民事法律行为的，视为对遗嘱相关内容的撤回。

这里需要注意的是，本条与原《继承法》第 20 条相比，增加了第 2 款“立遗嘱后，遗嘱人实施与遗嘱内容相反的民事法律行为的，视为对遗嘱相关内容的撤回”，该款源自原《继承法意见》第 39 条“遗嘱人生前的行为与遗嘱的意思表示相反，而使遗嘱处分的财产在继承开始前灭失，部分灭失或所有权转移、部分转移的，遗嘱视为被撤销或部分被撤销”。但与原《继承法意见》第 39 条表述不同的是，后者中用的是“行为”并未区分民事法律行为还是事实行为。对此，本条用的是民事法律行为。也即文义解释而言，似乎本条已经将事实行为排除在外，但不排除遗嘱人以拆除房屋等方式消灭房屋的物权。这样，也应视为对遗嘱相关内容的撤回。相应法律依据为《民法典》第 231 条“因合法建造、拆除房屋等事实行为设立或者消灭物权的，自事实行为成就时发生效力”的规定。因此，笔者认为，实务中仍应采原《继承法意见》第 39 条中“遗嘱人生前的行为”的广义表述，将遗嘱人的事实行为纳入其内。例如，遗嘱人将遗嘱中已载明由他人继承或遗赠给他人的房屋，实施拆除这一事实行为，则根据上述《民法典》第 231 条规定，该房屋所有权消灭。进而，该行为也可视为对遗嘱中上述内容的撤回。

四、遗嘱撤回的撤销

所谓遗嘱撤回的撤销，是指遗嘱人立有遗嘱后，依照法律规定将该遗嘱撤回，之后又将撤回遗嘱的行为再行撤销。大多数国家和地区的继承法律制度都规定遗嘱人立有数份遗嘱，后一遗嘱否定前一遗嘱。如果遗嘱人订立一遗嘱后，复又订立第二遗嘱否定了前立遗嘱，之后复又订立第三遗嘱，则其否定了第二遗嘱。对此，遗嘱的撤回，复经撤销时，原遗嘱系第一遗嘱是否当然回复其效力不无疑问。在罗马法撤回遗嘱行为的撤销，能使原遗嘱复活。现代各国或地区主要有以下三种继承法律制度。

（一）效力恢复主义

该种立法主义认为，前立遗嘱被第二遗嘱所撤销，而撤回遗嘱的遗嘱系第二遗嘱，又被第三遗嘱所撤销，那么前立遗嘱即第一遗嘱当然恢复其效力。因为，既然否定前立遗嘱的遗嘱被第三遗嘱所否定，说明遗嘱人有恢复其第一遗嘱的意思。否则，又何必撤销第二遗嘱。因此，就尊重遗嘱人意思的角度而言，自应认为第一遗嘱复活。如《德国民法典》第2257条规定：以遗嘱所为的终意处分的撤回被撤回的，有疑义时，该终意处分有效力，如同未被撤回一样。《阿根廷民法典》第3831条规定：遗嘱人以遗嘱形式撤销在后的遗嘱时，无须明示声明，即使先前的处分恢复效力。此项撤销若含有新的处分，则不使原遗嘱所含的处分恢复效力，但遗嘱人明确表示此项意图的除外。

（二）效力不恢复主义

该种立法主义认为，前立遗嘱并不因撤销它的第二遗嘱复被第三遗嘱所撤销而当然恢复其效力。因为遗嘱人撤销第二遗嘱，未必含有复活其第一遗嘱的意思表示。如《法国民法典》第1037条规定：在日后订立的新遗嘱中作出的取消规定，即使因指定的继承人或遗赠受领人无能力，或者因他们拒绝受领遗产而未得到执行，仍产生完全的效力。《美国统一继承法》第2－509条规定：如被继承人所立的在其死亡之时生效并全部或部分撤销第一个遗嘱的第二个遗嘱又被第三个遗嘱所撤销，除第三个遗嘱的内容表明遗嘱人意图使第一个遗嘱恢复效力外，第一个遗嘱的全部或部分内容仍被撤销。我国香港特别行政区《遗嘱条例》第17条规定：已撤销的遗嘱除非重新签立或加入遗嘱更改附件否则不能恢复效力。（1）遗嘱的全部或任何部分，无论以任何方式撤销后，除非按照第5条重新签立或加入按照第5条签立的遗嘱更改附件，并表明意愿是恢复遗嘱的效力，否则该遗嘱的全部或任何部分均不能恢复效力。（2）任何遗嘱如有部分已予撤销，而其后整份撤销，则当该遗嘱恢复效力时，所恢复的效力并不扩及整份遗嘱撤销前所作的部分撤销，但如表明有相反的意愿则除外。我国台湾地区所谓“民法”对此未作规定，学说上存在绝对不复活说、相对不复活说与相对复活说等观点。

（三）折中主义

即撤回遗嘱的行为如果是由于欺诈、胁迫造成的，则应当恢复其效力，否则不恢复。例如，日本即采此说，《日本民法典》第1025条规定：按照前三条的规定撤回的遗嘱，即使该撤回行为被撤回、撤销或不发生效力，也不因此恢复效力。但是，撤回行为系被欺诈、胁迫而实施的，不在此限。我国民法界有学者认为采用折中观点比较符合情理和实际，即原则上采用不恢复主义，但有两种例外情形：一是遗嘱人撤回遗嘱是受他人欺诈或者胁迫，因此时遗嘱人撤回遗嘱并非其真实意思表示，遗嘱的撤回正是为了恢复其原已作出的真实意思表示；二是遗嘱人明确表示原来的遗嘱复活，这是对遗嘱人意思的尊重。① 还有学者认为遗嘱人设立遗嘱后，依法定之方式将其遗嘱撤回。撤回后，复将其撤回行为再行撤销，不能使原遗嘱之效力当然恢复，除非遗嘱人明确使其前立遗嘱效力恢复。至于遗嘱人撤回其遗嘱时由于欺诈、胁迫之情事而为之者，则此时遗嘱人不得撤回其在欺诈、胁迫之情事下所为的撤回，遗嘱人得享有撤销权，其可通过行使撤销权将其受欺诈、胁迫所为之行为予以撤销，前立遗嘱效力当然回复，如果遗嘱人不行使撤销权，则前立遗嘱效力不能复活。② 我国《民法典》对此并未规定，比较而言，笔者赞同折中说。

此外，近代各国和地区的民法更有明确规定遗嘱人不得抛弃其遗嘱撤回权或变更权，如《日本民法典》第1026条规定：遗嘱人不得放弃其遗嘱撤回权。我国《民法典》虽无此规定，但笔者认为，也应当作此解释。理由在于，遗嘱是单方民事法律行为，在生效之前被撤回或变更，并不涉及其他民事主体的利益保护问题。反而，如允许遗嘱人放弃其遗嘱撤回权或变更权，则一旦放弃之后出现对遗嘱人不利之情形，将妨碍遗嘱人遗嘱自由的实现。因此，遗嘱人即使在遗嘱中明确作出“此后将不再设立新遗嘱或变更该遗嘱”等类似表示的，均属无效，对遗嘱人不具有约束力。也即遗嘱人仍可随时撤回该遗嘱且无须阐明理由。

五、内容相抵触的数份遗嘱的效力

根据原《继承法》第20条第3款、原《继承法意见》第42条之规定，自书、代书、录音、口头遗嘱，不得撤销、变更公证遗嘱。遗嘱人以不同形

① 马俊驹、余延满：《民法原论》（第四版），法律出版社2015年版，第947页。
② 张平华、刘耀东：《继承法原理》，中国法制出版社2009年版，第315～318页。

式立有数份内容相抵触的遗嘱，其中有公证遗嘱的，以最后所立公证遗嘱为准；没有公证遗嘱的，以最后所立的遗嘱为准。上述规定承认公证遗嘱的效力优先主要基于以下两点考虑：（1）公证证据的优先效力。根据《民事诉讼法》第 72 条规定，经过法定程序公证证明的法律事实和文书，人民法院应当作为认定事实的根据，但有相反证据足以推翻公证证明的除外。可见，经过公证的遗嘱具有更高的证明力；（2）公证机构的准官方性质。根据 2002 年修正的《最高人民法院关于民事诉讼证据的若干规定》（已失效）第 77 条的规定：人民法院就数个证据对同一事实的证明力，可以依照国家机关、社会团体依职权制作的公文书证的证明力一般大于其他书证的原则认定。上述规定一直备受诟病，2009 年该解释修正时已删除。其原因是，该规定承认公证遗嘱较之于其他遗嘱形式的绝对优先效力，进而也排斥了用其他遗嘱形式撤回公证遗嘱的可能，不利于保护遗嘱人的意思自由。公证遗嘱与其他遗嘱形式相比，虽然一般具有更强的证明力，但是如果将其效力提升到不适当的高度，进而不允许遗嘱人以自书、代书、录音录像等遗嘱形式撤回公证遗嘱，则有悖于遗嘱制度之宗旨。退一步而言，即使承认公证遗嘱的优先效力也应当仅限于程序法范围内，而不应当在实体法上规定公证遗嘱的绝对优先地位。遗嘱撤回的唯一标准乃是订立遗嘱的时间先后，而非订立遗嘱的形式。

《民法典》编纂过程中，对于公证遗嘱的此种优先效力是否应当延续，绝大多数学者认为公证遗嘱的优先效力不仅给遗嘱人带来诸多不便，也增加了公证遗嘱变更与撤回的成本。遗嘱人一旦订立了公证遗嘱，非经公证程序对其予以撤销或变更，采取其他任何方式订立的遗嘱都不能被适用。即使遗嘱人在临终前已订立其他形式的新遗嘱，但在继承开始后，仍然要适用先前订立的公证遗嘱，而不考虑此公证遗嘱是否仍然体现遗嘱人最终的真实意思。可见，如果坚持公证遗嘱在适用效力位阶上的优先性，则有可能使遗嘱人最终的真实意思得不到实现，从而导致遗嘱人以遗嘱自由处分个人财产及其他事务的权利事实上被剥夺。公证遗嘱虽有证明遗嘱真实性、合法性的证明力优势，但如果设立、变更、撤回遗嘱都需要以公证的方式进行，将对遗嘱人真实意思及时作成遗嘱设置很大障碍。因此，规定公证遗嘱具有对抗一切遗嘱的效力，过于绝对化，特别是在被继承人作出了公证遗嘱之后，没有能力或条件通过公证再立遗嘱撤回、变更公证遗嘱时，等于剥夺了遗嘱人的遗嘱自由权。

法律赋予公证遗嘱以优先的效力位阶，并不利于保护遗嘱人的遗嘱自由权。究其实质，公证遗嘱与其他形式的遗嘱仅仅是记载方式、表现形式不同而已，应当具有同等效力，并不存在何种形式的遗嘱效力更优先的问题。就本质上而言，遗嘱的效力取决于遗嘱内容本身的真实性，遗嘱的要式性规定也是以此为目的，以在最大限度上保障遗嘱人的终意真实。公证遗嘱与其他遗嘱的差异在于其保障遗嘱内容真实性的审查程序不同。具体而言，当就遗嘱的真实性产生争议时，其他形式遗嘱的真实性需要法院通过相关辅助证据予以确认，而公证遗嘱本身具有推定遗嘱真实性的功能。如根据《最高人民法院关于民事诉讼证据的若干规定》第 10 条①规定，对于公证文书规定了高于其他证据的证明力，若无相反证据足以推翻公证文书所证事项，则人民法院应当径行采信公证书所证事实，而不必对公证书进行实质审查。所以，在因遗嘱效力产生争议，法院在就遗嘱内容本身是否真实进行认定时，公证遗嘱仅仅具有较其他遗嘱形式较强的证明力而已。

即使承认公证遗嘱的优先效力也应该仅限定在程序法范围内，而不应该在实体法上规定公证遗嘱的绝对优先地位。此外，承认公证遗嘱的绝对优先效力，即排斥了用其他遗嘱形式撤回公证遗嘱的可能，不利于保护遗嘱人的意思自由。因此，不应盲目地强调公证遗嘱的优先效力。当遗嘱人立有数份遗嘱时，仍应以距离遗嘱人死亡时间最近的合法有效的遗嘱为准。对此，大陆法系国家一般也只承认不同遗嘱订立时间先后的效力差异，而不承认不同形式的遗嘱之间的效力层次。故应当肯定遗嘱人得以任何一种法定遗嘱形式撤回其先前所立的遗嘱，因而本条第 3 款规定，立有数份遗嘱，内容相抵触的，以最后的遗嘱为准。

◎ 疑难适用

司法实务中，需要注意的是，现实中可能存在前后遗嘱只有部分内容相

① 该条规定：“下列事实，当事人无须举证证明：（一）自然规律以及定理、定律；（二）众所周知的事实；（三）根据法律规定推定的事实；（四）根据已知的事实和日常生活经验法则推定出的另一事实；（五）已为仲裁机构的生效裁决所确认的事实；（六）已为人民法院发生法律效力的裁判所确认的基本事实；（七）已为有效公证文书所证明的事实。前款第二项至第五项事实，当事人有相反证据足以反驳的除外；第六项、第七项事实，当事人有相反证据足以推翻的除外。”

互抵触的情形，对此，是否直接适用本条以最后的遗嘱为准，存在争议：有观点认为，从本条第3款的文义解释出发，只要存在内容冲突，就应一律以最后的遗嘱为准。笔者认为，遗嘱人立新遗嘱的行为，本质上也属于实施民事法律行为，且该行为与之前遗嘱内容相反，则应视为对遗嘱相关内容的撤回。对此，《最高人民法院关于民法典继承编的立法建议稿》也曾建议规定“立有数份遗嘱，内容相抵触的，在抵触的部分限度内，前遗嘱相关部分视为撤回”。此外，对于最后一份遗嘱无效的情形，之前的遗嘱效力是否自动恢复，也存在争议。笔者认为，原则上采用不恢复主义，但有两种例外情形：一是受欺诈、胁迫所立的遗嘱、伪造的遗嘱无效情形，此时遗嘱无效正是为了恢复其原已作出的真实意思表示；二是遗嘱人明确表示让之前的遗嘱复活，以体现对遗嘱人意思的尊重。

第一千一百四十三条　无民事行为能力人或者限制民事行为能力人所立的遗嘱无效。

遗嘱必须表示遗嘱人的真实意思，受欺诈、胁迫所立的遗嘱无效。

伪造的遗嘱无效。

遗嘱被篡改的，篡改的内容无效。

◎ 主旨

本条是关于遗嘱无效的规定。

◎ 释义

本条源自原《继承法》第 22 条“无行为能力人或者限制行为能力人所立的遗嘱无效。遗嘱必须表示遗嘱人的真实意思，受胁迫、欺骗所立的遗嘱无效。伪造的遗嘱无效。遗嘱被篡改的，篡改的内容无效”的规定。《民法典继承编（草案）》（2017 年 7 月 28 日室内稿）将该条中的“行为能力”修改为“民事行为能力”，将“欺骗”改为“欺诈”并调整至“胁迫”之前。此后，本条内容再无变动，直至《民法典》颁布。

本条释义内容主要阐述遗嘱无效的概念、遗嘱无效的情形以及遗嘱的不生效。

一、遗嘱无效的概念

遗嘱系一种单方民事法律行为，故原则上需适用《民法典》总则编关于民事法律行为无效之规定。但因遗嘱本质特殊，自然也存在与普通民事法律行为不同之处。如《民法典》总则编第 146 条关于通谋虚假意思表示之规定，因遗嘱乃无相对人的单方民事法律行为，故无适用余地。又如，《民法典》总则编第 148 条、第 150 条关于欺诈、胁迫所为民事法律行为得撤销之规定，于遗嘱亦无适用余地。遗嘱人因受欺诈或胁迫而为遗嘱的，遗嘱无效而非可撤销，以维护遗嘱的真实性。

二、遗嘱无效的具体情形

根据本条规定，遗嘱无效主要包括以下几种情况。

（一）无民事行为能力人或者限制民事行为能力人所立的遗嘱无效

遗嘱人设立遗嘱须具有遗嘱能力，我国《民法典》采取遗嘱能力与民事行为能力相一致的立法模式，将遗嘱能力与民事行为能力统一起来，并未对遗嘱能力作出不同于民事行为能力的规定。只有完全民事行为能力人才具有遗嘱能力，而无民事行为能力人、限制民事行为能力人均不具有遗嘱能力，故其所立遗嘱无效。完全民事行为能力人纵然于设立遗嘱后被认定为无民事行为能力人或限制民事行为能力人，也不影响其设立的遗嘱效力。

（二）受欺诈、胁迫所立的遗嘱无效

意思表示真实乃民事法律行为有效要件之一，遗嘱更以维护和确保遗嘱人的真实意思为根本宗旨。受欺诈所订立的遗嘱，是指遗嘱人因受他人故意歪曲事实或提供虚假情况以及言辞等诱使而陷入错误的认识，并基于此种错误认识作出的与其真实意愿相违背的遗嘱。受胁迫所订立的遗嘱，是指遗嘱人因受他人不法威胁或要挟，为避免自己或亲朋的人身或财产受到损害，而作出了与其真实意思相悖的遗嘱。这里所谓的他人，既可以是继承人或受遗赠人，也可以是继承人或受遗赠人以外的人。欺诈或胁迫行为必须出于行为人的故意。如果行为人非故意而向遗嘱人提供了虚假情况导致遗嘱人作出有违真意的遗嘱的，不构成欺诈，更不存在过失的胁迫。值得注意的是，就一般因受欺诈、胁迫所实施的民事法律行为而言，《民法典》第 148 条至第 150 条规定的是受欺诈方或受胁迫方有权请求人民法院或者仲裁机构予以撤销。但本条则特别规定的是无效。其理由在于，如遗嘱人生前所立遗嘱因受欺诈或受胁迫所立，也因遗嘱尚未生效而无撤销的必要。至于遗嘱人去世后，则其客观上也无法依据《民法典》第 148 条至第 150 条规定实施撤销行为。故为确保遗嘱人所立遗嘱为其真实意思，有必要通过本条特别规定遗嘱人受欺诈、胁迫所立的遗嘱无效，从而让所涉遗产按法定继承方式进行继承。

（三）伪造的遗嘱无效

一般而言，只要不是遗嘱人的真实意思，而以遗嘱人的名义所订立的遗嘱，均属于伪造遗嘱。伪造的遗嘱就是假遗嘱，不论行为人伪造遗嘱出于何种动机与目的，不论内容如何，也不论伪造的遗嘱是否客观上损害了继承人、受遗赠人等利害关系人的利益，都当然无效。

（四）遗嘱被篡改的内容无效

被篡改的遗嘱，是指遗嘱的内容被遗嘱人以外的人作了更改的遗嘱。篡改遗嘱只能是遗嘱人以外的人对遗嘱内容的更改。如果是遗嘱人自己对遗嘱内容进行修改、删减、补充，则属于遗嘱人对遗嘱的变更。被篡改的遗嘱内容，已非遗嘱人的真实意思表示，而是篡改人的意思，所以被篡改的内容无效。遗嘱被篡改的，仅被篡改的部分无效。遗嘱中未被篡改的部分仍然是遗嘱人的真实意思表示，故仍然有效。被篡改的遗嘱与伪造的遗嘱虽然二者在法律效果上均为无效，但表现不同：伪造的遗嘱是以遗嘱人的名义制作的假遗嘱，事实上是一个本不存在的遗嘱，故遗嘱的全部内容均非遗嘱人的真实意思；篡改的遗嘱是对遗嘱人已订立之遗嘱进行修改、删减、补充，针对的是一个已存在的遗嘱，且只是对其中的部分内容进行篡改。如果是对全部遗嘱内容进行篡改，即为伪造的遗嘱。

除本条规定的遗嘱无效情形之外，符合下列情形的遗嘱也应认定为无效。

1. 未保留缺乏劳动能力又没有生活来源的继承人的遗产份额的遗嘱部分无效。《民法典》第1141条规定：“遗嘱应当对缺乏劳动能力又没有生活来源的继承人保留必要的遗产份额。”《民法典继承编解释（一）》第25条规定：“遗嘱人未保留缺乏劳动能力又没有生活来源的继承人的遗产份额，遗产处理时，应当为该继承人留下必要的遗产，所剩余的部分，才可参照遗嘱确定的分配原则处理。继承人是否缺乏劳动能力又没有生活来源，应当按遗嘱生效时该继承人的具体情况确定。”遗嘱中未对缺乏劳动能力又没有生活来源的继承人保留必要的遗产份额，并无并非全部无效，只是涉及必留份的遗嘱内容无效，其他遗嘱内容仍然有效。

2. 严重违反法定形式条件的遗嘱无效。如前所述，遗嘱属于要式法律行为，订立遗嘱自须符合法律规定的遗嘱形式要件。对于违反法定形式要件之遗嘱效力，我国《民法典》并未明确规定。遗嘱形式法定过分强调对安全的保障，导致了许多能够反映遗嘱人真实意思的遗嘱被认定为无效。因此，在能够保证遗嘱人真实意思表示的前提下，法律不应过分追求遗嘱形式强制，遗嘱领域对安全的强调需要有条件地对遗嘱自由进行让步。[①] 对于形式上存在瑕疵的遗嘱，应当综合瑕疵的严重性程度、有无其他能够证明遗嘱真实性的证据等因素，综合认定形式瑕疵遗嘱的效力，不宜机械地采取“一刀切”的做法。也就是说，形式有瑕疵的遗嘱是否有效，应依其瑕疵是否能影响认定遗嘱为立遗嘱人的真实意思而定。法律对不同形式遗嘱的要求不同，形式瑕疵的表现不同，对遗嘱效力的影响也不同。既然《民法典》第1143条遗嘱无效条款未规定“不符合法定形式的遗嘱无效”，就不宜在解释论上直接得出只要遗嘱存在形式瑕疵即无效的结论，而应当根据法律规定不同遗嘱形式的目的以及形式瑕疵是否能够通过其他证据补强来判断遗嘱的效力。鉴于本书在相关部分已进行论述，在此不负赘述。概言之，只有遗嘱的形式瑕疵严重到无法认定遗嘱为立遗嘱人的真实意思时，才可判定遗嘱无效。

此外，尚值得讨论的问题是，遗嘱人能否采用法定遗嘱形式以外的其他形式订立遗嘱（如电子邮件形式、微信留言等）抑或仅能采取法定的遗嘱形式设立遗嘱？对此，原《继承法》、《民法典》均未明确规定。学说上存在无效说、有效说或实质判断等观点，司法实践同样没有统一的结论。实际上，遗嘱人采用法定遗嘱形式以外的形式所订立的遗嘱效力问题涉及遗嘱形式强制与遗嘱自由之间的冲突与矛盾，更涉及遗嘱领域意思自治与遗产继承安全的价值判断。有观点认为，过度强调遗嘱形式强制会造成审判实践中遗嘱人真实的意思表示受到侵害。因此，需要扩大遗嘱自由的范围，有条件承认非法定形式的遗嘱的效力，以保障遗嘱人的合法权益。强调遗嘱的真实性与遗嘱方式之间并没有必然的联系，以符合法定形式设立的遗嘱也不必然表达了遗嘱人真实的意思表示，而非法定形式设立的遗嘱也并不一定违背遗嘱人的内心想法。[②] 笔者认为，虽然原则上应对形式瑕疵遗嘱的效力采取缓和的态度，杜绝不区分遗嘱形式瑕疵的具体情形、严重程度等动辄即因遗嘱形式瑕疵认定遗嘱无效的做法。但遗嘱人订立遗嘱只能在法定遗嘱形式类型中进行选择，而不能采用法定遗嘱形式之外的其他形式订立遗嘱。承认遗嘱形式的

① 茆荣华主编：《〈民法典〉适用与司法实务》，法律出版社2020年版，第742页。
② 茆荣华主编：《〈民法典〉适用与司法实务》，法律出版社2020年版，第742页。

缓和并非意味着对遗嘱形式强制的彻底否定，也并非意味着遗嘱形式强制毫无意义。诚然，就应然的角度而言，法定遗嘱形式与遗嘱人的真实意思之间确实并无必然的联系，符合法定形式要件的遗嘱也并不意味着遗嘱绝对地真实；反之，非法定形式的遗嘱也并不意味着遗嘱绝对地不真实。但应然状态只能是美好的理想，我们终究要回到实然状态。遗嘱人死亡后遗嘱才生效，此时遗嘱的真实性只有上帝才知道。但法律规则的一般性，决定了符合法定形式的遗嘱能够保证在绝大多数的情况下符合遗嘱人的真意。虽然在某些特殊情况下，法定形式以外的遗嘱形式确实是出于遗嘱人的真意，但同样，法定形式的遗嘱也确实有可能非出于遗嘱人的真意，但这些都终究属于例外。我们并不能因此极特殊的例外情形继而否定遗嘱形式强制的积极意义。因为此种例外情形并未产生不正义的结果，也并未达到“不能容忍”的程度。

3. 涉及处分他人财产的遗嘱内容无效。遗嘱人设立遗嘱时，只能处分自己名下的财产，不能侵害他人的财产利益。如处分他人财产，涉及该部分的遗嘱内容无效，其他部分仍然有效。《民法典继承编解释（一）》第26条也规定“遗嘱人以遗嘱处分了国家、集体或者他人财产的，应当认定该部分遗嘱无效”。但需要注意的是，判断财产所有权的归属，应当以遗嘱人死亡时为时间点。遗嘱人通过遗嘱处分的他人财产在其死亡时已归遗嘱人所有的或有权处分的，则遗嘱中的该部分内容有效。

4. 遗嘱内容违反法律、行政法规的强制性规定或违背公序良俗。除上述情形外，由于遗嘱系一种单方民事法律行为，故原则上得适用《民法典》总则编关于民事法律行为无效之规定。因此，根据《民法典》第153条规定，遗嘱之内容违反法律、行政法规强制性规定的无效，遗嘱内容违反公序良俗的无效。在司法实践中，如何认定和处理遗嘱内容是否违背公序良俗是一个难题。典型如我国司法审判实践中“公序良俗适用第一案”的“泸州遗赠案”①，对该案遗嘱是否违背公序良俗原则，褒贬不一。有学者认为，该案遗赠行为虽符合原《继承法》的规定，但违反了原《民法通则》规定的“社会公德”，如果允许遗赠人通过遗嘱将自己的财产遗赠给“第三者”无疑违背了

① 参见四川省泸州市中级人民法院（2002）泸民终字第461号民事判决书。

公序良俗，滋长了社会不良风气，因此，遗嘱无效。① 该案判决不仅反映了我国司法实践对此类案件的裁判立场，也引领了之后直到现在的司法审判。如在“张某某与朱某、高某1、高某2遗赠纠纷案”中，法院即认为，“张某与遗赠人高某3为婚外情人关系，遗赠人高某3在婚姻关系存续期间，通过公证遗嘱的方式，将巨额财产赠与给张某，虽然是遗赠人的真实意思表示，但其行为违背了公序良俗，因此高某3所立的公证遗嘱无效”。② 但也有裁判对此表现出审慎的态度：“本案中的法定继承人主张被继承人与第三者为非法同居关系，所立遗嘱违背公序良俗。法院认为，被继承人在‘委托书’中表明，其立遗嘱将遗产留给韩某，是出于对韩某在其患有脑梗死等多种疾病的情况下，给予其相应照料的考虑。由此可见，被继承人与第三者有着密切的关系，但此种密切关系是否属于违背公序良俗的范畴，则涉及个人及家人感受、社会评价等方面问题。”③ 对于此类遗嘱是否违背公序良俗原则的认定，笔者认为，不能仅依据遗嘱人与婚外第三者存在不正当性关系的事实即认定遗嘱有违公序良俗而无效。遗嘱作为一种单方民事法律行为，其是否有违公序良俗不能依据遗嘱内容以外的事实为断，而应就遗嘱本身的内容以及遗嘱人的动机、目的及其他相关因素综合判断。如果遗嘱人遗赠财产的动机或目的旨在酬谢第三者满足自己的性欲或在决定或加强这种两性关系的继续，则遗嘱被认为是违背公序良俗；反之，如果遗嘱人具有其他动机，如旨在给第三者提供生活上的保障，则遗嘱难谓违背公序良俗。④

三、遗嘱无效与不生效

遗嘱是遗嘱人死亡时才发生法律效力的单方民事法律行为，但是有些遗嘱虽然符合法定形式要件已经成立，但最终因成立以后的事由而未能生效。所谓遗嘱的不生效，是指已合法有效成立的遗嘱，因成立以后的事由不能发生法律效力。遗嘱不生效后，遗嘱中所涉及的财产均应当按照法定继承来

① 沈幼伦、孙霞：《论遗嘱自由与尊重社会公德——兼谈某“第三者”遗嘱纠纷案》，载《法学论坛》2002年第3期。

② 参见广东省高州市人民法院（2019）粤0981民初1480号民事判决书。

③ 参见上海市第一中级人民法院（2019）沪01民终8740号民事判决书。

④ ［德］迪特尔·梅迪库斯：《德国民法总论》，邵建东译，法律出版社2001年版，第514～517页。

处理。

遗嘱不生效与遗嘱无效的区别在于：遗嘱无效是因违反法律规定导致无效，自始无效；遗嘱不生效是遗嘱本身符合法律规定，具有完备的法律形式要件，最终是因客观原因导致不能生效。遗嘱无效多是在遗嘱人生前就已经无效，遗嘱不生效是在遗嘱人死亡后，遗嘱不具备执行效力。学界中也有学者认为，遗嘱的无效是指遗嘱不仅没有执行效力，而且也没有设立效力，而不生效的遗嘱具有设立效力，仅仅只是没有执行效力。

遗嘱的不生效，主要包括以下几种情形：（1）附解除条件的遗嘱，在继承开始前解除条件即已成就的，遗嘱不生效。（2）遗嘱指定的继承人或者受遗赠人在继承开始前已死亡，即先于遗嘱人死亡。（3）遗嘱指定的继承人或者受遗赠人于遗嘱成立后，丧失继承权或受遗赠权，或者放弃继承权或受遗赠权。（4）遗嘱人于遗嘱中所处分的财产于继承开始时已不属于遗产。

◎ 疑难适用

司法实务中，经常出现继承人等遗产利害关系人以遗嘱为遗嘱人基于重大误解情形所立为由，主张撤销该遗嘱的情形。有观点认为，在《民法典》继承编也未规定遗嘱可撤销的情形下，应可适用《民法典》总则编第 147 条关于可撤销民事法律行为的规定，撤销遗嘱。笔者认为，《民法典》第 147 条规定的基于重大误解实施的民事法律行为，有权请求人民法院或者仲裁机构予以撤销的主体只能是行为人。在立遗嘱这一民事法律行为中，撤销遗嘱的前提是遗嘱生效，而遗嘱生效的前提是立遗嘱人死亡。故在立遗嘱人死亡的情形下，已经不存在有权提起撤销遗嘱的适格主体。此外，虽然本条规定了遗嘱无效的若干情形，但并未明确规定遗嘱无效只限于本条规定情形。故除了本条规定遗嘱无效情形之外，还可认定遗嘱违背公序良俗，从而适用《民法典》第 153 条第 2 款“违背公序良俗的民事法律行为无效”之规定，认定遗嘱无效。

第一千一百四十四条　遗嘱继承或者遗赠附有义务的，继承人或者受遗赠人应当履行义务。没有正当理由不履行义务的，经利害关系人或者有关组织请求，人民法院可以取消其接受附义务部分遗产的权利。

◎ 主旨

本条是关于附负担遗嘱的规定。

◎ 释义

本条源自原《继承法》第21条“遗嘱继承或者遗赠附有义务的，继承人或者受遗赠人应当履行义务。没有正当理由不履行义务的，经有关单位或者个人请求，人民法院可以取消他接受遗产的权利”。《民法典继承编（草案）》（2017年7月28日室内稿）将该条中的“经有关单位或者个人请求”修改为“经利害关系人或者有关组织申请”，将“取消他接受遗产的权利”修改为“取消其接受附义务部分遗产的权利”。后在《民法典各分编（草案）》（2018年9月5日征求意见稿）中将“申请”修改为“请求”。《最高人民法院关于民法典继承编的立法建议稿》中曾建议增加一款，即“遗嘱继承或者遗赠附有的义务违反法律的禁止性规定，或者违反公共秩序和善良风俗的，所附义务无效”。但未被采纳但此后，本条内容再无变动，直至《民法典》颁布。

本条释义内容主要阐述附负担遗嘱的概念与特征、附负担遗嘱与附条件遗嘱的区别以及附负担遗嘱的效力。

一、附负担遗嘱的概念与特征

（一）附负担遗嘱的概念

附负担遗嘱，也称为附义务的遗嘱或遗托，是指遗嘱人为自己、继承人或第三人之利益在遗嘱中向遗嘱继承人或受遗赠人课以履行一定的义务或负担的遗嘱。如遗赠房屋但同时使受遗赠人负责看护及扶养自己的祖母。在附负担的遗嘱中，遗嘱继承人、受遗赠人虽取得一定的利益，但同时须承担一定的负担。所谓附负担，即通过遗嘱形式，向遗嘱继承人和受遗赠人委托一定的事项。只不过此种负担附有继承遗产或接受遗赠的权利而已。

（二）附负担遗嘱的特征

1. 附负担遗嘱是遗嘱继承和遗赠的附义务。附负担的遗嘱中的负担并非一项独立的义务，而是依附于遗嘱继承或遗赠。遗嘱人只有授予继承人以遗产继承权和受遗赠人以受遗赠权，始得要求遗嘱继承人和受遗赠人履行遗嘱中所附的负担。

2. 履行负担以接受继承或受遗赠为前提。遗嘱指定的继承人或受遗赠人履行负担是以继承人接受继承、受遗赠人接受遗赠为前提。如果继承人或受遗赠人拒绝接受继承或遗赠，则无履行负担的义务。

3. 负担不应超过遗嘱继承人或受遗赠人所受之利益。遗嘱本属遗嘱人对遗嘱继承人或受遗赠人的恩惠行为。因此，遗嘱不得课予遗嘱继承人、受遗赠人超出其所受利益的负担。故遗嘱继承人、受遗赠人履行负担以其所受之利益为限。附负担的遗嘱继承人、遗赠，虽附有负担，但该附负担行为仍为单独行为、无偿行为。负担与遗嘱并不构成对价关系，遗嘱义务人应先履行遗嘱，始得请求负担的履行。

二、附负担遗赠与附条件遗赠的区别

遗嘱继承本质仍为身份行为且法律强制规定遗嘱人死亡即生效，故其不得附条件，附生效条件的，所附条件无效。但遗赠可以附条件，生效条件使遗赠的效力向后推迟至条件成就时发生，如果遗赠附生效条件，则被继承人死亡后，遗嘱并不立即生效，而是在条件成就时才生效。虽然附负担的遗赠与附条件的遗赠相似，但仍然存在以下区别。

（一）法律性质不同

负担为法律行为的附款，而非条件。附负担遗赠并非以负担的履行为生效条件，亦非以负担的不履行为解除条件。而附条件的遗赠所附的条件，是指遗赠的生效条件，条件的成就与否决定着遗赠是否生效。

（二）生效时间不同

附负担的遗赠于遗嘱人死亡时生效，负担并不影响遗赠的生效。受遗赠人纵不履行负担，也无法阻止遗赠的生效，或使已生效的遗赠当然失其效力。而附生效条件的遗赠，遗赠并非于遗嘱人死亡时生效，而是于所附条件成就时始生效力。然而，实践中对于一份遗嘱究竟为附负担的遗嘱抑或附条件的遗嘱，在有些情形下不易区分，此时应根据各种具体情形予以综合考虑。如果仍无法判断是附负担的遗嘱还是附条件的遗嘱，乃遗嘱解释的问题，则宜推定为附负担的遗嘱，以避免推定为附条件遗嘱使遗嘱处于效力不确定的状态。①

（三）效力不同

于附负担的遗赠，遗赠生效后遗赠义务人应先履行遗赠，始得请求受遗赠人履行负担。但即便受遗赠人不履行负担，遗赠也并不必然失其效力，而是仅在受遗赠人不履行负担时，继承人或负担受益人得请求受遗赠人履行或撤销遗赠。而附生效条件的遗赠，所附条件不成就，遗赠不生效，所附解除条件成就，遗赠就溯及既往地消灭。

三、遗嘱所附负担的内容

遗嘱中应由遗嘱继承人、受遗赠人履行的义务，应当注意以下问题。

（一）附负担遗嘱中所附的负担，负担的主体只能是遗嘱中指定的遗嘱继承人或者受遗赠人

本条规定，遗嘱继承或者遗赠附有义务的，遗嘱继承人或者受遗赠人应当履行义务。因此，遗嘱中所附的义务相对人只能是遗嘱继承人或者受遗赠人。如果遗嘱对除遗嘱继承人或者受遗赠人之外不取得遗产权益的人设定义务，不具有法律效力，遗嘱继承人或者受遗赠人以外的人对此不受约束。

（二）附负担遗嘱中所附的负担，必须具有法律性质，但不以有经济利益为必要

无经济利益的事项或与遗赠的标的完全无关的事项亦得为负担。例如，

① 陈棋炎、黄宗乐、郭振恭：《民法继承新论》（修订十一版），我国台湾地区三民书局2019年版，第372页。

为遗嘱人办理丧事、撰写墓志铭，执行遗嘱或照料某人，解决素食老人的居住问题[①]等。遗嘱中所附的义务必须具有法律意义，但如果仅是道德方面的义务（如要求继承人勤俭节约），则不属于法律规定的遗嘱所附的义务。没有任何意义的义务，也不能作为遗嘱所附的义务，如果遗嘱中附有类似的义务，不影响遗嘱的效力。如《瑞士民法典》第482条第3款规定：如果遗嘱附加的条件或要求令人讨厌或无任何意义，可视其不存在。

（三）附负担遗嘱中所附负担，不能超过遗嘱继承人、受遗赠人所取得的遗产利益

《日本民法典》第1002条第1款规定：受负担遗赠的人，仅在不超过遗赠标的价额的限度内，负履行所负担义务的责任。根据《民法典》第1161条规定，继承人只在所得遗产实际范围内清偿被继承人依法应当缴纳的税款和债务。可见，我国的继承制度采用的是限定继承原则，继承人不会因遗产继承而让其固有财产受损。进而，继承人也不能因遗嘱继承中所附负担而让其原有财产减少。至于遗赠，根据《民法典》第1163条规定，被继承人依法应当缴纳的税款和债务首先应由法定继承人清偿，超过法定继承遗产价值部分，才由遗嘱继承人和受遗赠人按比例以所得遗产清偿。也即受遗赠人同样不会因接受遗赠而放大个人财产用于承担责任的风险。因此，笔者认为，遗嘱中所附负担不能超过继承人、受遗赠人所取得的遗产利益。

四、负担履行请求权人的范围

负担履行请求权人，是指请求遗嘱继承人、受遗赠人履行遗嘱负担的权利人。本条规定将负担履行请求权人界定为“利害关系人或有关组织”。根据立法机关相关人士的阐释，利害关系人或者有关组织可以为法定继承人、遗嘱执行人、因遗嘱所附义务的履行而受益的自然人和组织等。[②] 而《民法典继承编解释（一）》第29条也进一步将“利害关系人或有关组织”明确为包括受益人或者其他继承人。具体而言，可包括以下几种。

（一）继承人

继承人因与遗嘱人关系密切，属于最直接的利害关系人，可以代替遗嘱

① 参见江苏省高级人民法院（2015）苏审二民申字第00008号民事裁定书。

② 黄薇主编：《中华人民共和国民法典释义》，法律出版社2020年版，第2197页。

人监督遗嘱负担的履行。继承人为数人时，每一位继承人均可以请求遗嘱继承人、受遗赠人履行，不需要全体继承人请求。继承人中存在遗嘱继承人的，其他继承人可以请求其履行遗嘱负担。

（二）受益人

受益人，是指因为遗嘱所设立的义务而享有利益的人。对于受益人是否享有负担履行请求权，世界各国和地区主要存在两种立法例：一种是否定式的，认为受益人不具备履行请求权；一种是肯定式的，认为受益人享有履行请求权。我国采取的是肯定式做法，根据《民法典继承编解释（一）》第29条规定，附义务的遗嘱继承或者遗赠，如义务能够履行，而继承人、受遗赠人无正当理由不履行，经受益人或者其他继承人请求，人民法院可以取消其接受附义务部分遗产的权利，由提出请求的继承人或者受益人负责按遗嘱人的意愿履行义务，接受遗产。故受益人享有负担履行请求权。

（三）遗产管理人

根据《民法典》第1145条规定，继承开始后，遗嘱执行人为遗产管理人。故遗产管理人属于遗嘱执行人的进阶版，其既可以管理遗嘱人死后的遗产，也可以代表遗嘱人执行遗嘱。因此，其有权利监督遗嘱中所设立的义务的履行情况。

（四）有关组织

本条在其他继承人和受益人等利害关系人之外，新增加了有关组织可以作为取消请求权的主体，有利于更好地保障附负担遗嘱的履行。有关组织通常为承担保护利害关系人利益职能的组织。如未成年人保护组织、消费者保护组织、对无民事行为能力人或限制民事行为能力人负有监护职责的居民委员会、村民委员会或民政部门等。

虽然《民法典继承编解释（一）》第29条规定了，附义务的遗嘱继承或者遗赠，如义务能够履行，而继承人、受遗赠人无正当理由不履行，经受益人或者其他继承人请求，人民法院可以取消其接受附义务部分遗产的权利，由提出请求的继承人或者受益人负责按遗嘱人的意愿履行义务，接受遗产。对此，有观点认为，该条规定对于义务履行请求权人的范围规定过于笼统，如果继承人仅为一人而且又是义务履行人，遗嘱所附的负担为公益性且没有特定的受益人，那么就没有履行请求权人。笔者认为，该条中的“受益人或者其他继承人”与本条规定的“利害关系人或有关组织”并非完全对应关系，而只是强调只有在这两者向人民法院提出请求的情形下，才可以“由提出请求的继承人或者受益人负责按遗嘱人的意愿履行义务，接受遗产”。至于上述观点所列情形，则完全可以根据本条规定，由“有关组织”作为履行请求权人。

五、附义务遗嘱继承、遗赠的效力

遗嘱继承人或受遗赠人履行义务是以遗嘱继承人接受继承、受遗赠人接受遗赠为前提。如果遗嘱继承人或受遗赠人拒绝接受继承或遗赠，则无须履行义务。根据本条规定，遗嘱继承人或者受遗赠人没有正当理由不履行义务的，经利害关系人或者有关组织请求，人民法院可以取消其接受附义务部分遗产的权利。此之所谓“取消”实为撤销。就我国而言，《民法典》第1144条将原《继承法》第21条中规定的“人民法院可以取消他接受遗产的权利”修改为“人民法院可以取消其接受附义务部分遗产的权利”。这主要还是为了体现尊重遗嘱人的自由意志以及公平的原则。遗嘱所附的义务与所附义务对应的财产价值有时并非对等，有可能义务的负担程度要高于财产价值，也有可能所附的义务会少于财产的价值。原《继承法》第21条规定的是“取消他接受遗产的权利”，从字面上来理解，按照这一规定，如果遗嘱受益人不履行遗嘱中规定的义务，那么其将不能享有遗嘱中涉及的全部权利。此时，如果遗嘱中所附义务是针对遗嘱中全部财产权利而言的，那么若受益人不履行义务即取消其全部接受遗产的权利是没有疑问的。但是，如果遗嘱中所附的义务只是针对遗嘱中的部分财产权而言，其他的遗嘱内容并没有附义务，此时，如果因遗嘱受益人不履行该部分义务就取消其接受其他未附义务的遗产的权利就会显得有失公允。[①] 例如，如果遗嘱人在遗嘱中表示将其名下的某公司股权和一套房屋遗留给继承人甲继承，但同时表示甲在继承了股权后必须给付乙200万元。在遗嘱生效后，甲并未按遗嘱人的要求向乙支付200万元，那么此时利害关系人或有关组织只能要求取消甲继承股权的权利，而不能要求将甲继承房屋的权利也一并取消。这里请求人民法院取消接受附义务部分遗

---

① 中国审判理论研究会民事审判理论专业委员会编著：《民法典继承编条文理解与司法适用》，法律出版社2020年版，第154页。

产的权利，前提是遗嘱继承人或受遗赠人已经根据《民法典》第1124条规定作出了接受继承或受遗赠的意思表示。如果遗嘱继承人书面形式放弃继承或受遗赠人放弃受遗赠，则不存在取消权利的问题，附义务部分遗产也应根据《民法典》第1154条第1项规定，按法定继承处理。①

同时，根据《民法典继承编解释（一）》第29条规定，附义务的遗嘱继承或者遗赠，如义务能够履行，而继承人、受遗赠人无正当理由不履行，经受益人或者其他继承人请求，人民法院可以取消其接受附义务部分遗产的权利，由提出请求的继承人或者受益人负责按遗嘱人的意愿履行义务，接受遗产。也就是说，附义务的遗嘱继承、遗赠因遗嘱继承人、受遗赠人无正当理由不履行义务而被撤销后，因遗嘱继承、遗赠的撤销本应归属于遗嘱继承人、受遗赠人之遗产虽可归属于法定继承人，但因相应负有义务，只有在提出请求的继承人或者受益人履行该义务的情形下，才可接受该遗产。如果因不可归责于遗嘱继承人、受遗赠人（负担义务人）的事由而导致义务履行不能或提出请求的遗嘱继承人、受遗赠人不愿履行该义务，则提出请求的继承人、受遗赠人是否仍可接受遗产？笔者认为，此时对该部分遗产应按法定继承处理。如前所述，遗赠系遗赠人以给予受遗赠人恩惠为目的，遗嘱继承亦受限定继承规则之调整，故遗嘱所附义务不应超过遗嘱继承人或受遗赠人所受之利益。遗嘱继承人或受遗赠人以其所受利益为限负履行义务。履行义务超过所受利益的，超过的部分无效。受益人无权请求遗嘱继承人或受遗赠人履行超过其所受利益的义务，为此请求者，履行义务人有权拒绝。

至于遗嘱所附之义务是否超过遗嘱继承人、受遗赠人所受之利益应以何时作为判断标准？笔者认为，应以遗嘱继承人、受遗赠人履行义务之时为准，即应于履行义务时，判断其所履行的义务是否超过其所受之利益。如果义务超出其所受之利益，并非遗嘱内容全部归于无效，仅超出利益的部分无效。至于当事人对于义务是否超过所受利益有争议的，则应诉请法院为断。

◎ 疑难适用

司法实务中，关于附负担遗嘱所附负担无效时，遗嘱是否仍有效，存在

① 肖峰：《遗嘱继承若干实务问题研究》，载最高人民法院民事审判第一庭编：《民事审判指导与参考》（总第87辑），人民法院出版社2022年版。

不同观点。具体而言：

附负担遗嘱中所附的负担，不得违反法律或公序良俗。违反法律规定或者公序良俗的负担无效，此时，对于遗嘱是否有效问题：第一种观点认为，可以参照《德国民法典》第2195条“负担之不生效力，仅在须认为被继承人没有该负担就不会作出给予时，才导致附负担而作出的给予不生效力”规定，应当视遗嘱人的主观态度决定其效力。第二种观点认为，可以参照《瑞士民法典》第482条第2款规定，有违反善良风俗或违法的附加条件或要求内容的，其处分无效。遗嘱附违反法律或善良风俗的负担与附没有履行可能的负担的性质不同，附违反法律或善良风俗负担的遗嘱因负担条款违反了法律规定或公序良俗原则，应当被认定无效。上述两种观点，笔者更倾向于第一种观点，即除非能认定遗嘱人没有该所附负担，就不会作出特定遗嘱内容，否则，该特定遗嘱内容应为有效。

此外，附负担遗嘱中所附的负担，必须为遗嘱继承人、受遗赠人可以履行、可以实现。遗嘱中所附负担如果是履行不能、不确定或没有履行可能的负担，则该负担也应无效。对此，有观点认为，如果遗嘱人在遗嘱中规定的继承人或受遗赠人应当履行的义务没有实现的可能性，遗嘱应被视为无效。不过也有观点认为：“如果遗嘱人知道负担无效就不会立遗嘱的，则负担无效，遗嘱也无效；如果遗嘱人知道负担无效依然会立遗嘱的，则负担无效不影响遗嘱的效力。因此，遗嘱是否有效取决于遗嘱人的意思。如果无法证明遗嘱人的真实意思，应推定遗嘱人知道负担无效也会立遗嘱，即遗嘱有效。”① 比较而言，笔者赞同后一种观点。

---

① 房绍坤、范李瑛、张洪波：《婚姻家庭与继承法》（第六版），中国人民大学出版社2020年版，第222页。

第四章　遗产的处理

遗产的处理是对继承开始后的遗产管理、清算、分割等事务的概括。遗产的处理是涉及继承人、被继承人的债权人及受遗赠人等遗产利害关系人利益的关键环节。构建合理的遗产处理规则有利于平衡相关继承当事人及利害关系人的利益、有利于维护家庭的和睦团结、减少社会矛盾。本章共有十九个条文，对遗产管理人、继承开始的通知、遗产的保存、转继承、夫妻共有财产的处理、遗嘱中按照法定继承办理的情形、胎儿的保留份、遗产分割的原则、无人继承又无人受遗赠遗产的归属、遗赠扶养协议、限定继承、遗产债务的清偿顺序等作出了相关规定。

较之于原《继承法》，本章增加的新规定主要有以下七个方面：第一，增设了遗产管理人制度。原《继承法》并未明确规定遗产管理人制度，鉴于遗产管理人在遗产处理中的重要作用，故本章增设遗产管理人制度，对遗产管理人的选任、指定、职责、民事责任和报酬作出了规定。第二，明确了转继承制度。原《继承法》并未规定转继承规则，本章第1152条将原本规定于《继承法意见》中的转继承制度吸收进《民法典》，以适应社会实践的需要。第三，完善了法定继承的适用范围。原《继承法》仅规定了遗嘱继承人丧失继承权的，按照法定继承办理，而未将受遗赠人丧失受遗赠权作为法定继承的适用范围。本章明确将“受遗赠人丧失受遗赠权”加入法定继承的适用范围。第四，扩大了遗赠扶养协议扶养人的主体范围。将遗赠扶养协议的扶养人明确规定为“继承人以外的组织或者个人”，不再限于集体所有制组织。第五，明确规定遗产分割时，双缺乏继承人的必留份优先于清偿被继承人所欠的税款和债务。第六，增加规定无人继承又无人受遗赠的遗产的具体用途。即无人继承又无人受遗赠的遗产归国家所有，但应当用于公益事业。第七，从司法解释中吸收了关于法定继承、遗嘱继承和遗赠对遗产债务清偿责任承担顺序的规定。

第一千一百四十五条　继承开始后，遗嘱执行人为遗产管理人；没有遗嘱执行人的，继承人应当及时推选遗产管理人；继承人未推选的，由继承人共同担任遗产管理人；没有继承人或者继承人均放弃继承的，由被继承人生前住所地的民政部门或者村民委员会担任遗产管理人。

◎ 主旨

本条是关于遗产管理人产生方式的规定。

◎ 释义

本条是新增规定，最早在《民法典继承编（草案）》（2017 年 7 月 28 日室内稿）第 29 条规定“继承开始后，遗嘱执行人为遗产管理人；没有遗嘱的，继承人应当及时推选遗产管理人；继承人未推选的，由继承人共同担任遗产管理人；没有继承人的，可以由被继承人生前住所地的居民委员会或者村民委员会担任遗产管理人”。在《民法典继承编（草案）》（2018 年 4 月征求意见稿）第 27 条中，在“没有继承人的”后增加规定“或者继承人均放弃继承的”，将“可以”删除，将“居民委员会或者村民委员会”修改为“民政部门”。在《民法典各分编（草案）》（2018 年 9 月 5 日征求意见稿）第 924 条中将“没有遗嘱的”修改为“没有遗嘱执行人的”，其他内容未变。在《民法典继承编（草案）》（2019 年 7 月 5 日征求意见稿）第 924 条中增加规定“或者村民委员会”。此后，本条内容再无变动，直至《民法典》正式颁布。对此，《最高人民法院关于民法典继承编的立法建议稿》对此的立法建议是“继承开始后，被继承人的遗产由遗产管理人接管。具有民事行为能力的遗嘱执行人为遗产管理人。没有遗嘱执行人或遗嘱执行人没有民事行为能力的，由已经接受继承或者遗赠的下列有民事行为能力的人担任遗产管理人：（一）遗嘱继承人；（二）法定继承人；（三）受遗赠人。上述人员之间可以协议确定其中一人或者数人担任遗产管理人。没有受遗赠人、继承人或者继承人均放弃继承的，由被继承人生前住所地的居民委员会、村民委员会或者民政部门担任遗产管理人”。主要理由是，被继承人死亡后遗留的遗产涉及被继承人债权人、被继承人债务人、继承人、继承人债权人、受遗赠人、遗产酌分请求权人等多方主体利益且在继承人接受继承之前，还处于事实上无主状态。故在遗产分割之前，有必要安排专人管理，防止遗产流失、毁损。同时，平衡各方主体的利益冲突。关于遗产管理人的选任，法国、德国、意大利、日本等国民法均规定三种方式：遗嘱指定、继承人担任或推选以及法院指定。另外，针对实务中出现的没有继承人或继承人均放弃继承的情形。可参考原《民法总则》关于监护人的规定，由被继承人生前住所地的居民委员会、村民委员会或者民政部门担任遗产管理人。

本条释义内容主要阐述遗产管理人的概念、遗产管理人的选任与法律地位，以及遗产管理人与遗嘱执行人的关系。

一、遗产管理人的概念与设置遗产管理人的规范目的

遗产管理，是指在继承开始后遗产分割前，对被继承人生前的个人合法财产进行的管理、清算等行为。所谓遗产管理人，是指经授权对被继承人的遗产进行管理和清算的人。

继承开始后到遗产分割前，被继承人的遗产处于不固定状态，存在被侵害的可能性。基于该问题的存在，世界各国或地区设立了遗产管理人制度，而我国原《继承法》于遗产处理部分仅在第 24 条粗略地规定了“存有遗产的人，应当妥善保管遗产，任何人不得侵吞或者争抢”。该条虽含有设立遗产管理人的意思，但并未明确规定遗产管理人制度。原《继承法》未规定遗产管理人制度与当时的国情与社会背景有关。在原《继承法》制定时，市场经济体制尚未建立，人们所拥有的财产种类与数量非常有限，所从事的交易活动也相当有限。因而，对国家立法保护被继承人及其债权人、继承人、受遗赠人等的利益需求也并不迫切。由此导致从继承开始到遗产分割完毕的过程较为短暂，并无设立遗产管理人制度之必要。但从原《继承法》实施以来的三十多年间，我国社会可谓发生了沧海桑田般的变化。私人拥有的财产种类和数量大幅增加，导致设立遗产管理人的必要性日益凸显。因此，在编纂《民法典》的过程中，学者们普遍认为，设立遗产管理人制度具有必要性和合理

性，科学合理的遗产管理制度是继承法现代化的重要标志，通过构建遗产管理人制度，有利于实现遗产债权人与继承人之间的利益平衡。[①] 遗产管理人的重要性在于，继承开始时，遗产管理人就代表被继承人的意思，保存和管理被继承人的遗产，确保遗产在继承开始后至遗产分割前的期间内保值和增值，提高遗产管理的效率，防止遗产被他人侵夺或者争抢，使遗嘱指定的或者法定的继承人继承遗产的权利、受遗赠人取得遗赠物的权利得以顺利实现，并保障被继承人的债权人利益。[②] 因此，遗产管理人的选任、职责、责任、报酬，对遗产的管理、被继承人处分遗产终意的实现、继承人与受遗赠人的合法继承权益及被继承人债权人利益的保障与实现，都具有重要意义。

二、遗产管理人的选任与法律地位

（一）遗产管理人的选任

遗产管理人的选任对于遗产债权人和继承当事人的意义重大，一旦遗产管理人选任不当，可能会给继承当事人和遗产债权人造成难以弥补的损失。在比较法上，遗产管理人的产生方式主要有四种：第一种是遗嘱指定遗产管理人。如《日本民法典》第1006条规定：遗嘱人可以以遗嘱指定一人或数人为遗嘱执行人，或委托第三人指定遗产执行人。受委托指定遗产管理者，应从速指定并通知继承人，若辞去委托时，也应通知继承人。由此可见，日本的遗产管理人通过遗嘱指定或者委托第三人指定产生，遗产管理人在辞去管理人一职时，应当通知继承人。第二种是继承人推选遗产管理人。第三种是法院指定遗产管理人。德国原则上由遗产法院作为遗产管理人。《德国民法典》第1960条第1款规定：以有需要为限，遗产法院必须致力于保全遗产，直至遗产被接受之时。继承人不明或不能肯定其是否已接受遗产的，亦同。但若遗产权利人在裁判上主张针对遗产的请求权时，遗产法院必须选任遗产管理人。第四种是依据法律规定由继承人担任遗产管理人。

英国于1897年颁布了《英国土地转移法案》，明确规定不动产与动产采

---

① 付翠英：《遗产管理制度的设立基础和体系架构》，载《法学》2012年第8期；陈苇、石婷：《我国设立遗产管理制度的社会基础及其制度构建》，载《河北法学》2013年第7期。

② 杨立新：《我国继承制度的完善与规则适用》，载《中国法学》2020年第4期。

用间接继承制度。所谓间接继承制度，是指在继承开始后，遗产由遗嘱执行人或者遗产管理人进行管理，并不直接由继承人享有，遗产管理人对遗产进行登记造册、收取债权、清偿债务、缴纳遗产税、执行遗赠，最后将剩余的遗产按照法律规定或者遗嘱指定，在继承人之间分配。此外，《英国继承法》还规定，法定继承，即死者生前没有立下遗嘱，其遗产由其个人代表也即遗产管理人以信托的方式予以出售，然后将其售得的款项清偿债务。如果还有多余，由遗产管理人将剩余的财产按照下列顺序分配给死者的近亲属：生存配偶、生存子女、生存父母、其他亲属。若没有任何亲属，则财产按无主物归于君主，君主也可以把遗产转给死者生前赡养的人。美国的遗产管理人主要由被继承人和法院指定。如果被继承人没有设立遗嘱，法官可以在被继承人的配偶、父母、成年子女、兄弟姐妹、债权人或者在本社区有影响力的人中指定一人或者数人担任遗产管理人。《美国统一继承法典》规定的任命遗产管理人的顺序为：（1）已检验后的遗嘱确定享有优先权的人，包括根据遗嘱授予的权利而被提名的人；（2）作为死者遗赠受领人的生存配偶；（3）死者的其他遗嘱受领人；（4）作为无遗嘱继承人的生存配偶；（5）死者的其他无遗嘱继承人；（6）在死者死亡后45天内生存的任何债权人。除此之外，该法典还明确了下列人员不能担任遗产管理人：一是未满21岁的人；二是正式诉讼中不合格的当事人。我国香港特别行政区《遗嘱认证及遗产管理条例》规定遗产管理人是指获授予遗产管理的人，能够获得授权管理遗产的人有遗产管理官、遗嘱执行人或者其他方式产生的遗产管理人。

本条结合我国的实际情况，对遗产管理人的选任确定作出了详细规定。需要说明的是，根据本条规定，遗产管理人的确定存在先后顺位。一般而言，继承开始后，有遗嘱的，首先按照遗嘱继承；没有遗嘱的，按照法定继承办理。因此，依照本条规定，如果存在遗嘱，并且遗嘱中指定了遗产管理人的，自应尊重遗嘱人的意思自治。如果遗嘱中并未指定遗产管理人而是指定了遗嘱执行人，则遗嘱执行人即为遗产管理人。如果遗嘱中既未指定遗产管理人，亦未指定遗嘱执行人（包括指定的遗产管理人、遗嘱执行人拒绝担任或不适格），则即应由继承人及时推选遗产管理人。继承人未推选或无法推选的，则由全体继承人共同担任遗产管理人。如果通过上述遗产管理人确定程序，依然不能确定遗产管理人的，如没有继承人或者继承人均放弃继承的，则应由被继承人生前住所地的民政部门或者村民委员会担任遗产管理人。同时，根据《民法典》第 1146 条规定，在确定遗产管理人的每一顺位中，如果对遗产管理人的选任存在争议的，利害关系人可以向人民法院申请指定遗产管理人。

1. 遗嘱执行人担任遗产管理人。如果遗嘱人在遗嘱中明确指定了遗产管理人的，自应尊重遗嘱人的意思，由遗嘱指定的遗产管理人担任遗产管理人。因此，由遗嘱确定的遗产管理人具有优先地位。除非其不愿意担任或辞去遗产管理人的职位，否则不应采取其他方式确定遗产管理人。也就是说，遗嘱人通过遗嘱直接指定或委托他人指定的遗产管理人，应优先于遗嘱人指定的遗嘱执行人担任遗产管理人；如果遗嘱人仅指定了遗嘱执行人，则遗嘱执行人为遗产管理人。根据《民法典》第 1133 条规定，自然人可以立遗嘱处分个人财产，并可以指定遗嘱执行人。遗嘱指定的遗产管理人和遗嘱指定的遗嘱执行人是比较接近但并不相同的两个概念。因此，根据本条第 1 句的规定，在有些情形下遗嘱执行人同时也是遗产管理人。例如，遗嘱人通过遗嘱处分其全部遗产，同时指定了遗嘱执行人，则此时遗嘱执行人即为遗产管理人。

但有疑问的是，在法定继承与遗嘱继承并存的情况下，或言之，遗嘱只处分了遗嘱人的部分遗产时，遗嘱执行人是就遗嘱人的全部遗产为遗产管理人抑或仅就遗嘱处分所涉及之遗产为遗产管理人？也就是说，对于遗嘱未处分的遗产，遗嘱执行人是否当然为遗产管理人？举例而言，遗嘱人张某订立遗嘱将其全部藏书遗赠给其所在单位图书馆，并指定其好友刘某为遗嘱执行人。继承开始后，遗嘱执行人刘某仅负责管理并将张某所有藏书交付给张某生前所在单位的图书馆即可。那么，刘某是否有权管理张某藏书以外的其他遗产？对此，第一种理解是，本条第 1 句规定遗嘱执行人无条件地成为遗产管理人，即遗嘱执行人能够管理的遗产不仅限于遗嘱所涉及的遗产，除非遗嘱中另有约定，如遗嘱人在遗嘱中限制了遗嘱执行人的权限。如果遗嘱人未对遗嘱执行人的管理权限和范围进行限制，则推定被继承人愿意将自己的遗产托付给其指定的人管理。虽然遗嘱没有涉及的遗产应当按法定继承办理，但是在继承开始后更换遗产管理人，不利于遗产的统一管理和清算。由法定继承人再次推选遗产管理人从效率角度而言也不便利。[①]“该问题实质上是遗嘱未指定由遗嘱执行人管理的遗产由谁管理的问题。按《民法典》第 1145 条

① 龙卫球主编：《中华人民共和国民法典婚姻家庭编与继承编释义》，中国法制出版社 2020 年版，第 344 页。

第1分句的字面意思，有遗嘱执行人的，不会再另行产生遗产管理人，遗嘱执行人的权利因法律规定而自动扩张。《民法典》将遗嘱执行人和遗产管理人统一立法，主要是考虑到二者职责相似，分开规定会造成重复立法，故其立法本意在于由遗嘱执行人管理全部遗产，包括遗嘱未处分的财产和遗嘱无效部分涉及的财产。"[①] 第二种理解是，遗嘱执行人的管理权限仅限于遗嘱继承部分，对于遗嘱未处分部分的遗产即适用法定继承部分的遗产则应根据第1145条另行确认遗产管理人。由此便产生了遗嘱执行人和遗产管理人并存的局面。两者可能会发生权责冲突。第三种理解是，当遗嘱继承人之外的法定继承人对遗嘱执行人担任全部遗产的管理人不持异议时，遗嘱执行人就可以充任全部遗产的遗产管理人；但当遗嘱继承人之外的法定继承人对遗嘱执行人充任应按法定继承处理的遗产部分的遗产管理人有异议时，该遗嘱执行人就并不当然地成为应按法定继承处理的遗产部分的遗产管理人。于此情形，法定继承人有权通过推选的方式单独产生应按法定继承处理的遗产部分的遗产管理人，或者在明确拒绝遗嘱执行人担任应按法定继承处理的遗产部分的遗产管理人的同时，明确表示由遗嘱继承人之外的全体法定继承人共同担任该部分遗产的遗产管理人。此时，即形成遗嘱执行人与遗产管理人的并存。[②] 如果按上述第一种观点，遗嘱执行人为当然的遗产管理人，且其对遗产全部享有管理权限，不论遗嘱是否处分了全部遗产，除非遗嘱人在遗嘱中对其权限进行了限制。此时，虽无遗嘱执行人和遗产管理人相互掣肘之虞，但遗嘱执行人将会不堪重负。如上举之例，刘某无条件地成为遗产管理人，尚须负责管理张某的房产、银行存款、机动车等全部遗产，并负责制作清单，清偿债务，分割遗产等，实践中无法操作。虽然有利于遗产的统一管理和清算，避免遗嘱执行人与遗产管理人发生冲突，但无疑加重了遗嘱执行人的负担，特别是当遗嘱继承财产在全部遗产中的所占比例较小的情况下，扩张遗嘱执行人的遗产管理范围无疑会严重增加其遗产管理负担。比较而言，笔者认为，在解释论上，当遗嘱为部分遗产的处分指定了遗嘱执行人时，仅在遗嘱执行人表示愿意担任遗产管理人且遗嘱继承人以外的法定继承人对遗嘱执行人管

---

① 王葆莳、吴云煐：《〈民法典〉遗产管理人制度适用问题研究》，载《财经法学》2020年第6期。

② 陈甦、谢鸿飞主编：《民法典评注：继承编》，中国法制出版社2020年版，第221页。

理全部遗产无异议时，才能成为遗产管理人，而不是当然成为遗产管理人。如此，可兼顾遗嘱执行人的意愿与遗产管理负担。

2. 继承人推选遗产管理人。继承人推选遗产管理人。如果没有遗嘱指定的遗产管理人，则由继承人推选遗产管理人。被推选的遗产管理人可以是继承人，也可以是继承人之外的人。可以是一人也可以是数人，可以是自然人也可以是组织机构。有权利推选遗产管理人的主体是继承人，受遗赠人、遗产酌分权人等没有参与推选的资格。继承人的推选方式，是一致同意还是多数决，法律没有作更细的规定。主旨在于继承人自治，协商确定。在法国法上，继承人经一致协商可以指定他们中的一人或者第三人管理被继承人的遗产。由于遗产管理人管理全部遗产涉及全体继承人的利益，需要有全体继承人的信任为基础，因此，通常应以全体继承人一致同意推举为必要。本条中“继承人应当及时推选遗产管理人”，包含着时间要求。若遗产管理人的选出过迟会影响继承的进程，必须尽快确定。但法律上没有对“及时”作出具体时间的规定，通常应以 1 个月为宜。

3. 继承人共同担任遗产管理人。如果继承人没有推选出遗产管理人，则由继承人共同担任遗产管理人。对于担任遗产管理人的继承人，本条未作资格要求，但以下两类继承人不能作为遗产管理人：一类是无民事行为能力或限制民事行为能力人。遗产管理涉及大量民事法律行为，不具备相应民事行为能力，无法承担遗产管理人的职责。另一类是放弃继承的继承人。放弃继承的继承人不承担遗产管理人的职责，不是共同的遗产管理人，经推举作为遗产管理人的属于前一种情形。由于放弃继承意思表示的效力溯及继承开始之时，放弃继承前所进行的遗产管理行为，自始便是非遗产管理人的管理，构成无因管理。基于该管理行为对外产生的民事法律关系对其他继承人仍有效力。共同遗产管理人进行遗产管理负有相互协力的义务。对于遗产的保存行为，可以单独进行，如任意继承人作为管理人都可以主张被继承人的债权而使诉讼时效中断。对于遗产的处分行为，因系共同继承形成的共同共有，需要全体继承人共同作出，个别继承人不能单独为之。

4. 民政部门或者村民委员会担任遗产管理人。如果没有继承人或者继承人均放弃继承的，由被继承人生前住所地的民政部门或者村民委员会担任遗产管理人。此种情况的遗产虽可能无人继承，但不排除被继承人对他人负担债务需要清偿。此时的遗产管理人非常重要，却又不能期待由继承人担任或推举，需要有明确的产生规则。我国台湾地区的所谓“民法”是由亲属会议选定遗产管理人。我国大陆无此传统，不能照搬。由民政部门或村民委员会担任遗产管理人，符合其职能，具有可操作性。

（二）遗产管理人的法律地位

关于遗产管理人的法律地位，学界有不同的观点，归纳起来主要有以下几种观点：

1. 代理人说。

（1）被继承人的代理人。该说认为，遗产管理人所履行的职务行为，可以看作被继承人的法定代理人。如果被继承人在设有遗嘱的情形下，遗嘱中指定了遗嘱执行人，那么遗嘱执行人的地位正好与遗产管理人身份重合。此时，遗产管理人可以按照遗嘱中的指定来管理、分配遗产。

（2）继承人的代理人。该说认为，从被继承人死亡，继承开始的时候起，因遗产的所有权已经转移至继承人，而被继承人因为死亡而导致民事权利能力消灭，无法再委托代理人。因此，遗产管理人当然是受继承人的委托，履行清点、管理遗产等管理职责。《韩国民法典》第1103条规定：遗产管理人，视为继承人的代理人。《日本民法典》第1015条规定：遗产管理人视为继承人之代理人。其立法理由是：继承人是遗嘱人权利义务的承继者，故执行遗嘱的是继承人，但由遗产管理人代理继承人执行遗嘱。二者之间虽无委托代理关系，但可视作代理关系，继而准用委托代理的规定，乃法定代理。

（3）遗产代理人。该说认为，将遗产视为独立的法人，遗产管理人作为该遗产的代理人。采用此说的国家主要为日本。《日本民法典》第951条规定：在继承人有无不明时，可将继承财产本身视为独立的法人；第955条规定：当继承人出现时，财团法人视为自始不存在，但之前遗产管理人所为的管理行为效力待定。此外，还有一种观点认为，没有继承人继承遗产时，由遗产管理人作为国家和集体代理人来管理和处分遗产。

2. 固有权说。

（1）机关说。此说认为遗产管理人属于维护遗嘱人利益和实现遗嘱人生前意思表示的机关，不需要经过被继承人的授权。

（2）法定任务说。此说将遗产管理制度视为破产管理制度，遗产管理人基于固有的法定任务，有管理、清算遗产的权限。

（3）限制物权说。此说将财产权等于无权。遗产管理人是被继承人指定的遗嘱执行人，对遗产的管理享有限制物权。

3. 信托关系说。

此说认为遗产管理人属于被继承人的信任受托人，被继承人将其所有的财产通过授权委托的方式交给受托人。受托人接受委托后，以其自身名义为受益人利益或者特定目的，进行管理或者处分该财产的一种法律关系。该说具有两个特点：一是受托财产具有独立性，独立于委托人和受托人；二是受托人以受托财产为限承担责任，对财产尽到合理的管理义务，使财产保值增值。

笔者认为，法定任务说更为合理。将遗产管理人拟制为继承人之法定代理人，恐有违代理法理：因管理人为职务上之行为时主观上非以继承人之代理人为之，客观上也并非以本人的名义，而是以管理人自己之名义为之，此与代理的显名主义相悖。继承人出现前，遗产管理人所为之职务上的行为对继承人有效，乃为保护交易安全，不允许继承人否认管理人所为职务上行为的效力，即将其职务上行为的效果拟制及于继承人。

三、遗产管理人与遗嘱执行人的关系

遗嘱执行人，是指执行遗嘱内容，将遗嘱付诸实施的人。其主要职责包括：将遗嘱人的遗产清理登记并造册；保管各类遗产；依遗嘱的指定对遗产进行分割；发生纠纷时可以诉讼当事人的身份参与诉讼；严格按法律规定和遗嘱的内容执行遗嘱。

（一）遗嘱执行人与遗产管理人并存

被继承人生前立有遗嘱，遗嘱中指定了遗嘱执行人。在继承开始后，遗嘱执行人为遗产管理人。但如果被继承人生前在遗嘱中已经指定了遗产管理人，那么，遗嘱中即便指定了遗嘱执行人，该遗嘱执行人也不能成为遗产管理人。或者遗嘱继承人之外的法定继承人对遗嘱执行人充任应按法定继承处理的遗产部分的遗产管理人有异议时，可能会同时存在遗嘱执行人和遗产管理人。遗嘱执行人虽然也可以管理被继承人的遗产，但其仅限于被继承人生前立有遗嘱中所涉及的遗产，遗嘱中未涉及的遗产仍然需要由遗产管理人管理。

（二）遗嘱执行人与遗产管理人的区别

遗产管理人在功能上与遗嘱执行人具有相似性，他们均以中间人的身份介入遗产继承活动，执行清理遗产等职责，从而保障继承活动的顺利进行。但两者的区别也较为明显，兹述如下：

第一，适用范围不同。遗嘱执行人既为执行遗嘱之人，则须以存在遗嘱为前提，无遗嘱即不发生遗嘱执行的问题。因此，遗嘱执行仅在遗嘱继承或遗赠中有其适用，在法定继承时并无适用之余地。而遗产的管理不论法定继承抑或遗嘱继承均有涉及。如英国法规定，遗产的管理及分割，悉由遗嘱人以遗嘱指定之遗嘱执行人或（无遗嘱或遗嘱未指定遗产管理人时）法院所指定的遗产管理人担任。在存在遗嘱之情形，通常遗嘱执行人即为遗产管理人，如《德国民法典》第2205条、第2209条规定，遗嘱执行人必须管理遗产；被继承人可以将遗产的管理托付给遗嘱执行人，而不向后者分配除管理外的任务；被继承人也可以指示：遗嘱执行人须在向其另行分配的任务了结后，继续进行管理。依此规定，遗嘱人也可以不将遗产之管理托付与遗嘱执行人。此时，遗嘱执行人仅有分配遗产于继承人之权限。也就是说，即使在遗嘱继承或遗赠中，遗嘱执行人与遗产管理人也未必同一。

第二，产生方式不同。对于遗产管理人而言，如果遗嘱中指定了遗产管理人，则应以指定的遗产管理人行使管理职责。如果遗嘱中指定有遗嘱执行人而未指定遗产管理人，则由遗嘱执行人作为遗产管理人（遗嘱人未赋予遗产管理权限的除外）。如果遗嘱中既未指定遗嘱执行人亦未指定遗产管理人，或同时存在遗嘱继承与法定继承时，则继承人为当然的遗产管理人。继承人为数人时可从继承人中推选遗产管理人，继承人未推选的，全体继承人为遗产管理人。而遗嘱执行人一般应由遗嘱人于其遗嘱中指定或委托他人指定。我国有学者建议，遗嘱人未指定遗嘱执行人或指定的遗嘱执行人不能执行遗嘱的，遗嘱人的法定继承人为遗嘱执行人。[①] 恐非妥当。盖遗嘱的执行，由继承人为之，似乎最为适当，但遗嘱内容关系继承人之利益甚至与继承人之利益相反，由其执行并不妥当，此与遗产之管理自然有别。

第三，职务权限不同。遗嘱执行人虽也有管理遗产、编制遗产清册的权限，但其所管理的遗产与编制的遗产清册须与遗嘱所涉及的遗产有关。遗嘱所未涉及的遗产仍须由遗产管理人管理之。若遗嘱执行人受实施分割遗产之

① 郭明瑞、房绍坤、关涛：《继承法研究》，中国人民大学出版社2003年版，第131页。

委托，则应依遗嘱人的指示实行清算，将遗产分配于继承人。此时，遗嘱执行人的权限甚广，原则上对于全部遗产有管理处分权。[①] 也就是说，遗嘱执行人的权限受遗嘱人意思干预的程度较深，而遗产管理人的权限则由法律明文规定。

第四，法律效果不同。法律既允许被继承人依遗嘱处分其遗产，则为了实现遗嘱人的意愿也赋予遗嘱执行人以遗产管理处分权。因此，自应禁止与遗嘱执行人权限相抵触冲突的继承人的处分权。倘若允许继承人处分与遗嘱有关的遗产，则遗嘱执行人的处分权势必架空，而无法实现其任务。因此，于遗嘱执行人执行职务中，继承人不得处分与遗嘱有关的遗产，并不得妨碍其职务的执行。如此，遗嘱执行人始得顺利执行遗嘱，此即为“遗嘱执行中继承人处分、妨害的禁止”。

◎ 疑难适用

司法实务中，遗嘱执行人是继承人抑或继承人以外的第三人，继承人所为的处分行为效力大相径庭。遗嘱执行人如为继承人以外的第三人，则继承人擅自处分与遗嘱有关的遗产的民事法律行为效力待定；若遗嘱执行人为继承人，则继承人得自由处分遗产，其处分行为纵与遗嘱相抵触，仍为有效。例如，遗嘱人将某不动产遗赠于甲，继承人以自己之名义为继承登记后将该不动产转移登记给善意相对人乙，则该不动产转让仍为有效，唯继承人对受遗赠人甲须负债务不履行之责。也就是说，遗嘱由第三人执行或由继承人执行，其法律效果大不相同。而遗产管理人主要是为继承人、遗产债权人及受遗赠人之利益而保管遗产及为保存遗产而实施必要的处置，防止遗产的毁损、灭失或散失。其并不禁止继承人的处分且继承人处分遗产并不妨害遗产管理人职务之执行。且遗产管理人是继承人抑或第三人，法律效果并无不同。

---

① 陈棋炎、黄宗乐、郭振恭：《民法继承新论》，我国台湾地区三民书局2010年版，第327页。

第一千一百四十六条　对遗产管理人的确定有争议的，利害关系人可以向人民法院申请指定遗产管理人。

◎ 主旨

本条是关于人民法院指定遗产管理人的规定。

◎ 释义

本条在原《继承法》中没有规定，是《民法典》新增条文。在《民法典继承编（草案）》（2017 年 7 月 28 日室内稿）第 30 条首次出现本条内容“对遗产管理人的确定有争议的，利害关系人可以向人民法院申请指定遗产管理人”。在之后的历次《民法典》立法征求意见稿中，本条内容均未有变化，直至《民法典》颁布。

本条释义内容主要阐述法院指定遗产管理人的条件。本条是《民法典》新增的内容，虽然《民法典》第 1145 条规定了遗产管理人的确定程序，但并不意味着依照第 1145 条所定之遗产管理人选任程序最终就一定能够确定遗产管理人。因此，当存在依照第 1145 条规定依然无法确定遗产管理人，或继承人、利害关系人对遗嘱指定的遗产管理人有争议，或遗产管理人拒绝担任等情形时，《民法典》应规定救济之道，此即本条规定之意义所在。

一、对遗产管理人的确定有争议

因各国继承程序的结构安排存在差异，须由法院指定遗产管理人的情形并不完全相同。德国立法在遗产支付不能程序中设置遗产管理人，同时法院根据需要选任遗产保佐人。《德国民法典》第 1960 条规定，遗产法院在需要的限度内或者继承人不明或不能肯定其是否已经接受继承的，可以命令存放印章、提存金钱、有价证券和贵重物品以及编制遗产目录的人选任遗产保佐人。该法第 1981 条规定，因继承人之行为或其财产状况，遗产债权人认为有危及其债权清偿之虞者，因遗产债权人之申请，应命为遗产之管理。自承认继承后已逾二年者，不得再行申请。[①] 由此可见，德国法是将继承人对遗产的管理与保佐人、遗产支付不能程序的遗产管理人加以区分，并分别规定的。在无人继承的情况下，遗产法院发布遗产管理命令，即在没有出现继承人承认继承前，继承人不明或不能肯定继承人是否接受继承的情况下，遗产法院出于对遗产保全的考虑，为将来可能出现的继承人选任遗产保佐人；同时，如果遗产债权人有充分的理由证明继承人的行为或财产状况有危及其债权清偿的可能性时，可以向法院申请作为遗产管理人。《日本民法典》对于家庭法院指定遗产管理人的情形，分别作出规定。在数位继承人共同继承的情况下，家庭法院应该在其中选任适合担任遗产管理人的人。利害关系人或检察官在有无继承人不明的情况下可以请求家庭法院选任遗产管理人。利害关系人（包括遗产债权人或受遗赠人）或者检察官认为有必要指定遗产管理人的，家庭法院在同意其申请后应予以指定。

本条对人民法院指定遗产管理人的情形仅为概括性规定，即"对遗产管理人的确定有争议"，而并未列举具体情况。如何理解"对遗产管理人的确定有争议"，主要有"广义说"与"狭义说"两种不同观点：广义说认为，申请法院指定遗产管理人的前提是"对遗产管理人的确定有争议的"，而非"穷尽所有的遗产管理人确定程序仍不能确定遗产管理人"。这就意味着，在任一确定程序中，当出现争议时，相关当事人可以不再依《民法典》第 1145 条规定的顺序启动下一确定程序，即可直接将争议提交人民法院，由人民法院直接指定遗产管理人。[②] 狭义说则认为，应对"对遗产管理人的确定有争议的"进行限缩解释为"遗产管理人无法确定的"。因为对遗产管理人的确定有争议可谓在所难免，不同的人对遗产的期待都是从自身角度出发，在确定遗产管理人时都会有不同的意见。如果不进行限缩，任何争议产生时均许可利害关系人向法院申请指定，无疑将会大大增加法院的负担，造成司法资源的浪费，

① 我国台湾地区台湾大学法律学院、台大法学基金会编译：《德国民法典》，北京大学出版社 2017 年版，第 1423 页。

② 陈甦、谢鸿飞主编：《民法典评注：继承编》，中国法制出版社 2020 年版，第 225 页。

也不利于遗产的及时管理。[①] 这样一方面相对增强了条文的适用性；另一方面也突出遗产管理人选定的私法自治，法院不过多介入其中。

笔者比较赞同狭义说，即所谓“对遗产管理人的确定有争议的”不宜作过于宽泛的解释。虽然本条对于何为“对遗产管理人的确定有争议”并未具体列举而采取了概括性的立法表述，但是也不应认为在《民法典》第1145条规定的任一遗产管理人确定程序中，只要对遗产管理人有争议即可申请人民法院指定遗产管理人。为了防止有关当事人动辄以“对遗产管理人有争议”为由而行故意刁难或反对遗产管理人的确定之实，进而增加法院讼累，浪费司法资源，应当对该条所谓“对遗产管理人的确定有争议”进行一定的限缩解释：首先，根据《民法典》第1145条规定，在无人继承遗产的情况下，应由被继承人生前所在地的民政部门或村委会担任遗产管理人。利害关系人对此有争议的，一般情况下不宜认定为“对遗产管理人的确定有争议”。其次，“对遗产管理人的确定有争议”的争议应达到足以影响遗产的管理与价值的程度，如使遗产管理陷入停滞状态、遗产存在毁损、灭失、被侵占的风险等。“对遗产管理人的确定有争议”主要是指继承人无法一致推举出遗产管理人、继承人怠于推选遗产管理人同时又不愿共同担任遗产管理人、对继承人的范围存在争议导致无法推选遗产管理人、对已推选的遗产管理人的资格或产生程序存在质疑、对指定遗产管理人的遗嘱效力有争议、遗产管理人怠于履行遗产管理职责损害继承人、受遗赠人或遗产债权人利益等。对此，《最高人民法院关于民法典继承编的立法建议稿》曾建议规定“有下列情形之一的，由被继承人住所地的居民委员会、村民委员会或者民政部门担任遗产管理人。（一）没有继承人和受遗赠人；（二）继承人、受遗赠人在法定期限内明确表示放弃继承、受遗赠或者无人接受继承或者遗赠的（注：包括继承人下落不明或者有无继承人情况不明）；（三）继承人丧失继承权或受遗赠人丧失受遗赠权的；（四）已知的继承人为无民事行为能力人或者限制民事行为能力人且无法定代理人；（五）继承人的行为已经或者将要损害被继承人的债权人、受遗赠人等利害关系人利益。确定遗产管理人前，遗产处于无人保护状态的，由被继承人住所地的居民委员会、村民委员会、法律规定的有关组织或者民

① 龙卫球主编：《中华人民共和国民法典婚姻家庭编与继承编释义》，中国法制出版社2020年版，第347页。

政部门担任临时遗产管理人。应利害关系人的请求，人民法院在指定遗产管理人之前，可以对遗产采取必要的保全措施"。主要理由是，考虑到人民法院工作压力等原因，此外，还可以参考《民法典》第31条规定，增加遗产管理人指定争议的前置程序过滤掉一部分争议不大的矛盾冲突。也即，被继承人住所地的居民委员会、村民委员会或者民政部门指定遗产管理人。

二、须经利害关系人申请

有权申请人民法院指定遗产管理人的民事主体必须是与遗产继承具有利害关系之人。本条所谓的"利害关系人"，主要是指法定继承人、遗嘱继承人、受遗赠人、遗产酌给请求权人、被继承人的债权人或债务人、遗嘱执行人、遗嘱指定的遗产管理人、被继承人生前住所地的民政部门或村委会等。

三、由人民法院指定遗产管理人

人民法院指定遗产管理人须以利害关系人申请为前提，同时，根据《民事诉讼法》第34条规定，[①] 这里的人民法院应当是被继承人生前住所地或主要遗产所在地的人民法院。利害关系人申请指定遗产管理人无其他民事权益争议的，应参照适用《民事诉讼法》第十五章中"特别程序"的有关规定进行审理。利害关系人无须向人民法院提交起诉状，须向法院提交申请指定遗产管理人的申请书。参照《民诉法解释》第349条第2款规定，人民法院经审理后应当作出指定遗产管理人的判决。该判决具有一审终审的终局效力，应当送达申请人、判决指定的遗产管理人。利害关系人对该指定不服的不能提起上诉，但可以依据《民诉法解释》第372条规定向作出该判决的人民法院提出异议。人民法院经审查，异议成立的，作出新的判决撤销原判决，异议不成立的，裁定驳回。人民法院在依照特别程序审理案件的过程中，发现案件有民事权益争议的，应当裁定终结特别程序，并告知利害关系人可以另

① 《民事诉讼法》第34条规定："下列案件，由本条规定的人民法院专属管辖：（一）因不动产纠纷提起的诉讼，由不动产所在地人民法院管辖；（二）因港口作业中发生纠纷提起的诉讼，由港口所在地人民法院管辖；（三）因继承遗产纠纷提起的诉讼，由被继承人死亡时住所地或者主要遗产所在地人民法院管辖。"

行起诉，并按普通程序进行审理。在有些国家如德国、意大利[①]等允许法院在某些情形下依据职权指定遗产管理人，但我国《民法典》所规定的人民法院指定遗产管理人，必须以利害关系人的申请为前提。人民法院指定遗产管理人，应以对全体利害关系人负责为原则，不应以片面维护继承人或遗产债权人利益为目的。

◎ 疑难适用

关于人民法院指定遗产管理人的范围问题，本条并未规定，实务中主要有两种不同的观点：一种观点认为，人民法院应当在《民法典》第 1145 条规定的能够担任遗产管理人（即遗嘱执行人、继承人、民政部门或村委会）的范围内进行指定。[②] 另一种观点则认为，鉴于遗产管理事务具有极强的专业性，因而人民法院可参照公司清算程序中指定清算组人员的相关规定进行指定。由于继承人之间对遗产管理人的确定已经产生争议，所以，人民法院不应再指定某一继承人担任唯一的遗产管理人，而应以组成“遗产管理人小组”的方式指定遗产管理人，将相应的专业机构和专业人士纳入其中。[③] 笔者认为，人民法院指定遗产管理人时既不能仅限于第 1145 条所规定的遗产管理人范围，也不能完全在第 1145 条所规定的遗产管理人范围之外进行指定。人民法院应当综合考虑确定遗产管理人争议的具体情况进行指定：如果指定继承人为遗产管理人对遗产管理并无不利，如因继承人怠于推选遗产管理人同时又不愿共同担任遗产管理人产生的争议，人民法院依然可以在继承人范围内进行遗产管理人的指定；反之，如果于继承人范围内指定遗产管理人不利于争议的妥善解决，如针对继承人无法一致推举出遗产管理人的争议。此时指定遗产管理人应考虑在继承人范围以外进行指定，即可指定相关的专业机构或专业人士。

---

① 如《意大利民法典》第 508 条规定：“在交出遗产的声明登记之后，继承开始地的初审法院法官可以根据继承人、债权人、受遗赠人之一的申请，或者依职权指定一名保佐人，由其根据第 498 条及后条的规定对遗产进行清算。”

② 龙卫球主编：《中华人民共和国民法典婚姻家庭编与继承编释义》，中国法制出版社 2020 年版，第 348 页；黄薇主编：《〈中华人民共和国民法典〉继承编解读》，中国法制出版社 2020 年版，第 117 页。

③ 陈甦、谢鸿飞主编：《民法典评注：继承编》，中国法制出版社 2020 年版，第 227 页。

第一千一百四十七条　遗产管理人应当履行下列职责：

（一）清理遗产并制作遗产清单；

（二）向继承人报告遗产情况；

（三）采取必要措施防止遗产毁损、灭失；

（四）处理被继承人的债权债务；

（五）按照遗嘱或者依照法律规定分割遗产；

（六）实施与管理遗产有关的其他必要行为。

◎ 主旨

本条是关于遗产管理人职责的规定。

◎ 释义

本条在原《继承法》中没有规定，是《民法典》新增条文。《民法典继承编（草案）》（2017 年 7 月 28 日室内稿）第 31 条首次出现本条内容，即“遗产管理人应当履行的职责包括：（一）制作遗产清单；（二）保管遗产；（三）处理债权债务；（四）按照遗嘱或者依照法律规定分割遗产”。《民法典继承编（草案）》（2018 年 4 月征求意见稿）第 29 条将“（一）制作遗产清单”修改为“（一）清理遗产并制作遗产清单”。《民法典继承编（草案）》（2019 年 7 月 5 日征求意见稿）第 926 条则将本条内容修改为“遗产管理人应当履行下列职责：（一）清理遗产并制作遗产清单；（二）向继承人报告遗产情况；（三）采取必要措施防止遗产毁损、灭失；（四）处理被继承人的债权债务；（五）按照遗嘱或者依照法律规定分割遗产；（六）实施与管理遗产有关的其他必要行为”。在之后的历次《民法典》立法征求意见稿中，本条内容均未再有变化，直至《民法典》颁布。不过在本条起草过程中，《最高人民法院关于民法典继承编的立法建议稿》对本条内容的立法建议则稍有不同，具体为“遗产管理人应当履行以下职责：（一）清查遗产，制作遗产清单；（二）审查债权、编制债权表、清偿被继承人债务；（三）核实是否存在遗嘱继承、遗赠扶养、继承扶养、特留份、必留份等影响遗产分配的情形；（四）以自身名义采取诉讼、仲裁等必要措施保全遗产；（五）分割、移交遗产；（六）进行与管理遗产有关的其他必要行为”。主要理由是：第一，明确遗产管理人的行为边界，防止损害继承人等遗产利害关系人的利益；第二，制作遗产清单可防止个别继承人或保管遗产的人侵吞遗产，损害其他利害关系人的利益；第三，将遗产管理人的义务和责任法定化，避免与其他利害关系人在管理遗产职权方面的争议。

本条释义内容主要阐述遗产管理人应当履行的具体职责。遗产管理人的职责是整个遗产管理制度的核心。遗产管理人的职责既涉及被继承人终意处分能否得以顺利实现；也涉及继承人、受遗赠人能否获得遗产或受遗赠物；还涉及被继承人的债权人的利益能否得以实现。遗产管理人的职责是权利、义务与责任的统一。遗产管理人职责的内容多为积极的作为义务，与遗产占有人、保佐人对遗产的单纯保管义务不同。遗产管理人的地位类似于公司企业清算中的“清算人”。因此，有关公司企业清算人职责的规定，对本条规定的遗产管理人的职责有一定的影响。另外，本条从第 1 项到第 5 项的排列顺序，与遗产处理程序基本相同，在继承程序具体规定缺位的情况下，可资参照。

一、清理遗产并制作遗产清单

清理遗产就是盘点、查清被继承人所有遗产的数量、种类、名称、位置、价值、占有等具体状况，并掌握被继承人所享有的债权情况以及所欠的税款和债务情况，并在此基础上制作遗产清单，以使继承人和利害关系人对被继承人的遗产能够准确地掌握。

遗产清单也称为“遗产清册”，乃记载非专属于被继承人本身之一切权利义务之簿册，也即就遗产所编制之财产目录之谓。凡被继承人所遗之一切资产、负债，而可为继承之标的者，皆须记载，不许遗漏。[1] 编制遗产清册，是遗产管理人对遗产的净资产进行清点、估价后，在区分被继承人遗产与其夫

① 陈棋炎、黄宗乐、郭振恭：《民法继承新论》，我国台湾地区三民书局 2019 年版，第 193 页。

妻财产、家庭财产及其他人财产的基础上，查清遗产债权债务事实，然后制作出完整的遗产清册。① 编制遗产清单目的有二：一是固定遗产的范围、数额、种类，进而保护继承人、受遗赠人、遗产债权人等利害关系人的利益，防止遗产被侵占、转移、隐匿或毁损；二是为后续遗产债务的清偿、受遗赠物的交付、遗产的分割提供物质保障。根据《民法典》第1161条之规定，我国继承法实行限定继承主义，即遗产债务的清偿以被继承人的遗产为限，对于超出遗产实际价值的部分，继承人不负清偿义务。因此，编制遗产清单，固定遗产的范围与价值，是限定继承的基础与前提。遗产清册类似于公司企业的资产负债表，记载着被继承人遗留的积极财产与消极财产明细，包括遗产的构成、数量、位置、占有人、遗产中的债权、遗产债务、税收等信息。所以，制作遗产清单有利于明确遗产数量和范围，清楚遗产的具体情况，便于完成清算和遗产的分割与移交。更重要的是，遗产清单记载的内容是继承人以继承的遗产为限承担有限清偿责任的依据。很多国家或地区的继承法将依法制作并提交遗产清单作为主张限定继承的必要条件。② 同时，制作遗产清单也有利于使继承利害关系人及时掌握明了被继承人遗产的具体情况，防止遗产管理人或继承人等侵害其合法权益，更是便利利害关系人对遗产管理人是否忠实履行遗产管理职责进行有效监督的重要保证。我国《民法典》虽没有将制作提交遗产清单作为继承人有限清偿责任的前提，但仍然要求遗产管理人负有制作遗产清单的职责，以利于明确遗产情况，有效保留证据。关于遗产清单的制作期限，我国法律目前没有具体规定，但实务中应根据遗产的复杂程度，在不影响继承程序的合理期限内完成。至于遗产清单的制作程序、遗产清单的效力及异议救济程序等问题，《民法典》以及《民法典继承编解释(一)》也均付之阙如。上述问题尚待最高人民法院出台新的继承司法解释时予以明确，以为司法实践提供具有可操作性的裁判标准。

二、向继承人报告遗产情况

在继承利害关系人中，毫无疑问，继承人与遗产继承关系最为密切。继

① 付翠英：《遗产管理制度的设立基础和体系架构》，载《法学》2012年第8期。

② 如我国台湾地区所谓“民法”在1997年修正前第1156条规定：“为限定之继承者，应于继承开始时起，三个月内，开具遗产清册呈报法院。前项三个月期限，法院因继承人之声请，认为必要时，得延展之。”

承开始后，虽然应当确定遗产管理人，但遗产权利义务即于继承开始概括移转归继承人继受。既然在遗产分割前，遗产权利归继承人共同共有，遗产管理人自应向继承人报告遗产的具体情况。无论是遗嘱指定的遗产管理人还是由继承人推选的遗产管理人，抑或继承人共同担任遗产管理人，均负有就遗产情况向其他继承人报告的义务。

除向继承人报告遗产情况外，有立法例还规定遗产管理人有应遗产债权人或受遗赠人的请求，向其报告说明遗产情况的义务。对此，本条并未规定，但解释上基于遗产管理人并非仅为继承人利益而服务，须为各方利害关系人的利益而进行遗产事务管理的制度目的，应认为遗产管理人也有义务向提出要求的遗产债权人、受遗赠人报告遗产情况。也就是说，应对本条第2项规定中的“继承人”进行目的性扩张解释，包括受遗赠人、遗产债权人，但放弃或丧失继承权的继承人与放弃或丧失受遗赠权的受遗赠人不在其内。但应注意的是，虽然遗产管理人有向继承人以外的受遗赠人、遗产债权人等报告遗产情况的义务，但仅在受遗赠人或遗产债权人请求时，遗产管理人始负报告义务即消极被动报告义务；而对于继承人，遗产管理人则负有积极主动报告遗产情况之义务。

三、采取必要措施防止遗产毁损、灭失

遗产管理人负有防止遗产损毁灭失的职责，可以采取必要措施防止遗产毁损、灭失。所谓采取必要措施防止遗产毁损、灭失，是指遗产管理人可对遗产实施必要的保存行为，即通过必要的利用、改良、保存或必要且适当的处分和变卖等行为实现对遗产的保全。[①]“必要措施”包括保存、改良、利用等措施，如遗产管理人清理遗产时得知被继承人享有债权的，应当及时向债务人主张债权，以中断时效。这里的必要措施除为遗产分割外通常不包括处分行为，但对于鲜活易腐或易贬值之物，若不及时处置将有毁损灭失危险之虞，遗产管理人可以采取适当且必要的处分措施。处分措施必须以保存遗产为目的，不能超过必要的限度。超过必要限度对继承人、受遗赠人等造成损害的，遗产管理人应负赔偿责任。本项规定对遗产管理人无须经他人个别授

---

① 黄薇主编：《〈中华人民共和国民法典〉继承编解读》，中国法制出版社2020年版，第120页。

权而采取必要措施提供了行为依据。

四、处理被继承人的债权债务

处理被继承人生前的债权债务是设立遗产管理人制度的重要价值之一。所谓处理被继承人的债权债务，是指对于被继承人生前享有的债权，遗产管理人应以自己的名义向债务人追讨并受领债务人的清偿；对于遗产债务，遗产管理人亦应向债权人负责清偿。在遗产分割前，如果申请执行人死亡，其遗产管理人可以向法院申请变更自己为申请执行人。对此，《最高人民法院关于民事执行中变更、追加当事人若干问题的规定》第 2 条已经规定，作为申请执行人的自然人死亡或被宣告死亡，该自然人的遗产管理人、继承人、受遗赠人或其他因该自然人死亡或被宣告死亡依法承受生效法律文书确定权利的主体，申请变更、追加其为申请执行人的，人民法院应予支持。如果被执行人死亡，申请执行人也可以向法院申请变更对方的遗产管理人为被执行人。对此，《最高人民法院关于民事执行中变更、追加当事人若干问题的规定》第 10 条已经规定，作为被执行人的自然人死亡或被宣告死亡，申请执行人申请变更、追加该自然人的遗产管理人、继承人、受遗赠人或其他因该自然人死亡或被宣告死亡取得遗产的主体为被执行人，在遗产范围内承担责任的，人民法院应予支持。

《民法典》没有规定清偿被继承人债务的具体程序，也并未规定遗产管理人公示催告遗产债权的职责，即遗产管理人是否需要公示催告未知的遗产债权人、是否有义务主动通知已知的遗产债权人、可否要求遗产债权人于规定期限内申报债权、可否在申报期限届满前对遗产债务进行个别清偿等问题，均缺乏具体规定。有观点认为，通常情况下，遗产管理人应当首先公示催告债权人。期满后，拟订遗产清偿方案。遗产管理人可以根据现实情况选择公示催告的时间。为保证遗产处理的有效进行，公示催告的期限不应当超过 3 个月。[①] 遗产清算其第一步所为公示催告，目的亦仅在于判明全体债权俾便清偿而已。其未知者，犹且欲其知悉，务必实行清偿，其已知者，宁可故置之度外不为清偿？故所谓已受通知而不于期限内报明者，已无强为偿还必要，

① 龙卫球主编：《中华人民共和国民法典婚姻家庭编与继承编释义》，中国法制出版社 2020 年版，第 352 页。

是与诚信原则显相违背，非民法上所宜取。① 反之，另有观点认为，“遗产管理人所已知的债权或遗赠，管理人应分别通知，既已分别通知，而不于一定期间内为报明或声明，无强其保留遗产之全部或一部以为他日清偿或交付之理由”。② 法律空白带来的不确定性很大，遗产管理人如何处理债权债务才算尽到善良管理人的注意义务，如何才能降低承担民事责任的风险，疑惑重重。如果对遗产管理人要求过高，缺乏统一的法律规则作为指引，遗产管理人的风险和利益不成比例，对遗产管理人明显不公；反之，对遗产管理人如何处理债权债务不加规范，则在我国当然限定继承制度的前提下，对遗产债权人获得公平受偿可能性带来极大威胁。③ 笔者认为，可以借鉴域外比较成熟的遗产债务清偿程序，尤其是公告声请与通知制度。于继承开始后，由遗产管理人通过公告寻找未知的遗产债权人并通知已知的债权人。通过公示催告程序催促已知的、可能存在的或确定存在但无法通知的遗产债权人尽快申报其债权，以尽速确定悬而未决的继承法律关系。遗产债权人申报债权乃是一种不真正的法律义务，即法律并不强制其为债权之申报，但若公示催告期间届满，而未为债权申报之声明，则其即应承受仅得就剩余遗产行使权利之不利益。若遗产债权人为遗产管理人所已知，则管理人应分别通知，命其于公告期限内申报债权。也就是说，不论债权人是否为遗产管理人所知，公示催告期限对其均有适用。但在公告期间内不得为遗产债务的个别清偿。公告期满后，对于已知的和公告后获知的债权人，统一进行清偿。如果遗产不足以全额清偿遗产债务的，应先清偿有优先权的债权；如果都是普通债权，则按债权数额的比例清偿。统一清偿后才出现的遗产债权，以剩余遗产清偿，没有剩余遗产的，则不再清偿。至于公示催告的期限在未有相关规定出台之前，自应肯定遗产管理人基于遗产管理具体情况所作出的规定，但应以合理的期限为必要。至于公告的具体内容，《最高人民法院关于民法典继承编的立法建议稿》曾建议规定“继承开始后，遗产管理人应当通知已知债权人，并予以公告。通知和公告应当载明下列事项：（一）被继承人的姓名、住所和死亡时间；（二）遗产管理人的姓名和处理遗产事务的地址；（三）被继承人的债务

---

① 范扬：《继承法要义》，商务印书馆 1935 年版，第 148 页。

② 胡长清：《中国民法继承论》，商务印书馆 1936 年版，第 167 页。

③ 孙毅、刘耀东：《中华人民共和国民法典·继承编释义》，人民出版社 2020 年版，第 89 页。

人或者财产持有人应当向遗产管理人清偿债务或者交付财产的要求；（四）申报债权的期限、地点和注意事项；（五）第一次被继承人债权人会议召开的时间和地点”。

五、按照遗嘱或者依照法律规定分割遗产

遗产分割，是指遗产管理人在清偿因遗产自身而产生的债务、被继承人生前的债务以及应缴纳的税款后，如果还有剩余遗产，则应当按照遗嘱或依照法律规定将剩余遗产进行分割的过程。遗产管理人首先应当对遗产进行分割，按照遗嘱向遗嘱继承人和受遗赠人交付相应遗产。如果没有遗嘱或者存在遗嘱未处分的遗产的，应当按照法律规定的继承顺序和应继份，向法定继承人移交遗产。在共同继承中，遗产管理人应依据共同继承人的遗产分割协议或者继承人分割遗产的请求，对遗产进行分割后，移交给继承人。为了遗产分割的需要，遗产管理人可以对遗产进行处分。

六、实施与管理遗产有关的其他必要行为

这是一项概括性兜底规定，遗产管理人在遗产管理过程中可能要应对各种情况，即使不在本条前几项规定的情形中，遗产管理人也可采取必要的管理措施。所谓“必要行为”，因个案而异，但必须是为了遗产管理的正当目的，且以必要为限。除本条之外，依照其他法律规定需要由遗产管理人实施的行为，均属于其他必要行为。如遗产管理人领取被债务人提存的标的物；办理遗产产权过户登记；根据授权或遗嘱指示为遗产保值、增值而进行合理的投资；① 以原告身份起诉请求法院确认继承人或受遗赠人丧失继承权或受遗赠权；② 将受托人死亡导致委托合同终止的情况及时通知委托人；在委托人作出善后处理之前，受托人的遗产管理人应当采取必要措施防止因委托合同终止损害委托人的利益（《民法典》第936条）；参加以被继承人为一方当事人的正在进行的诉讼活动或仲裁程序。③

---

① 参见上海市高级人民法院（2015）沪高民一（民）申字第1415号民事裁定书。

② 参见广西壮族自治区高级人民法院（2018）桂民再54号民事判决书。

③ 参见四川省高级人民法院（2018）川民申4859号民事裁定书。

◎ 疑难适用

司法实务中，经常出现不同类型遗产债权人向遗产管理人主张清偿债务，当遗产可能不足以清偿所有债务时，就会涉及遗产应优先清偿何种债务的问题。对此，实务争议较大。就学理而言，被继承人的债务主要包括“遗产自身产生的债务”（管理清算遗产的费用、执行遗嘱的费用、诉讼费用等）、“被继承人生前所负的债务（被继承人生前应缴纳的税款和债务）”及“继承开始的债务（如遗产酌给债务、交付遗赠物）”。[①] 遗产管理人在处理上述遗产债务时，应遵循一定的清偿顺序。[②] 根据部分国家或地区的继承制度规定，“有优先权之遗产债权人在遗产清偿顺序中居于第一顺位；无优先权的普通遗产债权人为第二顺位；对于受遗赠人交付遗赠，其顺序为第三顺位；被继承人之债权人若在公示催告程序所公告之期限内未申报其债权，而又为继承人所不知者，其顺序为第四顺位。经过此四种顺序后，如再有剩余遗产，当然归属于继承人”[③] 我国《民法典》并未明确规定遗产债务的清偿顺序，笔者认为，遗产管理人应依下列顺序清偿债务：第一，遗产自身的债务；第二，应当给付缺乏劳动能力又没有生活来源的继承人所保留的必要的遗产（即必

---

① 《葡萄牙民法典》第 2068 条规定：遗产之负担包括：用于被继承人之丧葬开支及附随之宗教仪式之开支、因执行遗嘱而生之负担、因管理及清算遗产而生之负担、死者债务之清偿，以及遗赠之履行。《意大利民法典》第 495 条规定：如果债权人或受遗赠人未对遗产清单提出异议，继承人也不准备依第 503 条的规定提起清算程序的，则继承人在遗产价值范围内向债权人和受遗赠人实施清偿。第 508 条第 3 款规定：支付了保佐费用并且按照清偿顺序表清偿了债权人和受遗赠人之后的剩余遗产属于继承人。张玉敏教授主持起草的《中国继承法立法建议稿》第 20 条规定：“遗产债务按下列顺序清偿：1. 遗产管理费用；2. 被继承人生前扶养的、无劳动能力的人的必要的生活费用；3. 被继承人生前所负债务；4. 遗赠。”

② 《葡萄牙民法典》第 2070 条规定：（1）遗产之债权人及受遗赠人较继承人之个人债权人优先，而遗产债权人之优先权则较受遗赠人优先。（2）遗产之负担须按第 2068 条所指之顺序支付。《韩国民法典》第 1036 条规定：限定承认人根据前 2 条规定，非对于继承债权人清偿完毕之后，不得向受遗赠人清偿。《智利民法典》第 1374 条规定：如无债权人同时受偿的情形，也无第三人提出异议，则应随各遗产债权人的出现而向其清偿，在遗产债权人受偿后才可清偿遗赠。我国台湾地区所谓“民法”第 1160 条规定：继承人非依前条之规定偿还债务后，不得对受遗赠人给付遗赠。

③ 参见陈棋炎、黄宗乐、郭振恭：《民法继承新论》，我国台湾地区三民书局 2019 年版，第 205 页。

留份)；第三，清偿被继承人生前所欠税款以及具有优先受偿性的债权；第四，无优先权的普通债权；第五，遗产酌给债权；第六，向受遗赠人交付遗赠物。

第一千一百四十八条　遗产管理人应当依法履行职责，因故意或者重大过失造成继承人、受遗赠人、债权人损害的，应当承担民事责任。

◎ 主旨

本条是关于遗产管理人民事责任的规定。

◎ 释义

本条在原《继承法》中没有规定，是《民法典》新增条文。《民法典继承编（草案）》（2018 年 4 月征求意见稿）第 30 条首次出现本条内容“遗产管理人应当依法履行职责，因故意或者重大过失造成继承人、受遗赠人、债权人损失的，应当承担民事责任”。《民法典继承编（草案）》（2019 年 12 月 28 日征求意见稿）第 1148 条将“损失”修改为“损害”，其他内容没有变化。直至《民法典》颁布，本条内容再无变化。

本条释义内容主要阐释遗产管理人履行职责的注意义务标准、遗产管理人民事责任的性质以及归责原则、遗产管理人民事责任的构成要件与责任承担形式。

为了保证遗产管理人能够实现其管理、清算遗产的职责，法律赋予遗产管理人充分的权利，从而保障遗产管理人履行职责。根据权利义务相一致的原则，遗产管理人未依法正当履行职责，则对其失职行为应设定相应的法律责任，以保障继承人、债权人等利害关系人的合法权益。遗产管理人在履行职责时，应当恪尽职守，忠实本分，不得利用职务之便为自己或者他人谋取不正当利益，损害继承人、受遗赠人、债权人的利益。因此，本条明确规定了遗产管理人因故意或者重大过失造成继承人、受遗赠人、债权人损失的，应当承担民事责任。前条所规定的遗产管理人的法定职责与本条规定的失职行为的责任承担，从正反两方面对遗产管理人制度的功能发挥具有不可或缺的保障作用。

一、遗产管理人履行职责的注意义务标准

遗产管理人执行职务时，应负何种注意义务，各国或地区鲜有规定。但学说上主要有两种见解：一种观点认为，遗产管理人所负的注意义务应依其是否受有报酬而不同，受报酬者负善良管理人之注意；未受报酬者，则负与处理自己事务同一的注意。如胡长清先生认为，“就一般法理而言，受有报酬者，应为善良管理人之注意；反之，未受有报酬者，则仅负与处理自己事务为同一之注意”。[①] 当遗产管理人为无偿时，不应当对其课以较高的义务，避免权利义务不一致。否则，势必会挫败遗产管理人履行职责的积极性。无偿的遗产管理人可以类推适用无偿的保管人的责任，在保管、维护、收益时，应与维持自己财产同一之注意；在进行必要的经营和处分时，应尽善良管理人之注意。反之，当遗产管理人为有偿时，应当提高其注意义务，可参照破产管理人的责任要求，遗产管理人的职责为尽勤勉义务，即善良管理人之注意义务。[②] 另一种观点则认为，不论遗产管理人是否受有报酬，均应负善良管理人之注意义务。如史尚宽先生认为，“遗产管理人之注意程度，与失踪人财产管理人之注意义务程度相同，不应因其请求报酬与否而异其注意程度”。[③] 笔者赞同第二种观点，遗产管理人不论是否受有报酬，均应负善良管理人之注意义务。“善良管理人”的注意义务标准应符合遗产管理人法定职责的要求。遗产管理人履行职责时，无论是否有报酬，均应尽善良管理人的注意义务，而不是与处理自己事务同一的注意义务。其是否收取报酬是责任范围的考量因素，而不是责任成立的考量因素。善良管理人的注意义务就是要求遗产管理人达到谨慎人的注意程度。遗产管理并非管理人对自己事务的管理，而是为继承人、受遗赠人、遗产债权人等多方主体利益而为管理。勤勉谨慎地进行管理是对遗产管理人的必然要求，只有善良管理人的注意义务标准才能满足各方利害关系人的合理期待。

---

① 胡长清：《中国民法继承论》，商务印书馆 1936 年版，第 172 页。

② 龙卫球主编：《中华人民共和国民法典婚姻家庭编与继承编释义》，中国法制出版社 2020 年版，第 355 页。

③ 史尚宽：《继承法论》，中国政法大学出版社 2000 年版，第 380 页。

二、遗产管理人民事责任的构成要件

遗产管理人承担赔偿责任不论是违约责任抑或侵权责任，均为过错责任，依照本条规定，遗产管理人承担赔偿责任须满足以下构成要件。

（一）遗产管理人未依法履行职责

遗产管理人应当按照《民法典》第1147条规定或遗产管理委托合同的约定以善良管理人之注意履行其作为遗产管理人的职责。如果遗产管理人未按照法律规定或委托合同约定履行职责，或履行职责不符合要求，或超出遗产管理人的职责范围等均应当认定为违反职责。未依法履职的情形多种多样，需要针对具体的行为结合被违反的相应职责进行判断。例如，遗产管理人在制作遗产清单过程中有遗漏或不实记载的；不向继承人或其他利害关系人报告遗产的真实情况的；没有采取必要措施导致遗产毁损灭失的；怠于主张债权导致超过诉讼时效的；在遗产不足的情况下，未按遗产债务清偿顺序清偿债务；在遗产分割时未为胎儿或缺乏劳动能力又无生活来源的继承人保留必要的遗产；错误清偿债务或者错误受领债权的；没有执行遗嘱继承或遗赠的；不当处理遗产造成损失的；没有按照约定的时间、份额分割遗产的；没有通知已知的遗产债权人参加遗产清算的；隐匿、侵吞遗产的；等等。

（二）造成继承人、受遗赠人或债权人财产损失

遗产管理人未依法履行职责的行为，须造成损害，才产生损害赔偿责任。如果尚未造成损害，纵有未依法履行职责的事实，也不发生损害赔偿责任。但可以产生其他法律后果。例如，可以对不称职或有违法不当行为的遗产管理人解职，对不报告遗产情况的遗产管理人主张停止侵害、排除妨害、实际履行。有域外立法例规定，若故意制作含有虚假债权或隐匿遗产的债权清单的，继承人将失去限定继承的利益，对遗产债务承担无限责任。显然这需要其他的法律依据，本条并不适用此类情况。本条适用的情形是遗产管理人故意或重大过失造成遗产损失，从而影响继承人、受遗赠人、债权人财产利益损失时的民事责任，其责任形式通常是损害赔偿。依据本条规定，遗产管理人的不法管理行为损害的对象是继承人、受遗赠人、债权人。理论上也应包含遗产酌分请求权人、剩余遗产的取得人（如村委会）等利害关系人。侵害的权利可以是遗产所有权、继承权、受遗赠权、对被继承人的债权、遗产酌

分请求权、剩余遗产取得权。所生损害只包括财产损害，不包括非财产损害。遗产管理中的财产损害通常是指对遗产的损害。可以是对遗产的有形损害，如对遗产保管不当造成的损坏；也包括对遗产的价值损害，如以较低的价格将遗产变卖、因错误清偿或怠于主张权利而使遗产价值减少。除遗产损害外，若因遗产管理人的过错而使遗产债权人、受遗赠人等利害关系人本可获得清偿的部分丧失清偿可能的，也属于应本条所指损害。

（三）因果关系

遗产管理人未依法履行职责的行为与继承人、受遗赠人、债权人权益的损害之间，须具有因果关系。即两者之间存在引起和被引起的关系。如果损害不是因为遗产管理人违反遗产管理职责的行为引起的，则不发生本条所规定的遗产管理人责任。

（四）遗产管理人主观上具有故意或者重大过失

违反善良管理人的注意义务，构成一般过失。对遗产管理人的注意义务要求越高，就越容易产生过失。虽然从利害关系人的立场，希望管理人的勤勉与谨慎给自己带来安全，但从管理人的立场，不能因责任过重而使之知难而退，造成无人愿意担任遗产管理人的困境。尤其遗产处理繁杂细琐，难以不出纰漏，虽然以善良管理人的注意要求遗产管理人谨慎勤勉，但并非一有过失即应承担责任，若仅因一般过失造成继承人、受遗赠人、遗产债权人损害的，无须承担赔偿责任。遗产管理人之所以对自己的一般过失造成的损害不承担赔偿责任，是因为法律为平衡遗产管理人的情况，特别是遗产管理人不区分有偿或无偿均要承担赔偿责任，同时也不区分有偿或无偿均使遗产管理人负善良管理人之注意义务。故本条规定遗产管理人仅在故意或重大过失时才承担责任。所谓重大过失是指显而易见的过失。普通人只要稍加注意即可避免的损害，遗产管理人却疏忽大意没能避免损害结果发生，即构成重大过失。①

三、遗产管理人承担民事责任的形式

根据《民法典》第 179 条、第 237 条、第 238 条及第 1184 条的规定，遗

① 孙毅、刘耀东：《中华人民共和国民法典·继承编释义》，人民出版社 2020 年版，第 92 页。

产管理人承担民事责任的方式可以分为：（1）返还财产。如遗产管理人非法侵占遗产；（2）恢复原状。如遗产管理人因故意或重大过失造成遗产毁损的，即可通过修理、重作、更换等方式恢复原状；（3）赔偿损失。在这些责任形式中，最主要的就是损害赔偿，即遗产管理人因故意或重大过失违反法定或约定的遗产管理职责，造成继承人、受遗赠人或债权人财产损失时，应当对被侵权人承担损害赔偿责任。如遗产管理人故意或重大过失造成遗产毁损灭失或遗产管理人与部分继承人串通转移、隐匿、变卖遗产，损害其他继承人、受遗赠人或遗产债权人的利益等。

但须注意的是，如果遗产管理人为继承人，则应区分本条所规定的遗产管理人的赔偿责任与其作为继承人所承担的限定继承责任。前者是无限责任，是其作为遗产管理人因违反遗产管理职责或合同约定造成其他继承人、受遗赠人或债权人损失时的损害赔偿责任，是自己债务；而后者则是其作为继承人因概括承受被继承人之遗产而承担的以继承所得遗产清偿被继承人依法应当缴纳的税款和债务的责任，是他人债务。

◎ 疑难适用

司法实务中，对本条所指遗产管理人民事责任的性质以及归责原则，存在以下争议：首先，遗产管理人民事责任的性质。关于遗产管理人因违反法定职责承担的民事责任的性质属于违约责任还是侵权责任，笔者认为，应视遗产管理人与利害关系人之间是否存在委托合同而定。如果遗产管理人与继承人之间已形成委托合同关系，遗产管理人未尽管理职责造成继承人、受遗赠人或债权人损害的，自应根据《民法典》合同编关于委托合同的相关规定承担违约责任。但根据《民法典》第186条规定，继承人此时既可以主张违约损害赔偿责任，也可以主张侵权损害赔偿责任，即构成违约责任与侵权责任的竞合。反之，如果遗产管理人与受遗赠人、遗产债权人之间并不存在委托关系，则遗产管理人因故意或者重大过失造成受遗赠人、遗产债权人损害的，其承担的民事责任应当为侵权责任。虽然本条规定的是“造成继承人、受遗赠人、债权人损害”，但现实中多数遗产管理人直接侵害的对象应是履行遗产管理职责时所管理的遗产，而不会是对受遗赠人、债权人人身、财产的直接侵害。故《最高人民法院关于民法典继承编的立法建议稿》曾建议“遗产管理期间，因遗产管理人管理不善造成遗产毁损、灭失的，遗产管理人应当承担损害赔偿责任”。其次，遗产管理人民事责任的归责原则。根据本条规定，遗产管理人因故意或者重大过失造成继承人、受遗赠人、债权人损害的，应当承担民事责任。由此可见，我国遗产管理人承担民事责任适用过错责任原则。如果采用无过错责任原则，不符合权责相统一的原则，同时也会加重遗产管理人的责任负担，采过错责任原则也与域外立法规定一致。如《意大利民法典》第 491 条规定：在遗产管理中，享有清单利益的继承人只对重过失承担责任。第 709 条规定：在有过失的情况下，遗嘱执行人应当向继承人和受遗赠人承担赔偿损失的责任。

第一千一百四十九条　遗产管理人可以依照法律规定或者按照约定获得报酬。

◎ 主旨

本条是关于遗产管理人获取报酬的相关规定。

◎ 释义

本条在原《继承法》中没有规定，是《民法典》新增条文。在《民法典继承编（草案）》（2018 年 4 月征求意见稿）第 31 条首次出现本条内容“遗产管理人可以依照法律规定或者按照约定获得报酬”。在之后的历次《民法典》立法征求意见稿中，本条内容均未有变化，直至《民法典》颁布。由于遗产管理人管理遗产必然要付出时间、精力等成本，故根据权利与义务相一致原则，其应当有权取得相应报酬。而现行法对遗产管理人取得报酬并无相应规定，为鼓励担任遗产管理人、尽量避免实务中引发遗产管理人报酬争议，《最高人民法院关于民法典继承编的立法建议稿》曾建议直接规定“遗产管理人有权取得与其所履行职责相应的报酬”。其主要理由在于，德国、法国等多数国家都立法规定遗产管理人有权取得报酬。这是因为遗产管理人要承担相应法律义务，如果违反义务还要承担责任。按照权利义务相一致原则，既然其应履行义务和承担责任，那么就应赋予其取得报酬的权利。

本条释义内容主要阐释遗产管理人报酬的请求权基础和遗产管理人报酬数额的确定与清偿。

根据《民法典》第 1147 条之规定，遗产管理人负有清理遗产并制作遗产清单、处理被继承人的债权债务、分割遗产等职责。遗产管理本身是一项极为复杂的活动，遗产管理人通常需要付出较多的时间和精力，并且在履行遗产管理职责时，因故意或重大过失造成继承人、受遗赠人、债权人损害的，还应当承担民事责任。因此，基于权利义务相一致的原则，《民法典》赋予遗产管理人以报酬请求权。通过赋予遗产管理人以报酬请求权，也有利于调动遗产管理人履行遗产管理职责的积极性。实际上，在《民法典》颁布之前的我国司法实践中，相关裁判即已肯定遗嘱执行人（遗产管理人）的报酬请求权。在“向某某等人诉张某某等人执行遗嘱代理合同纠纷案”中，审理法院认为，遗嘱执行人在遗嘱人没有明确其执行遗嘱所得报酬的情况下，与继承人就执行遗嘱相关事项自愿签订代理协议，并按照协议约定收取遗嘱执行费，不属于《律师法》第39条禁止的律师在同一案件中为双方当事人代理的情形，应认定代理协议有效。①

一、遗产管理人报酬的请求权基础

遗产管理人可以获得报酬，但并不是所有的遗产管理人都可以无条件地主张报酬、获得报酬，而必须具有正当的依据。依据本条规定，遗产管理人报酬的请求权基础有二：一为法律规定；二为合同约定。但是，首先，本条没有规定遗嘱可否作为遗产管理人报酬请求权的依据。如果遗嘱在指定遗产管理人的同时，也明确了报酬，遗嘱有效的，自应作为遗产管理人报酬的请求权基础。其次，本条没有明确约定主体是谁。基于概括继承的原理，继承人或其全体取得遗产的所有权。以遗产为限清偿的债务，继承人或继承人全体是义务人。因此，约定报酬的协议应当由遗产管理人与继承人或其全体达成。再次，本条也没有授权法院确定遗产管理人的报酬。根据《民法典》第1146条的规定，既然人民法院在遗产管理人无法确定时，有权指定遗产管理人，自然也有权确定遗产管理人的报酬。综上，遗产管理人报酬的请求权基础主要有法律规定、遗产管理人与继承人的协议约定、遗嘱确定与人民法院的裁判确定。除此之外，遗产管理人自不得请求报酬。

遗产管理人有无报酬请求权，各国或地区的规定不一。多数国家和地区规定遗产管理人有权获得报酬，如《德国民法典》第1987条规定：遗产管理人得因执行职务而请求相当的报酬。《埃塞俄比亚民法典》第969条规定：根据死者确定的条件，继承人间的协议或法院规定，清算人以完成的工作取得报酬属于正当时，他有权取得报酬。但也有少数国家和地区规定遗产管理人一职具有无偿性，不能获得报酬。如《葡萄牙民法典》第2094条规定：待分割财产管理人一职属无偿性质，但该职务由遗嘱执行人担任时，并不影响第

---

① 载《最高人民法院公报》2004年第1期。

2333 条规定之适用。该法第 2333 条则规定：遗嘱执行人一职属无偿性质，但遗嘱人为其订定报酬者除外。

理论与实务界对于遗产管理人有报酬请求权并无分歧，唯对于可请求报酬的遗产管理人的范围存在一定的争论。争论的焦点主要集中在遗嘱执行人与继承人担任遗产管理人时有无报酬请求权？对于前者，在比较法上有规定如遗嘱人在遗嘱中未明确规定遗嘱执行人的报酬，则遗嘱执行人无报酬请求权，如《意大利民法典》第 711 条规定：遗嘱执行人之职是无偿的。遗嘱人可以为遗嘱执行人确定报酬，该项酬金由遗产承担。还有规定遗嘱执行人可以获得适当的报酬，但遗嘱有例外规定的除外。本条并未明确排除遗嘱执行人担任遗产管理人时的报酬请求权，自应作肯定解释。遗嘱执行人担任遗产管理人时的报酬如果遗嘱有明确规定，自应尊重遗嘱人的意思；如果遗嘱中并未规定遗嘱执行人的报酬，则遗嘱执行人亦可与继承人协商就遗嘱执行人的报酬签订协议。如果遗嘱并未规定遗嘱执行人的报酬，遗嘱执行人（遗产管理人）亦未与继承人就报酬签订协议，遗嘱执行人可否请求支付报酬？就本条规定而言，对此自应作否定解释。

至于继承人担任遗产管理人时，可否请求报酬？理论上对此认识不一。有观点认为，“当继承人或其全体担任遗产管理人时，是为自己之利益而为管理，当然不能对自己主张报酬”。① 相反的观点则认为，“在继承人担任遗产管理人时，虽然继承人本身就是遗产的共有人，同时也是遗产管理和处理的受益人，但对其为实施遗产管理行为所作出的‘特别牺牲’给予一定的劳务报偿，也是公平合理的。因此，不论遗产管理人的身份为何，都应当有权获得报酬。”② 笔者认为，继承人（不论是法定继承人抑或遗嘱继承人）担任遗产管理人时，当然有权获得报酬，但依据本条规定，其能否获得报酬依然取决于继承人之间的明确约定或法律规定。

---

① 孙毅、刘耀东：《中华人民共和国民法典·继承编释义》，人民出版社 2020 年版，第 94 页；梁慧星：《中国民法典草案建议稿附理由侵权行为编·继承编》，法律出版社 2004 年版，第 232 页。

② 陈甦、谢鸿飞主编：《民法典评注：继承编》，中国法制出版社 2020 年版，第 247 页。

二、遗产管理人报酬数额的确定与清偿

遗产管理人的报酬数额合同有约定的依照合同约定；遗嘱中有确定的，按照遗嘱中确定的数额确定。如果法律没有规定、没有合同约定或遗嘱中亦未确定，遗产管理人与继承人又无法协商达成一致，则法院可以酌情确定合理的数额。遗产管理人与继承人协商确定报酬数额时以及由人民法院酌情确定报酬数额时，由于遗产管理人的职责与企业破产管理人的职责具有高度的相似性，因此可参照法律关于破产管理人报酬的相关规定。如《最高人民法院关于审理企业破产案件确定管理人报酬的规定》第2条关于在一定比例限制范围内分段确定破产管理人报酬的规定，以及第9条规定的确定或调整管理人报酬应当考虑的因素：（1）破产案件的复杂性（遗产管理的复杂性）；（2）管理人的勤勉程度；（3）管理人为重整、和解工作作出的实际贡献（遗产管理人为遗产的清理、管理、清算被继承人的债权债务、分割遗产等作出的实际贡献）；（4）管理人承担的风险和责任；（5）债务人住所地居民可支配收入及物价水平；（6）其他影响管理人报酬的情况。

◎ 疑难适用

司法实务中，对遗产管理人的报酬应由谁支付以及是否具有优先性均存在争议：一种观点认为，在现行法律没有对遗产管理人报酬如何计算以及向谁收取作出明确规定的情形下，遗产管理人的报酬只能根据被继承人的确定或由继承人与遗产管理人约定。对于被继承人确定遗产管理人报酬情形，遗产管理人报酬自然由遗产中支付。但对于继承人协商确定遗产管理人报酬情形，则具体支付主体由各方协商确定，可以由继承人支付，也可从遗产中支付。至于从遗产支付情形，则由于该支付本质上是为继承人利益且仅由继承人参与确定（并无遗产债权人参与），故应从继承人可得遗产中支付。换言之，遗产管理人报酬应次位于遗产债权人的债权。笔者认为，遗产债务可以分为被继承人债务、继承开始的债务和遗产自身债务三类。① 也有学者根据遗产债务与负担发生的时间，将遗产债务分为被继承人生前所负的债务（继承

---

① ［德］马蒂亚斯·施默克尔：《德国继承法》（第五版），吴逸越译，中国人民大学出版社2020年版，第52页。

开始前存在的债务）、继承开始时生效的债务或负担以及继承开始后产生的债务。[①] 继承开始后产生的债务包括继承费用与共益债务。继承费用，是指为了债务清偿与遗产分割的顺利进行以及为遗产管理、处分等必须随时支付的费用，涵盖诉讼费、管理变价和分配遗产的费用、遗产管理人执行职务的报酬和聘用工作人员的费用等。[②] 因此，遗产管理人的报酬在性质上属于继承开始后产生的债务，且应列入继承费用而优先受偿。同样，即使参照破产法上关于“破产费用（包括破产管理人报酬）”优先受偿的规定，遗产管理人的报酬也应具有优先受偿性。

① 汪洋：《遗产债务的类型与清偿顺序》，载《法学》2018 年第 12 期。
② 汪洋：《遗产债务的类型与清偿顺序》，载《法学》2018 年第 12 期。

第一千一百五十条 继承开始后，知道被继承人死亡的继承人应当及时通知其他继承人和遗嘱执行人。继承人中无人知道被继承人死亡或者知道被继承人死亡而不能通知的，由被继承人生前所在单位或者住所地的居民委员会、村民委员会负责通知。

◎ 主旨

本条是关于继承开始后的通知的规定。

◎ 释义

本条源自原《继承法》第23条“继承开始后，知道被继承人死亡的继承人应当及时通知其他继承人和遗嘱执行人。继承人中无人知道被继承人死亡或者知道被继承人死亡而不能通知的，由被继承人生前所在单位或者住所地的居民委员会、村民委员会负责通知”的规定。在之后的历次《民法典》立法征求意见稿中，本条内容均未有变化，直至《民法典》颁布。

本条释义内容主要阐述继承开始通知的内容、通知的义务人、通知的对象、通知的期限、方式以及违反通知义务的法律后果。

根据《民法典》第1121条第1款的规定，继承从被继承人死亡时开始。继承的开始意味着继承法律关系的发生。在我国民间传统中，如有近亲属死亡，知道近亲属死亡的其他近亲属通常会通知其他亲属，即所谓的“报丧”。继承开始的通知就是传统民间习俗的“报丧”。继承开始的通知，在性质上属于准法律行为中的“事实通知（也称为观念通知）”，即行为人将其对于事情的观念加以表示，而法律对之直接赋予一定法律效果的表示行为。①

一、通知的内容

继承开始的通知，顾名思义，是知道被继承人死亡的继承人等将被继承

① 龙卫球：《民法总论》（第二版），中国法制出版社2003年版，第156页。

人死亡的事实通知其他继承人及遗嘱执行人，以便及时处理与继承有关的问题。现实生活中，被继承人死亡后，并非所有的继承人都能够知道被继承人死亡的事实。因为在通常情况下，自然人的死亡事实只有与其共同生活或关系密切的人才知道，具有一定的隐蔽性，其他人通常须仰赖于继承开始的通知始可知悉被继承人死亡的事实。如果只存在一个继承人，那么不存在由其去通知其他继承人的情况。但如果存在两个或者两个以上的继承人，则有的继承人可能基于各种原因，并不知道被继承人死亡继承开始的情况。随之产生的就是继承开始的通知问题。即需要将被继承人死亡的事实通知给继承人或遗嘱执行人，以便继承人、受遗赠人在知道被继承人死亡的事实后，能够在法定期限内及时作出接受或放弃继承权、受遗赠权的意思表示。也便于遗嘱执行人及时有效地对遗产进行管理和清算。

二、通知的义务人

依据本条规定，通知的义务人主要包括两类：一为知道被继承人死亡的继承人；二为被继承人生前所在单位或者住所地的居民委员会、村民委员会。负有通知义务的继承人包括第一顺序或第二顺序的继承人以及代位继承人和转继承人。其不能因为继承顺序在后而拒绝通知顺序在先的继承人。负责处理被继承人死亡事件的部门如公安机关、医院等，会将被继承人死亡的消息传递给被继承人亲属，但并不属于本条所涵摄的通知义务人。受遗赠人、遗嘱保管人、遗嘱执行人、遗产保管人、遗产债权人等与继承有利害关系的人或者邻居、亲友等无利害关系的人知道被继承人死亡的，可以通知继承人或遗嘱执行人，但他们同样不属于本条所涵摄的通知义务人。

本条规定的通知义务人具有先后顺序，即首先应当由知道被继承人死亡的继承人通知。被继承人生前所在单位或者住所地的居民委员会、村民委员会仅在继承人中无人知道被继承人死亡或者知道被继承人死亡而不能通知的情况下，才负有通知义务。也就是说，只要有继承人知道被继承人死亡的事实，即应由继承人履行通知义务。只有在继承人中无人知道被继承人死亡，或者知道但不能通知的，才由替代通知的义务人即被继承人生前所在单位或者住所地的居民委员会、村民委员会负责通知。所谓“不能通知”，是指因客观上的通知障碍而不能通知其他继承人或遗嘱执行人。例如，知道被继承人死亡事实的继承人为无民事行为能力人或限制民事行为能力人。再如，知道被继承人死亡事实的继承人与外界完全隔绝。总之，必须是因为客观上的通知障碍而无法履行通知义务，始属不能通知，始可豁免其通知义务。同时，如果知道有继承人但无法通知的，根据《民法典继承编解释（一）》第30条的规定，分割遗产时，要保留其应继承的遗产，并确定该遗产的保管人或者保管单位。此外，由于继承通知行为在性质上属于准民事法律行为而非民事法律行为。所以，虽然无民事行为能力或限制民事行为能力人属于“不能通知”的义务人，但如果无民事行为能力或限制民事行为能力人作出了通知，其通知行为也发生通知的法律效力。

三、通知的对象

依据本条规定，知道被继承人死亡的继承人应当及时通知其他继承人和遗嘱执行人。由此可见，继承通知的对象仅限于其他继承人和遗嘱执行人两类。其他继承人是指不知道被继承人死亡事实的继承人。遗嘱执行人是继承开始后被继承人指定的执行遗嘱内容的人。继承一旦开始，遗嘱执行即应按遗嘱要求，着手进行管理、清算遗产等工作，故被继承人死亡的事实对遗嘱执行人而言关系重大。除了其他继承人与遗嘱执行人外，通知义务人不负有向其他亲属为继承开始通知的义务。理论界对于遗嘱执行人作为通知的对象持有不同观点：有的学者认为，考虑到未经遗嘱的开启程序难以确定遗嘱执行人，而只有继承人接到通知到达继承开始的地点后遗嘱才可开启，遗嘱执行人才能被知晓，所以逻辑上不可能在继承开始时就使有关当事人负有通知遗嘱执行人的义务。因此，不应当将遗嘱执行人列入通知对象之列。① 笔者认为，本条规定的作为通知对象的遗嘱执行人，应当理解为知道被继承人死亡的继承人知道遗嘱执行人的情况下，应为通知。

四、继承开始通知的期限、方式

本条规定通知义务人应当及时通知，但并未对继承开始通知的期限和方式作出具体规定。笔者认为，继承开始的通知应当结合个案具体情况，以社会一般认知判断是否及时通知。至于通知的方式，既可以采用口头形式，也

① 张平华、刘耀东：《继承法原理》，中国法制出版社2009年版，第111~112页。

可以采用书面形式，以及采用电话、短信、微信、电子邮件等其他形式。

◎ 疑难适用

本条属于不完全法条，只规定了通知义务人，而对于通知义务人违反通知义务的法律后果未作具体规定。笔者认为，知道被继承人死亡的继承人故意不履行或者迟延履行通知义务，给其他继承人造成损失的应当承担民事责任。通知义务人故意隐瞒继承开始的事实造成继承人损失的赔偿责任，既可构成侵害继承权的责任，又可构成侵害财产权的责任。由于继承采取当然发生主义，因而继承开始后，如通知义务人违反通知义务，导致继承权不能行使或不能及时行使，可认为该行为侵害了继承人及受遗赠人的主观意义上的继承权。另外，由于继承开始后遗产已由被继承人当然地转为继承人共有，可以追究有过错方承担侵害财产权的民事责任。① 即当通知义务人不履行通知义务或怠于履行通知义务侵害了其他继承人的继承权的，被侵权人可通过继承回复请求权以资救济；同时，如果因此侵害财产权的，其他继承人还可以请求通知义务人承担侵害财产权的侵权责任。对此，《最高人民法院关于民法典继承编的立法建议稿》中也曾建议增加一款，即“继承人故意或者重大过失未及时履行前款通知义务，造成继承人财产损失的，应承担损害赔偿责任”。

① 张平华、刘耀东：《继承法原理》，中国法制出版社2009年版，第111页。

第一千一百五十一条 存有遗产的人，应当妥善保管遗产，任何组织或者个人不得侵吞或者争抢。

◎ 主旨

本条是关于遗产保管的规定。

◎ 释义

本条源自原《继承法》第24条“存有遗产的人，应当妥善保管遗产，任何人不得侵吞或者争抢”的规定。《民法典继承编（草案）》（2019年12月28日征求意见稿）第1151条规定将“任何人”修改为“任何组织或者个人”。此后，本条内容再无变化，直至《民法典》颁布。

本条释义内容主要阐述遗产保管义务人、遗产存有人的保管义务及侵吞遗产的法律后果。

自继承开始至遗产清算到遗产分割结束是一个十分复杂而漫长的过程。在此期间，被继承人遗产的妥善保管对于各继承利害关系人都具有重要的保障意义。因此，有必要规定存有遗产的人对遗产的妥善保管义务。也为后续遗产的清算、分割奠定基础。

一、遗产保管义务人

妥善保管遗产既是遗产管理人的义务，也是存有遗产的人的法定义务。本条的适用范围限于继承开始后占有遗产的人对所占有的遗产承担保管义务的情形，不包括遗产管理人基于职责而为保管的情形。遗产管理人对遗产的保管，适用遗产管理人的职责和违反职责承担民事责任的法律规定。

本条规定的遗产保管义务人是指“存有遗产的人”，即被继承人死亡时实际控制遗产的人。实务中，存有遗产的人既包括遗产的实际占有人，也包括股票、证券等权益型遗产的持有人。就占有遗产的人而言，继承开始后只要对遗产有事实上的管领与控制即负有保管义务，不以对遗产的占有有本权为必要。例如，继承开始后，属于遗产的房屋由承租人占有使用中，该承租人是基于有本权的占有而承担保管义务。反之，若继承开始后，遗产为无权占有人占有，占有人亦负保管义务。也就是说，不论是因何种原因而占有遗产，占有人均为存有遗产的人，皆应依照本条规定负有妥善保管遗产的法定义务。因为本条在立法目的上主要置重于存有遗产的客观状态，至于存有遗产的原因、权源等在所不问。此外，间接占有人虽对遗产不具有直接的管领与控制，但因其对直接占有人具有法律上的约束力，故也属于存有遗产的人之列。

存有遗产的人可能是继承人，也可能是继承人之外的第三人。第三人不限于自然人，也可以是法人或非法人组织，如存有遗产的仓储法人、存有遗产的公司等。作为被保管的标的，并不限于遗产本身，也包括与遗产有关的权利凭证、账本、票证、印章、法律文件等与清算有关的一切凭据。

二、遗产存有人的保管义务

本条对存有遗产的人的保管义务的规定，是一项法定义务。有学者认为，本条关于遗产存有人的保管义务的规定，采取了与保管合同中对保管人要求的相同注意义务，即遗产存有人应尽到善良家父的勤勉义务。① 实际上，各国立法关于保管人注意义务的程度，基本上是依照有偿保管还是无偿保管予以区别对待。在无偿保管的条件下，要求保管人尽到与处理自己事务相同的注意义务；而在有偿保管的条件下，保管人则应尽善良管理人的注意义务。《民法典》第 892 条规定："保管人应当妥善保管保管物。"对此，解释上也应当区分保管合同的有偿无偿而区分保管人的注意义务即如果保管合同为无偿合同，保管人应尽到与处理自己事务同样的注意义务；如果保管合同为有偿合同，则保管人需尽到善良管理人的注意义务。② 尽管该条与本条均使用了"妥善保管"的相同表述，但笔者认为，存有遗产的人应当尽到与保管自己财产相同的注意义务，即尽到了妥善保管的义务。因为单就本条规定而言，该

---

① 陈甦、谢鸿飞主编：《民法典评注：继承编》，中国法制出版社 2020 年版，第 257 页。

② 谢鸿飞、朱广新主编：《民法典评注：合同编典型合同与准合同（4）》，中国法制出版社 2020 年版，第 26 页。

保管义务的承担具有无偿性。因保管遗产而支出的必要费用，应当作为继承费用由遗产负担。除此之外，如果存有遗产的人对遗产的保管还有其他法律关系为依据，且负有更高的注意义务，则依其法律关系确定注意义务的程度。例如，《民法典》第 897 条规定：“保管期内，因保管人保管不善造成保管物毁损、灭失的，保管人应当承担赔偿责任。但是，无偿保管人证明自己没有故意或者重大过失的，不承担赔偿责任。”如存有遗产的人若是借用人，借用合同未被法律规定为有名合同，则借用人作为存有遗产的人可依据本条的规定，承担与保管自己财产相同的注意义务。

本条的保管既可以适用于遗产的临时性保管，也可以适用于辅助保管义务人的保管。临时性的保管，是指继承开始后至继承人或遗产管理人确定前的期间，由于取得或管理遗产的权利人尚不明确，因此暂由遗产的占有人负责保管。一旦继承人或遗产管理人得以确定，则遗产转由这些有权管理之人管理，临时管理即告结束。财产由被继承人生前自己占有的，继承开始后，知道被继承人死亡的继承人或无因管理人可以对遗产进行临时保管。无人继承或继承人不明的遗产，由负责处理被继承人死亡事件的部门或基层组织作为临时保管人。临时保管人负有向继承人或遗产管理人报告遗产情况和应要求移交遗产的义务。遗产占有人在遗产易腐烂变质等紧急情况下，为保存遗产价值而对遗产进行处分的，事后应当及时通知继承人和遗产管理人，并将所得价款归入遗产。存有遗产的继承人放弃继承之前进行的保管行为，也属于临时性保管。放弃继承后，该继承人保管的遗产应转由其他继承人管理。在《德国民法典》第 1959 条中，放弃继承权的人可以向后来的继承人依据无因管理而主张所支出的必要保管费用。我国法律对因保管支出的必要费用的承担没有规定，可以借鉴德国立法例，类推适用无因管理的规则处理。

辅助保管，是指遗产占有人为了保全遗产而在必要的限度内帮助继承人或遗产管理人保管遗产。辅助保管人类似于德国法中的遗产保佐人。我国法律没有德国法中的由法院选任遗产保佐人的制度。我国的遗产辅助保管关系可以依据继承人或遗产管理人与遗产占有人之间的委托合同、保管合同、仓储合同等产生。例如，继承人或遗产管理人作为委托人与他人达成托管协议，将遗产中的贵重物品交给受托人保管。辅助保管人应委托人的请求，有义务向委托人或委托人指示的遗产债权人移交所占有的遗产。

保管人的义务通常限于遗产的保全行为，可以收取孳息。是否享有使用和收益权能，由占有遗产的原权利而定，如果是承租权人则可以占有使用，如果是保管合同中的保管人，则仅能为占有。如果为了遗产分割或清偿债务而变价，辅助管理人须经委托人指示方可为处分行为。

三、侵吞、争抢遗产的法律后果

任何组织或者个人不得侵吞或者争抢。侵吞，是指将存有的他人遗产据为己有。侵吞主要是针对存有遗产的人而言，存有遗产的人不仅应当妥善保管遗产，还应当及时向遗产管理人或继承人返还遗产。存有遗产的人如果拒不返还，据为己有即构成侵吞遗产。而争抢则是非法夺取遗产，是针对任何组织或个人而言的，即侵吞遗产的行为通常由存有遗产的人实施，而争抢遗产的行为任何组织或个人均有可能实施。也就是说，即便是有权继承遗产的继承人或分得遗产的受遗赠人在遗产管理人未分割遗产或交付遗赠物之前，均不得争抢。无论是侵吞还是争抢均会破坏遗产继承秩序，故为法律所禁止。侵吞、争抢遗产的，不仅要承担民事赔偿责任；构成犯罪的，尚应依法承担相应的刑事责任。

不得侵吞、争抢之人包括继承开始时存有遗产的人，也包括存有遗产之外的人，泛指不特定的义务主体，也凸显出继承权具有对世权属性。如果遗产被占有人或者其他人不法侵占，继承人或遗产管理人应依据不同情形而主张返还遗产或赔偿损失。

如果无继承权的人没有合法依据而占有遗产，或者占有遗产的继承人否认其他继承人的继承权，享有继承权的人可以行使继承回复请求权，请求法院确认自己具有继承权，或对方没有继承权，使假借继承的名义不法侵占遗产的人返还遗产。继承回复请求权，是指当合法继承人发现自己的继承权受到他人以继承的名义侵害时，所享有的请求确认其继承权并返还遗产的权利。大多数国家的民法典对继承回复请求权都有规定。我国法律虽未明确规定继承回复请求权，但自《侵权责任法》施行后，理论与实践均认可继承权可以成为受侵权法保护的法益。两者虽然法理基础不同，但在继承回复请求权制度缺位的情况下，转介侵害继承权的侵权责任以实现救济继承人的部分功能，也聊胜于无。此外，根据《民法典继承编解释（一）》第 43 条之规定，对于故意隐匿、侵吞或争抢遗产的继承人，可以酌情减少其应继承的遗产份额。因为根据《民法典》第 1125 条之规定，继承人实施这些行为并不导致其丧失继承权，但是，考虑到这些行为的违法性，应当酌情减少其继承份额。

如果遗产的不法占有人只是侵害遗产的占有，并没有借用继承的名义，则属于一般侵权行为，继承人、遗产管理人可以基于侵权责任主张返还遗产。遗产被处分或者损毁灭失的，继承人、遗产管理人可以请求损害赔偿。存有遗产的人，除上述侵吞、争抢遗产的行为外，如果保管遗产不当造成遗产毁损灭失的，应承担损害赔偿责任。比照遗产管理人的责任和保管合同中保管人责任的规定，遗产保管人为无偿保管时仅对因故意或重大过失所生损害承担赔偿责任。保管人若有偿保管时对一般过失也应承担损害赔偿责任。

◎ 疑难适用

司法实务中，对存有遗产的人能否向侵吞、争抢遗产的人主张承担民事责任这一问题，观点有分歧：一种意见认为，存有遗产的人并非遗产所有权人，不能以自己名义向侵吞、争抢遗产的人主张承担民事责任。笔者认为，存有遗产的人可大致分为三类：第一类可分得遗产的继承人、受遗赠人等遗产利害关系人；第二类是不可分得遗产但对遗产构成有权占有的人；第三类是不可分得遗产且对遗产构成无权占有的人。对于遗产利害关系人而言，在遗产管理人未向侵吞、争夺遗产的人主张承担民事责任的情形下，可考虑允许其提起相应诉讼。对于有权占有或无权占有人而言，则可以依据《民法典》第 462 条“占有的不动产或者动产被侵占的，占有人有权请求返还原物；对妨害占有的行为，占有人有权请求排除妨害或者消除危险；因侵占或者妨害造成损害的，占有人有权依法请求损害赔偿。占有人返还原物的请求权，自侵占发生之日起一年内未行使的，该请求权消灭”的规定，准许其提起相应诉讼。

第一千一百五十二条　继承开始后，继承人于遗产分割前死亡，并没有放弃继承的，该继承人应当继承的遗产转给其继承人，但是遗嘱另有安排的除外。

◎ 主 旨

本条是关于转继承的规定。

◎ 释 义

本条在原《继承法》中没有规定，是《民法典》新增条文，源自原《继承法意见》第52条“继承开始后，继承人没有表示放弃继承，并于遗产分割前死亡的，其继承遗产的权利转移给他的合法继承人”的规定。《民法典继承编（草案）》（2017年7月28日室内稿）第35条首次出现本条内容“继承开始后，继承人于继承分割前死亡，并没有放弃继承的，该继承人应当继承的遗产转给其继承人，但遗嘱另有安排的除外”。此后，本条内容再无变化，直至《民法典》颁布。

本条释义内容主要阐述转继承的概念及性质、转继承与代位继承的区别。

转继承，是指继承开始后遗产分割前，继承人死亡或被宣告死亡，该继承人应当继承的遗产转由其继承人继承的法律制度。大多数国家对于转继承均有相应的法律规定，其中《瑞士民法典》第542条第2项规定：“继承人在继承开始时死亡的，其继承权由其继承人继承。”《德国民法典》第781条规定：“如应当继承遗产的人死亡，死前并未明示或默示放弃或接受遗产，该人的继承人得以其名义接受或放弃之。”《日本民法典》第916条规定：“继承人未表示承认或放弃而死亡时，自其继承人知悉自己有继承开始时起计算。”我国原《继承法》未明确规定转继承制度，但原《继承法意见》第52条规定：“继承开始后，继承人没有表示放弃继承，并于遗产分割前死亡的，其继承遗产的权利转移给他的合法继承人。”本条即在吸收前述司法解释规定之基础上规定了转继承，将转继承制度正式纳入《民法典》。

一、转继承的性质

关于转继承的性质，核心问题是如何认识转继承人的继承客体，即转继承人从被转继承人那里继承的到底是遗产还是对被继承人的继承权。关于转继承移转的是继承权还是被转继承人应当继承的遗产份额的问题，主要存在两种不同的观点：一种观点认为，转继承是继承权的转移，而不是遗产所有权的转移，转继承人依据这一权利取得被继承人的遗产。遗产所有权只有在遗产分割后才产生，而被转继承人在遗产分割前就已死亡，不存在遗产所有权。从继承程序上说是前一继承关系的法定延伸。如果被转继承人生前已实际取得了遗产，那么其死亡后所产生的只能是直接继承的法律关系，无转继承可言。① 该观点可称为“直接继承说”。由原《继承法意见》第 52 条规定中“其继承遗产的权利转移给他的合法继承人”的表述可知，该司法解释采直接继承说。另一种观点则认为，不应因为遗产分割时间的早晚而影响被转继承人生存配偶的利益。如有学者所言，转继承制度是一种遗产处理上的“程序性制度”，遵照一般法理，程序性制度不得对当事人的实体权益造成实质的不利影响，不能产生减损实体权益的不利后果。② 在不适用转继承时，如继承人有配偶，则其应继承的遗产份额为夫妻双方共有；而在适用转继承时，除另有约定外，死亡继承人的遗产份额也应当作为夫妻共同财产。因此，在死亡继承人的继承人进行转继承时，应先分出死亡继承人配偶的部分，再将剩余部分进行遗产分割。③ 也就是说，在转继承中，转继承人继承被转继承人的所应继承的遗产份额时，该遗产份额亦应适用《民法典》第 1153 条之规定，先将该被转继承人应继承的遗产份额的一半分出为其尚生存的配偶所有，其余的部分始可由转继承人继承。因此，转继承的客体是遗产份额而非继承权。④ 转继承并非继承权的转移，而是遗产所有权的转移。转继承是两个独立

---

① 周水森：《转继承只是继承权利的转移》，载《法学》1987 年第 1 期。

② 陈甦、谢鸿飞主编：《民法典评注：继承编》，中国法制出版社 2020 年版，第 263 页。

③ 杨立新：《中国民法典释评 · 继承编》，中国人民大学出版社 2020 年版，第 209 页。

④ 房绍坤、范李瑛、张洪波：《婚姻家庭与继承法》，中国人民大学出版社 2020 年版，第 195 页。

的继承关系在时间上的链接，转继承人接受的是被转继承人所继承的被继承人的遗产份额，并不是被继承人遗产的继承权。被继承人死亡时，发生第一次继承关系，被转继承人没有明确表示放弃继承的，其所应该继承的遗产的所有权在该继承关系开始时就已确立，尽管其在当时实际上尚未取得该遗产。接着，被转继承人死亡，转继承实质上又发生一次继承关系，被转继承人依据前一次继承所应取得遗产转化为他的遗产，由他的继承人参与分割。① 该观点可称为“间接继承说”。

本条规定较之原《继承法意见》第52条规定，在表述上有两个重要的变化：一是本条规定“该继承人应当继承的遗产转给其继承人”替代了原《继承法意见》第52条中的“其继承遗产的权利转移给他的合法继承人”。对这种表述上的变化，有观点认为，其直接体现了转继承性质定位的变化，即表明了《民法典》采间接继承说的立场——转继承客体是被转继承人从被继承人处继承的遗产所有权，而非被转继承人对被继承人的继承权。本条规定的此点变化在体系上亦与《民法典》第230条规定更加契合。二是本条增加规定了“遗嘱另有安排的除外”的但书，解释上为遗嘱人指定后位继承人预留了一定自由空间。

二、转继承的适用条件

（一）被转继承人是被继承人的继承人

被转继承人可以是被继承人的法定继承人或者遗嘱继承人。但法定继承人只限于因为顺位在先而取得继承既得权，可以继承遗产的继承人。与代位继承不同，代位继承中的被代位人只能是被继承人的子女，或者没有第一顺序继承人时被继承人的兄弟姐妹。被转继承人不限于被继承人的子女或兄弟姐妹，可以是配偶、父母、祖父母外祖父母。孙子女、外孙子女、兄弟姐妹的子女在代位继承中死亡的，也可以成为被转继承人。②

① 蒋月、何丽新：《婚姻家庭与继承法》，厦门大学出版社2013年版，第346页；马骏驹、余延满：《民法原论》，法律出版社2016年版，第925页。

② 孙毅、刘耀东：《中华人民共和国民法典·继承编释义》，人民出版社2020年版，第103页。

（二）被转继承人于继承开始后、遗产分割前死亡

转继承适用于继承人后于被继承人死亡而尚未分割遗产的情形。与代位继承不同之处在于代位继承中的被代位继承人是先于被继承人死亡，继承开始前就已经死亡的继承人本不具有继承主体资格，但为维护支系之间的公平性以及使遗产得以向后代传承，特允许子女的直系晚辈血亲代位继承。被转继承人在继承开始后尚生存，具有继承人的资格。继承人如果在遗产分割后死亡，此时继承人已经取得单独的财产权。第二次继承与第一次继承已无关联，自无适用转继承规定之余地。本条以被转继承人在继承开始后，遗产分割前死亡为要件，而遗产分割为共同继承中的现象，单独继承不存在遗产分割之问题。但这并不意味着转继承不能发生在单独继承的场合。从立法本意出发，转继承是为了解决第一次继承未完成，被转继承人尚未取得独立财产的问题。第一次继承如果是单独继承虽无遗产分割问题，但也有继承未完成的问题。如遗产没有从被继承人与兄弟姐妹的共有财产中分离出来，或者没有来得及转移登记到被转继承人的名下，此时第二次继承与第一次继承仍会衔接，也发生转继承。本条的适用应立足于立法本意而不能局限于遗产分割的文义。符合立法本意的表达应当为：被转继承人于继承开始后，取得单独的遗产权利前死亡的，可以转继承。①

（三）被转继承人未丧失继承权且未放弃继承权

被转继承人如果生前丧失继承权或放弃继承权，则视为自始不存在该继承人，则即使其于被继承人死亡后，遗产分割前死亡，自也不发生其应继份额由其继承人转继承。

（四）转继承人是被转继承人的继承人且未丧失继承权、放弃继承权

转继承人可以是被转继承人的顺序在先的法定继承人，也包括代位继承人。如在“郭某、丁某 1 继承纠纷再审案”中，法院认为，丁某 4 去世时，该房产中的一半份额为其个人遗产，该部分遗产由其第一顺序法定继承人董某 1、董某 2、郭某、丁某 2、杜某某等份继承，即各得 1/10。原《婚姻法》第 17 条第 1 款第 4 项规定，继承或赠与所得的财产，除该法第 18 条第 3 项规

① 孙毅、刘耀东：《中华人民共和国民法典·继承编释义》，人民出版社 2020 年版，第 103～104 页。

定的除外，归夫妻共同所有；第18条第3项规定，遗嘱或赠与合同中确定只归夫或妻一方的财产，为夫妻一方的财产。据此，丁某2继承自丁某4的1/10份额为其与杜某某的夫妻共同财产，则其去世时应从该部分财产中析出杜某某应得的夫妻共同财产即1/20份额，剩余1/20份额为丁某2的遗产。故剩余1/20份额由其法定继承人杜某某、丁某4、丁某5、丁某1、丁某3均等分得各1%。丁某4先于丁某2死亡，根据《继承法》第11条“被继承人的子女先于被继承人死亡的，由被继承人的子女的晚辈直系血亲代位继承。代位继承人一般只能继承他的父亲或者母亲有权继承的遗产份额”的规定，丁某4分得的1%，由董某1、郭某各得0.5%份额。① 如果被转继承人立有遗嘱，转继承人也可以是遗嘱继承人。可见，转继承不仅可以适用于法定继承，也可以适用于遗嘱继承。同时，转继承也需要满足普通继承的全部要件，故转继承人亦不得丧失继承权或放弃继承权。

（五）转继承的客体是被转继承人的遗产份额

如前所述，本条规定仍采纳了“直接继承说”，将转继承的客体规定为“该继承人应当继承的遗产”，即被转继承人所应当继承的遗产份额。理论与司法实践中存在争议恰恰是如何理解这里的“遗产份额”——是被转继承人所应继承的“全部份额”抑或被转继承人应继承份额扣除生存配偶所剩余之一半的“部分份额”？在司法实践中，多数裁判对于被转继承人应继承的遗产份额依照“全部份额”进行裁判。如在“鞠某、何某1继承纠纷再审案”中，法院认为，“转继承中，被转继承人并未实际取得遗产所有权，该遗产不是被转继承人和其死亡时的配偶的夫妻共同财产”。② 此种观点似乎较有说服力，

① 参见广东省高级人民法院（2018）粤民再255号民事判决书。相同判决还有山东省德州市中级人民法院（2020）鲁14民终3239号民事判决书。

② 参见黑龙江省高级人民法院（2020）黑民申2155号民事裁定书。相同裁判有河南省安阳市中级人民法院（2017）豫05民终2081号民事判决书；江西省南昌市中级人民法院（2020）赣01民终812号民事判决书；江苏省南通市中级人民法院（2019）苏06民终4886号民事判决书；湖北省汉江市中级人民法院（2018）鄂96民终457号民事判决书；吉林省辽源市中级人民法院（2017）吉04民终447号民事判决书；广西壮族自治区桂林市中级人民法院（2014）桂市民一终字第663号民事判决书；重庆市第三中级人民法院（2014）渝三中法民终字第00564号民事判决书；辽宁省大连市中级人民法院（2014）大审民终再字第61号民事判决书；河南省开封市中级人民法院（2014）汴民终字第377号民事判决书。

因为《民法典》第1062条关于夫妻共同财产规定中的“继承所得的财产”应解释为遗产分割后所实际获得的财产，并不包括尚未分割的遗产。因为根据《民法典》第1124条之规定，继承人在遗产分割前有放弃继承的自由，因此未分割的遗产是否最终归属于继承人处于一种待定状态，故不应将其归入夫妻共同财产之中。

但也有裁判认为转继承人继承被转继承人的遗产份额应扣除生存配偶所应享有的部分，如在上文提到的“郭某、丁某1继承纠纷再审案”中，法院认为，丁某5去世时，其继承自丁某4的份额如何处理。根据原《婚姻法》第17条第1款第4项、第18条第3项规定，丁某5继承自丁某4的该部分份额属其与陈某的夫妻共同财产，分割丁某5在该部分份额中的个人遗产前应先析出陈某应得的夫妻共同财产份额。[①] 在“陈某1、陈某2、陈某3、陈某4与陈某5继承纠纷上诉案”中，法院认为，“在适用转继承的情况下，继承开始时，继承人有婚姻关系存在的，其应当继承的遗产份额属于婚姻关系存续期间继承所得的财产，归夫妻双方共同所有，应当首先进行夫妻财产分割，分割后属于丁人的部分为其遗产，由其合法继承人转继承”。[②]

如前所述，如果转继承的性质改采间接继承说，转继承人概括继承的客体是第二次继承中被转继承人遗留的个人合法财产。由于被转继承人的遗产中存在第一次继承关系中尚未分割的部分，因此转继承人会参与第一次继承的遗产分割，使其成为第二次继承关系中可继承的被转继承人单独所有的遗产。进而，按照间接继承说，转继承人继承的是被转继承人的遗产，承认被转继承人在第一次继承中取得了遗产，而且属于被转继承人在婚姻关系存续期间所得的夫妻共有财产。如此，在确定第二次继承的遗产范围时，就需要先由转继承的份额中分割出属于配偶所有的部分，然后剩余的部分才有转继承人继承。而按照直接继承说，因转继承人继承的是被转继承人的继承权，则此时配偶并没有获得夫妻共有财产，其并未取得夫妻共有财产，只能作为转继承人与其他转继承人参与第一次继承中被继承人的遗产分割。举例说明，

① 参见广东省高级人民法院（2018）粤民再255号民事裁定书。相同裁判还有湖北省高级人民法院（2019）鄂民申3676号民事裁定书；河北省保定市中级人民法院（2018）冀06民终4257号民事判决书；广东省茂名市电白区人民法院（2019）粤0904民初1999号民事判决书；辽宁省大连市中级人民法院（2014）大民一终字第2000号民事判决书。

② 参见浙江省高级人民法院（2008）浙民一终字第228号民事判决书。

如被继承人甲其死亡时法定继承人为甲之妻乙与其子丙，甲的遗产360万元经遗产分割由乙、丙各自获得180万元。因丙所获得的180万元遗产发生于夫妻关系存续期间，故为丙和妻子丁共同所有。后丙死亡时，应先将夫妻共同财产的一半分出为妻子丁所有，剩余的为丙的遗产即90万元。该90万元遗产由妻子丁、子女丙1、丙2继承，此时妻子丁最终可获得的财产为120万元。反之，如果被继承人甲死亡后，在遗产分割前丙死亡，则此时丙应当继承的甲的遗产份额由其继承人转继承。而如果按照直接继承说，则丙应当继承的遗产份额为180万元，由其继承人妻子丁、子女丙1、丙2继承，即各自分得60万元。由此可见，在通常的继承中，妻子丁可获得120万元，而仅仅因为被转继承人的死亡发生在被继承人遗产分割之前，或言之，仅仅因为被继承人遗产分割滞后于某继承人死亡这一偶然因素，即可导致被转继承人生存配偶所得财产相差60万元之巨。再次强调，笔者更倾向于认为，直接继承说更为合理。

三、转继承与代位继承的区别

代位继承与转继承虽有一定程度的相似之处，两者均发生了被继承人和原继承人死亡的法律事实，但本质上还存在一定区别，兹述如下：

第一，形成的前提要件不同。代位继承发生的前提条件是被代位继承人（被继承人的子女或者兄弟姐妹）先于被继承人死亡，在此情形下才可以发生代位继承，由被代位继承人的直系晚辈血亲继承。而转继承发生的前提条件是继承人在继承开始后遗产分割前死亡，由原继承人的继承人继承其遗产份额。

第二，主体不同。代位继承的主体仅限于被代位继承人的直系晚辈血亲，而转继承的主体包括被转继承人的法定继承人，除直系晚辈血亲之外，还包括父母、配偶、兄弟姐妹、祖父母、外祖父母。另外，转继承的主体还可以是遗嘱继承人。

第三，客体不同。代位继承的客体是代位继承人代替被代位人取得其对被继承人之应继份；而转继承则为遗产份额的再继承。其客体是转继承人取得被转继承人应取得的遗产份额，而不是其应取得的全部遗产份额系应继份。也就是说，代位继承之客体遗产范围大于转继承的客体范围，或者说，代位继承人所取得的遗产份额大于转继承人所取得的遗产份额。

第四，性质不同。代位继承人是基于被代位继承人的权利而直接参与继承被继承人的遗产；而转继承为二次继承，是被转继承人应取得的遗产份额的再继承，转继承人实际上享有的是分割被继承人遗产的权利，而不是对被继承人的遗产继承权。①

第五，适用范围不同。转继承既可适用于法定继承，也可适用于遗嘱继承；而代位继承仅可适用于法定继承。因为遗嘱继承人或受遗赠人先于遗嘱人死亡，遗嘱所指定的遗产份额按法定继承办理。

◎ 疑难适用

司法实务中，对继承开始后，继承人于遗产分割前死亡，并没有放弃继承的情形下，继承人的配偶能否主张该继承人应当继承的遗产为夫妻共同财产，要求分割的问题，存在分歧意见：一种观点认为，根据《民法典》第230条规定，因继承取得物权的，自继承开始时发生效力。故，被继承人死亡时，该继承人就已经取得遗产的所有权或使用权，又根据《民法典》第1062条规定，该遗产属于夫妻关系存续期间所得，故应属于夫妻共同财产，可以分割。笔者认为，《民法典》第1124条已经规定继承权、受遗赠权都可由继承人或受遗赠人自行决定是否接受或放弃。这也间接说明继承权、受遗赠权本身并非夫妻共同享有的权利。进而，继承权、受遗赠权指向的遗产在未通过分割等处理方式由继承人、受遗赠人实际取得相应部分之前，也不存在夫妻共同财产的问题。对此，《民法典婚姻家庭编解释（一）》第81条对继承权指向的财产在实际分割前不能作为夫妻共同财产分割也有规定。既然上述遗产尚未由继承人、受遗赠人取得，故不存在其继承人可以继承的问题。相应地，《民法典》第1152条采用了“该继承人应当继承的遗产转给其继承人”的表述以表明其继承人取得该遗产并非通过继承方式。② 因此，本条规定的变化并不能得出立法者已经采纳间接继承说的立场。从本条“应当继承的遗产转给其继承人”文义解释可知，“应当继承”的表述说明尚未继承，再加之“转给”的表述，整体应理解为，被转继承人应当继承但尚未继承的遗产转给其继承人继承，从而也就不能支持被转继承人的配偶主张该遗产为夫妻共同财产要求分割的诉讼请求。

---

① 张平华、刘耀东：《继承法原理》，中国法制出版社2009年版，第211页。

② 参见最高人民法院关于《最高人民法院关于适用〈中华人民共和国民法典〉继承编的解释（一）》第38条的解读，载最高人民法院民事审判第一庭编著：《最高人民法院民法典继承编司法解释（一）理解与适用》，人民法院出版社2022年版，第366页。

第一千一百五十三条　夫妻共同所有的财产，除有约定的外，遗产分割时，应当先将共同所有的财产的一半分出为配偶所有，其余的为被继承人的遗产。

遗产在家庭共有财产之中的，遗产分割时，应当先分出他人的财产。

◎ 主旨

本条是关于将遗产从共有财产中析出的规定。

◎ 释义

本条源自原《继承法》第26条“夫妻在婚姻关系存续期间所得的共同所有的财产，除有约定的以外，如果分割遗产，应当先将共同所有的财产的一半分出为配偶所有，其余的为被继承人的遗产。遗产在家庭共有财产之中的，遗产分割时，应当先分出他人的财产”的规定。对此，《最高人民法院关于民法典继承编的立法建议稿》曾建议本条修改为“家庭共有财产建议修改为：夫妻共同共有财产，除有约定的以外，如果分割遗产，应当先将共同所有的财产的一半分出为配偶所有，其余的为被继承人的遗产”。主要理由为：共同共有财产并非一定是夫妻关系存续期间取得的财产，还可通过约定财产制，将婚前个人财产约定为夫妻共同共有财产。立法机关采纳了该意见，并在《民法典继承编（草案）》（2018年4月征求意见稿）第35条将该条中的“夫妻在婚姻关系存续期间所得的共同所有的财产”修改为“夫妻共同所有的财产”，将“如果分割遗产”修改为“分割遗产的”，其他内容没有变化。此后，本条内容再无变化，直至《民法典》颁布。

本条释义内容主要阐述夫妻共同财产中遗产的析出与家庭共有财产中遗产的析出。

遗产是被继承人死亡时遗留的个人合法财产。如果被继承人的遗产与他人财产处于共有的状态，则分割遗产时，必须先对共有财产进行析产，而不能侵害其他共有人的财产权益，不能将他人共有的财产部分作为遗产。分出其他共有人的财产部分后，剩余的部分才属于遗产。具体到夫妻共同所有财产而言，夫妻共同财产的性质是共同共有，即夫妻对全部共同财产不分份额地享有同等的权利，承担同等的义务，对共同财产享有平等的占有、使用、收益和处分的权利，与各自收入、从事的工作无关。夫妻在对共同财产行使处分权时，应当平等协商，在征求对方同意的情况下作出处分，而不应违背他方意志擅自处理。①

如夫妻一方死亡后，对于夫妻共同所有的财产，应当先将夫妻共同所有财产的一半分出为配偶所有，另一半始为死亡一方配偶的遗产。这在实践中被称为“先析产后继承”，亦为各国立法的通例。

一、夫妻共同财产中遗产的析出

关于夫妻共同财产，《民法典》第 1062 条规定：“夫妻在婚姻关系存续期间所得的下列财产，为夫妻的共同财产，归夫妻共同所有：（一）工资、奖金、劳务报酬；（二）生产、经营、投资的收益；（三）知识产权的收益；（四）继承或者受赠的财产，但是本法第一千零六十三条第三项规定的除外；（五）其他应当归共同所有的财产。夫妻对共同财产，有平等的处理权。”第 1063 条规定：“下列财产为夫妻一方的个人财产：（一）一方的婚前财产；（二）一方因受到人身损害获得的赔偿或者补偿；（三）遗嘱或者赠与合同中确定只归一方的财产；（四）一方专用的生活用品；（五）其他应当归一方的财产。”关于“其他应当归共同所有的财产”，根据《民法典婚姻家庭编解释（一）》第 25 条的规定，“其他应当归共同所有的财产”包括：一方以个人财产投资取得的收益；男女双方实际取得或者应当取得的住房补贴、住房公积金；男女双方实际取得或者应当取得的养老保险金、破产安置补偿费。此外，根据该司法解释第 26 条、第 27 条之规定，夫妻一方个人财产在婚后产生的收益，除孳息和自然增值外，应认定为夫妻共同财产。由一方婚前承租、婚后用共同财产购买的房屋，登记在一方名下的，也应当认定为夫妻共同财产。

---

① 肖峰编著：《民法典婚姻家庭编条文精释与案例实务》，法律出版社 2020 年版，第 124 页。

关于遗产如何在夫妻共同财产中分割的问题，本条第1款明确规定了夫妻共同所有的财产，除有约定的外，分割遗产的，应当先将共同所有的财产的一半分出为配偶所有，其余的为被继承人的遗产。由此可见，在夫妻双方没有约定的情形下，首先应将夫妻共同所有财产中的一半析出归被继承人的配偶所有，另一半始为被继承人的遗产，然后按照遗产分割的相关原则进行分割。在夫妻对于共同财产有约定的情形下，应当按照双方约定将共同所有的财产分出应由被继承人配偶所有的财产部分后，其余财产再进行遗产分割。本条所谓"除有约定的外"是指夫妻约定财产制。根据《民法典》第1065条规定，男女双方可以约定婚姻关系存续期间所得的财产以及婚前财产归各自所有、共同所有或者部分各自所有、部分共同所有。约定应当采用书面形式。没有约定或者约定不明确的，适用"夫妻共同财产""夫妻一方的个人财产"的规定。夫妻对婚姻关系存续期间所得的财产以及婚前财产的约定，对双方具有法律约束力。夫妻对婚姻关系存续期间所得的财产约定归各自所有，则不存在遗产由共同财产析出的问题。

二、家庭共有财产中遗产的析出

现行法律中并无对家庭共有财产的内涵与外延作出立法界定，而只是在《妇女权益保护法》《个人独资企业法》中出现过"家庭共有财产"的表述。但在学理上一般认为，所谓家庭共有财产，是指家庭成员在家庭共同生活关系存续期间共同创造、共同所得的财产，包括共同劳动所得的合法收入，共同积累的储蓄、共同建造的房屋、共同所有的生活用品和生产资料、共同享有的债权以及其他共同所有的财产。家庭成员共同共有财产的形成，以家庭成员间的家庭共同生活关系的存续为前提。家庭共有与夫妻共有均属于共同共有的类型。其主要具备两方面内容：一是共有财产建立在家庭生活共同体的基础之上；二是家庭共有财产是基于家庭成员共同劳动创造或者接受赠与而取得。家庭共有财产主要包含以下特征：（1）家庭共有财产是以家庭成员共同生活关系存续为前提，以家庭共同生活为基础；（2）家庭共有财产产生于具有特殊身份关系的家庭成员之间，如父母、子女等；（3）家庭成员对于家庭共有财产享有共同所有权。

在处理涉及家庭共有财产的分家析产、遗产继承时，应把家庭共有财产与家庭成员共同生活期间的个人财产严格区分，把家庭成员对家庭共有财产的分割与家庭成员之间的财产赠与严格区分。在司法实务中，在将被继承人的遗产从家庭共有财产中析出时，应当注意以下问题：

首先，遗产存在于家庭共有财产之中。按照本条规定，在遗产分割时，应当在分出被继承人以外其他家庭成员所有的财产后，剩余的财产部分才属于遗产范围，按照法律规定予以分割。

其次，未成年子女的个人生活用品、通过劳动创造获取的奖励物品及报酬、通过继承或受赠获得的遗产应属于其个人财产，由其监护人代为保管。在遗产分割时，应当将这部分财产从家庭共有财产中分出来归子女所有。若子女已成年，其通过劳动所获取的财产，在遗产分割时，也应将该部分财产分出。“对于直接参与了家庭共有财产积蓄的子女，应当肯定他们对家庭共有财产的权利。”① 在某一家庭成员死亡确定其遗产范围时，应当从家庭共有财产中将直接参与家庭共有财产积累的子女应得的份额划分出来，而不能将其归入被继承人的遗产之列。如在“孟某1等与孟某2等遗嘱继承纠纷上诉案”中，法院认为，结合日常生活经验，应认定孟某3、高某某直接参与过涉案门市部的经营，对于家庭共有财产的积累作出了贡献。涉案五处房产应系孟某4、郭某某与孟某3、高某某的家庭共有财产，涉案五处房产所产生的涉案租金亦系孟某4、郭某某与孟某3、高某某的家庭共有财产。据此，被继承人郭某2遗产中涉案五处房产中的份额及租金份额系包含于家庭共有财产中，尚未分割其他共有人的财产，故本案中对于被继承人郭某2遗产中涉案五处房产中的部分、租金及从租金中扣除费用不予处理，当事人应待共有财产分割完毕后另行主张权利。②

最后，如家庭成员中只存在夫妻二人，家庭共有财产则等同于夫妻共同财产。遗产分割时，应先将属于夫或妻一方的财产分出，剩余部分再进行遗产分割。如夫妻双方有财产约定，按照约定来区分。

---

① 参见北京市第二中级人民法院（2020）京02民终10316号民事判决书；北京市大兴区人民法院（2020）京0115民初6785号民事判决书；北京市第三中级人民法院（2020）京03民终7929号民事判决书；北京市第二中级人民法院（2016）京02民终6065号民事判决书。

② 参见山东省济南市中级人民法院（2019）鲁01民终8071号民事判决书。

◎ 疑难适用

司法实务中，对于本条中规定的“应当先将共同所有的财产的一半分出为配偶所有”的理解存有分歧：一种观点认为，这里的一半应作原则性理解，在有特殊情况时，配偶可以适当多分财产。例如，可以类推适用《民法典》第1087条“离婚时，夫妻的共同财产由双方协议处理；协议不成的，由人民法院根据财产的具体情况，按照照顾子女、女方和无过错方权益的原则判决”的规定。笔者认为，本条规定位列《民法典》继承编，属于针对遗产分割的特别规定，而《民法典》第1087条针对的是离婚时，夫妻共同财产分割。两者是并列关系。从《民法典》前后文体系解释角度，不存在于遗产分割中类推适用《民法典》第1087条的空间。而且，在被继承人死亡的情形下，被继承人有无过错一半也很难查明认定，故也不宜按照照顾无过错方权益的原则对生存配偶予以多分遗产。

第一千一百五十四条　有下列情形之一的，遗产中的有关部分按照法定继承办理：

（一）遗嘱继承人放弃继承或者受遗赠人放弃受遗赠；

（二）遗嘱继承人丧失继承权或者受遗赠人丧失受遗赠权；

（三）遗嘱继承人、受遗赠人先于遗嘱人死亡或者终止；

（四）遗嘱无效部分所涉及的遗产；

（五）遗嘱未处分的遗产。

◎ 主旨

本条是关于存在遗嘱时法定继承适用范围的特别规定。

◎ 释义

本条源自原《继承法》第27条“有下列情形之一的，遗产中的有关部分按照法定继承办理：（一）遗嘱继承人放弃继承或者受遗赠人放弃受遗赠的；（二）遗嘱继承人丧失继承权的；（三）遗嘱继承人、受遗赠人先于遗嘱人死亡的；（四）遗嘱无效部分所涉及的遗产；（五）遗嘱未处分的遗产”的规定。《民法典继承编（草案）》（2018年4月征求意见稿）第36条将该条中“（二）遗嘱继承人丧失继承权的”修改为“（二）遗嘱继承人丧失继承权或者受遗赠人丧失受遗赠权的”；将“（四）遗嘱无效部分所涉及的遗产”修改为“（四）遗嘱无效或者被撤销部分所涉及的遗产”。《民法典各分编（草案）》（2018年9月5日征求意见稿）第933条将该条中“（三）遗嘱继承人、受遗赠人先于遗嘱人死亡的”修改为“（三）遗嘱继承人、受遗赠人先于遗嘱人死亡或者终止的”。此后，本条内容再无变化，直至《民法典》颁布。

本条释义内容主要阐述存在遗嘱时遗产中的有关部分依然按照法定继承处理的法定情形。

遗产继承包括法定继承与遗嘱继承。虽然在《民法典》的体系编排上法定继承置于遗嘱继承之前，但在适用顺序上遗嘱继承优先于法定继承。当被继承人立有遗嘱时即排除法定继承规定的适用。但在有些情形下，虽有遗嘱的存在，由于遗嘱本身的效力或者遗嘱继承人的继承资格等因素存在问题，也有法定继承适用之余地。本条即为对虽有遗嘱但遗产中的有关部分仍适用法定继承的几种特殊情况所进行的规定。较之于原《继承法》第 27 条，本条增加了“受遗赠人丧失受遗赠权的应当按照法定继承处理”的规定。除此之外，《最高人民法院关于民法典继承编的立法建议稿》中还曾建议在本条第 4 项增加规定“遗嘱被撤回部分所涉及遗产的”。理由是，遗嘱无效和被撤回的后果相同。故对于遗嘱所涉遗产部分被撤回的，应在维持未撤回部分遗嘱效力的同时，将被撤回部分遗嘱所涉遗产按法定继承处理。

一、遗嘱继承人放弃继承或者受遗赠人放弃受遗赠

遗嘱是遗嘱人死亡时生效的单方民事法律行为。正因遗嘱为单方民事法律行为，不问遗嘱继承人或受遗赠人的意思如何，即于遗嘱人死亡时当然发生效力；遗嘱继承或遗赠通常又对继承人或受遗赠人有益，但纵为有益也不能违反继承人或受遗赠人意思而强制其受益，因此各国或地区的规定通常赋予继承人与受遗赠人以承认与抛弃继承与遗赠的自由。[①]《民法典》第 1124 条规定：“继承开始后，继承人放弃继承的，应当在遗产处理前，以书面形式作出放弃继承的表示；没有表示的，视为接受继承。受遗赠人应当在知道受遗赠后六十日内，作出接受或者放弃受遗赠的表示；到期没有表示的，视为放弃受遗赠。”接受或拒绝遗产或遗赠的行为也均属于单方法律行为，[②] 只需要放弃继承或受遗赠的继承人或受遗赠人一方意思表示即可成立，该意思表示作出后即发生放弃继承或受遗赠的法律后果。放弃继承或受遗赠的继承人或受遗赠人作出放弃继承或受遗赠的意思表示后，不可随意撤销该意思表示，但存在欺诈、胁迫情形除外。因此，如果遗嘱继承人以书面形式作出放弃继承的表示，该遗嘱继承人视为自始不存在，该遗嘱继承人放弃继承所涉及的

---

① 参见陈棋炎、黄宗乐、郭振恭：《民法继承新论》，我国台湾地区三民书局 2019 年版，第 378 页。

② ［德］维尔纳·弗卢梅：《法律行为论》，迟颖译，法律出版社 2013 年版，第 160 页。

遗产，由遗嘱人的其他法定继承人继承。但需要注意的是，应当明确遗嘱继承人放弃继承的意思表示究竟是同时放弃法定继承权抑或只放弃遗嘱继承权，须以其意思表示的具体内容而定。若仅放弃遗嘱继承权，该继承人仍可依据法定继承人的顺序参与其他遗产的法定继承。若同时放弃法定继承权，则该继承人不仅不能遗嘱继承，也不能法定继承遗产，其直系晚辈血亲也不发生代位继承。

二、遗嘱继承人丧失继承权或者受遗赠人丧失受遗赠权

《民法典》第1125条规定："继承人有下列行为之一的，丧失继承权：（一）故意杀害被继承人；（二）为争夺遗产而杀害其他继承人；（三）遗弃被继承人，或者虐待被继承人情节严重；（四）伪造、篡改、隐匿或者销毁遗嘱，情节严重；（五）以欺诈、胁迫手段迫使或者妨碍被继承人设立、变更或者撤回遗嘱，情节严重。继承人有前款第三项至第五项行为，确有悔改表现，被继承人表示宽恕或者事后在遗嘱中将其列为继承人的，该继承人不丧失继承权。受遗赠人有本条第一款规定行为的，丧失受遗赠权。"较之原《继承法》第7条规定，第1125条增加了受遗赠人丧失受遗赠权的规定，即受遗赠人存在第1125条第1款所规定的丧失继承权之情形的，丧失受遗赠权。但因为遗赠乃受遗赠人单纯受益，故受遗赠权丧失的事由应较之继承权丧失的事由更为严格。因此，受遗赠人丧失受遗赠权的，即绝对丧失受遗赠权。即便遗赠人生前表示宽恕，亦无恢复受遗赠权之可能。因此，遗嘱继承人如绝对丧失继承权，受遗赠人丧失受遗赠权的，则遗嘱或遗赠中涉及的相关遗产按照法定继承处理。

三、遗嘱继承人、受遗赠人先于遗嘱人死亡或者终止

被继承人财产上的一切权利义务，于继承开始时当然移转于继承人，则继承人自应为于继承开始时生存之人。故继承开始当时，已死亡或尚未出生者，即无继承人之资格，此谓之"同时存在原则"。[①] 因此，遗嘱继承人、受

① 陈棋炎、黄宗乐、郭振恭：《民法继承新论》，我国台湾地区三民书局2019年版，第29页。

遗赠人先于遗嘱人死亡，继承即尚未开始。或言之，继承开始时遗嘱继承人、受遗赠人即已丧失继承之资格。惟在法定继承之情形下，继承人先于被继承人死亡的，根据《民法典》第1128条之规定，发生代位继承之问题。但是，本条规定直接排除了代位继承在遗嘱继承中的适用，即遗嘱继承人先于遗嘱人（被继承人）死亡的，不发生代位继承的问题。也就是说，遗嘱继承人先于遗嘱人死亡，遗嘱人于遗嘱中指定的由该遗嘱继承人继承的遗产，并不能由该遗嘱继承人的直系晚辈血亲代位继承。但根据《民法典》第1133条之规定，遗嘱继承人恒为法定继承人，亦即遗嘱继承人只能为法定继承人范围内的人。故遗嘱继承人先于遗嘱人死亡的，依照法定继承办理后，如果遗嘱继承人乃遗嘱人之子女即有代位继承的适用。

较之原《继承法》第7条规定，本条第3项增加了“或者终止”。究其原因，在于根据《民法典》第1133条之规定，受遗赠人为法定继承人以外的个人或组织。也就是说，受遗赠人并不局限于自然人，还包括法人、非法人组织、国家和集体。如果在继承开始时受遗赠的自然人已经先于立遗嘱人死亡或者受遗赠的法人或非法人组织已经先于立遗嘱人终止，遗赠涉及的遗产由立遗嘱人的继承人按照法定继承办理。

四、遗嘱无效部分所涉及的遗产

从现实情况来看，导致遗嘱无效的原因很多。例如，依照《民法典》第1143条的规定，无民事行为能力人或者限制民事行为能力人所立的遗嘱无效。遗嘱必须表示遗嘱人的真实意思，受欺诈、胁迫所立的遗嘱无效。伪造的遗嘱无效。遗嘱被篡改的，篡改的内容无效。又如，根据《民法典》第153条规定，遗嘱内容还可能因违反法律、行政法规的强制性规定或公序良俗而无效。再如，根据《民法典继承编解释（一）》第26条的规定，遗嘱人以遗嘱处分了国家、集体或者他人财产的，应当认定该部分遗嘱无效。事实上，遗嘱无效可分为全部无效和部分无效。无民事行为能力人或者限制民事行为能力人所立的遗嘱、受欺诈、受胁迫所立的遗嘱以及伪造的遗嘱属于全部无效，而遗嘱被篡改的，篡改的内容无效则属于遗嘱部分无效。遗嘱全部无效视为自始没有遗嘱，而遗嘱部分无效则意味着对无效部分的遗产自始没有经遗嘱处分。本条所指遗嘱无效部分，既包括遗嘱全部无效情形，也包括遗嘱部分无效情形。无论是遗嘱全部无效抑或遗嘱部分无效，遗嘱继承人、受遗赠人自不能按照无效遗嘱取得相应遗产，该部分遗产应按照法定继承来处理。

五、遗嘱未处分的遗产

遗嘱继承与法定继承是遗产继承的两种形式，继承开始后如果有遗嘱则适用遗嘱继承，只有不存在遗嘱时才适用法定继承。如果遗嘱只处分了部分遗产，则遗嘱处分部分的遗产适用遗嘱继承，而遗嘱未处分部分的遗产应适用法定继承。亦即，此时存在遗嘱继承与法定继承的并存。遗嘱继承人与受遗赠人对于遗嘱中未涉及的遗产不享有遗嘱继承权与受遗赠权。因此，遗嘱中未处分的遗产应当按照法定继承办理。

◎ 疑难适用

司法实务中，对遗嘱人在遗嘱中无权处分他人财产时，所立遗嘱的效力，有不同意见：有观点认为，遗嘱人以遗嘱处分了国家、集体或者他人财产无疑构成无权处分，而根据《民法典》第597条的规定，无权处分所涉及的合同是有效的。由此推知，无权处分他人财产的遗嘱也应为有效。但对该无权处分对遗嘱效力的影响，实务中则有不同观点：第一种观点认为，可认定为遗嘱效力待定，最终效力取决于该财产权利人是否追认。如果追认，则可认定遗嘱有效，否则，遗嘱无效。该观点源自原《合同法》第51条，其目的在于平衡交易相对人和真正财产权利人之间的利益。在《民法典》已经明确承认无权处分合同有效的情形下，举重以明轻，对于不存在交易安全保护需要的遗嘱继承而言，没有必要让遗嘱效力待定。第二种观点认为，全部无效。理由在于，遗嘱是遗嘱人生前处分个人财产的意思表示，该意思表示作出的背后隐藏的是遗嘱人对个人财产种类、性质、价值、继承人范围及其喜恶、特定分配目的等因素的综合考虑，故不同遗产的处分方式之间存在内在牵连，不可分割。换言之，遗嘱人在遗嘱中对他人财产的处分往往与对其他个人合法财产的处分紧密关联，如果只认定对他人财产的处分部分无效，而让其他部分继续有效，则不符合遗嘱人立遗嘱时的本意。第三种观点则认为，遗嘱中处分他人财产的部分无效，其他部分继续有效。① 经再三权衡利弊，《民法

① 参见最高人民法院民事审判第一庭编著：《最高人民法院民法典继承编司法解释（一）理解与适用》，人民法院出版社2022年版，第257页。

典继承编解释（一）》第26条最后选择了部分无效的观点。这也符合《民法典》第156条“民事法律行为部分无效，不影响其他部分效力的，其他部分仍然有效”的规定。

惟应注意的是，本条司法解释与《民法典》第597条的规定之间似乎存在矛盾，但实际上《民法典》第597条是关于无权处分规则的一般规定，而遗嘱中的无权处分则属于特殊规定，应做特殊处理。原因有二：一是遗嘱继承人基于遗嘱取得的遗产是无偿取得，无善意取得制度适用的余地，故无必要将遗嘱中的无权处分认定为有效；二是继承者，下承上也。即遗产继承是保证遗产在被继承人与继承人之间的传承，故继承人所承继者只能为被继承人有权处分的财产。若将此种情形下的无权处分行为也认定为有效，无疑背离了继承制度的立法初衷和遗产继承秩序。此外，如果遗嘱因为处分了他人财产而无效，因无效部分涉及的是他人的财产而不是被继承人的遗产，故不适用本条规定，不能按法定继承处理。

第一千一百五十五条 遗产分割时，应当保留胎儿的继承份额。胎儿娩出时是死体的，保留的份额按照法定继承办理。

◎ 主旨

本条是关于胎儿应继份的规定。

◎ 释义

本条源自原《继承法》第28条“遗产分割时，应当保留胎儿的继承份额。胎儿出生时是死体的，保留的份额按照法定继承办理”的规定。《民法典继承编（草案）》（2017年7月28日室内稿）第38条将“胎儿出生时”修改为“胎儿娩出时”，其他内容没有变化。《民法典继承编（草案）》（2018年4月征求意见稿）第6条则修改为“胎儿享有继承权，由其法定代理人代为行使。胎儿娩出时为死体的，所得遗产由其他继承人继承”。在《民法典各分编（草案）》（2018年9月5日征求意见稿）第934条则改回原来的规定“遗产分割时，应当保留胎儿的继承份额。胎儿娩出时是死体的，保留的份额按照法定继承办理”。此后，本条内容再无变化，直至《民法典》颁布。对于本条内容表述，《最高人民法院关于民法典继承编的立法建议稿》的具体建议是“胎儿享有继承权利能力，由其法定代理人代理实施。胎儿娩出时为死体的，所得遗产由被继承人的其他继承人继承”。主要理由为原《民法总则》第16条规定，涉及遗产继承、接受赠与等胎儿利益保护的，胎儿视为具有民事权利能力。但是胎儿娩出时为死体的，其民事权利能力自始不存在。以及该法第20条规定，无民事行为能力人，由其法定代理人代理实施民事法律行为。

本条释义内容主要阐述胎儿的继承人资格、涉及胎儿利益的遗产分割模式以及本条在适用中应当注意的几个问题。

一、胎儿的继承人资格

正如前文所述，被继承人财产上的一切权利义务，于继承开始时当然移转于继承人，则继承人自应为于继承开始时生存之人。故继承开始当时，已死亡或尚未出生者，即无继承人之资格，此谓之“同时存在原则”。[①] 惟如果严格贯彻此原则，则于继承开始时尚未出生的胎儿，将不得为继承人。这既影响胎儿的利益，也违反被继承人之希望及继承制度的本旨。胎儿之于将来出生，乃可期待之当然事实，如果不予以特别保护，势将造成不合理之结果。从而，对于未出生的胎儿，依法应使其有为继承人之资格。世界各国对于遗产分割时应当保护胎儿的利益，均有相应的法律规定。《日本民法典》第886条规定：在继承上，视为胎儿已经出生。前款规定，在胎儿以死体产出时，不予适用。《葡萄牙民法典》第1923条规定：（1）只有在继承开始时生存的人才能成为继承人。（2）在继承开始时尚未生存，但已被孕育成胎儿的人，视为在继承开始前已出生。《德国民法典》第2043条第1项规定：倘若继承份额因期待一名共同继承人出生而不确定，则直到此种不确定消除为止，排除分割。也就是说，在胎儿出生之前，其他继承人均不得请求分割遗产。《法国民法典》第725条规定：只有继承开始时生存的人，或者已经受胎、出生时存活的人始能继承。《瑞士民法典》第31条规定：胎儿，只要其出生时存活的，其出生前即享有民事权利。

在我国，保留胎儿继承份额的原则，属于遗产分割的重要原则之一。在2017年原《民法总则》颁布之前，我国民事立法并未一般性地赋予胎儿以权利能力，仅在遗产继承中对胎儿的继承权予以保障，即原《继承法》第28条规定，“遗产分割时，应当保留胎儿的继承份额。胎儿出生时是死体的，保留的份额按照法定继承办理”。该条规定仅涉及遗产分割中的份额保留，并不等同于胎儿享有接受遗嘱继承或接受遗赠的权利。原《民法总则》第16条则首次概括性地规定了胎儿的民事权利能力，其中就包含了遗产继承能力。《民法典》总则编则吸收了原《民法总则》第16条的规定，即“涉及遗产继承、接受赠与等胎儿利益保护的，胎儿视为具有民事权利能力。但是胎儿娩出时为死体的，其民事权利能力自始不存在”。该条规定则一般性地赋予胎儿以民事权利能力，即胎儿不惟在遗产继承、接受遗赠的情形下享有民事权利能力，而是凡在涉及胎儿利益时均享有民事权利能力（特殊的民事权利能力即胎儿

① 陈棋炎、黄宗乐、郭振恭：《民法继承新论》，我国台湾地区三民书局2019年版，第29页。

仅享有民事权利，不负担民事义务），即对胎儿利益保护采“概括保护主义”。如在土地征收补偿中也赋予胎儿以补偿款分配权。如在“卢某与三亚市人民政府行政赔偿上诉案”中，法院认为，“根据《民法总则》第 16 条之规定，涉及胎儿利益保护时，胎儿视为具有民事权利能力。也就是说，胎儿可以享有广泛的人身、财产权益。因此，对胎儿利益的侵害，应当构成独立的侵权。因三亚市政府上述违法行政行为，导致其作出一系列的征收行为及补偿补充方案也存在明显违法，并直接剥夺了公民腹中胎儿应享有的权益”。① 在“石某与嵊州市浦口街道蒋林头村村民委员会侵害集体经济组织成员权益纠纷上诉案”中，法院认为，“土地系农民赖以生存的重要保障，征地补偿费亦是保障其生存权益的一项根本利益，胎儿出生后对此依赖同样存在，故赋予胎儿土地征用补偿款的分配权符合《民法总则》第十六条规定，更有利于保障胎儿的合法民事权益”。② 依据本条规定，保留胎儿继承份额的前提是胎儿具有继承人资格，即必须是在继承开始时虽未出生但已经受孕的胎儿，而不包括尚未受胎之人。

二、涉及胎儿利益的遗产分割

在遗产分割时应当保护胎儿的利益乃世界各国和地区的通例，只是保护方式略有差异，对此主要存在两种立法例：

一为“胎儿出生前禁止分割模式”，即遗产分割延迟至胎儿出生时，在胎儿尚未出生时不得分割遗产。如《德国民法典》第 2043 条第 1 款规定：倘若继承份额因期待一名共同继承人出生而不确定，则直到此种不确定消除为止，排除分割。《意大利民法典》第 715 条规定：如果继承人中一人是胎儿，则在该胎儿出生以前不得分割遗产。同样，在胜诉情况下有权取得遗产之人提起的有关确认婚生子身份或者确认非婚生亲子关系的诉讼进行期间也不得分割遗产。《俄罗斯联邦民法典》第 1166 条规定：如果继承人已在母腹尚未出生，则遗产的分割只能在该继承人出生后方能进行。《瑞士民法典》第 605 条规定：在继承时，如需考虑未出生子女的利益，遗产分割应延期至子女出生时。根据《埃塞俄比亚民法典》第 1062 条规定：当遗产已清算完毕，每个共同继

---

① 参见海南省高级人民法院（2019）琼行赔终 36 号行政判决书。

② 参见浙江省绍兴市中级人民法院（2019）浙 06 民终 2508 号民事判决书。

承人都可随时要求分割遗产之实施。但除非法院有相反授权，如果作出分割的方式取决于刚受孕的胎儿出生的状况，遗产仍得维持共有。①

二为“可先行分割但应保留胎儿继承份额模式”，即在胎儿出生前，其他继承人依然可以先行分割遗产，但分割时应当为胎儿保留其应继份。我国原《继承法》第28条及《民法典》本条规定即采此模式。如果遗产分割时，应当为胎儿保留的遗产份额没有保留的，根据《民法典继承编解释（一）》第31条规定，应从继承人所继承的遗产中扣回。

两种分割模式各有利弊，“胎儿出生前禁止分割模式”将遗产的分割“冻结”至胎儿出生时，不利于物尽其用，但可防止胎儿出生时是死体时的再继承，遗产重复分割的问题。相反地，“可先行分割但应保留胎儿继承份额模式”虽有利于遗产的物尽其用，提高遗产处理的效率。但无法避免胎儿出生为死体时的再次继承和遗产分割所带来的烦琐。

三、本条适用中应注意的几个问题

（一）本条的适用范围问题

本条不仅适用于法定继承，也适用于遗嘱继承，亦即本条规定中的“胎儿的继承份额”既可以是法定继承中的法定应继份，也可以是遗嘱继承中的指定应继份。也就是说，不论是在法定继承中还是遗嘱人在遗嘱中指定尚未出生的胎儿为继承人，只要在遗产分割时，胎儿尚未出生的，均应适用本条保留胎儿的继承份额。因此，在继承开始时已经受孕的胎儿，若在遗产分割时业已出生的，则可以直接参与遗产的分割，而不适用本条规定。

在体系上，本条位于继承编第四章“遗产的处理”一章中，无论是法定继承还是遗嘱继承，胎儿必须已根据有效遗嘱或者法定继承顺序成为继承既得权人，即胎儿不仅具有继承人资格，且要根据遗嘱或法定继承顺序（如胎儿为第一顺序继承人）已成为继承既得权人，然后在遗产分割时，始应根据本条规定为胎儿保留其继承份额。否则，如果胎儿仅有继承人资格但并未取得继承既得权，如遗嘱中并未指定胎儿为遗嘱继承人（胎儿也不属于没有生活来源的人）或胎儿处于法定第二继承顺序，均无本条规定之适用。同样，

① 《埃塞俄比亚民法典》第1063条第2款。

根据《民法典》第16条之规定，胎儿亦可为受遗赠人。故胎儿受遗赠时，也应当依据本条为胎儿保留相应的遗赠。如在“C某、陈某1继承纠纷再审案”中，法院认为，“《继承法》第二十八条规定的‘遗产分割时，应当保留胎儿的继承份额……’是遗产处理的制度，法定继承、遗嘱继承、遗赠均应适用。再审申请人提出的胎儿预留份额制度是法定继承，遗嘱继承不适用胎儿预留份额的主张不成立，本院不予支持”。①

（二）本条仅为遗产分割时处理规则并不影响遗嘱的效力

如前所述，在体系上，本条位于《民法典》继承编第四章“遗产的处理”一章中，仅适用于遗产分割时对胎儿继承份额的处理。本条在规范性质上属于强制性规范，但《民法典》并未规定违反本条的法律后果。《民法典继承编解释（一）》第31条第1款规定：“应当为胎儿保留的遗产份额没有保留的，应从继承人所继承的遗产中扣回。”也就是说，遗产分割时应为胎儿保留的继承份额未保留的，法律后果仅为从分割后的继承人所得遗产中扣回，而与遗嘱本身的效力无涉。因为本条仅规范当胎儿享有继承权时应预留继承份额的结果，并不规范胎儿享有继承权的原因。胎儿是否能够继承遗产则取决于法定继承顺序或遗嘱的规定。当依据法定继承顺序或遗嘱规定，胎儿享有继承权时，接下来在遗产分割时，才会有本条规定的适用。

而因规范限制遗嘱行为进而影响遗嘱效力的是《民法典》第1141条规定，即“遗嘱应当为缺乏劳动能力又没有生活来源的继承人保留必要的遗产份额”。如果遗嘱未为缺乏劳动能力又没有生活来源的继承人保留必要的遗产份额，则遗嘱的效力如何？该条规定及《民法典继承编解释（一）》第25条②并未规定。对此，我国司法实践将未为缺乏劳动能力又没有生活来源的继承人保留必要的遗产份额的遗嘱认定为部分无效。如最高人民法院在指导案例50号“李某、郭某阳诉郭某和、童某某继承纠纷案”认为，“如果夫妻一方所订立的遗嘱中没有为胎儿保留遗产份额，因违反《继承法》第19条规定，该部分遗嘱内容无效。分割遗产时，应当依照《继承法》第28条规定，

---

① 参见广西壮族自治区防城港市中级人民法院（2019）桂06民申30号民事判决书。

② 遗嘱人未保留缺乏劳动能力又没有生活来源的继承人的遗产份额，遗产处理时，应当为该继承人留下必要的遗产，剩余的部分才可参照遗嘱确定的分配原则处理。继承人是否缺乏劳动能力又没有生活来源，应当按遗嘱生效时该继承人的具体情况确定。

为胎儿保留继承份额”。在“悦某某、申某1与申某2、申某3、申某4继承纠纷再审案”中，法院认为，“遗嘱人立遗嘱时未为缺乏劳动能力又没有生活来源的继承人保留必要遗产份额，违反了《继承法》第19条‘遗嘱应当对缺乏劳动能力又没有生活来源的继承人保留必要的遗产份额’之规定，遗嘱人在遗嘱中对其财产的处分部分无效”。① 在“麦某1与麦某2遗嘱继承纠纷上诉案”中，法院认为，“根据《继承法》第19条之规定，遗嘱应当对缺乏劳动能力又没有生活来源的继承人保留必要的遗产份额，但立遗嘱人对缺乏劳动能力又没有生活来源的麦某1没有保留必要的遗产份额，故该遗嘱无效”。② 在“樊某1、刘某2继承纠纷上诉案”中，法院同样认为，《继承法》第19条规定，遗嘱应当对缺乏劳动能力又没有生活来源的继承人保留必要的遗产份额。《继承法意见》第37条规定，遗嘱人未保留缺乏劳动能力又没有生活来源的继承人的遗产份额，遗产处理时，应当为该继承人留下必要的遗产，所剩余的部分，才可参照遗嘱确定的分配原则处理。继承人是否缺乏劳动能力又没有生活来源，应按遗嘱生效时该继承人的具体情况确定。李某系樊某2母亲，刘某系樊某2的继女，均系法定继承人，樊某2在立遗嘱时，明知李某、刘某系被赡养人、被抚养人，但并未在遗嘱中为李某、刘某保留必要的遗产份额，因此，该部分遗嘱内容无效。在分割遗产时，应当为李某、刘某保留必要的继承份额，剩余的部分遗产才应按遗嘱继承分割。③

有学者认为，“原《继承法》第19条规定中的所谓继承‘人’，当然是指已出生者，不包括胎儿”。④ 笔者认为，《民法典》第16条已概括性地赋予胎儿以民事权利能力，胎儿纵未出生但依然具有继承人之资格，故《民法典》第1141条（原《继承法》第19条）规定中的继承人当然包括胎儿在内。至于胎儿是否属于缺乏劳动能力又没有生活来源的继承人，则应当根据遗嘱生效时的具体情况判断。胎儿尚未出生，缺乏劳动能力则是毋庸置疑的事实。而胎儿是否属于没有生活来源，则需要以实际情况进行判断。如胎儿出生后有保险金、信托受益权、受赠与的财产等足以达到正常生活水平，则不当然

① 参见四川省宜宾市中级人民法院（2020）川15民终1569号民事判决书。

② 参见广东省中山市中级人民法院（2020）粤20民终4894号民事判决书。

③ 参见四川省成都市中级人民法院（2019）川01民终18499号民事判决书。

④ 参见李宇：《民法总则要义——规范释论与判解集注》，法律出版社2017年版，第87页。

属于“双缺乏”继承人。若无独立生活来源需要依靠他人抚养，则属于没有生活来源的继承人。①

（三）胎儿娩出时是死体的遗产处理

《民法典继承编解释（一）》第31条第2款规定：“为胎儿保留的遗产份额，如胎儿出生后死亡的，由其继承人继承；如胎儿娩出时是死体的，由被继承人的继承人继承。”如果胎儿出生是活体，则由其法定代理人代为保管；如胎儿出生时为死体，则仍归入原被继承人的遗产，由被继承人的继承人进行遗产分割；如胎儿出生后死亡的，无论其生命特征持续多久，所保留的继承份额均属于胎儿的遗产，由胎儿的继承人继承。在遗产分割时所保留的胎儿份额，应不少于各继承人所取得遗产的平均数；如果胎儿未来生活没有经济来源的，还应当予以照顾。②

◎ 疑难适用

司法实务中与本条适用有关的常见争议是：如果遗产分割时，没有为胎儿保留相应继承份额，如何通过诉讼维护胎儿合法权益？这又可细分为，谁为原告、依据何请求权基础、谁为被告以及被告之间的责任划分等问题。从现实情况看，遗产分割时，未保留胎儿遗产存在多种原因，例如，不知胎儿母亲受孕、与胎儿父母存在矛盾、恶意争夺遗产等情形。依据《民法典继承编解释（一）》第31条规定，应当为胎儿保留的遗产份额未保留的，应从继承人所继承的遗产中扣回。至于有权起诉主张扣回的原告，在遗产管理人履行职责完毕前，可以由遗产管理人担任。至于遗产管理人履行职责完毕后，则应由胎儿作为原告、胎儿父母作为胎儿法定代理人向其他继承人提出。至于返还的请求权基础则可依据要求返还的对象不同，主张原物返还请求权或不当得利请求权。就该类诉讼的被告而言，如除胎儿外只有一位继承人的，则直接向其主张扣回即可，如有多个继承人的，原则上各继承人应作为共同被告以其分得的遗产价值为限，按比例承担返还责任。此外，如果遗嘱中明

---

① 孙毅、刘耀东：《中华人民共和国民法典·继承编释义》，人民出版社2020年版，第114页。

② 房绍坤、范李瑛、张洪波：《婚姻家庭与继承法》（第六版），中国人民大学出版社2020年版，第246页。

确给付胎儿的是特定财产，则只需将分得该特定财产的继承人列为被告，要求返还即可。扣回时既要考虑双方当事人生产生活实际需要，又要考虑是否有利于发挥财产的实际效用。

第一千一百五十六条 遗产分割应当有利于生产和生活需要，不损害遗产的效用。

不宜分割的遗产，可以采取折价、适当补偿或者共有等方法处理。

◎ 主旨

本条是关于遗产分割原则和方法的相关规定。

◎ 释义

本条源自原《继承法》第 29 条“遗产分割应当有利于生产和生活需要，不损害遗产的效用。不宜分割的遗产，可以采取折价、适当补偿或者共有等方法处理”的规定。直至《民法典》颁布，本条内容从未变化。

本条释义内容主要阐述遗产分割的原则、遗产分割的具体方式、遗产分割的效力以及遗产分割的瑕疵担保责任。

所谓遗产分割，是指将遗产按照法定应继份或遗嘱确定的继承份额在继承人、受遗赠人等之间进行分配的过程。遗产分割一般是共同继承引发的法律问题，如果继承人仅有一人则一般并不存在遗产分割之问题。故在共同继承的情形下，遗产须由共同继承人共有的状态经由分割而转变为各继承人单独所有，最终实现遗产在各继承人之间的分配与承继。遗产分割之后，共同继承人对继承标的的共同共有关系终止，形成单个权利人对具体财产的单独财产权关系。继承人基于继承权而对遗产的支配，转变为继承人基于物权、债权、知识产权、股权等财产权对具体财产的支配。在此意义上，遗产分割是实现从继承权到独立财产权的“分水岭”。

一、遗产分割的原则

根据本法规定，我国遗产分割包括如下原则：遗产分割自由原则、保留胎儿继承份额原则、互谅互让、和睦团结、协商分割原则、尊重被继承人生前意愿的原则、最大化发挥遗产效用原则等。上述原则在其他条文释义中已有具体阐述，现简要概述如下。

（一）遗产分割自由原则

继承开始后，各继承人可以随时请求遗产分割，其他继承人不得以任何理由拒绝。继承人之间也可就遗产分割时间进行协商，如各继承人之间对于遗产分割时间无法达成一致，可以请求人民调解委员会调解或者向人民法院提起诉讼。

（二）保留胎儿继承份额原则

《民法典》本法第1155条规定："遗产分割时，应当保留胎儿的继承份额。胎儿娩出时是死体的，保留的份额按照法定继承办理。"

（三）互谅互让、和睦团结、协商分割原则

本法第1132条规定："继承人应当本着互谅互让、和睦团结的精神，协商处理继承问题。遗产分割的时间、办法和份额，由继承人协商确定；协商不成的，可以由人民调解委员会调解或者向人民法院提起诉讼。"同一顺序的继承人继承遗产，原则上份额应当均等。但各继承人经协商达成一致，继承份额可以不均等。此外，对于生活有特殊困难又缺乏劳动能力的继承人应当予以照顾；对被继承人尽了主要赡养义务或者与被继承人共同生活的继承人，分配遗产时可以多分；有扶养能力和有扶养条件的继承人，不尽扶养义务的，分配遗产时，应当不分或者少分。

（四）尊重被继承人生前意愿的原则

被继承人生前立有合法有效遗嘱的，在其死亡继承开始后，应当按照其遗嘱来进行继承。遗嘱中未涉及的遗产部分，仍可按照遗产分割的其他原则来进行分割。

（五）最大化发挥遗产效用原则

《民法典》第1156条规定，"遗产分割应当有利于生产和生活需要，不损害遗产的效用。不宜分割的遗产，可以采取折价、适当补偿或者共有等方法处理。"《民法典继承编解释（一）》第42条规定："人民法院在分割遗产中的房屋、生产资料和特定职业所需要的财产时应根据有利于发挥其使用效益和继承人的实际需要，兼顾各继承人的利益进行处理。”

二、遗产分割的具体方法

本条规定包含两层含义：一是在遗产分割时，应根据遗产性质和效用，结合各继承人的实际需求进行公平合理分配，尽可能做到物尽其用的原则；二是关于遗产分割的方式，所谓遗产分割方式是指在遗产分割时，继承人所采取的分割遗产的具体方法。对于不宜分割的遗产，可以采用折价、适当补偿或者共有等方法处理。

关于遗产分割的方法，具体分述如下。

（一）实物分割

对于宜分割的遗产，在遵循遗产分割原则基础上可以采取实体分割的办法。宜分割的遗产主要是指可分物，如存款、首饰等。不宜分割的遗产不能采取实体分割。

（二）折价分割

不宜分割的遗产主要指不可分物，如房屋、汽车等。对于不宜分割的遗产，又或者继承人不同意取得该遗产实物，可以折价变卖该遗产，所取得的价款按照继承人的继承份额进行分割。处分该遗产的行为，视为继承人的共同行为，应当征得所有继承人的同意。

（三）补偿分割

对于不宜分割的遗产，继承人如果愿意取得该遗产，经过所有继承人协商同意，该继承人可以取得该遗产的所有权，并由取得遗产所有权的继承人，按照其他继承人的继承份额补偿相应金额。

（四）保留共有的分割

关于此种分割方法，分为以下两种情况：（1）对于不宜分割的遗产，如果继承人基于共同经营、生活或者其他目的，均愿意继续保持遗产共有状态的，可采此分割模式，将该遗产由继承人共同共有转变为按份共有，各继承人共有的份额依照各自的继承份额确定。（2）对于不宜分割的遗产，如果部分继承人基于共同经营、生活或者其他目的，愿意取得该遗产，也可以由该部分继承人按照继承份额对该遗产进行按份共有。由取得遗产的继承人对于未取得遗产的其他继承人，按照其他继承人的继承份额补偿相应价款。

三、遗产分割的效力

共同继承人，在遗产分割后，就其分得之遗产部分，始成为单独的所有权人。惟遗产分割之效力，自何时始，各国和地区有两种不同的立法主义。

（一）移转主义

移转主义，也称为“不溯及主义”，其滥觞于罗马法。即以遗产分割为继承人应有部分之相互移转，故须待分割后，各继承人就分得之财产始能取得单独所有权。遗产分割为一种类似于互易的交换，各继承人因分割而互相让与各自的应有部分，而取得所继承遗产的单独所有权。换言之，遗产分割具有创设或移转的效力（effect attriputif）。移转主义为德国、瑞士①及我国台湾地区②等所采。该立法模式承认遗产分割具备发生物权变动或物权创设的效力，同时承认继承开始后遗产分割前遗产上设置的负担及继承人对遗产进行的其他处分的效力，从而维护了在继承开始后遗产分割前遗产的共同共有局面。

（二）宣示主义

宣示主义，也称为“溯及主义”“宣言主义”，是指各共同继承人因遗产分割所取得的财产，被视为于继承开始时直接自被继承人处取得。也就是说，

---

① 根据《德国民法典》第 2042 条规定，遗产分割适用普通共同共有财产分割的规定。《瑞士民法典》第 634 条第 1 项规定，分割以分配份的作成及受领，或缔结分割契约，始对继承人产生约束力。

② 值得注意的是我国台湾地区所谓“民法”原第 1167 条规定，遗产之分割，溯及继承开始时发生效力。后来于 1985 年修正时，多数学者对该条的合理性提出质疑，修改委员会认为，该规定与共同继承为共同共有之原则相抵触，修正时乃予以删除。因为，一方面在共有物分割方面，采取移转主义（第 825 条）；另一方面又在遗产分割时，不依一般原则，而改采宣言主义，从而使分割效力溯及于继承开始时发生，其冲突矛盾甚为明显。其次，依移转主义，分割后共同继承人相互负瑕疵担保责任，是当然之结果，为共有物分割的必然后果。但是按照宣言主义，则继承人由被继承人处直接取得分割财产，故自应不负担保责任。然溯及效力是法律上的拟制，遗产分割实质上还是应有部分的相互移转，故我国台湾地区所谓“民法”修改之前，一方面遗产分割采溯及主义；另一方面又例外地规定互相负担保责任，以期达到分割之公平及应继份之贯彻。所以，我国台湾地区所谓“民法”虽然原来形式上维持宣言主义，但实质上仍然产生移转主义之结果。

各共同继承人最终所分得的财产于继承开始时既已由各继承人单独所有。所以，遗产分割仅是将遗产已归诸于各继承人单独所有之事实加以宣示而已。遗产分割具有溯及效力，即溯及至继承开始时生效。因此，遗产即使为不动产，也无须经由登记即可直接取得其所有权；遗产如为债权时，也无须其他共同继承人通知债务人。采宣示主义的国家或地区主要有法国、日本、意大利、荷兰、葡萄牙、智利以及我国澳门特别行政区等。①

在我国，关于遗产分割的效力是采宣示主义还是移转主义，原《继承法》及《民法典》均未作出明确的规定，学界对此也是莫衷一是。主张移转主义者认为，“遗产一经分割，由继承人共同支配的共有物即转归各个继承人单独所有。各继承人的共有权也因而成为个人所有权。这种效力与分割共有物的效力并无不同”。② “基于我国在物权变动上采取的债权形式主义模式，遗产分割的效力宜采取移转主义。这是因为，按照债权形式主义，物权变动除当事人的意思表示外，还须完成法律规定的公示手续（动产交付、不动产登记）；而物权变动公示手续的完成，无法溯及继承开始时。同时，为保护继承人的利益，继承人之间对分割后的遗产应当承担瑕疵担保责任，而该瑕疵担保责任的理论基础就在于遗产分割是当事人之间就分得部分的相互移转。因此，只有采取移转主义，才能与继承人之间的瑕疵担保责任保持逻辑上的和谐。”③ 主张宣示主义者则认为，“遗产分割与通常的共有物分割不同，共同继承人自继承开始到遗产分割前，乃暂时的共同共有关系，遗产分割的效力应当具有溯及力，因为分割遗产只不过是将各共同继承人的应继份加以特定

---

① 《日本民法典》第909条规定，遗产分割，溯及继承开始时发生效力。但不得侵害第三人的权利。《法国民法典》第883条规定，每一共同继承人均视为单独地并直接地承受其分配的财产，或单独地并直接地承受经拍卖而归属于自己的财产，并视为对遗产的其他财产从未享有所有权。《葡萄牙民法典》第2119条规定，遗产分割后，各继承人即被视为自继承开始时起其获分配之财产之唯一继受人，但不影响有关孳息之规定。《澳门民法典》第1959条规定，遗产分割后，各继承人即被视为自继承开始时起其获分配之财产之唯一继受人，但不影响有关孳息之规定。《意大利民法典》第757条规定，每个共同继承人，对包括在自己应继份中的全部财产，即使是在拍卖中取得的财产，均视为单独并且直接取得因继承而归属于他的全部财产；对于其他遗产则视为从未享有过所有权。

② 李静堂、李成文：《继承法的理论与实践》，武汉大学出版社1986年版，第161页。

③ 房绍坤：《继承制度的立法完善——以〈民法典继承编草案〉为分析对象》，载《东方法学》2019年第6期。

化而已。即一旦遗产分割完毕，各继承人在遗产中的应继份就特定化从而为各继承人所专有。而通常的共有物分割则是从分割时发生效力”。① 折中说则认为，“关于遗产分割的效力，我国《继承法》原则上应采宣示主义。但是为了保护债权人的利益和交易安全，应当作如下三个方面的限制：首先，遗产分割的溯及力仅适用于现物分割。在折价分割的情形下，继承人不论是取得价金，还是因未取得价金而对其他继承人享有债权，其取得都不具有溯及力。其次，各共同继承人于遗产上所享有的应继份，在遗产分割前原则上不得为物权效力之处分。最后，互相担保责任”。②

此两种主义各有利弊。就纯理论而言，移转主义虽不符合继承之实质，但遗产分割前共同继承人既然对遗产存在共同共有关系，则自以移转主义为合理，以期保护交易安全；反之，如就遗产分割而言，则以宣言主义较能符合继承之本质，盖因各共同继承人所得之财产，皆直接继承于被继承人，并非继受于其他继承人，但对交易安全的保护，值得考虑。

笔者认为，遗产分割的效力应采移转主义。首先，移转主义更能说明共有物分割的权利变化。从分割的现实来看，分割的过程发生权利的变化，无论是实物分割、作价补偿还是变价分割，分割后共有人享有的权利都是对新的标的物的所有权，而不是对原共有物的权利。也就是说，这种权利是分割后产生的。作为从共有到各个所有的一种必然制度的瑕疵担保，其根源在于原来的共有人的共有权范围至遗产的各个部分，因遗产分割，就是共有人相互交换（潜在的）应有部分，已达到各个所有的过程。其过程类似于特殊买卖合同中的互易，为此买卖法中的瑕疵担保责任理应适用。然而如果采溯及主义，则瑕疵担保无以适用，而无瑕疵担保责任，则如何保证遗产分割中，各继承人的利益均衡甚至应继份都无法确保。③ 因此，即使采溯及主义的制度规定或学说也不得不例外规定共同继承人间之瑕疵担保责任。如有学者所言，“遗产分割，既采认定主义，各继承人对于他继承人因分割而得之遗产，似乎不应互负担保责任。惟各继承人于遗产分割后，若对其他继承人因分割而得之遗产不负互相担保责任，则继承人因分割而得之遗产倘有第三人就该遗产

① 刘春茂：《中国民法学·财产继承》，人民法院出版社 2008 年版，第 456 页。
② 马俊驹、余延满：《民法原论》（第四版），法律出版社 2015 年版，第 967 页。
③ 史尚宽：《继承法论》，中国政法大学出版社 2000 年版，第 249 页。

主张何种权利，或该遗产有灭失或减少其价值之瑕疵，或灭失或减少其通常之效用，则得此遗产之继承人，独蒙其损害，不能依法律上所定之应继份而实得其利益。其他继承人亦因之而得不当之利益，故各继承人对于他继承人因分割而得之遗产，亦负与出卖人同一之瑕疵担保责任”。[①] 其次，采移转主义，除在单独继承时，由继承人直接承受被继承人之瑕疵外，在共同继承，因分割而移交动产或不动产于继承人时，如继承人于受交付或移转登记时为善意则可取得所有权，不发生追夺担保的问题。有如戴东雄先生所言，“宣言主义之效力，在于不承认共同继承人间有共同共有的法律关系，而认为继承一开始后，因遗产分割有溯及效力，共同继承人间自继承开始时，对遗产即依其应继份各自所有。此将抹杀共同共有关系期间，继承人间及继承人与第三人间所为法律行为之存在，实非交易安全之所乐见”。[②] 即使主张宣言主义的学者也不得不为了保护债权人的利益和交易安全，作出某些方面的限制，如：（1）分割的溯及效力仅限于现物分割。在遗产折价分割的情形下，无论继承人是取得价金，还是因未取得价金而对其他继承人取得债权，这种价金或债权的取得不具有溯及力。（2）在遗产分割前，各共同继承人对于全部遗产的应继份，原则上不得以物权的效力为处分。（3）相互担保责任。[③] 竭力为维护宣言主义，而作如此种种之限制，直接采移转主义岂不快哉！最后，宣言主义的适用范围十分有限。第一，正如史尚宽先生所言，“分割的效力溯及继承开始之时”的规定限于现物分割，如果采取拍卖后现金分割或其他变价分化为价金的，或遗产本身的代偿价金，或对与他人取得债权的，只能发生财产取得之效力。[④] 第二，如被继承人以遗嘱禁止分割；或共同继承人以契约禁止分割（无庸明示，纵为默示亦可）；抑或共同继承人选任管理人时（尤其以家长为中心，继续同居共财），则应解为变成普通之共同共有，从而嗣后分割，既无溯及效力，而应从一般理论，解为仅向将来生效。[⑤] 第三，遗产之分割无必须于继承开始后若干年内为之限制。设于二十年后或三十年后为之，而令其效力追溯于继承开始之时，其扰乱法律关系几莫可知。亦不合于继承

---

① 刘含章：《继承法》，商务印书馆 1946 年版，第 140 页。

② 戴东雄：《继承》，我国台湾地区三民书局 2006 年版，第 126 页。

③ 马俊驹、余延满：《民法原论》，法律出版社 2007 年版，第 966 ~ 967 页。

④ 史尚宽：《继承法论》，中国政法大学出版社 2000 年版，第 248 页。

⑤ 陈棋炎：《民法继承》，我国台湾地区三民书局 1984 年版，第 143 页。

人等之本意。故若遗产之共有为迄于分割时为止之暂时状态，则其分割之效力固溯及于继承开始时而发生。设共同继承人以共同利用经营之意思而继续其共有之状态，则其共有应自此时起成为通常之共有关系，其后虽有遗产之分割，自应无溯及之效力。①

此外，依据《民法典》第230条规定，因继承取得物权的，自继承开始时发生效力。但该条所谓取得物权，是指继承开始时因概括继承而取得物权，还是因遗产分割而取得物权，不甚明确。由于各国或地区对遗产分割是否具有溯及效力有专条规定，所以该条应理解为是针对概括继承取得物权的规定才符合立法本意。② 也有学者将遗产所有权在被继承人与共同继承人之间的变动过程称为"遗产继承第一阶段的物权变动"；将遗产所有权在共同继承人之间经由遗产分割而发生的物权变动过程称为"遗产继承第二阶段的物权变动"。大陆法系各国或地区民法所规定的"因继承而取得的不动产物权，自继承开始时发生效力，未经登记即不得处分"即是指此阶段的物权变动而言。亦即《民法典》第230条规定的是遗产继承第一阶段的物权变动。③ 依据该条规定，继承开始后遗产上的权利瞬间转为继承人概括继受，即所谓瞬间转化说。瞬间转化意味着概括继承取得物权无须公示，以防止遗产出现权利真空。"遗产继承第二阶段的物权变动"乃遗产在各共同继承人间发生的新的物权变动，所以各继承人于遗产分割后，未经登记（性质为设权登记，而非继承登记）不能取得分得部分之单独所有权。惟须注意的是，遗产分割的方法有协议分割、裁判分割与指定分割之分。依协议分割而发生的物权变动自然属于基于法律行为的物权变动，所以如遗产为不动产，自须经登记始生物权变动之效力。而在法院裁判分割的情形，因法院就共有物分割所作的判决乃"形成判决"，所以各继承人因法院分割裁判而取得的财产所有权无须登记，自分割判决生效时即发生物权变动之效力。盖此物权变动属于非基于法律行

① 罗鼎：《民法继承论》，我国台湾地区三民书局1978年版，第122页。

② 孙毅、刘耀东：《中华人民共和国民法典·继承编释义》，人民出版社2020年版，第121页。

③ 刘耀东：《论基于继承与遗赠发生的不动产物权变动》，载《现代法学》2015年第1期；汪洋：《中国法上基于遗赠发生的物权变动——论〈民法典〉第230条对〈物权法〉第29条之修改》，载《法学杂志》2020年第9期。

为的不动产物权变动，具体而言乃依法院判决而发生的不动产物权变动。①

四、遗产分割的瑕疵担保责任

所谓遗产分割的瑕疵担保责任，继承人因分割所得之物或权利之全部或一部，在分割前已归属于他人；物或权利数量有所欠缺或存在其他瑕疵，其他继承人在法律上，均应负担保之责，以期维护共同继承人间之公平。此时，也不问遗产之分割究系依被继承人之遗嘱，或共同继承人间之协议，抑或法院裁判，其他继承人均应负与出卖人同一之瑕疵担保责任。遗产分割之效力既采移转主义，则共同继承人间得有适用出卖人瑕疵担保责任之余地，自是顺理成章之事。遗产分割与互易无异，均为有偿行为，若无瑕疵担保责任，则无法保证遗产分割中，各继承人利益之均衡甚至应继份都无法确保。同时，共同继承乃多个继承人共同继承被继承人之遗产，共同继承人均与被继承人存在身份关系，共同继承人间之公平乃遗产分割的主要理念。因此，若有继承人分得瑕疵遗产时，势必产生分配不公之结果。② 对此，大多数国家或地区均有明文规定。如《德国民法典》第 757 条规定：共有终止时，向共有人中的一人分割共有物的，其他共有人中的任何一人均按其应有部分对权利瑕疵或对物的瑕疵负与出卖人同一的担保责任。《日本民法典》第 911 条规定：各共同继承人，对其他继承人与出卖人相同，按其应继份负担保责任。我国台湾地区所谓“民法”第 1168 条规定：遗产分割后，各继承人按其所得部分，对于他继承人因分割而得之遗产，负与出卖人同一之担保责任。第 1169 条规定：遗产分割后，各继承人按其所得部分，对于他继承人因分割而得之债权，就遗产分割时债务人之支付能力，负担保之责。前项债权，附有停止条件或

① 刘耀东：《论基于继承与遗赠发生的不动产物权变动》，载《现代法学》2015 年第 1 期。房绍坤教授也认为，遗产分割应采创设主义，并应区分协议分割与裁判分割分别确定物权变动的效力。协议分割是当事人通过法律行为使共有物或遗产的所有权发生变动，故须依法办理不动产登记或交付动产。在协议分割中，当事人亦不得约定分割的效力溯及共有关系成立之时发生。而裁判分割是通过法院判决（或仲裁裁决）的形式确定共有物或遗产的分割，该判决（裁决）为形成判决（裁决），自其生效时发生物权变动的效力，无须进行不动产的登记或动产的交付。参见房绍坤：《论民法典继承编与物权编的立法协调》，载《法学家》2019 年第 5 期。

② 刘耀东、李昊：《遗产分割中共同继承人之瑕疵担保责任研究》，载《大连理工大学学报（社会科学版）》2012 年第 2 期。

未届清偿期者，各继承人就应清偿时债务人之支付能力，负担保之责。我国原《继承法》以及《民法典》继承编对此则付之阙如。但《民法典》第304第2款条规定，“共有人分割所得的不动产或者动产有瑕疵的，其他共有人应当分担损失”。在解释上，该条自应适用于遗产分割。遗产除有体物外，尚包括各种权利，债权便为其中之一。通常，于债权买卖，出卖人仅负担保证该债权之存在为已足。除当事人另有约定外，债权出卖人对于买受人不负担保债务人支付能力之责。因于债权买卖，买受人应视债务人之支付能力而订其债权买卖价金，而且推定买受人有承担债务人资力不足风险之意思。债权买卖究为交易关系，而继承虽亦为财产之流转但实非交易关系，故于遗产分割时，若继承人所分得债权之债务人无支付能力或支付能力不足，其他共同继承人自应负瑕疵担保责任始属公平。如《瑞士民法典》第637条第2项规定，共同继承人在分割时，对归属于各自的债权的成立，互为担保，并在算定的债权额内，对于债务人的支付能力负有与普通保证人相同的义务，但有市价的有价证券不在此限。对于继承人的瑕疵担保责任，《最高人民法院关于民法典继承编的立法建议稿》也曾建议规定“遗产分割溯及至继承开始时发生效力，但不得损害善意第三人的利益。各继承人以其所得遗产的价值为限，对其他继承人分得的遗产，按继承比例承担与出卖人相同的瑕疵担保责任。各继承人以其所得遗产的价值为限，对其他继承人分得的债权，按继承比例对债务人在遗产分割时的清偿能力承担担保责任。前项债权如未届清偿期或者附有解除条件的，则各继承人应就清偿时债务人的清偿能力承担担保责任”。在现行法没有对继承人瑕疵担保责任作出明确规定的情形下，以上建议可为实务处理类似问题提供参考。

◎ 疑难适用

司法实务中，对于遗产分割还存在以下争议需要进一步厘清：首先，继承人进行遗产分割是否应受限制。笔者认为，遗产共同共有是一种暂时的共有关系，以遗产分割为终局目的，非以维持共同生活和生产为目的。因此，应允许继承人随时请求分割，满足个体需要。但这种分割自由，在以下情形下，应受到限制：第一，根据《民法典》第1147条规定精神，遗产管理人应先处理被继承人的债权债务，才依据遗嘱或法律规定分割遗产。故在清偿遗产债务前，不宜进行遗产分割；第二，尊重继承人之间不分割遗产的特别约定，除非有重大法定分割事由；第三，尊重被继承人通过立遗嘱对遗产分割限制的意思表示，但从物的有效利用出发，也应防止权利的滥用。对此，《最高人民法院关于民法典继承编的立法建议稿》曾作以下建议“继承开始后，继承人可以随时请求分割遗产。但以下情形除外：（一）遗产债务尚未清偿；（二）共同继承人约定不得分割的，但有重大理由需要分割的除外；（三）遗嘱禁止分割的，但是禁止分割的期限不得超过五年；（四）依照遗产性质不得分割的；（五）依照法律、行政法规规定禁止分割的”。其次，由于遗产分割将客观上导致继承人名下财产的增加，涉及继承人配偶、继承人债权人的利益。而《民法典婚姻家庭编解释（一）》第 81 条又规定：“婚姻关系存续期间，夫妻一方作为继承人依法可以继承的遗产，在继承人之间尚未实际分割，起诉离婚时另一方请求分割的，人民法院应当告知当事人在继承人之间实际分割遗产后另行起诉。”为防止继承人恶意不分割损害继承人债权人、继承人配偶等利害关系人权益的，应允许继承人债权人、继承人配偶可代位行使遗产分割请求权。

第一千一百五十七条　夫妻一方死亡后另一方再婚的，有权处分所继承的财产，任何组织或者个人不得干涉。

◎ 主旨

本条是关于再婚配偶所继承遗产的处分权不受他人干涉的规定。

◎ 释义

本条源自原《继承法》第30条“夫妻一方死亡后另一方再婚的，有权处分所继承的财产，任何人不得干涉”的规定。在历次《民法典》立法征求意见稿中，本条内容均未修改，直至《民法典》颁布，才将该条中的“任何人”修改为“任何组织或者个人”。

本条释义内容主要阐述本条规定的重要意义与含义。

在我国《民法典》中，配偶是第一顺序法定继承人。其既可以享有法定继承权亦可享有遗嘱继承权。配偶的继承权因婚姻关系存续期间一方的死亡而发生。

一、本条规定的重要意义

配偶因继承而取得的另一方配偶的遗产，乃属于生存配偶的个人财产，其当然有权处分所继承的财产。此种权利不受配偶是否再婚的影响。但在一些农村或者偏远地区，会出现夫或妻一方死亡后，另一方继承了死者遗产后，携带遗产再婚的情况。这种现象多半发生在农村妇女一方。在其配偶去世后，其依法继承了配偶的遗产。然而，在其带遗产改嫁的，经常会受到他人干涉，限制其自主处分遗产。此种现象是歧视妇女继承权的男尊女卑封建残余思想的表现。对再婚一方继承财产处分权的干涉，实际上是对其婚姻自由的干涉，或者说是通过干涉再婚自由的方式干涉再婚一方的财产自由处分权。本条规定即针对该现象，从保障继承人（主要是女方）的合法权益角度出发，作出明确规定。

本条所谓的再婚，是指夫或妻一方死亡后，另一方与他人再次结婚的行为。本条规定虽然是从保护妇女合法权益角度出发而制定，但此处的"另一方"不仅包含"妻"，也包含"夫"。也就是说，既包括夫死亡后，妻与他人再婚的情形，也包括妻死亡后，夫与他人再婚的情形。

二、本条规定的含义

本条规定包括以下两层含义：其一，配偶无论再婚与否，其基于法定继承或遗嘱继承之继承权的行使不受任何人或组织的干涉；其二，配偶请求分割遗产的权利和处分所继承的财产的权利不因再婚而受干涉。"任何组织或者个人"不仅包括其他继承人，也包括继承人之外的其他自然人、法人或非法人组织。本条所指干涉，就是制止携带遗产再婚者处分遗产或者为其行使财产处分权制造障碍。因此，携带遗产再婚者的家人或者家人之外的人均不可干涉携带遗产再婚者处分遗产权利。如被他人干涉处分遗产的权利，权利人可以依照本条规定通过向人民法院提起民事诉讼等方式，依法保护自身合法权益。

◎ 疑难适用

司法实务中，一方死亡后，如配偶健在，则遗产经常不会分割。此时，如配偶将其有权继承的遗产份额在遗产分割前转让，该转让是否有效，实务争议较大：有观点认为，既然《民法典》第230条规定，因继承取得物权的，自继承开始时发生效力。那么一方死亡时，该配偶已经取得遗产份额的所有权，当然有权处分。对此，各国立法对遗产份额的转让也多持肯定态度。但笔者认为，在遗产分割之前，共同继承人之间是以身份关系为基础的共同共有关系。转让遗产份额给第三人则必然会改变共有关系的人身属性，即改变了遗产的共有性质。另外，在遗产分割前转让的遗产份额，其价值是不确定的，既然遗产份额价值无法确定，那么转让对价也很难评估。事实上，在允许共同继承人可随时要求分割遗产的情形下，也没有必要再规定允许继承人在分割遗产前对外转让继承份额。

第一千一百五十八条　自然人可以与继承人以外的组织或者个人签订遗赠扶养协议。按照协议，该组织或者个人承担该自然人生养死葬的义务，享有受遗赠的权利。

◎ 主旨

本条是关于遗赠扶养协议的相关规定。

◎ 释义

本条源自原《继承法》第31条“公民可以与扶养人签订遗赠扶养协议。按照协议，扶养人承担该公民生养死葬的义务，享有受遗赠的权利。公民可以与集体所有制组织签订遗赠扶养协议。按照协议，集体所有制组织承担该公民生养死葬的义务，享有受遗赠的权利”的规定。《民法典继承编（草案）》（2017年7月28日室内稿）第41条将“公民”修改为“自然人”，其他内容无变化。在《民法典继承编（草案）》（2018年4月征求意见稿）第39条将“集体所有制组织签订”修改为“继承人以外的组织或者个人签订”；将“集体所有制组织承担”修改为“该组织或者个人承担”。此后，本条内容再无变动，直至《民法典》颁布。

本条释义内容主要阐述遗赠扶养协议的概念、法律特征、效力以及遗赠扶养协议的解除。

一、遗赠扶养协议的概念

遗赠扶养协议是颇具中国特色的一项法律制度，该制度主要是在农村“五保户”基础上建立和发展起来的。对于我国养老制度来说，遗赠扶养协议制度是一个不可或缺的补充。其不仅可以使需要扶养的老人或者没有法定扶养义务人的自然人生前得到生养死葬保障，还可以减轻国家和社会的负担，为完善社会救济途径提供有力支持。

遗赠扶养协议，是指被扶养人与扶养人之间签订的有关扶养人承担该自然人（被扶养人）生养死葬义务，扶养人享有受遗赠权利的协议。根据本条规定，遗赠扶养协议分为以下两种类型：第一种是自然人与自然人之间签订的遗赠扶养协议；第二种是自然人与继承人以外的组织签订的遗赠扶养协议。遗赠扶养协议是我国继承立法的一个创造，颇具中国特色。有学者认为，遗赠扶养协议的内容应当包括扶养和遗赠两个方面。[①] 笔者不赞成这种观点，虽然就结果意义而言，被扶养人死后发生的继受被扶养人的遗产与遗赠的效果一样，但就其实际而言，遗赠扶养协议仅有遗赠之名而无遗赠之实。遗赠扶养协议中的遗赠系双方法律行为的内容，不同于以遗嘱这一单方法律行为设定的遗赠。取得遗赠财产，是扶养人订立遗赠扶养协议、承担生养死葬义务的目的。[②] 遗赠需要遗嘱，而遗赠扶养协议根本就不是遗嘱，既不需要按照遗嘱的形式签订遗赠扶养协议，也不需要按照遗嘱的形式解释、执行遗赠扶养协议。即使以遗嘱形式订立的含有遗赠扶养内容的遗嘱，仍应解释为遗赠扶养协议，即该遗嘱作为遗赠扶养协议履行行为的一部分，效力优先于其他遗赠或遗嘱继承。如在“林某某与王某 1 遗赠扶养协议纠纷再审案”中，法院认为，虽然从形式上看，由南通市新开法律服务所黄仲平代书，并有施某某、王某 2 在场见证，符合代书遗嘱的合法形式，但从内容上来看，王某 3 表示自愿将其婚前拆迁所得房产赠与王某 1，但保留本人居住权，并且自订立遗嘱后王某 3 的生活起居、医疗及百年身后事均由王某 1 负责；王某 1 并非王某 3 法定继承人，其取得案涉房产是以对王某 3 承担生养死葬义务为条件。所以，该遗嘱实际上表达了遗赠扶养协议的内容。另外，立遗嘱时还就王某 3 的意思表达内容刻录了光盘。遗赠扶养协议系一种双方法律行为，王某 1 虽未在该协议上签字，但其持有该协议并在事后按照协议的约定实际履行了对王某 3 生养死葬的义务。因此，该遗赠扶养协议是当事人的真实意思表示。[③]

---

① 郭明瑞、房绍坤、关涛：《继承法研究》，中国人民大学出版社 2003 年版，第 188 页。

② 缪宇：《遗赠扶养协议中的利益失衡及其矫治》，载《环球法律评论》2020 年第 5 期。

③ 参见江苏省高级人民法院（2014）苏审二民申字第 01123 号民事裁定书。

二、遗赠扶养协议的法律特征

（一）遗赠扶养协议属于双方法律行为

遗赠扶养协议是遗赠人和扶养人双方签订的协议，需要经过双方意思表示，且意思表示均一致。遗赠扶养协议对于双方均具有法律效力，双方应按照协议内容各自履行义务，不得擅自变更或者解除协议。

（二）遗赠扶养协议为双务法律行为

在遗赠扶养协议中，受扶养人与扶养人各自享有权利，互负义务。受扶养人要享有被扶养的权利，应负有将自己的遗产赠给扶养人的义务；扶养人要获得受扶养人的遗产，也应对受扶养人履行生养死葬的义务。也正因为遗赠扶养协议乃双务法律行为，受扶养人不享有赠与合同中赠与人的任意撤销权。我国学者主流观点①以及司法实务②均认为遗赠扶养协议为双务合同，但少数学者则注意到了遗赠扶养协议中扶养人与受扶养人之间权利义务发生上的特殊性，认为“一般合同关系中的权利义务几乎是同时发生的，一方所享有的权利和所应履行的义务往往是交叉进行的，其权利义务关系不会在时间上截然分离开来；即使分离也是短暂的。而遗赠扶养协议则与此不同，扶养方所应尽的扶养义务和它所要取得的遗产的权利在时间上是严格分离的。扶

---

① 郭明瑞、房绍坤、关涛：《继承法研究》，中国人民大学出版社 2003 年版，第 190 页；孙若军：《继承法》（第二版），中国人民大学出版社 2010 年版，第 183 页；彭诚信主编：《继承法》，吉林大学出版社 2007 年版，第 151 页。

② 如在“李某 1 诉李某 2 遗赠扶养协议纠纷二审案”中，法院认为，“遗赠扶养协议是双务、有偿行为，扶养人的义务自遗赠扶养协议生效时起即生效，受扶养人死亡使遗赠部分的内容生效”。参见北京市第三中级人民法院（2016）京 03 民终 11661 号民事判决书。在“张某甲、张某乙等与李某甲、李某丁遗嘱继承纠纷二审案”中，法院认为，“遗赠扶养协议是双务、有偿的民事法律行为，在李某甲未对被继承人尽到约定义务的情形下，原判认定其无权按照《遗赠扶养协议》的约定取得被继承人全部遗产，并无不当”。参见浙江省温州市中级人民法院（2011）浙温民终字第 586 号民事判决书。在“张某 1、张某 2 继承纠纷再审案”中，法院认为，“遗赠扶养协议还具有双务、有偿、诺成性、要式性的特点”。参见湖北省高级人民法院（2017）鄂民申 3483 号民事裁定书。在“张某某与朱某某遗赠扶养协议纠纷二审案”中，法院认为，“遗赠扶养协议是双方的法律行为，具有双务合同性质，扶养人的权利必须在其履行协议约定的扶养义务并在受扶养人死亡时才能实现，遗赠扶养协议是生前生效行为与死后生效行为的结合”。参见江苏省无锡市中级人民法院（2018）苏 02 民终 400 号民事判决书。

养方必须在死者生前承担供养的义务，而在被扶养人死后并安葬完毕才能取得受遗赠的权利。其所尽的义务和所要取得的权利的时间标准，要以被扶养人即遗赠人的死亡并安葬完毕确定。在被扶养人死亡前，扶养人只能尽义务，而不能享有权利。其权利的取得只有在被扶养人死亡并安葬完毕以后才能实现。这是遗赠扶养协议不同于一般合同的特殊之处”。[①]

（三）遗赠扶养协议为有偿法律行为

“法律行为之有偿无偿，应从当事人是否因该行为而互负对价关系给付决定之，系当事人一方受领他方之给付而为对价关系给付之契约即为双务有偿契约。”[②] 故遗赠扶养协议是双务有偿合同，因扶养人必须履行对被扶养人的生养死葬义务，才有权在被扶养人死后获得其遗产。[③]

（四）遗赠扶养协议为诺成性法律行为

在遗赠人和扶养人双方意思表示一致时即可成立遗赠扶养协议，属于诺成性民事行为。

（五）遗赠扶养协议为要式法律行为

关于遗赠扶养协议的形式，原《继承法》及《民法典》本条均未规定。多数学者认为，遗赠扶养协议属于要式民事行为。由于协议中的扶养部分的履行发生在被扶养人死亡前，而遗赠却发生在被扶养人死亡后，因此，为便于明确双方的权利和义务，避免履行中发生争议，遗赠扶养协议应采取书面形式，是一种要式法律行为。否则，在被扶养人死亡后，扶养人的权利将难以证明和保障。对遗赠扶养协议采取书面形式，既有利于维护双方当事人的利益，也可以避免不必要的纷争。[④] 笔者认为，我国《民法典》中未明确规

---

① 刘春茂：《中国民法学·财产继承》，人民法院出版社 2008 年版，第 387 页。

② 林诚二：《民法债编总论——体系化解说》，中国人民大学出版社 2003 年版，第 31 页；孙森焱：《民法债编总论》（上册），法律出版社 2006 年版，第 44 页。

③ 遗赠扶养协议不是附条件的法律行为，因为附条件的法律行为只有在条件成就时才生效，而遗赠扶养协议在当事人依法订立时已经生效。遗赠扶养协议是有偿的、双务的法律行为，扶养人必须履行对遗赠人的生养死葬义务，才有权在遗赠人死后获得其遗产。参见“毛某某、龙某某诉梅某某遗赠扶养协议纠纷抗诉案”，贵州省高级人民法院（1998）黔民再字第 25 号民事裁定书。

④ 杨立新：《中国民法典释评：继承编》，中国人民大学出版社 2020 年版，第 233 页；陈甦、谢鸿飞主编：《民法典评注：继承编》，中国法制出版社 2020 年版，第 298 页。

定遗赠扶养协议为要式法律行为。在司法实践中，对于遗赠扶养协议的不要式性，也是予以认可的。但应该指出的是，遗赠扶养协议的要式性程度应低于遗嘱。为保证遗嘱人真意，对遗嘱要求采严格的方式，遗嘱也被称为加重的要式行为。① 比较而言，遗赠扶养协议虽要求当事人签名或盖章，但无须像遗嘱那样填写日期等，② 也不必采用公证形式。如在“蒋 A、蒋 B 与马 A 遗赠扶养协议上诉案”中，法院认为，“遗赠扶养协议是双务、有偿的合同行为，与遗赠并不相同，不能以遗嘱的特别形式要件来规范遗赠扶养协议。因此，协议上蒋 C 签名下方日期由他人代写的瑕疵并不影响协议本身的效力”。③

（六）遗赠扶养协议具有效力优先性

《民法典》第 1123 条规定：“继承开始后，按照法定继承办理；有遗嘱的，按照遗嘱继承或者遗赠办理；有遗赠扶养协议的，按照协议办理。”《民法典继承编解释（一）》第 3 条规定：“被继承人生前与他人订有遗赠扶养协议，同时又立有遗嘱的，继承开始后，如果遗赠扶养协议与遗嘱没有抵触，遗产分别按协议和遗嘱处理；如果有抵触，按协议办理，与协议抵触的遗嘱全部或部分无效。”因此，遗赠扶养协议的效力优先于遗嘱继承、遗赠及法定继承。继承开始后，只要存在遗赠扶养协议，则优先按照遗赠扶养协议处理。

三、遗赠扶养协议与继承合同

继承合同，是指被继承人与法定继承人中之一人或几人签订的关于遗产继承事宜的协议。④ 其与遗嘱、遗赠及遗赠扶养协议并列为我国自然人处理继

① ［德］卡尔·拉伦茨：《德国民法通论》（下册），王晓晔、邵建东等译，法律出版社 2004 年版，第 559 页。

② 例如，梁某某为了晚年生活能有个依靠，1994 年写了一份遗赠扶养协议，在这份协议书中写明安某某要对梁某某尽生养死葬的义务，梁某某去世后其所有的 9 间房屋及家具等财产将遗赠给安某某。梁某某死后，梁家兄弟们看了协议后认为，这份遗赠扶养协议是无效的，因为协议书上的遗赠人和扶养人的签名都是梁某某，而且仅有年份（1994 年），没有具体的月和日。法院裁判并未支持梁家兄弟的主张。案例源自中央电视台 2003 年 3 月 3 日的《今日说法》。

③ 参见江苏省无锡市中级人民法院（2013）锡民终字第 0218 号民事判决书。

④ 刘耀东：《继承法修改中的疑难问题研究》，法律出版社 2014 年版，第 257 页。

承事务的制度选择。遗赠扶养协议是我国继承法中的一项特有的法律制度,① 是指扶养人承担对被扶养人的生养死葬义务，并由扶养人在被扶养人死后依约定取得其全部或部分遗产的协议。一些学者认为，我国的遗赠扶养协议也属于继承合同的一种。② 实际上，继承合同与遗赠扶养协议乃两种不同的法律制度，不可替代也不存在包含与被包含的关系。两者的主要区别如下：

首先，继承合同是典型的身份财产关系，而遗赠扶养协议则是单纯的财产关系。陈棋炎先生认为，“民法亲属、继承两编里所规定者，不仅有关于‘纯粹亲属的身份共同生活关系’的部分，而且还有与该共同生活关系有密切关联的‘身份财产法关系’部分”。③ 身份财产法关系是介于财产法关系与纯粹身份关系之间的过渡类型，是以身份法关系为前提的财产关系。继承合同既然是被继承人与继承人之间就被继承人的赡养（扶养）、继承权的取得与放弃等事项达成的协议，当属身份财产关系。而遗赠扶养协议不仅不需要以当事人间具备身份关系为前提，甚至具有身份关系的法定继承人与被继承人之间反而不能订立有效的遗赠扶养协议。

其次，继承合同主要是对客观继承权的处分，而遗赠扶养协议是被扶养人对身后财产以死亡为生效期限的处分。同时，继承合同的主体一般限于法定继承人之间，而遗赠扶养协议的扶养方可以是自然人（法定继承人以外的其他人），也可以是集体组织。也就是说，遗赠扶养协议的扶养人只能是继承人以外的人或组织。若继承人作为扶养人签订协议则为继承合同（继承扶养协议）。遗赠扶养协议的受益人就是作为合同一方当事人的扶养人，而继承合同中的受益人虽主要是法定继承人，但也可以是第三人。

最后，传统意义上的继承合同不以受益人履行一定的义务为对价，属于无偿合同，而在遗赠扶养协议中扶养人的生养死葬义务与被扶养人赠与财产

---

① 关于遗赠扶养协议是否为中国特有的法律制度，学界对此存在不同的观点。肯定者认为，遗赠扶养协议属于吸收我国民事习惯的内容而具有我国特色的制度。否定者则认为，遗赠扶养协议并非我国特有，苏联早期的民法中曾经有过类似的扶养合同，即附终身扶养条件的买卖合同也是一种遗赠扶养协议。笔者认为，尽管我国早期的民事立法参考了苏联民法，但遗赠扶养协议源自我国固有的五保协议制度，属于我国土生土长的制度。

② 朱凡：《继承合同效力研究及我国继承合同制度的构想》，载《家事法研究（2006年卷）》，群众出版社2007年版，第142页。

③ 陈棋炎：《亲属、继承法与民法总则间之疑难问题》，载戴东雄：《民法亲属继承论文选辑》，我国台湾地区五南图书出版公司1984年版，第5~6页。

的义务互为对价，属于双务有偿合同。即使主张遗赠扶养协议为继承合同的学者，也认为作为继承合同的遗赠扶养协议具有如下特色：主体上，遗赠扶养协议只能由遗赠人与非法定继承人签订。内容上，遗赠扶养协议严格限制在遗赠财产与生养死葬范围内，具有鲜明的双务、有偿特性，不存在第三人作为受益人，也不发生对继承期待权作出任何积极或消极的约定。①

为妥善处理司法实践中经常出现继承协议纠纷，《最高人民法院关于民法典继承编的立法建议稿》曾就继承协议问题建议规定“被继承人可以与共同继承人订立继承协议，约定由一个或几个继承人承担赡养（扶养）被继承人的义务。被继承人死后，由承担赡养（扶养）义务的继承人继承遗产。继承协议应当以书面形式订立，并从有效成立时生效。违反继承协议的继承人，除符合丧失继承权的条件外，仍享有法定继承权。本法未规定的，继承协议准用遗赠扶养协议的相关规定”。

四、遗赠扶养协议的效力

遗赠扶养协议属于双方法律行为，需要经过双方意思表示一致，方可成立。有学者认为，遗赠扶养协议的生养死葬条款自协议成立时生效，遗赠条款依法在遗赠人死亡时生效，遗赠扶养协议是生前生效行为与死后生效行为的结合。② 扶养人的义务自遗赠扶养协议成立时产生，遗赠人死亡时遗赠条款生效，扶养人的遗赠请求权才能产生。③ 笔者认为，遗赠扶养协议的生效时间与遗赠不同，不需要遗赠人死亡，而是于协议成立时生效。遗赠扶养协议作为一个法律行为整体，其生效的时间也是统一的。不能将扶养协议和遗赠割裂成两个独立的法律行为。虽然扶养协议是生前行为，遗赠是死因行为，但遗赠扶养协议的遗赠部分并非死因行为，同遗赠是在遗赠人死亡后产生效力的死因行为不同。因为在遗赠扶养协议订立后，实际上该协议的遗赠部分也是产生法律效力的，比如未征得扶养人的同意，遗赠人不得另行处分遗赠的

---

① 麻昌华、曹诗权：《共同遗嘱的认定与建构》，载《法商研究》1999 年第 1 期。

② 参见江苏省无锡市中级人民法院（2018）苏 02 民终 400 号民事判决书；江苏省连云港市中级人民法院（2016）苏 07 民终 2967 号民事判决书。

③ 缪宇：《遗赠扶养协议中的利益失衡及其矫治》，载《环球法律评论》2020 年第 5 期。

财产。[1] 扶养部分和遗赠部分通过合同发生结合后，其统一为一个合同行为，对生效时间也必须统一评价。即遗赠扶养协议于协议成立时起生效，扶养部分的合同义务于被扶养人生前履行，死葬与遗赠部分的合同义务于被扶养人死亡后履行。[2] 如有学者认为，"遗赠扶养协议一旦成立，扶养人就应当按照遗赠扶养协议的规定履行扶养义务，而有关赠与部分虽在受扶养人死亡后才发生财产转移，但赠与的效力早在遗赠扶养协议成立之时就已产生。有关赠与财产在受扶养人死亡后发生转移仅属于遗赠扶养协议的履行问题，并不意味着赠与是死因行为。正因如此，受扶养人未经扶养人同意，不得另行处分遗赠扶养协议里已经涉及的赠与财产部分"。[3] 双方签订遗赠扶养协议后，扶养义务人应当按照协议约定严格履行扶养义务，一直到受扶养人死亡。在此期间，如扶养义务人怠于履行协议约定内容，受扶养人有权解除遗赠扶养协议，扶养义务人不再有权利接受受扶养人的遗产。在扶养义务人将遗赠扶养协议约定内容履行完毕后，其按照约定享有接受遗产的权利。

五、遗赠扶养协议的解除

遗赠扶养协议的解除，是指双方当事人协商一致或者由于一方依法行使解除权致使合法有效的遗赠扶养协议效力归于消灭的法律制度。遗赠扶养协议的解除分为以下两种情况：一是扶养义务人与受扶养人协商一致解除协议；二是因扶养义务人或者受扶养人一方不履行义务，导致遗赠扶养协议解除。对此，《民法典继承编解释（一）》第40条规定："继承人以外的组织或者个人与自然人签订遗赠扶养协议后，无正当理由不履行，导致协议解除的，不能享有受遗赠的权利，其支付的供养费用一般不予补偿；遗赠人无正当理由不履行，导致协议解除的，则应当偿还继承人以外的组织或者个人已支付的供养费用。"

---

① 杨立新：《中国民法典释评·继承编》，中国人民大学出版社2020年版，第233页。

② 孙毅、刘耀东：《中华人民共和国民法典·继承编释义》，人民出版社2020年版，第127页。

③ 蒋月：《婚姻家庭与继承法》，厦门大学出版社2014年版，第370页。

◎ 疑难适用

虽然《民法典继承编解释（一）》第40条规定了遗赠扶养协议双方当事人无正当理由不履行约定义务的法定单方解除权问题，但未明确规定，能否适用《民法典》合同编的规定解决遗赠扶养协议的其他争议。对此，实务中存在两种观点：一种观点认为，遗赠扶养协议不是民事合同。其理由在于，从我国遗赠扶养协议的历史渊源来看，其与五保协议具有历史传承关系，而五保协议的功能是对弱势群体的社会保障而非商品交换。扶养人签订该协议的目的一般并非取得遗赠财产，而是为扶助老弱病残，帮助其安度晚年。另一种观点认为，遗赠扶养协议是民事合同中的身份合同。在遗赠扶养协议中，既包括了遗赠人死后依约定将遗产无偿转让给扶养人的内容，也包含扶养人生前对遗赠人尽赡养义务的内容。而赡养行为本身属于身份行为的范畴，它既包括为遗赠人提供物质上的帮助，也包括对遗赠人的生活料理、精神抚慰等多项非财产性质的行为。① 笔者认为，早期的遗赠扶养协议，特别是“五保户”签订的遗赠扶养协议确实主要目的是扶助老弱病残、弥补社会保障不足。但随着社会经济的发展，人民群众个人财产的增多和国家提供社会保障的增强，上述遗赠扶养协议的目的日益淡化，反而更呈现出等价有偿的民事合同特征。至于身份协议的观点，则与现行法规定不一致。从立法条文表述来看，遗赠扶养协议不仅不需要以当事人之间具有身份关系为前提，反而在《民法典》第1158条中将“扶养人或集体组织”明确为“继承人以外的组织或者个人”。这也表明立法者不认可具有密切身份关系的继承人签订遗赠扶养协议。故遗赠扶养协议不但不以身份关系为前提，反而还排斥具有密切身份关系的当事人之间签订遗赠扶养协议。因此，遗赠扶养协议原则上应可以适用《民法典》合同编的有关规定。退一步而言，即便遗赠扶养协议具有身份属性，根据《民法典》第464条第2款规定，婚姻、收养、监护等有关身份关系的协议，适用有关该身份关系的法律规定；没有规定的，可以根据其性质参照适用本编规定。既然现行法并未就遗赠扶养协议的解除作出专门规定，

① 陈本寒：《我国遗赠扶养协议制度之完善》，载《政治与法律》2014年第6期。

故本条规定至少也可以参照适用《民法典》合同编的规定。①《最高人民法院关于民法典继承编的立法建议稿》也曾建议规定“扶养人符合法定或约定解除条件的，被扶养人可以解除遗赠扶养协议；被扶养人死亡的，被扶养人的继承人和利害关系人也可以解除遗赠扶养协议。扶养人不能享有受遗赠的权利，其支付的扶养费用不予补偿，并赔偿所造成的损失。被扶养人符合法定或约定解除条件的，扶养人可以解除遗赠扶养协议。被扶养人应当偿还扶养人已支付的扶养费用，并赔偿所造成的损失。扶养人丧失扶养能力的，被扶养人或扶养人可以单方解除遗赠扶养协议。被扶养人应当偿还扶养人已支付的扶养费用”。

① 参见最高人民法院民事审判第一庭编著：《最高人民法院民法典继承编司法解释（一）理解与适用》，人民法院出版社 2022 年版，第 379 页。

第一千一百五十九条　分割遗产，应当清偿被继承人依法应当缴纳的税款和债务；但是，应当为缺乏劳动能力又没有生活来源的继承人保留必要的遗产。

◎ 主旨

本条是关于遗产债务清偿的相关规定。

◎ 释义

本条在原《继承法》中没有规定，是在原《继承法》第33条“继承遗产应当清偿被继承人依法应当缴纳的税款和债务”和原《继承法意见》第61条“继承人中有缺乏劳动能力又没有生活来源的人，即使遗产不足清偿债务，也应为其保留适当遗产，然后再按继承法第三十三条和民事诉讼法第一百八十条的规定清偿债务”规定的基础上整合而成的，是《民法典》新增条文。《民法典继承编（草案）》（2018年4月征求意见稿）第40条首次规定“遗产分割前，应当支付丧葬费、遗产管理费、清偿被继承人的债务、缴纳所欠税款；但应当为缺乏劳动能力又没有生活来源的继承人保留适当的遗产”。后在《民法典继承编（草案）》（2019年12月28日征求意见稿）第1159条将“遗产分割前，应当支付丧葬费、遗产管理费、清偿被继承人的债务、缴纳所欠税款”修改为“分割遗产，应当清偿被继承人依法应当缴纳的税款和债务”。《民法典》颁布时又将“适当的遗产”修改为“必要的遗产”。

本文释义内容主要阐述的是在清偿被继承人依法应当缴纳的税款和债务时，应当为缺乏劳动能力又没有生活来源的继承人保留必要的遗产。

本条“分割遗产，应当清偿被继承人依法应当缴纳的税款和债务；但是，应当为缺乏劳动能力又没有生活来源的继承人保留必要的遗产”的规定，吸收了原《继承法意见》第61条“继承人中有缺乏劳动能力又没有生活来源的人，即使遗产不足清偿债务，也应为其保留适当遗产，然后再按继承法第三十三条和民事诉讼法第一百八十条的规定清偿债务”的规定，本条不仅强调了继承人在分割财产时负有清偿税款和遗产债务的义务，增强了对遗产债权人的保护，而且还规定了"双缺乏继承人"的继承权有优先于税款债务和遗产债务的效力，以实现债权人利益和双缺乏继承人生存利益冲突的调和。

一、遗产债务的界定与范围

遗产债务有广义与狭义之分。通常所谓的遗产债务即"狭义的遗产债务"，是指被继承人生前所负的个人债务，包括其依法应当缴纳的税款和因生产、生活等所负的债务，亦即狭义的遗产债务仅限于被继承人生前所负担的财产性债务。如《日本民法典》第922条规定即采狭义的遗产债务概念，该条规定，"继承人，可以以只在因继承而取得财产的限度内清偿被继承人的债务及遗赠为保留条件，承认继承"。而所谓广义的遗产债务，则是指凡以被继承人之遗产为责任财产的全部债务。既包括被继承人生前所负的个人债务及应当缴纳的税款，也包括继承开始产生的继承费用、遗赠债务、遗产酌给债务等。《德国民法典》第1967条即采广义遗产债务的概念。该条规定：继承人对遗产债务负其责任。除被继承人所负之债务外，其以继承人身份所负之债务，即因特留份权利、遗赠及负担所生之债务，均属遗产债务。根据该条规定，遗产债务包括被继承人的债务以及继承人的债务，也就是说继承人自己所面对的债务，其中比如包括特留份权、遗赠或者负担。①

结合《民法典》第1162条、第1163条均将遗产债务与遗赠并列规定，在解释上应认为我国《民法典》中的遗产债务系采狭义的遗产债务概念。

二、遗产债务的种类

遗产债务分为被继承人债务（即被继承人生前的债务）和继承事件债务（即债务人因继承遗产而应承担的债务）。而继承事件债务则包括继承开始时产生的债务与继承开始后生成的债务（因被继承人去世而产生的且与遗产有联系的债务）。前者如特留份、遗赠和负担；后者如丧葬费、遗嘱执行人和遗

---

① ［德］马蒂亚斯·施默克尔：《德国继承法》（第5版），吴逸越译，中国人民大学出版社2020年版，第217～218页。

产管理人的酬劳及管理遗产产生的费用。[①] 从时间上划分，以继承开始为节点，遗产债务可分为：继承开始前的债务（即被继承人生前所负债务）、继承开始的债务与继承开始后的债务（德国法上称为“遗产自身的债务”[②]）。继承开始的债务，是指继承开始时才生效的债务与负担。主要包括必留份之债、遗产酌给之债、遗赠扶养协议之债与遗赠。继承开始后的债务，主要是指继承开始后因遗产管理、清算遗产、遗产分割等而产生的债务或负担，故也称为“遗产自身的债务”。主要包括继承费用与共益债务。

《民法典继承编（草案）》（2018 年 4 月征求意见稿）第 40 条首次规定了“遗产分割前，应当支付丧葬费、遗产管理费、清偿被继承人的债务、缴纳所欠税款；但应当为缺乏劳动能力又没有生活来源的继承人保留适当的遗产”。但最终，《民法典》第 1159 条删除了丧葬费从遗产中支付的规定。因此产生的问题是丧葬费是否应从遗产中支付？或言之，丧葬费是否属于遗产债务？对此，《德国民法典》第 1968 条规定，继承人负担被继承人的殡葬费用。该条仅涉及费用负担的问题，而不设定继承人私法或公法上的殡葬被继承人的义务。殡葬费用原则上为继承开始债务。[③]《葡萄牙民法典》第 2068 条规定：遗产之负担包括用于被继承人之丧葬开支及附随之宗教仪式之开支、因执行遗嘱而生之负担、因管理及清算遗产而产生之负担、死者债务之清偿，以及遗赠之履行。我国台湾地区所谓“民法”对丧葬费用是否为遗产债务并无明文规定，但我国台湾地区所谓“遗产及赠与税法”第 17 条第 1 项规定被继承人之丧葬费由继承财产扣除。[④] 多数学者也认为，丧葬费应属继承费用。若将遗体解为属于继承标的，则埋葬遗体所需之费用亦属遗产管理之费用，而由遗产中支付。[⑤] 惟继承人为限定继承或抛弃继承而遗产不足支付丧葬费用时，

---

① ［德］雷纳・弗兰克、托比亚斯・海尔姆斯：《德国继承法》（第六版），王葆莳、林佳业译，中国政法大学出版社 2015 年版，第 177 ~ 178 页。

② ［德］马蒂亚斯・施默克尔：《德国继承法》（第 5 版），吴逸越译，中国人民大学出版社 2020 年版，第 218 页。

③ 杜景林、卢谌：《德国民法典——全条文注释》（下册），中国政法大学出版社 2015 年版，第 1149 页。

④ 陈棋炎、黄宗乐、郭振恭：《民法继承新论》，我国台湾地区三民书局 2019 年版，第 120 页。

⑤ 林秀雄：《继承法讲义》，我国台湾地区元照出版有限公司 2008 年版，第 86 页。

于理仍应由其负支付责任。继承人不能支付时，由扶养义务人负担。[①] 我国大陆通说则认为，丧葬费用不属于继承费用，也不属于遗产债务。“丧葬费不宜列入继承费用。这是因为，处理被继承人的丧事而支出的费用，并不是基于遗产的继承与处理而产生的，对于继承人继承和清偿被继承人的债务也无共益属性。从法律和道德上讲，继承人有义务殡葬被继承人，并承担由此所支出的费用，而不应从遗产中支付。否则，将有损被继承人债权人的利益。而且即使继承人放弃继承或丧失继承权的，也应当承担丧葬费用。”[②] 根据我国现行法规定，因侵权行为而致被继承人死亡时，丧葬费用属于法定的损害赔偿项目，自由侵权人承担，不应纳入继承费用。[③]“若该费用的支出系基于扶养义务人负担的生养死葬义务，则不属于遗产债务。如果被继承人的死亡是由于事故或侵权行为所致，则责任主体须承担丧葬费用，也不属于遗产债务。若丧葬费用的支出者没有扶养义务，而被继承人又没有其他安葬义务人，则该费用属继承费用应当由遗产承担。”[④] 笔者赞同丧葬费原则上不应由遗产负担，不宜列入继承费用，而应由继承人以其固有财产负担，如此才符合我国的传统习俗、民间习惯与社会主义核心价值观。仅在特殊情况下，即被继承人死后没有负担法定扶养义务的继承人的，丧葬费用应由遗产负担。

三、遗产债务的清偿顺序

遗产债务不论是被继承人生前所负抑或继承开始时产生的债务，又或继承开始后遗产自身的债务，均以遗产为责任财产。如果作为责任财产的遗产充足，则遗产债务按何种顺序清偿对债权人的利益并无影响，也无讨论之意义。但如果遗产不足以清偿全部遗产债务，则遗产债务的清偿顺序于债权人而言即至关重要。

因遗产清算和债务清偿与企业破产清算与破产债权的清偿具有一定的相

---

① 史尚宽：《继承法论》，中国政法大学出版社 2000 年版，第 164 页。

② 房绍坤：《继承制度的立法完善——以〈民法典继承编草案〉为分析对象》，载《东方法学》2019 年第 6 期。

③ 陈甦、谢鸿飞主编：《民法典评注：继承编》，中国法制出版社 2020 年版，第 304 页。

④ 孙毅、刘耀东：《中华人民共和国民法典·继承编释义》，人民出版社 2020 年版，第 131 页。

似性，故《企业破产法》的相关规定对遗产债务的清偿具有一定的参考价值。根据《企业破产法》第113条规定："破产财产在优先清偿破产费用和共益债务后，依照下列顺序清偿：（一）破产人所欠职工的工资和医疗、伤残补助、抚恤费用，所欠的应当划入职工个人账户的基本养老保险、基本医疗保险费用，以及法律、行政法规规定应当支付给职工的补偿金；（二）破产人欠缴的除前项规定以外的社会保险费用和破产人所欠税款；（三）普通破产债权。破产财产不足以清偿同一顺序的清偿要求的，按照比例分配。"以及第109条规定："对破产人的特定财产享有担保权的权利人，对该特定财产享有优先受偿的权利。"笔者认为，遗产债务的清偿顺序为：第一顺序为继承费用和共益债务；第二顺序为具有生存利益价值的必留份之债、遗产酌给之债以及社会保险费、劳动报酬等；第三顺序为有担保的债权（即受抵押权、质权与留置权担保的债权）。但应注意的是，如果担保财产之外的其他遗产足以清偿上述第一顺序与第二顺序的遗产债务，则不能以担保财产清偿。如果其他遗产不足以清偿上述第一、第二顺序的遗产债务，则上述债务在满足基本生存需要的限度内优先清偿，并严格限制劳动债务的优先受偿范围。[①] 第四顺序为无担保的普通债务，包括税收债务及其他因侵权行为、不当得利、无因管理、遗赠扶养协议、合同等产生的债务。第五顺序为惩罚性债务，包括侵权惩罚性赔偿、行政罚款与刑事罚金。第六顺序为遗赠债务。如前文所述，《民法典》第230条将"受遗赠"删除后，解释上遗赠不具有物权效力，仅为遗产债务之一种。对此，《最高人民法院关于民法典继承编的立法建议稿》也曾建议规定"遗产按下列顺序清偿：（一）继承费用和共益债务；（二）被继承人生前所负债务；（三）继承开始时产生的债务。前款所称继承费用包括：管理、变价和分配遗产的费用；为保护遗产所支出的诉讼、仲裁等费用；遗产管理人执行职务的费用、报酬和聘用工作人员的费用。前款所称共益债务是指继承开始后发生的下列债务：因遗产管理人请求对方当事人履行双方均未履行完毕的合同所产生的债务；遗产受无因管理所产生的债务；因不当得利增加遗产价值所产生的债务；为被继承人继续营业而应支付的劳动报酬和社会保险费用以及由此产生的其他债务；管理人或者相关人员执行职务致人损害所产生

① 龙卫球主编：《中华人民共和国民法典婚姻家庭编与继承编释义》，中国法制出版社2020年版，第388页。

的债务；遗产致人损害所产生的债务。继承费用和共益债务由被继承人遗产随时清偿。遗产不足以清偿所有继承费用和共益债务的，先行清偿继承费用。遗产不足以清偿所有继承费用或者共益债务的，按照比例清偿。继承开始时产生的债务，包括遗赠扶养协议约定债务和继承协议约定债务。遗产不足以清偿全部债务时，同一顺序的债权按比例受偿。有缺乏劳动能力又没有生活来源的继承人的，即使遗产不足清偿债务，也应在清偿债务前为其保留必要遗产份额”。

四、遗产债务清偿的限制

依据本条但书规定，遗产债务清偿应当为缺乏劳动能力又没有生活来源的继承人保留必要的遗产，即“遗产债务清偿必留份”。基于生存利益优先的价值取向，对缺乏劳动能力又没有生活来源的继承人的继承权予以特殊保护。本条“但书”吸收了原《继承法意见》第61条规定，即使是在被继承人的遗产不足以清偿其生前所欠税款和债务的情况下，也应当为“双缺乏继承人”保留必要的遗产。也就是说，遗产债务清偿必留份制度是对遗产债权人完全受偿权的一种法定限制，即以牺牲遗产债权人之利益而为的一种公共政策保留。[①] 在遗嘱处分时，应为双缺乏继承人保留必留份；在确定法定应继份时，要给予照顾；在遗产债务清偿时，也要为双缺乏继承人保留必要的遗产。但应注意的是，“双缺乏”继承人既不包括未取得继承既得权的后顺序继承人，也不包括继承人以外的人。如遗产酌给请求权人在其丧失被继承人的扶养之后，即使成为“缺乏劳动能力又无生活来源的人”，也不得享有本条规定的必留份。

◎ 疑难适用

司法实务中，关于本条有争议的问题是，税收债务与担保债务、普通债务的清偿顺序。《企业破产法》第109条关于担保权实现的规定在体系上并未置于“变价和分配”章节，担保物权的实现在破产程序之外进行，而税收债务优先受偿的财产基础仅以破产财团为限，所以担保物权在立法逻辑上优先

---

① 陈甦、谢鸿飞主编：《民法典评注：继承编》，中国法制出版社2020年版，第306页。

于税收债权。[①] 至于税收债务与普通债务的清偿顺序，赞成税收债务优先者有两个基本理由：一是基于税收的公益性，税收是用以进行再分配的重要手段，税收所得主要用于公共品的开发与建设。[②] 反对观点则认为，虽然税款整体上具有社会公共福利的公益属性，但具体到每一笔税款的公益性则未必突出，且过分强调税款的优先性会危害交易安全，增加交易风险。[③] 二是基于税收的风险性，税收是一种缺乏对待给付的无调节能力的非自愿债务，被继承人可在欠税后仍有足够财产时，于生前通过设定担保逃避税收债务。[④] 反对观点则认为，税收的保障措施众多，税务机关可以进行税收保全、强制执行，可以强制纳税人提供担保，可以预先征收，可以加收滞纳金，可以公告纳税人欠税情况，可以限制纳税人或其法定代表人出境，甚至还享有代位权和撤销权。这些措施是具有公法属性的保障措施，对于债务人的威慑效果更为显著，远非私法保障措施所能及，既然在破产程序外有强大的税款征收实现手段，税收机关消极怠于行使其权力，在破产程序中不应再给予特殊保护。[⑤] 因此，主张税收债务应与普通债务处于同一清偿顺序。[⑥]《税收征收管理法》第45条规定："税务机关征收税款，税收优先于无担保债权，法律另有规定的除外；纳税人欠缴的税款发生在纳税人以其财产设定抵押、质押或者纳税人的财产被留置之前的，税收应当优先于抵押权、质权、留置权执行。"因此，税收债权如果产生于担保物权设立之前的，则优先于担保债权而受偿；如果税收债权产生于担保物权设立之后的，则担保债权优先于税收债权受偿。税收债权则优先于无担保的普通债权。

---

① 许德风：《破产法论》，北京大学出版社2015年版，第178页。

② 刘春茂：《中国民法学·财产继承》，人民法院出版社2008年版，第435页；陈苇：《我国遗产债务清偿顺序的立法构建》，载《法学》2012年第8期。

③ 熊伟、王宗涛：《中国税收优先权制度的存废之辩》，载《法学评论》2013年第2期。

④ 许德风：《破产法论》，北京大学出版社2015年版，第180页。

⑤ 熊伟、王宗涛：《中国税收优先权制度的存废之辩》，载《法学评论》2013年第2期。

⑥ 龙卫球主编：《中华人民共和国民法典婚姻家庭编与继承编释义》，中国法制出版社2020年版，第390页；汪洋：《遗产债务的类型与清偿顺序》，载《法学》2018年第12期。

第一千一百六十条 无人继承又无人受遗赠的遗产，归国家所有，用于公益事业；死者生前是集体所有制组织成员的，归所在集体所有制组织所有。

◎ 主旨

本条是关于无人继承又无人受遗赠的遗产归属的规定。

◎ 释义

本条源自原《继承法》第32条“无人继承又无人受遗赠的遗产，归国家所有；死者生前是集体所有制组织成员的，归所在集体所有制组织所有”的规定。《民法典继承编（草案）》（2017年7月28日室内稿）第41条将“死者生前是集体所有制组织成员的，归所在集体所有制组织所有”修改为“由主管机关主持用于社会公益服务”。《民法典继承编（草案）》（2018年4月征求意见稿）第40条将“由主管机关主持用于社会公益服务”修改为“用于社会公益服务”。《民法典各分编（草案）》（2018年9月5日征求意见稿）将“无人继承又无人受遗赠的遗产，归国家所有，用于社会公益服务”修改为“无人继承又无人受遗赠的遗产，归国家所有，用于公益事业；死者生前是集体所有制组织成员的，归所在集体所有制组织所有”。在其后的《民法典》立法征求意见稿中，本条内容再无变动，直至《民法典》颁布。

本条释义内容主要阐释无人继承又无人受遗赠遗产的含义、发生原因、无人继承遗产的性质与无人继承又无人受遗赠遗产的清算与剩余遗产的归属。

本条规定源自原《继承法》第32条，较之于原《继承法》第32条规定，本条增加了无人继承又无人受遗赠遗产应“用于公益事业”的限制规定。

一、无人继承又无人受遗赠遗产的含义

无人继承又无人受遗赠的遗产，也称为“无人承受的遗产”，是指继承开

始后，无继承人或者继承人全部放弃继承、丧失继承权，而又无受遗赠人或受遗赠人放弃受遗赠权、丧失受遗赠权的遗产。但须注意的是，我国《民法典》中的“无人继承又无人受遗赠的遗产”即无人承受的遗产与我国台湾地区所谓“民法”中的“无人承认的继承”不同。无人继承又无人受遗赠遗产虽然最终得归属于国家或集体经济组织，但仍须为经过清算并清偿被继承人的各种遗产债务和应缴税款后的剩余的遗产。或言之，《民法典》中的无人继承又无人受遗赠的规定重在为“无主遗产”确定最终的归属，使其成为有主状态。“继承人不明”“归属有争议”“继承人的确定有争议”等情形均不属于遗产无主的情形，自不适用本条规定。而我国台湾地区所谓“民法”中的无人承认的继承，是指继承开始时，继承人之有无不明之谓。但二者仍有一定的相似之处，因为于无人承认的继承，如果继承开始时，无继承人之事实，业已确定，严格而言，亦与无人承认之继承有别，惟此际仍须对遗产予以管理及清算，如有剩余遗产亦应适用无人承认继承之规定。也就是说，继承开始时，已确定无继承人者，仍有适用无人承认继承规定之必要。①

二、无人继承又无人受遗赠遗产的发生原因

一是被继承人没有法定继承人，且其生前未订立遗嘱指定受遗赠人，也没有与其他个人或者组织签订遗赠扶养协议。因此，被继承人死亡后的遗产即属于无人继承又无人受遗赠的遗产。如果被继承人生前与他人签订了遗赠扶养协议，即使其遗产无人继承又无人受遗赠，也不属于无主遗产，清偿遗产债务后，遗产归遗赠扶养协议中的扶养人所有。

二是被继承人没有法定继承人，也没有签订遗赠扶养协议。但其生前设立了遗嘱，遗嘱中仅涉及部分遗产，并未涉及被继承人的全部遗产。因此，除遗嘱所涉及的部分遗产外，其他遗产仍属于无人继承又无人受遗赠的遗产。

三是被继承人订立遗嘱取消了所有法定继承人的继承权，但又未指定受遗赠人，或虽指定受遗赠人，但其放弃或丧失受遗赠权，或者先于被继承人死亡，且未签订遗赠扶养协议。②

---

① 陈棋炎、黄宗乐、郭振恭：《民法继承新论》，我国台湾地区三民书局 2019 年版，第 236 页。

② 马俊驹、余延满：《民法原论》，法律出版社 2008 年版，第 978 ~979 页。

四是被继承人有法定继承人、遗嘱继承人或者受遗赠人，但所有继承人、受遗赠人均放弃继承或者丧失继承权。因此，被继承人的遗产属于无人继承又无人受遗赠的遗产。

五是被继承人无法定继承人，其生前设立遗嘱将其全部遗产遗赠他人，但因该遗嘱无效，则遗产属于无人继承又无人受遗赠的遗产。

三、无人继承遗产的性质

关于无人继承遗产的性质，从各国或地区情况来看，主要有四种制度规定。

（一）以国家或地方自治团体为最后顺序的法定继承人

既然国家为最后顺序的法定继承人，因此，严格而言并不存在无人继承的遗产。遗产管理人就任时，虽无继承人或受遗赠人，但终有继承人，而遗产管理人是该继承人的法定代理人。采此立法例的有德国、意大利、葡萄牙、秘鲁等国。①《德国民法典》第1936条规定：继承开始时，被继承人无血亲、配偶或同性伴侣者，以其死亡时之最后住所地所属邦之公库为法定继承人；或其住所地不能确定者，以其居所地所属邦之公库为法定继承人。其余情形，以联邦国库为法定继承人。而且其不得拒绝、② 抛弃继承，对债权人负有限责

---

① 《意大利民法典》第586条规定：没有其他继承人的遗产，归国家所有。该遗产的取得依法律规定进行，无需作出接受继承的声明，也不得放弃继承。《葡萄牙民法典》第2152条规定：无配偶、任何可继承遗产之血亲时，赋权予国家继承。《俄罗斯民法典》第1151条第2项规定：无主财产按法定继承程序归俄罗斯联邦所有。《菲律宾民法典》第1011条规定：没有根据前面各节之规定被授权继承的人的，国家应继承全部遗产。《魁北克民法典》第697条规定：国家非为继承人，但一旦所有已知的相续人都放弃继承、在所知的范围内无相续人或无相续人主张继承，被继承人死亡后6个月，国家即以与继承人同样的方式占有被继承人的财产。国家承担被继承人的债务，但不得超过它取得的遗产的价值。

② 《德国民法典》第1942条规定：国库不得拒绝以它为法定继承人而归属于它的遗产。

任；国库的继承权须经特别确认程序，已排除其他继承人存在的可能。[①]

（二）以无人继承的遗产为法人

日本承认继承人存在不明时，视为财团法人，[②] 遗产管理人被视为遗产法人的代表，如将来继承人出现，则视该法人不成立，但不妨碍继承财产的管理人于其权限内所为行为的效力。[③] 经管理清算而未被处分的继承财产，归属于国库。且在剩余继承财产全部移交完毕之前，继承财产法人不消灭，继承财产管理人的代理权仍就尚未移交的继承财产而存续。[④]

（三）直接规定无人继承的遗产归国家所有

此种规定既不以无人承认继承的遗产为法人，又不以国库为最后顺序的法定继承人，而是直接以国库为剩余遗产的归属者。如《奥地利民法典》第760条规定：如果不存在有权继承的人，或者无人接受遗产，则遗产作为无继承人的财产归属于国库。[⑤]《瑞士民法典》第466条规定：如果被继承人没有任何继承人，其遗产归属于其最后住所地的州，或归属于依据州法所指定的乡镇。我国台湾地区所谓“民法”第1185条规定亦属此例。

（四）以遗产管理人为被继承人的人格代表

遗产管理人被视为被继承人的人格代表，即为管理、清算遗产的目的，

---

① 《德国民法典》第1966条规定：只有经遗产法院确定不存在其他继承人后，才能由作为法定继承人的国库或对作为法定继承人的国库主张权利。应当指出，《德国民法典》将国家作为法定继承人在名称上有个发展过程。2009年以前，其名称为国库。“在2009年改革之后，立法者放弃了国库一词，而改用了国家一词。《德国民法典》第1936条的标题改成了‘国家的法定继承权’，原条文中的联邦州的国库和帝国国库则被改成了联邦州和联邦。”参见袁治杰：《民法典制定中的国家与国库问题研究》，载《中国法学》2017年第3期。

② 《日本民法典》第951条规定：继承人之有无不明时，继承财产视为法人。虽然不存在继承人，但如存在全部继承财产的概括受遗赠人时，不构成该条所谓的“继承人之有无不明”。因该法第五编第六章的规定，乃是规定了继承财产归属者不明时继承财产的管理清算等方法。概括受遗赠人与继承人有同样的权利义务，从遗嘱人死亡时起，原则上承继属于遗嘱人的一切权利义务。所以，存在全部继承财产的概括受遗赠人时，没有必要进行上述各规定中的各项程序。参见日本最判平成9年9月12日。

③ 《日本民法典》第955条。

④ 参见日本最判昭和50年10月24日。

⑤ 遗产归属于国库的前提是，不存在任何继承人或受遗赠人，或者虽然存在但他们都不接受遗产。按照奥地利通说见解，国家享有的权利并非继承权。参见周友军、杨垠红译：《奥地利普通民法典》，清华大学出版社2013年版，第116页。

而认为由被继承人（死者）继承遗产。遗产管理人系遗产的信托所有人。依此规定，于继承人有无不明时，暂时以遗产为被继承人之财产，遗产管理人即被继承人的代理人。如日后继承人出现时，将遗产交还于继承人，否则将剩余遗产移交国库。①

本条“无人继承又无人受遗赠的遗产，归国家所有，用于公益事业；死者生前是集体所有制组织成员的，归所在集体所有制组织所有”的规定与原《继承法》第32条相比，依然延续了继承法的规定，只是限制了剩余遗产的用途。有学者认为，“民法分则继承编应结合我国国家和集体两种公有制形式并存的国情，借鉴《德国民法典》继承编的相关规定，并总结我国现行《继承法》的有关经验，将国家和集体所有制组织列为法定继承人，以根本解决继承人有无不明的问题”。② 笔者认为，《民法典》的本条规定，实为“无人承受的遗产”而非“无人承认的继承”。前者是指被继承人死亡时，无法定继承人又无遗嘱继承人与受遗赠人，或者其全部继承人均丧失继承权或放弃继承，受遗赠人均丧失受遗赠权或放弃受遗赠，则在最终结果上遗产处于无人继承又无人受遗赠之状态。而后者则是指，被继承人死亡后，不能确定是否有继承人，即继承人有无不明的这种事实状态称为“继承人旷缺”“无人承认的继承”。③ 于继承人有无不明时，应通过一定的法律程序搜寻继承人，催告可能存在的继承人出现主张继承。若依法确定遗产为无人继承之财产，则收归国有或集体组织所有。此一制度就是无人承认的继承（继承人旷缺制度）。④ 由此可见，两者的差异在于，无人承认的继承重在继承人有无不明，须特别设定遗产管理人搜寻继承人，以便最终确定遗产有无继承人承受及其归属。而我国的无人继承又无人受遗赠则是确定地知道无继承人又无受遗赠人。⑤ 并且我国原《继承法》并无遗产管理人制度，无人继承的遗产被视为“绝户产”，属于无主财产的一种。

---

① 戴炎辉、戴东雄、戴瑀如：《继承法》，作者自版2010年版，第225页。

② 于晓：《继承人有无不明时的继承法完善》，载《政法论丛》2017年第6期。

③ 张玉敏：《继承法律制度研究》（第二版），华中科技大学出版社2016年版，第115页。

④ 张玉敏：《继承法律制度研究》（第二版），华中科技大学出版社2016年版，第115页。

⑤ 杨立新：《中国民法典释评·继承编》，中国人民大学出版社2020年版，第253页。

在《民法典》规定了遗产管理人制度后，专门对无人继承遗产的管理人作出了规定，即没有继承人或者继承人均放弃继承的，由被继承人生前住所地的民政部门或者村民委员会担任遗产管理人。结合遗产管理人的法定职责，继承开始后，有无继承人不明时，需要经过公告程序进行催告，同时在无法确定和通知被继承人的债权人或受遗赠人时还应公告被继承人的债权人或受遗赠人于公告期间申报债权或在法定期间是否接受遗赠，公告期间届满，仍无继承人承认继承又无受遗赠人的，或均放弃继承或受遗赠的，始可认定为无人继承又无人受遗赠的遗产。在无人继承遗产的处理过程中，寻找继承人的公告和对受遗赠人与被继承人的债权人申报债权的公告，是两种不同性质的公告程序。民政部门或村民委员会担任遗产管理人后，为确定是否存在继承人，须向人民法院申请寻找继承人公告。同时，根据制作遗产清单和清算的需要，可以在合适的媒介上发出限期申报债权的公告。[①] 我国《民法典》并未规定独立的搜寻继承人以及遗产清算公示催告程序。[②] 故在司法实践中，寻找继承人公告应借用民事诉讼中的“认定财产无主案件”程序来完成。债权人应当在遗产管理人确定的债权申报期限内向遗产管理人申报债权。未到期的债权视为到期。

同时，为了避免国家与民争利，即使经过公告搜索继承人、遗产债权人等利害关系人程序后，仍无人承认继承或遗产有剩余，宜将遗产归属于对被继承人扶养较多的人（并非法定继承人）或依靠被继承人扶养的人以及其他有密切关系的人，只有在不存在上述人等的情况下，遗产始可最终归属于国家或集体组织。至于是否应采德国等大陆法系国家将国家规定为最后顺序法定继承人的立法例。笔者认为，原《继承法》及《民法典》的规定较符合我

---

① 孙毅、刘耀东：《中华人民共和国民法典·继承编释义》，人民出版社 2020 年版，第 134 页。

② 我国台湾地区所谓“民法”继承编规定了继承人的搜索程序及公告被继承人的债权人及受遗赠人的程序。其第 1178 条规定：亲属会议依前条规定为报明后，法院应依公示催告程序，定六个月以上之期限，公告继承人，命其于期限内承认继承。无亲属会议或亲属会议未于前条所定期限内选定遗产管理人者，利害关系人或检察官，得声请法院选任遗产管理人，并由法院依前项规定为公示催告。第 1179 条关于遗产管理人的职责规定，其中之一即为遗产管理人应声请法院依公示催告程序，限定一年以上之期间，公告被继承人之债权人及受遗赠人，命其于该期间内报明债权，及为愿受遗赠与否之声明，被继承人之债权人及受遗赠人为管理人所已知者，应分别通知之。

国的实际，即以国家或集体组织为无人继承又无人受遗赠遗产的最终承受人，遗产并不会处于无主财产状态，遗产管理人可视为遗产最终承受人的代理人。由该规定可知，我国关于无人继承遗产的性质采取了上述第三种立法例，即既不以无人继承的遗产为法人，又不以国库为最后顺序的法定继承人，而是直接归国家或集体组织所有。

四、无人继承又无人受遗赠遗产的清算与剩余遗产的归属

在处理无人继承遗产时，应注意虽然被继承人的遗产无人继承又无人受遗赠，但仍应依法清偿被继承人生前依法应当缴纳的税款和债务。同时，如果存在继承人以外的依靠被继承人扶养的人，或者继承人以外的对被继承人扶养较多的人，亦应分给适当的遗产。清偿税款和债务后，剩余部分由国家或集体所有制组织取得。遗产管理人清偿遗产上的各种费用、遗产债务、遗产酌给债权、交付遗赠物后，如有剩余财产，则根据被继承人生前的成员身份分别处理。如果死者非集体所有制组织成员，剩余遗产归国家所有。

同时，《民法典》明确规定了此类无人继承又无人受遗赠遗产的用途必须用于公益事业。所谓"公益事业"即以公共利益为目的的事业。例如，救济贫困人口；救济灾民；扶助残疾人；发展科学、教育、文化、医疗卫生、体育事业；发展环保事业、维护生态环境；等等。

◎ 疑难适用

司法实务中，对遗产处理结束归属于国家或集体组织后，如有遗产债权人及受遗赠人出现时，可否就剩余遗产主张权利这一问题存在争议。有观点认为，于遗产管理人清偿相应的债务及交付遗赠，剩余遗产当然归属国家或集体组织（物权的），即国家或集体组织对于剩余遗产的取得属于原始取得，剩余遗产上的一切继承债权消灭，① 继承债权人及受遗赠人不得对国家或集体组织主张权利。笔者认为，为避免国家与民争利，应允许遗产债权人或受遗赠人依法就剩余遗产向国家或集体组织主张权利。

至于遗产处理结束后继承人出现的，其可否就剩余遗产主张继承权？对此，有学者认为，搜索继承人的公告期是为了保护可能出现的继承人，而不

① 戴炎辉、戴东雄、戴瑀如：《继承法》，作者自版2010年版，第236～237页。

是以剥夺继承权为目的，因此在公告期满后遗产管理人清算终结前，仍得主张继承权。[①] 笔者认为，我国《民事诉讼法》第200条规定，“判决认定财产无主后，原财产所有人或者继承人出现，在《民法典》规定的诉讼时效期间内可以对财产提出请求，人民法院审查属实后，应当作出新判决，撤销原判决”。故继承人可类推该法条而向剩余遗产的取得部门或集体组织请求继承遗产。

① 林秀雄：《继承法讲义》，我国台湾地区元照出版公司2012年版，第212页。

第一千一百六十一条　继承人以所得遗产实际价值为限清偿被继承人依法应当缴纳的税款和债务。超过遗产实际价值部分，继承人自愿偿还的不在此限。

继承人放弃继承的，对被继承人依法应当缴纳的税款和债务可以不负清偿责任。

◎ 主旨

本条是关于限定继承原则的规定。

◎ 释义

本条源自原《继承法》第 33 条“继承遗产应当清偿被继承人依法应当缴纳的税款和债务，缴纳税款和清偿债务以他的遗产实际价值为限。超过遗产实际价值部分，继承人自愿偿还的不在此限。继承人放弃继承的，对被继承人依法应当缴纳的税款和债务可以不负偿还责任”的规定。《民法典继承编（草案)》（2017 年 7 月 28 日室内稿）第 43 条在“继承遗产应当清偿被继承人依法应当缴纳的税款和债务”后增加“但应当为缺乏劳动能力又没生活来源的继承人保留适当的遗产”的表述，并将“缴纳税款和清偿债务以他的遗产实际价值为限”修改为“缴纳税款和清偿债务以遗产实际价值为限”。《民法典继承编（草案)》（2018 年 4 月征求意见稿）第 43 条又将“继承遗产应当清偿被继承人依法应当缴纳的税款和债务，但应当为缺乏劳动能力又没生活来源的继承人保留适当的遗产。缴纳税款和清偿债务以遗产实际价值为限”修改为“遗产已经分割的，继承人清偿被继承人的债务、缴纳所欠税款以所得遗产实际价值为限”；将“继承人放弃继承的，对被继承人依法应当缴纳的税款和债务可以不负偿还责任”修改为“继承人放弃继承的，对被继承人的债务和所欠税款可以不负偿还责任”。《民法典继承编（草案)》（2019 年 7 月 5 日征求意见稿）第 940 条则将“遗产已经分割的，继承人清偿被继承人的债务、缴纳所欠税款以所得遗产实际价值为限”修改为“继承遗产应当清偿被继承人的债务、缴纳所欠税款，清偿债务、缴纳税款以所得遗产实际价值为限”。《民法典继承编（草案）》（2019年12月28日征求意见稿）第1161条则将“继承遗产应当清偿被继承人的债务、缴纳所欠税款，清偿债务、缴纳税款以所得遗产实际价值为限”修改为“继承人以所得遗产实际价值为限清偿被继承人依法应当缴纳的税款和债务”，并将“对被继承人的债务和所欠税款可以不负偿还责任”修改为“对被继承人依法应当缴纳的税款和债务可以不负清偿责任”。此后，本条内容再无变动，直至《民法典》颁布。

本条释义内容主要阐述当然限定继承主义及其例外。

我国《民法典》继承编（包括原《继承法》）总体上贯彻三大原则，即遗产范围上的“概括继承原则”、遗产承受上的“当然继承原则”及遗产债务承担上的“限定继承原则”。所谓“概括继承”，是指被继承人权利义务之一般的、包括的由继承人承受，故继承绝非个别的财产之集合的、同时的承继，而是被继承人财产法上的人格或地位之承继。所谓“当然继承”，则是指继承一经开始，被继承人财产上之一切权利义务，依法当然移转于继承人，无庸继承人另为意思表示或请求，且权利义务包括之承继，更无须个别地履践移转手续。① 所谓“限定继承”，是指继承人以所继承遗产的价值为限，对遗产债务承担有限责任。

一、当然限定继承主义

限定继承是相对于无限继承而言的，根据限定继承主义，继承人在其所继承的遗产实际价值范围内，对遗产债务承担有限责任。对于超出遗产实际价值的遗产债务，继承人不负以其个人固有财产为清偿之责任。限定继承原则打破了我国“父债子还”的封建传统，对继承人利益的保护具有十分重要的意义。但对于被继承人之债权人利益的保护自无法与无限继承主义比拟。当然限定继承主义又称法定限定继承主义，是指继承人于继承开始后如果未以积极地意思表示放弃继承，则无须作出承认继承的表示，即由法律直接规定继承人在所得遗产实际价值范围内对遗产债务承担责任。

---

① 陈棋炎、黄宗乐、郭振恭：《民法继承新论》，我国台湾地区三民书局2019年版，第184页。

关于继承人对遗产债务承担有限责任抑或无限责任，世界各国或地区存在不同的制度规定。德国民法采“当然的无限继承主义”，因遗产继承人与个人财产在继承开始时已经混同，所以原则上继承人对遗产债务应承担无限责任。在遗产不足以清偿债务时，继承人必须以其个人财产负责。但如果两项财产嗣后能被重新分离，则继承人可将责任限定在遗产范围内。而分离两项财产的方法是，继承人开启遗产管理程序或遗产破产程序。① 因此，继承人对遗产债务所承担的责任既是无限的，又是可限定的。② 而在法国民法则是由继承人在继承开始后，从概括继承的无限责任、限定继承的有限责任或抛弃继承中选择一种方式。2009 年我国台湾地区的所谓“民法”继承编在修法后也改采法定限定继承主义。我国自原《继承法》开始，即采当然限定继承主义立法，本条继续沿袭此种立法例。

二、限定继承原则的例外

依本条规定，虽然继承人基于限定继承原则负有仅以其因继承所得之遗产的实际价值为限清偿遗产债务之责任，但本条规定了限定继承的两种例外情况。

（一）继承人自愿偿还

如果遗产债务超出继承人所得遗产之实际价值，继承人自愿偿还的即以其个人的固有财产偿还被继承人的遗产债务，此对遗产债权人而言有利无害，法律自应尊重当事人的意思自治，而不受限定继承原则之约束。本条规定的继承人自愿偿还超出遗产实际价值的债务，不同于“意定无限责任继承”即单纯承认继承。意定无限责任继承是继承人对概括继承的所有遗产债务承担无限责任的意思表示，属于要式法律行为。而继承人自愿偿还债务，是对个别遗产债务承担无限责任的意思表示。对个别遗产债务超过遗产价值的自愿偿还，并不意味着对其他遗产债务都有无限清偿义务。继承人对个别遗产债务自愿作出无限清偿的意思表示的，基于诚信原则而有法律约束力。如果继承人已清偿超出遗产实际价值的遗产债务，不发生不当得利返还之问题。如

---

① 《德国民法典》第 1975 条。

② ［德］雷纳·弗兰克、托比亚斯·海尔姆斯：《德国继承法》（第六版），王葆莳、林佳业译，中国政法大学出版社 2015 年版，第 177 页。

果是共同继承，部分继承人自愿偿还的意思表示，对其他共同继承人不发生拘束力。①

（二）继承人放弃继承

依据本条第2款规定，继承人放弃继承的，对被继承人依法应当缴纳的税款和债务可以不负清偿责任。继承人放弃继承相当于该继承人自始不存在，自不发生清偿遗产债务之责任。这也是权利义务相一致原则的体现。但与上述第一种例外情形相同，继承人放弃继承后，虽无法定的遗产债务清偿义务，但如果其自愿（以继承人个人的固有财产）偿还的自应准许。此亦可由本条第2款“可以不负清偿责任”之表述得出。

◎ 疑难适用

司法实务中，对于本条的适用还存在以下争议：首先，如何协调与遗产管理人依据《民法典》第1147条第4项“处理被继承人的债权债务”之间的竞合关系。换言之，在被继承人死亡后，究竟是由遗产管理人以遗产清偿被继承人依法应当缴纳的税款和债务，还是由继承人以所得遗产实际价值为限清偿被继承人依法应当缴纳的税款和债务，抑或两者均可各自独立清偿，在《民法典》继承编中则未作出明确规定。笔者认为，应首先由遗产管理人清偿被继承人依法应当缴纳的税款和债务，在遗产管理人清偿完毕遗产仍有剩余情形下，才可根据《民法典》第1147条第5项规定，“按照遗嘱或者依照法律规定分割遗产”。在遗产分割完毕，继承人取得相应遗产后，如发现有尚未清偿的被继承人依法应当缴纳的税款和债务，才可适用本条规定，由继承人以所得遗产实际价值为限清偿。其次，遗产用于清偿被继承人依法应缴纳的税款和债务时的先后顺序。债权人向遗产管理人申报债权后，遗产足以清偿所有债务和税款的，自无必要规定清偿债务的先后顺序。但在遗产不足以清偿所有债务和税款的情形，则必须要解决具体如何清偿的问题。对此，《最高人民法院关于民法典继承编的立法建议稿》曾建议“遗产按下列顺序清偿：（一）继承费用和共益债务；（二）被继承人生前所负债务；（三）继承开始时产生的债务。前款所称继承费用包括：管理、变价和分配遗产的费用；为

① 孙毅、刘耀东：《中华人民共和国民法典·继承编释义》，人民出版社2020年版，第139页。

保护遗产所支出的诉讼、仲裁等费用；遗产管理人执行职务的费用、报酬和聘用工作人员的费用。前款所称共益债务，是指继承开始后发生的下列债务：因遗产管理人请求对方当事人履行双方均未履行完毕的合同所产生的债务；遗产受无因管理所产生的债务；因不当得利增加遗产价值所产生的债务；为被继承人继续营业而应支付的劳动报酬和社会保险费用以及由此产生的其他债务；管理人或者相关人员执行职务致人损害所产生的债务；遗产致人损害所产生的债务。继承费用和共益债务由被继承人遗产随时清偿。遗产不足以清偿所有继承费用和共益债务的，先行清偿继承费用。遗产不足以清偿所有继承费用或者共益债务的，按照比例清偿。继承开始时产生的债务，包括遗赠债务和继承协议约定债务。遗产不足以清偿全部债务时，同一顺序的债权按比例受偿。有缺乏劳动能力又没有生活来源的继承人的，即使遗产不足清偿债务，也应在清偿债务前为其保留必要遗产份额”，以上建议内容，可供参考。

第一千一百六十二条　执行遗赠不得妨碍清偿遗赠人依法应当缴纳的税款和债务。

◎ 主 旨

本条是关于执行遗赠的规定。

◎ 释 义

本条源自原《继承法》第34条“执行遗赠不得妨碍清偿遗赠人依法应当缴纳的税款和债务”的规定。《民法典继承编（草案）》（2018年4月征求意见稿）第43条将本条修改为“执行遗赠不得妨碍清偿遗赠人的债务、缴纳所欠税款”。《民法典继承编（草案）》（2019年12月28日征求意见稿）第1162条将本条再改为“执行遗赠不得妨碍清偿遗赠人依法应当缴纳的税款和债务”。此后，本条内容再无变动，直至《民法典》颁布。

本条释义内容主要阐释受遗赠权的性质及执行遗赠与清偿债务的顺序。

由于遗赠与继承之间的差异，受遗赠人不是概括继承的主体，不发生清偿被继承人（遗赠人）所负遗产债务的法定义务。因此，《民法典》第1161条“继承人以所得遗产实际价值为限清偿被继承人依法应当缴纳的税款和债务”的规定，不适用于受遗赠人。受遗赠人接受遗赠时，除非遗嘱对遗赠负有负担或条件，法律并不像对继承人那样使其负限定继承责任。为使遗赠与限定继承相区别，本条对执行遗赠时如何协调受遗赠人与遗产债权人之间的权利冲突，专门作出规定。

一、受遗赠权的性质

《民法典》第230条将原《物权法》第29条规定中的“受遗赠”予以删除，即表明遗赠不再具有物权效力。继承开始后，受遗赠人即当然取得受遗赠权，受遗赠人的受遗赠权并非来自受遗赠人对于遗赠的接受，而是来自遗嘱的效力。受遗赠人于遗赠生效后所作出的接受遗赠的意思表示只是对受遗赠权的一种承认而已；受遗赠人放弃受遗赠，则是对受遗赠权的放弃。[①] 也就是说，继承开始后，受遗赠人取得的是可以请求继承人或遗产管理人交付遗赠财产的受遗赠权而非遗赠财产的物权。此可通过《民法典》第1125条第3款“受遗赠人有本条第一款规定行为的，丧失受遗赠权”规定与《民法典继承编解释（一）》第38条“继承开始后，受遗赠人表示接受遗赠，并于遗产分割前死亡的，其接受遗赠的权利转移给他的继承人”规定得出结论。权威学者也认为，“《民法典》继承编规定，受遗赠权不是物权。因为在遗赠执行前，受遗赠人对遗赠的标的物不享有物权权能，不处于物权人地位，其所享有的，只是请求有关的遗嘱执行人或继承人交付遗赠标的物的权利。从这一点上来看，受遗赠权具有债权的效力。不论遗赠的标的是否为特定物，受遗赠人都不能直接支配遗赠的标的，只能向遗嘱执行人或继承人请求执行遗赠，即要求其给予遗赠的标的”。[②] 也就是说，遗赠生效后，受遗赠人取得的是受遗赠权，且受遗赠权在性质上是一种债权。受遗赠人为遗赠之承认或放弃之意思表示，同样是对受遗赠权的承认或放弃。

二、遗赠与债务的清偿顺序

既然受遗赠权在性质上为一种债权，受遗赠人接受遗赠后，即取得请求继承人或遗产管理人按照遗嘱的内容交付遗赠财产的权利。但由于受遗赠具有无偿性，因而其相对于其他遗产债务的清偿，具有劣后性。即便是受遗赠人于遗产债务清偿之前即取得了遗赠财产，受遗赠人仍须在其受遗赠财产的实际价值范围内对应当优先于受遗赠而受偿的遗产债务负清偿责任。遗赠的执行之所以后于遗产债务之清偿，乃因遗赠于被继承人死亡而发生效力，至继承开始时始行确定，而遗产债务则在继承开始前即已发生，且已确定；遗赠概为无偿行为（附负担的遗赠，虽然遗赠负有负担，但仍为无偿行为，负担与遗赠并不构成对价关系），受遗赠人仅有利益之享受，遗产债务的发生则

① 郭明瑞、房绍坤、关涛：《继承法研究》，中国人民大学出版社2003年版，第143页。

② 杨立新：《中国民法典释评·继承编》，中国人民大学出版社2020年版，第125页。

以有偿行为居多，多须为对待给付；如果使债权人与受遗赠人同时受偿，不啻由被继承人以一己之意思左右债权人之命运，尤其遗赠数额甚巨之际，如此为之，债权人势必受有损害，情理上亦有欠公允。① 故受遗赠权不完全等同于一般的债权，因为对被继承人的一般债权，应当进行清偿；而对遗赠的执行，如果被继承人的遗产在清偿遗产债务后没有剩余遗产，则并不执行遗赠或并不完全执行遗赠，受遗赠人不能基于债权人的地位请求清偿。因此，受遗赠权具有自身的特殊性。

本条规定包含如下三层含义：

首先，遗赠属于纯粹受益的无对价的债务，故以被继承人的积极遗产多于消极财产（债务）为前提，且其优先受偿的顺序居于遗产债务之后。如《葡萄牙民法典》第2070条规定：（1）遗产之债权人及受遗赠人较继承人之个人债权人优先，而遗产债权人之优先权则较受遗赠人优先。（2）遗产之负担须按第2068条所指之顺序支付。《韩国民法典》第1036条规定：限定继承人根据前2条规定，非对于继承债权人清偿完毕之后，不得向受遗赠人清偿。《智利民法典》第1374条规定：如无债权人同时受偿的情形，也无第三人提出异议，则应随各遗产债权人的出现而向其清偿，在遗产债权人受偿后才可清偿遗赠。我国台湾地区所谓“民法”第1160条规定：继承人非依前条之规定偿还债务后，不得对受遗赠人给付遗赠。故本条也规定，执行遗赠不得妨碍清偿遗赠人依法应当缴纳的税款和债务。

其次，如果尚未清偿遗产债务，即先行交付遗赠，则势必损害遗产债权人的利益。正因为遗赠是无偿受让积极财产利益，所以许多国家和地区的民法均规定在遗产不能足额清偿遗产债务时，须对遗赠予以扣减或削减，以达到不妨碍清偿遗赠人债务之目的。在此意义上，只有当清偿遗产债务后尚有剩余遗产时，受遗赠人才能真正实现其受遗赠权，否则如果偿还遗产债务后已无剩余遗产，则遗赠不再执行。如《瑞士民法典》第565条规定：继承人交付遗赠后，又支付其事前未知的遗产债务的，在可提出遗赠扣减的限度内，有权要求受遗赠人返还。《奥地利民法典》第692条规定：如果遗产不足以清偿债务、支付其他应付费用，以及给付所有的遗赠，则受遗赠人应当承受遗

① 陈棋炎、黄宗乐、郭振恭：《民法继承新论》，我国台湾地区三民书局2019年版，第208页。

赠的按比例扣减。《智利民法典》第 1376 条规定：继承的财产不足以支付所有的遗赠时，应依比例削减之。

最后，受遗赠人虽不承担遗产债务的有限清偿责任，但不得妨碍清偿遗赠人应当缴纳的税款和债务。不得妨碍清偿与受遗赠人直接负担清偿义务并不能等同视之，两者不能混淆。不得妨碍清偿遗赠人的债务，这并不意味着受遗赠人也对遗产债务负有清偿义务，实际上遗赠本身亦为继承人所继受的遗产负担。

◎ 疑难适用

司法实务中，清偿遗赠人依法应当缴纳的税款和债务时，能否直接以特定的遗赠财产清偿，存在理解分歧：有观点认为，从本条文义解释可知，并未对遗赠财产是否特定作出例外规定，故遗产管理人可以自行决定是否以特定遗赠财产清偿债务。笔者认为，所谓“特定遗赠”，是指遗赠人以具体的某特定财产为标的的遗赠。特定遗赠，并不限于特定物的遗赠，不特定物的遗赠，例如以债权为标的的特定遗赠，不论是种类债权、特定债权、选择债权抑或金钱债权等均为特定遗赠。且免除债务者，亦为特定遗赠。而且，物权、知识产权等不具有人身专属性的财产权，都可为特定遗赠财产。根据日常生活经营可知，遗赠人将其遗赠特定财产给特定人一般都带有特定意愿。特别是一些具有特定人格、纪念意义的遗赠财产，让特定受遗赠人取得，才可能实现其最大化价值。故在遗产大于被继承人的债务和依法应缴纳税款的情形下，遗产管理人应首先用其他遗产清偿债务，只有在遗产不足以清偿所有被继承人的债务和依法应缴纳税款的情形下，才可以适用本条在执行遗赠前，以遗赠财产用于清偿债务和税款。

第一千一百六十三条　既有法定继承又有遗嘱继承、遗赠的，由法定继承人清偿被继承人依法应当缴纳的税款和债务；超过法定继承遗产实际价值部分，由遗嘱继承人和受遗赠人按比例以所得遗产清偿。

◎ 主旨

本条是关于遗产债务清偿责任的承担顺序的规定。

◎ 释义

本条在原《继承法》中并无对应条文规定，实际源自原《继承法意见》第62条“遗产已被分割而未清偿债务时，如有法定继承又有遗嘱继承和遗赠的，首先由法定继承人用其所得遗产清偿债务；不足清偿时，剩余的债务由遗嘱继承人和受遗赠人按比例用所得遗产偿还；如果只有遗嘱继承和遗赠的，由遗嘱继承人和受遗赠人按比例用所得遗产偿还”的规定。《民法典继承编（草案）》（2017年7月28日室内稿）第45条对本条规定“既有法定继承又有遗嘱继承、遗赠的，由法定继承人清偿被继承人依法应当缴纳的税款和债务；超过法定继承遗产实际价值的，由遗嘱继承人和受遗赠人清偿”。《民法典继承编（草案）》（2018年4月征求意见稿）第44条则将该条规定中的“清偿被继承人依法应当缴纳的税款和债务”修改为“清偿被继承人的债务、缴纳所欠税款”。在《民法典各分编（草案）》（2018年9月5日征求意见稿）第942条则将“由遗嘱继承人和受遗赠人清偿”修改为“由遗嘱继承人和受遗赠人按比例以所得遗产清偿”。《民法典继承编（草案）》（2019年7月5日征求意见稿）第942条中又将“实际价值的”修改为“实际价值部分”。在《民法典继承编（草案）》（2019年12月28日征求意见稿）第1163条中则将“清偿被继承人的债务、缴纳所欠税款”修改为“清偿被继承人依法应当缴纳的税款和债务”。此后，本条内容再无变化，直至《民法典》颁布。

本条释义内容主要阐释本条规定的适用范围、遗产债务的清偿方式、共同继承人清偿遗产债务的责任形态、法定继承人、遗嘱继承人或受遗赠人承担遗产债务的清偿顺序及《民法典》第230条与本条规定的衔接。

本条旨在协调限定继承立法背景下遗产债权人的债权与继承权、受遗赠权之间的效力关系。

一、本条规定的适用范围

本条规定源自原《继承法意见》第62条“遗产已被分割而未清偿债务时，如有法定继承又有遗嘱继承和遗赠的，首先由法定继承人用其所得遗产清偿债务；不足清偿时，剩余的债务由遗嘱继承人和受遗赠人按比例用所得遗产偿还；如果只有遗嘱继承和遗赠的，由遗嘱继承人和受遗赠人按比例用所得遗产偿还的规定”。较之该条规定，本条删除了“遗产已被分割而未清偿债务时”的适用前提。对于删除此一适用前提，学界存在不同的解释：一种观点认为，“这一适用前提的删除，意味着在遗产分割之前的共有阶段，于遗产范围内，受遗赠人也应承担同遗嘱继承人相同的清偿义务，只是具体的操作由遗产管理人进行”。[①] 另一种观点则认为，“本条的主旨依然是对遗产分割后法定继承人优先于遗嘱继承人和受遗赠人清偿债务的规定”。[②] 还有一种观点认为，“《民法典》删除了该限制并在表述上加以调整，使本条的适用范围扩张至遗产分割之前。原因在于，无论是遗产分割前，还是遗产分割后，被继承人所欠税款和债务都首先由法定继承部分的遗产清偿，超过法定继承遗产实际价值的部分，才由遗嘱继承人和受遗赠人按比例以所得遗产清偿。该规则并不因遗产分割与否而有不同。受遗赠人虽与遗嘱继承人承担一定比例的清偿责任，但遗嘱继承人的责任产生于概括继承，即使遗产未分割也承担清偿责任；而受遗赠人的清偿义务并不来自概括继承，而是因其受领了遗赠，在受领遗赠前其本不负担清偿义务。因此，受遗赠人的清偿义务发生原因是遗产债务不足以被清偿前即先行执行了遗赠的法律事实，从而依据本条

① 龙卫球主编：《中华人民共和国民法典婚姻家庭编与继承编释义》，中国法制出版社2020年版，第401页。

② 杨立新：《中国民法典释评·继承编》，中国人民大学出版社2020年版，第265页。

发生的法定债务”。[①] 笔者赞同最后一种观点，本条删除“遗产已被分割而未清偿债务时”这一适用前提，是为了扩大本条的适用范围，即本条规定也适用于遗产未被分割而清偿遗产债务时法定继承人、遗嘱继承人与受遗赠人的清偿顺序。因为实践中对被继承人的遗产继承，既可以先清偿遗产债务，后进行分割遗产，也可以先分割遗产，再由继承人等清偿债务。

二、遗产债务的清偿方式

遗产债务清偿方式，是指执行遗产债务清偿时采取的具体办法。关于遗产债务清偿方式，主要有以下两种方式：

一是先清偿债务后分割遗产。首先，在遗产中确定遗产债务的总额；其次，再从遗产中将与债务总额相对应价值的财或物交付给债权人，剩余的遗产部分按照继承人的应继份额，进行分割。德国、瑞士等国家采用此种方式。《德国民法典》第2046条规定：（1）第一，遗产债务应首先就遗产中清偿；第二，遗产债务为尚未到清偿期或有争议者，应就遗产中保留为清偿所必需的财物。（2）遗产债务仅由共同继承人中之数人负担者，该名共同继承人仅得就自己从分割中所取得的财物请求清偿此遗产债务。（3）以有必要者为限，为了清偿遗产债务，应将遗产变换为金钱。《德国民法典》第2047条规定：在清偿遗产债务后的剩余遗产按各应继份的比例归属于继承人。《瑞士民法典》第610条规定：各共同继承人，在分割前，得请求清偿或担保被继承人的债务。

二是先分割遗产后清偿遗产债务。现根据各继承人的应继份进行遗产分割，在继承人取得遗产后按照其各自继承份额分担债务，债权人也有权利要求所有继承人承担连带责任。法国、日本主要采取此方式。《法国民法典》第870条规定：共同继承人各按其分得遗产的比率，分担清偿遗产的债务和负担。第871条规定：概括遗赠的受遗赠人，按其获得利益的比率，与共同继承人分担遗产的债务和负担；但特定遗赠的受遗赠人，除就受遗赠的不动产上的抵押诉权以外，对遗产的债务和负担不负义务。

我国现行法律对于遗产债务的清偿方式没有明确规定，本条规定：“既有

① 孙毅、刘耀东：《中华人民共和国民法典·继承编释义》，人民出版社2020年版，第144页。

法定继承又有遗嘱继承、遗赠的，由法定继承人清偿被继承人依法应当缴纳的税款和债务；超过法定继承遗产实际价值部分，由遗嘱继承人和受遗赠人按比例以所得遗产清偿。”可见，遗产债务的清偿方式是采取先清偿后分割还是先分割后清偿，在实践中我国均予以认可，并且均受限定继承原则的限制。

有学者认为，从保护债权人的利益出发，应当以先清偿遗产债务后分割遗产的方式为妥，以避免继承人在分割遗产后没有能力或拒绝清偿遗产债务，进而直接影响债权的实现。[①] 遗产分割请求权是继承人的权利但是该权利应受必要的限制，先清偿遗产债务就是此种限制之一。为此限制的目的在于，遗产分割之前，共同继承人对遗产享有共同共有权，相应的对遗产债务应该承担以遗产为限的连带清偿责任。这一责任有利于遗产债权人获得清偿。而且，由于是以遗产为限承担责任，这就使得继承人自己的（责任）财产与遗产严格分离，从而也不会给继承人造成不公。[②] 笔者认为，无论是从债权人利益角度考虑还是继承人责任公平角度出发，在司法实践中，相较于先分割后清偿的方式来说，先清偿遗产债务再分割遗产是较为可行的方式，可以更好避免先分割遗产后清偿债务的弊端。

三、共同继承人清偿遗产债务的责任形态

共同继承人对遗产债务的清偿应承担何种责任，各国主要存在三种立法例：（1）按份责任立法例。此种立法例，不论遗产是否分割，共同继承人对遗产债务与负担均以其应继份按比例承担清偿责任。如《日本民法典》第899条规定，各共同继承人，按其应继承份额承继被继承人的权利义务。《法国民法典》第870条规定：共同继承人按照各自受领的遗产比例，分担清偿遗产上的债务与负担。《法国民法典》第873条规定：各继承人对遗产的债务与负担，各自按照实际分配份的比例对遗产的负债与负担负清偿义务。（2）连带责任立法例。即遗产无论分割与否，共同继承人对遗产债务均负连带清偿责任。如《德国民法典》第2058条规定：继承人对于共同继承债务，应负连带债务人之责任。《瑞士民法典》第603条规定：继承人对被继承人的债务负连带责任。（3）折中主义立法例。此种立法例共同继承人对遗产债务的清偿责

① 蒋月、何丽新：《婚姻家庭与继承法》，厦门大学出版社2013年版，第399页。

② 张平华、刘耀东：《继承法原理》，中国法制出版社2009年版，第430~431页。

任因遗产是否分割而呈现不同的责任形态。在遗产分割之前，共同继承人对遗产债务的清偿负连带责任；而在遗产分割后，共同继承人则对遗产债务承担按份责任。如《葡萄牙民法典》第2097条规定：未分割遗产中之财产，须共同承担遗产之负担之支付。第2098条规定：遗产分割后，各继承人仅按其从遗产中所得份额之比例承担有关负担。

我国原《继承法》及《民法典》继承编均未明确规定各共同继承人对遗产债务的清偿应承担何种责任。笔者认为，因遗产分割前共同继承人之间对于遗产系共同共有，按照共有之法理，共同共有人应当对共有物产生的债务负连带责任。而在遗产分割之后，共同共有状态已不复存在，遗产由共同共有转化为各继承人单独所有，故各继承人对遗产债务应以其所分得的遗产为限承担按份责任。亦即共同继承人承担遗产债务清偿的责任形态因遗产是否分割而不同。

（一）遗产分割前共同继承人债务清偿的责任形态

在遗产分割前，共同继承人对被继承人的债权人以全部遗产的实际价值为限承担连带责任，即所谓“有限的连带责任”。首先，基于共同继承的规则，概括继承发生时包括法定继承人和遗嘱继承人在内的共同继承人全体对遗产的权利是共同共有或准共有。在外部关系上，共有人对共有物上的债务承担连带清偿责任。其次，基于限定继承的规则，继承人以遗产的实际价值为限承担有限责任。因此，共同继承人承担遗产债务清偿的责任形态为“有限的连带责任”，这意味着债权人可以请求共同继承人之一人、数人或全体承担不超过遗产实际价值的清偿责任。①

（二）遗产分割后共同继承人债务清偿的责任形态

遗产分割后，分得遗产的共同继承人对债权人承担何种责任，理论见解尚未形成共识。其中有代表性的是有限连带责任说和按份责任说。有限连带责任说认为，在价值取向上，不能激励继承人通过分割遗产的方式逃避连带责任而降低对债权人的保护。因此，遗产分割后，债权人仍得向分得遗产的继承人中的一人、数人或全体请求清偿债务。按份责任说则认为，遗产分割

---

① 孙毅、刘耀东：《中华人民共和国民法典·继承编释义》，人民出版社2020年版，第142页。

后，继承人全体对遗产的共有关系消灭，转为单独所有。则基于共有关系的外部连带清偿责任已失去存在的原因。故继承人对于债权人的清偿责任从共同责任转为按份责任。①

本条所谓“由遗嘱继承人和受遗赠人按比例以所得遗产清偿”，解释上显然表明了按照比例计算出各自份额，按份承担清偿责任的立法意旨。也就是说，遗嘱继承人与受遗赠人对遗产债务承担的是按份责任，而非连带责任；同时，在按份责任的基础上，仍适用限定继承原则，即仅以其所得遗产或所得受遗赠财产的实际价值为限对遗产债务承担按份清偿责任。且遗嘱继承人和受遗赠人按所得遗产的比例清偿遗产债务，是在法定继承人之后，属于补充责任的性质。至于法定继承人之间承担连带责任抑或按份责任，本条并未明确规定。但从条文逻辑的连贯性出发，也应解释为法定继承人之间也按比例以所得遗产为限清偿遗产债务。②

四、法定继承人、遗嘱继承人或受遗赠人承担遗产债务的清偿顺序

依《民法典》第1123条之规定“继承开始后，按照法定继承办理；有遗嘱的，按照遗嘱继承或者遗赠办理；有遗赠扶养协议的，按照协议办理”，法定继承、遗嘱继承、遗赠与遗赠扶养协议之间的先后顺序是：（1）遗赠扶养协议；（2）遗嘱继承或遗赠；（3）法定继承。当发生了继承、遗赠须以继承人所得之遗产、受遗赠人接受的遗赠财产清偿被继承人的遗产债务时，与该条规定相一致，即应按照反向顺序进行。也即，在价值排序上，对债权人利益的保护优先于遗嘱自由。原则上只有清偿遗产债务后剩余的遗产，才能执行遗赠或在继承人间分配。未清偿遗产债务而将遗产分配的，不影响债权人优先于遗嘱继承和遗赠而实现债权的效力。③ 此即本条规定的主要内容：首先，由法定继承人清偿被继承人依法应当缴纳的税款和债务；其次，如果仍

① 孙毅、刘耀东：《中华人民共和国民法典·继承编释义》，人民出版社2020年版，第143页。

② 孙毅、刘耀东：《中华人民共和国民法典·继承编释义》，人民出版社2020年版，第143页。

③ 孙毅、刘耀东：《中华人民共和国民法典·继承编释义》，人民出版社2020年版，第141页。

有不足的，则不足部分由受遗赠人和遗嘱继承人按比例清偿。法定继承部分的遗产首先用于清偿债务，是对被继承人终意的尊重，符合遗嘱自由原则。

五、《民法典》第230条与本条规定的衔接

如前所述，既然受遗赠人并非遗产概括承受人，自不对遗产债务负清偿之责，然本条缘何规定受遗赠人与遗嘱继承人对遗产债务应按比例清偿遗产债务？解释上，因遗产债务优先于遗赠与遗嘱继承，故如果遗产管理人尚未清偿遗产债务即对遗产进行了分割并执行了遗赠，则此时因未被清偿债务而受损害的遗产债权人自应请求遗嘱继承人或受遗赠人返还其不当受领的遗产。此种权利即为“不当受领返还请求权”。

关于此项返还请求权的性质，学说上存在三种不同的观点：（1）不当得利返还请求权说。该说认为，受领人于其不当受领的额度内构成不当得利。（2）损害赔偿请求权说。该说认为，不当受领返还请求权的发生以受领人知情为要件，故对于损害的发生受领人主观上具有过错，其行为构成侵权，因此该权利为侵权损害赔偿请求权。（3）特别请求权说。该说认为，不当受领返还请求权的发生不以受领人的故意或过失为要件，故其并非损害赔偿请求权，亦非不当得利返还请求权，而是基于法律的直接规定产生的特别请求权。由于受遗赠人受领遗赠虽有不当但有遗嘱为据，并非无法律上之原因，故不成立不当得利。同时，该请求权也并不以受遗赠人有过错以及造成损害为要件，故亦难谓侵权损害赔偿请求权。本条规定属于清偿责任而非返还不当受领责任，因此返还不当受领的特别请求权说也不适合本条规定之解释。由于本条是将遗嘱继承人和受遗赠人并列规定为按比例以所得遗产清偿债务的义务人，因此受遗赠人承担的是一种法定债务。从债的发生原因看，受遗赠人虽与遗嘱继承人承担一定比例的清偿责任，但遗嘱继承人的责任产生于概括继承，即使遗产未分割也承担清偿责任；而受遗赠人的清偿义务并非来自概括继承，而是因其受领了遗赠，在受领遗赠前其本不负担清偿义务。因此，受遗赠人的清偿义务发生原因是在遗产债务未获全部清偿前先行履行了遗赠的法律事实。也就是将本条解释为一种“法定债务”，作为受害人（遗产债权人）求偿权的请求权基础。进而发挥类似于我国台湾地区所谓“民法”第

1161 条①规定的规范功能。

◎ 疑难适用

司法实务中，对没有法定继承只有遗嘱继承或遗赠的情形，该如何清偿被继承人依法应当缴纳的税款和债务，本条文义则未明确规定。学理上，受遗赠人和遗嘱继承人之间是否存在先后顺序，有两种不同的观点：第一种观点认为，遗赠与遗嘱继承之间，不应有先后顺序，如果遗产不足以满足全部受遗赠人和遗嘱继承人之份额，则应按比例受偿。对此，《最高人民法院关于民法典继承编的立法建议稿》也曾建议规定“如果只有遗嘱继承和遗赠的，由遗嘱继承人和受遗赠人按比例以所得遗产偿还”。第二种观点则认为，遗赠应优先于遗嘱继承执行。因为遗赠只能是赠与积极财产，而不能使受遗赠人负担债务，而遗嘱继承人则为概括继承人，既继承积极遗产，也继承消极遗产。② 如前所述，《民法典》第 230 条既已删除遗赠，亦即承认遗赠仅具有债权效力。遗赠系遗产上之负担，与遗产债权居于同等地位，只不过根据《民法典》第 1162 条规定，其受偿顺序居于遗产债权之后而已。既然遗赠本身乃遗产负担的一种，且受遗赠人不负清偿遗产债务之责任，而基于概括继承原则，继承人（不论是法定继承人抑或遗嘱继承人）负担清偿遗产债务之责，则遗赠当优先于遗嘱继承。此亦为大陆法系国家或地区的立法通例。笔者认为，在本条已将遗嘱继承人与受遗赠人在遗产债务清偿中置于同等地位，规定遗嘱继承人与受遗赠人按比例清偿遗产债务的情形下，遵循立法精神，目前实务仍应采第一种观点为宜。

---

① 我国台湾地区所谓“民法”第 1161 条规定：继承人违反第 1158 条至第 1160 条之规定，致被继承人之债权人受有损害者，应负赔偿之责。前项受有损害之人，对于不当受领之债权人或受遗赠人，得请求返还其不当受领之数额。

② 郭明瑞、房绍坤、关涛：《继承法研究》，中国人民大学出版社 2003 年版，第 162 页。